Explaining Social Behavior

사회적 행위를 설명하기 1: 사회과학의 도구상자

발행일 초판1쇄 2020년 8월 24일 | **지은이** 욘 엘스터 | **옮긴이** 김종엽
펴낸곳 (주)그린비출판사 | **펴낸이** 유재건 | **주소** 서울시 마포구 와우산로 180, 4층
주간 임유진 | **편집** 신효섭, 홍민기 | **마케팅** 유하나
디자인 권희원 | **경영관리** 유수진 | **물류·유통** 유재영, 이다윗
전화 02-702-2717 | **팩스** 02-703-0272 | **이메일** editor@greenbee.co.kr | **신고번호** 제2017-000094호

ISBN 978-89-7682-670-1 94300   978-89-7682-641-1(세트)
이 도서의 국립중앙도서관 출판예정도서목록(CIP)은 서지정보유통지원시스템 홈페이지(http://seoji.nl.go.kr)와 국가자료
공동목록시스템(http://www.nl.go.kr/kolisnet)에서 이용하실 수 있습니다.(CIP제어번호: CIP2020031763)

철학과 예술이 있는 삶 **그린비출판사**

그린비 크리티컬 컬렉션 19

사회적 행위를 설명하기 1

사회과학의 도구상자

그린비

애런 스워츠를 기억하며

개정판 일러두기

호평을 받았던 저서의 개정판인 이 책에서 욘 엘스터는 사회적 행위의 본성을 검토하면서 선택을 사회과학의 중심 개념으로 제시한다. 광범위한 개정 작업을 거친 이 책은 사회과학에서의 설명의 본성을 탐구한 많은 사례 연구와 실험에 근거해서 핵심적인 설명 메커니즘에 대한 개요를 제공한다. 행위에 선행하는 요소인 믿음, 욕망, 그리고 감정 같은 정신적 상태의 분석, 행위에 대한 합리적 선택 모델과 대안적인 해명들의 체계적 비교, 그리고 전략적 행위에서 집합적 의사결정에 이르는 사회적 상호행동 메커니즘의 리뷰가 그런 것들이다. 완전히 새로 쓰인 장도 있는데, 거기서는 행위자의 '배후에서' 작동하는 정신적 메커니즘을 다루는 고전적 모럴리스트와 프루스트에 대한 탐구가 들어 있다. 새로 쓰인 결론은 최근의 사회과학 수행 방식이 빠지게 되는 함정이나 오류를 지적하면서, 더 겸손하지만 더 강건한 절차를 위한 가이드라인을 제시한다.

옮긴이 일러두기

1. 합리적 선택으로서의 번역

엘스터의 『사회적 행위를 설명하기: 사회과학의 도구상자』는 번역하기
까다로운 책이다. 여러 이론을 엘스터 특유의 시각에서 종합하고 있어
서, 제기되는 개념들이 매우 많기 때문이다. 또한, "엘스터 특유의 시각"
이라는 것이 사실은 엘스터 나름의 이론을 전제하고 있는 것이기 때문
이기도 하다. 따라서 번역은 많은 '선택'을 요구한다(다시 말해 모든 문장
이 약간 또는 완전히 달리 번역될 수 있다). 엘스터가 이 저서에서 나름의
번역이론을 제기하는 것은 아니지만, 번역도 그가 핵심 개념으로 수용
하고 있는 '합리적 선택'을 요구한다. 즉 번역할 단어의 선택과 번역된
문장의 구성은 '이유'를 가진 것이어야 한다. 이 일러두기는 그런 이유
를 가능한 범위에서 밝힘으로써 독자의 이해를 돕고자 한다. 아마도 가
장 완벽한 번역은 원저를 참조할 필요가 전혀 없는 책이며, 더 나아가서
번역자가 번역과정에서 어떤 선택을 거듭했는지 알 필요도 없는 책일

것이다. 그런 이상적 번역은 번역자로서 내가 도달하기엔 역부족인 경지이다. 그러므로 차라리 번역이 어떤 선택에 입각해서 이뤄졌는지 알리는 것이 독자에게 더 도움이 될 것이다.

2. 도구상자

이 책의 제목부터 번역하기 까다로웠다. 원제는 *Explaining Social Behavior: More Nuts and Bolts for Social Sciences*이다. 곧 behavior를 행위로 옮긴 이유에 대해 해명하겠지만, 제목을 '사회적 행위를 설명하기'로 옮기는 것까지는 큰 어려움이 없다. 그러나 부제 *More Nuts and Bolts for Social Science*는 옮기기 어려웠다. 그대로 옮긴다면, 아마도 '사회과학을 위한 더 많은 수나사와 암나사'가 될 텐데, 이렇게 옮겨 놓으면 무슨 말인지 알 수 있는 독자가 별로 없을 것이다. 너트와 볼트를 수나사와 암나사로 옮기지 말고 그대로 표기하면 오히려 어감도 좀 낫고 의미도 분명해지겠지만, 그렇다 해도 '더 많은'이 왜 붙어야 하는지 의아스러울 것이다. 그렇다고 해서 그 '더 많은'을 빼는 것도 곤란하다. 왜냐하면, 이 부제는 엘스터의 1989년 저작 *Nuts and Bolts for the Social Sciences*를 시사하기 때문이다. 엘스터가 *Explaining Social Behavior*의 부제를 *More Nuts and Bolts for Social Sciences*로 달았다는 것은, 한편으로는 자신의 작업과의 연속성을 스스로 수립하는 행위이기도 하고(실제로 이 책은 1989년 저작을 크게 증보하고 심화한 것이다), 이 책의 독자가 자신의 저술을 따라 읽어 왔을 것이라고 믿는 자신감의 표현이기도 할 것이다. 그렇지만 엘스터가 그만한 대접을 받지 않는 우리 학계에서 이런 전제를 수용한 직역은 곤란하다. 그래서 엘스터의 의도 또는 단어의 의미만 살려서 '도구상자'라고 옮겼다.

이때도 엘스터에게 충실하게 사회과학을 '위한' 도구상자로 옮기지 않았다. 사실 엘스터가 사회과학을 '위한'이라고 했던 이유는 엘스터가 이 책에서 제시하는 개념과 이론이 사회과학에 표준적인 공동 자산이라고 하기는 어렵기 때문이다. 독자가 이 책의 결론까지 읽는다면, 이 책이 대단히 논쟁적이며, 엘스터가 보기에 유용한 이론과 개념을 사회과학자들에게 알리고 권고함으로써 사회과학의 방향을 새롭게 설정하고자 하는 책이라는 것을 알게 될 것이다. 그런 의미에서 이 책은 사회과학을 '위한' 책이다. 하지만 우리 사회에서 그렇게 옮기면 아마 사회과학자'만'을 위한 책으로 오해될 소지가 있기도 하고(확실히 이 책은 그보다는 널리 읽힐 가치를 가지고 있다), 이 책의 내용이 분파적이긴 해도 사회과학의 한 경향이기도 해서, 사회과학'의' 도구상자로 옮겼다. 그렇게 옮겨 놓고 보니, 번역자인 내게 필요했던 것은 번역자의(또는, 번역자를 위한) 도구상자라는 생각이 들었다. 이 일러두기는 그런 도구상자 없이 어떻게 그럭저럭 번역이 이뤄졌는지 적은 작업일지 같은 것이기도 하다.

3. 행위, 행동 그리고 상호행동

개념이나 이론적 입장을 내포한 단어는 되도록 맥락에 따라 다른 번역어를 택하지 않고 엄격히 고정했다. 이 책은 매우 이론적이어서 이렇게 번역하는 것이 읽기 편하게 번역하는 것보다 독자에게 더 도움이 될 것이다. 관련해서 우선 제목에도 등장하는 behavior 그리고 그것과 같은 계열의 단어인 action, act, deed, interaction의 번역 문제를 검토해 보자. 먼저 확인해야 할 것은 behavior, action, act, deed 이렇게 네 단어 가운데 엘스터에게서 나름의 이론적 지위를 가진 단어가 무엇인가이다. 엘스터는 앞의 두 단어의 의미를 명시적으로 구별한다. "가장 넓은 범위는 *behavior*이다. 그것의 기원이 (산사태에 쓸려 내려오는 때처럼) 행위자에 외적이지 않고 내적인 한에서, 어떤 신체적 운동도 행위로 볼 수 있다. *action*은 의도적 행위이며, 행위자의 욕망과 믿음에 의해서 야기된 것이다."(3부 서론) 즉 behavior는 인과에 떠밀리는 것 같은 외인^{外因}에 의한 동작이 아닌, 내인^{內因}에 의한 모든 동작이고, action은 동작 주체가 (의식적인) 의도와 의미를 품고 하는 동작이다. 이렇게 behavior와 action은 뚜렷하게 구별되는 의미를 지니지만, act와 deed는 그와 달리 뚜렷한 이론적 함의 없이 일상적 어법을 따라 사용된다. 하지만 우선 단어의 구별을 위해서는 모두 다르게 번역해야 하기에, 각각 '행위', '행동', '활동', 그리고 '행실'로 옮겼다.

역어 선택이 문제가 되는 중심 개념은 행위와 행동이다. 이런 단어들에 대해서 통일된 역어를 우리 학계가 정립하고 있지 않다. 그래도 기존 번역에서 비교적 빈번하게 보게 되는 것은 behavior와 action을 각각 행태와 행위로 옮기는 것이다. 하지만 여기서는 그런 사례를 따르지 않았다. 그 이유는 action을 행위로 옮기는 관행이 부적절해 보이기 때문이다. 우리의 일상적인 입말에서 주체 또는 행위자가 의미 지향적으로 그리고 의도적으로 수행하는 것에 대해서 행위라는 말을 쓰는 경우는 별로 없다. 가령 '박근혜정권 퇴진을 위한 비상국민행동'이라고 하지 비상국민 '행위'라고 하지 않는다. 그래서 action을 행동으로 옮겼고, behavior는 행위로 옮겼다. 하지만 언제나 그런 것은 아니다. behavior가 여러모로 '처신'으로 옮기는 것이 적절한 경우가 드문드문 있었다. 그런 경우에는 처신으로 옮겼다. 다음으로 behavioral economics는 관례를 존중해서 행위경제학이 아니라 행동경제학으로 옮겼다. 물론 내 생각으로는, 이미 관행으로 굳어졌다고 하더라도 행동경제학이 좋은 번역은 아니다.

관련해서 interaction도 일관성을 기하기 위해서 상호작용으로 번역하지 않고 '상호행동'으로 번역했다. 그러나 때로 상호작용으로 옮겼다. 그것은 action을 '작용'으로 번역할 때와 궤를 같이한다. 유럽어는 사물에 대해서나 인간에 대해서나 같은 단어를 사용하는 때가 많지만, 우리말은 인간에 대해서와 사물에 대해서 대체로 구별된 단어를 사용한다. 유럽어에서는 action과 reaction을 인간과 사물에 대해 모두 사용하지만, 우리말에서는 사물에 대해서라면 작용과 반작용이고, 인간에 대해서라면 행동과 반응이다. law 같은 단어를 우리는 자연계와 관련해서 사용되면 법칙이라고 하고, 사회 세계와 관련해서는 법률이라고 한다. 그리고 inertia를 자연계와 관련해서는 관성이라고 하고, 인간 생활과 관련해서는 타성이라고 한다. 그렇게 보면 interaction을 상호작용으로 옮긴 관행은 그렇게 적절하다고 할 수 없다. 그래서 여기서는 물리적 현상과 관련되는 경우에만 상호작용이라고 하고, 그렇지 않은 경우는 상호행동으로 옮겼다.

4. 행위자, 행동자, 그리고 행위주체성

behavior와 action에 관련되는 (일부는 상응하는) 말로 이 책에서 사용되는 것은 agent와 actor, 그리고 agency이다. 이 세 단어에 대해 엘스터는 제1부 서론 각주 1에서 다음과 같이 자기 견해를 밝히고 있다.

'agent'라는 단어가 이 책에서 처음 등장하는 여기서, 많은 학자가 'actor'라는 말을 선호한다는 것을 언급하는 것이 좋겠다. 아마도 경제학자들이 agent라는 말로 생각하는 것을 사회학자들은 actor로 생각하는 것 같다. 어떤 단어를 쓰는지가 정말 중요한 문제는 아닐 수도 있지만, 나는 agent를 선호하는데, 그 이유는 그 말이 agency라는 말을 암시하기 때문이다. 이에 비해 'actor'는 현존할 수도 있고 그렇지 않을 수도 있는 청중audience을 암시한다.

엘스터는 기본적으로 actor라는 말을 그렇게 좋아하지 않는다. 그는 actor에게서 '배우'의 느낌을 물씬 느끼는 것 같다. 그러나 '배우'의 느낌을 주는 이유인 (가상적이든 현존하든) 청중의 존재는, actor가 타자 지향적이고 상호행동 참여자이기 때문이기도 하다. 그리고 상호행동한다는 것은 actor가 내면적인 수준에서 이미 의미 지향적(의도적) 활동, 즉 action의 수행자라는 것을 의미한다. 그래서 interaction이란 말은 존재하지만, inter-behavior 같은 표현이 없는 것이다. 물론 actor는 action에만 대응한다기보다는 action과 interaction 모두에 대응한다고 할 수 있다. 그렇다 하더라도 표현의 일관성을 생각하면, 즉 action을 이미 행동으로 정한 것을 염두에 두면, actor는 행동자로 번역하는 것이 적합하다.

이제 엘스터가 선호하는 agent와 agency에 대해 살펴보자. 인용된 엘스터의 말에 따르면, 엘스터의 agent는 다른 사회과학자들은 actor라고 지칭하는 것에 해당하니 행위자 아니면 행동자라고 옮겨야 한다. 엘스터식의 behavior와 action 구별을 염두에 두면, agent는 behavior에 더 밀접하게 대응하므로, 행위자로 옮기는 것이 적합하다. 하지만 왜 통상 대리자, 첩보원 등으로 번역되기도 하고, 적당한 표현이 없어서 그냥 에이전트로도 표기하는 agent를 행위자로 옮기는 것이 적합한지 생각해 볼 필요가 있다. 실제로 이 책에서도 주인-대리인principal-agent 문제가 상세하게 논의되는 25장에서는 agent를 '대리인'으로 옮겼다(옮길 수밖에 없었다). 그런 점을 생각해 보면, 약간의 어원적 고찰을 피할 수 없다.

agent는 하다, 작업하다, 작동하게 하다, 수행하다, 몰아가다 같은 의미의 라틴어 동사 agere를 실행하는 자*인 agentem(주격은 agens)에서 온 말이다. 그런데 agent는 단지 무엇의 수행자임을 지칭할 뿐, 그런 수행의 원인이 어디에 있는지 묻지 않는다. 그 점을 묻지 않기 때문에 그 원인이 외부 또는 타자에 있는 행위의 수행자를 지칭하기에 적합하다. 그런 의미로 쓰는 한에서 agent는 확실히 대리인이며, 연장선에서 간첩이나 요원으로도 번역된다. 그들은 '지시받은' 업무를 수행하는 자들이기 때문이다. 하지만 agent를 지시받은 업무를 '수행'한다는 점에 초점을 두고 본다면, 그는 행위자이며, 오히려 이 측면이 더 기본적인 의미라고 할 수 있다. 그래서 이 책에서는 주인-대리인 문제 속에서 거론될 때를 제외하면, agent를 행위자로 옮겼다.

한결 까다로운 것은 agency이다. 이 단어는 행위성, 작인作因, 대리기관, 대행사, 행위기관 등으로 다양하게 옮겨지는데, 요점은 agent가 행하는 활동, 즉 행위를 유발하는 원천이다. 예컨대 여행사 직원이 agent라면, 여행사는 agency인 셈이다. 그러나 agency가 행위의 원천이기는 해도 자율적인 원인인지는 불확정적이다. 여행사는 여행객은 아니기 때문이다. 하지만 여행사는 여행객에 대해 완전히 수동적이지만은 않다. 여행상품을 개발하고 여행객을 모집하고 미리 비행기 표를 매집해 두기도 한다. 그래서 agency는 행위자의 행위 원인이라는 측면과 그 자체가 다른 자율적 행위자의 대리기관일 가능성을 동시에 갖고 있다고 할 수 있다. 이런 의미를 지닌 단어에 대해 범용성 있는 역어로 마땅한 것이 별로 없다. 작인은 일본의 역어이고 우리에게는 아주 낯설다. 대리기관이나 대행사는 여행사 같은 너무 구체적인 회사를 떠올리게 하기 십상이다. 행위성은 학술 문헌에서 더러 나타나는 역어이지만, 의미가 잘 전달된다는 느낌은 아니다.

그래서 기존 역어를 채택하지 않고, 행위주체성이라는 역어를 만들었다. 이 역시 매우 낯설고 원래 의미에서 꽤 멀리 나간 역어로 보일 수 있다. 번역 문헌을 많이 봐온 사람도 이 단어를 보고 agency를 떠올리기는 어려울 것이다. 그런데도 이런 역어를 택한 이유는 이렇다. 우선 이 책에서 agency가 그렇게 자주 등장하지 않는다. 그래서 널리 받아들여질 좋은 역어를 찾는 것보다 이 책 안에서의 용례에 적합한 역어를 찾는 것이 더 중요한 과제이다. 관련해서 엘스터가 이 책에서 몇 차례 언급하는 agency bias가 뜻하는 바를 전달하는데, 행위주체성이라는 표현이 적합하다고 판단되었다. agency bias는 우주에는 의미와 질서가 있다고 가정하고 그것을 찾으려는 욕구에서 비롯되는 편향이다. 즉, 어떤 사회적 사건 그리고 그것을 일으킨 행위 또는 행위들 뒤에는 행위를 유발하고 그것의 출처가 되는 무엇이 있을 것이라는 가정이, 사건이 우연히 일어났다는 가정보다 심리적으로 더 편하기 때문에 갖게 되는 편향이다. 흔히 이야기되는 '음모론'의 배경에 있는 것도 이런 편향이다. 그래서 행위를 유발하는 무엇의 존재를 가정하는 편향을 '행위주체성 편향'으로 옮겼다.

5. 몇 개의 까다로운 개념들

agency처럼 까다롭고, 그래서 의미전달을 중심으로 궁여지책의 역어를 사용한 단어 몇 개를 더 살펴보자. brute 또는 brute fact는 책 전체를 통해서 예닐곱 번 나온다. 이 말은 사실 영미 과학철학에서는 제법 쓰이는 말이다. 물론 과학철학계에서도 학자마다 다른 뉘앙스를 가지고 사용하는 경우가 많아서 공통의 정의가 확립된 개념이 아니긴 하다. 그렇다고 해도 꽤 널리 쓰이는 것을 감안하면, 우리 철학계에서 일반적으로 통용되는 역어를 찾기 어려웠던 것은 다소 유감스러웠다.

아무튼 일반적으로 통용되는 brute fact는, 존재를 확인해 주는 경험적 데이터는 있지만, 적절한 해명이나 설명을 얻을 수 없는 사실이다. 가령 현존하는 우주를 형성한 빅뱅의 존재는 여러 데이터에 의해 확증되고 최근에는 관측도 되었지만, 그것이 일어난 원인은 해명되지 않고 있다. 그런 점에서 빅뱅은 brute fact이다. 이런 의미를 살리려면, 영한 사전 brute 항목의 야수의, 짐승의, 조야한, 볼품없는, 폭력적인 같은 뜻풀이는 깨끗이 잊어야 한다. 그래도 brute의 느낌을 약간은 살린 '거친 사실' 같은 역어를 생각해 보았지만, 거칠다는 것의 의미를 따로 설명하지 않는 한, 직관적으로 의미를 전달하기엔 역부족으로 보였다. 어떤 철학 문헌에서는 '원초적 사실'로 옮기기도 했는데, 나름의 설득력은 있지만, '원초적'에서 brute보다는 primitive를 더 많이 떠올릴 것 같았다. 그렇다고 맥락화되지 않은 사실(탈맥락적 사실)이라거나 맥락화 이전 사실(전맥락적 사실)로 옮기는 것도 생각해 봤지만, 맥락이라는 말의 쓰임새가 워낙 넓어서 오해의 소지가 큰 번역이다. 아예 '이론적으로 해명되지 않았지만 분명히 존재하는 사실'로 옮길 수 있지만, 이렇게 개념을 해설 형태로 번역하는 것은 개념이 언어적 응축을 통해서 작동한다는 기본적 특성을 지나치게 도외시하는 것이다. 그래서 brute는 '그냥 주어진', brute fact는 '그냥 주어진 사실'로 번역했다. 확실히 이렇게 옮기는 것은 너무 일상적인 어법을 따른 번역이라서 흘려 지나가기 쉽다는 약점이 있다. 하지만 주의를 기울여 '그냥'이라는 말이 이 책을 통틀어 다른 경우에는 전혀 쓰이지 않도록 했다.

brute fact는 이미 지적했듯이, 가끔 등장하고 이 책 전체에서 핵심 위치를 차지한 개념은 아니다. 하지만 자주 등장하고 핵심 주제의 일부이지만 번역하기 까다로운 개념도 있다. the visceral 또는 visceral factor가 그렇다. 이 개념은 행동경제학자 조지 로엔스틴George Loewenstein이 제기한 개념이다. 유기체의 내부 장기를 뜻하는 라틴어 viscus에서 유래한 visceral의 기본적인 사전적 의미는 '내장内臟의'이고, 그로부터 파생된 은유적 의미로 '강한 감정에 따른' 또는 '본능적'이라는 뜻도 갖는다. 따라서 이 책에서 the visceral은 사람들의 관심을 장악하고 특정한 행동을 촉구하는 주체의 상태이며, 대체로 강력한 부정적 감정(공포와 분노), 충동적 상태(배고픔, 목마름, 성적 충동), 강력한 감각(고통) 같은 것을 통칭하는 것으로 쓰인다.

이 말을 여기서는 '본능적'이라고 옮겼다. 그렇게 옮길 때 가장 걸리는 것은 본능이 통상 instinct의 역어로 정착해 있다는 점이었다. 확실히 instinct는 내부로부터 치밀어오르는 무엇을 가리키는 visceral과 달리 생물학적으로 프로그래밍된 활동을 뜻한다. 그럼에도 불구하고 본능으로 번역한 이유는 두 가지이다. 하나는 이 책 전반에서 instinct라는 단어가 등장하지 않아서 혼선의 가능성이 없기 때문이고, 다른 하나는 충동은 impulse, urge, drive 등 말의 번역어로 할당하는 것이 그간의 번역 관례에도 부합하고 의미전달도 명료하기 때문이었다.

approbativeness도 좋은 번역어를 찾기 어려운 단어였다. 사실 approbativenesss는 영어가 모국어인 사람들도 익숙하지 않은 단어이다. 그러니 엘스터부터가 "다른 사람이 자신을 좋은 사람으로 생각해주길 바라는 욕망"을 특정해서 지칭하기 위해 이 단어를 사전의 구석에서 끄집어 올렸다고 봐야 할 것이다. 이 욕망을 엘스터는 부정직으로 평가한다. 어떤 선행 또는 옳은 일은, 선행이나 옳은 일을 하려는 욕망 자체에서 비롯할 수도 있고, 다른 사람이 자신을 좋게 봐주기를 바라서 한 것일 수도 있다. 그런데 후자에 해당하는 approbativeness는 행위의 '참된' 동기라고 하기 어렵다.

즉각 떠오르는 역어는 '인정욕'이었다. 그러나 인정, 인정욕망, 인정욕구는 헤겔의 'Anerkennung'의 역어로 널리 쓰이며, 헤겔 철학의 영향을 받은 영미 철학에서의 'recognition'의 역어로도 정착되어 있다. 사실 'Anerkennung'이나 'recognition'이 엘스터의 approbativeness와 의미상 겹치는 부분이 크지만, 헤겔이나 헤겔의 영향을 받은 현대 철학에서 인정은 부정적 함의를 가진 것은 아니다. 그래서 엘스터가 부여한 부정적 의미를 좀 더 강조하기 위해서 인정'욕심'으로 약간 강화해서 번역했다.

고심거리였던 개념에는 hyperbolic time discounting도 있다. 미래 시간은 현재보다 가치가 떨어지므로, 미래의 가치는 현재의 관점에서는 일정 수준 할인된 가치만을 가진다. 그 할인이 일어나는 방식 가운데 하나가 hyperbolic이다. 이 말에는 두 가지 의미가 있다. 하나는 '과장된'이고, 다른 하나는 '쌍곡선형'이다. '과장된'이 쌍곡선hyperbola을 가리키는 말이 된 이유는 쌍곡선의 개형이 (포물선에 비해서) 과장된 굴절을 보이기 때문이다. 실제로 이런 시간 할인 성향 가운데 미래를 과도하게 할인하는 경우를 수학적으로 그려 보면 쌍곡선 형태로 나타난다. 그래서 기존의 행동경제학 저서는 이 개념을 쌍곡형 또는 쌍곡선형으로 번역하고 있었다. 하지만 이 책에서 제시되는 도표는 1사분 면만 제시하기 때문에 '쌍'곡선이 드러나 있지 않으며, 그로 인해 명명이 직관적 이해를 방해한다. 적합한 역어를 찾기 위해서 국내의 저명한 행동경제학자에게 자문을 구했지만, 딱히 마음에 드는 번역어를 그도 갖고 있지 않았다. 그래서 관례를 존중하는 동시에 어쨌든 개념적으로는 정확한 '쌍곡선형'을 그대로 쓰기로 했고, 따라서 hyperbolic time discounting은 '쌍곡선형 시간할인'으로 번역했다.

이런 말보다 내심 더 까다롭게 다가온 말은 이 책의 이론적 주장의 중심에 있는 believe 또는 belief를 옮기는 문제였다. 앞의 개념들은 모두 일상어와는 다르게 학문적으로 정의된 이차적 언어라는 것을 내세우면 된다. 하지만 believe나 belief는 일상어의 감각을 회피할 길이 없다. 두 단어는 일단 각각 '믿다'와 '믿음'으로 옮기기로 했다. 하지만 "믿음의 조상 아브라함…" 같은 표현에서 보듯이, 우리말에서 명사 믿음은 종교적인 분위기가 꽤 강하다. 그렇다고 '신념'으로 옮기자니, '신념하다' 같은 동사가 없어서 believe와 짝이 잘 맞지 않았다.

이 책은 엘스터가 내세우듯이 믿음-욕망 패러다임을 따른다. 따라서 "I believe" 문형이 아주 자주 등장한다. 그런데 우리말에서 "나는 믿는다"라는 말은, 엘스터가 그렇게 주장하듯이 증거에 입각한 믿음에 한정되지 않는다. 그 말은 초월적 존재에 대한 신앙의 분위기는 물론이고, 불확실성을 감수하는 '신뢰한다'는 말의 분위기도 풍긴다. 사실 엘스터의 주장처럼 행동의 실제 전제로서의 "나는 ~라고 믿는다"라는 말은 우리말에서는 "나는 ~라고 생각한다"의 느낌에 더 가깝다. 우리말에서 "나는 ~라고 생각한다"에서 '생각한다'는 사유작업을 진행하고 있다(cogito)는 뜻이기보다 내 의식 수준에서 어떤 세계 상태에 대한 어떤 믿음이 형성된 것을 뜻한다. 가령 "나는 그가 착하다고 생각한다"는 말은 내가 일정한 증거에 입각해서 그가 착하다고 판단 내렸고, 그 판단을 주관화하고 있다는 뜻인데, 그것은 정확히 엘스터가 말하는 믿음의 현상이다. 그래서 몇 군데서는 "I believe"를 "나는 생각한다"로 옮기기도 했다.

6. 그 외의 몇 가지 개념들

motive와 motivation부터 보자. 전자는 '동기'動機로 옮기면 된다. 하지만 후자는 하나의 역어로 고정하기 어렵다. 동사형인 motivate도 자주 등장하는데, 그 역시 까다롭다. 이런 까다로움의 원인은 심리학에서 광범위하게 사용하면서 일상어로까지 침투한 motive와 motivation의 용법이 묘한 모호함을 내포한 때문이다. motive는 '움직이게 하는 무엇'을 뜻한다(motive는 영어 동사 move의 어원이기도 한 라틴어 동사 movere에서 온 말이다). 여기서 움직여진 것(작동하게 된 것)은 인간의 감정, 믿음, 사고, 행동이다. 그런데 정작 동기는 움직이게 하는 것을 그 움직이게 하는 면에서 지칭하는 말일 뿐, 그것이 무엇인지 말하고 있지 않다. 엘스터가 해명하듯이, 그것은 본능일 수도 있고, 이성일 수도 있고, 이익일 수도 있다. 그 가운데 어느 것이든 동기 역할을 할 수 있다. 아무튼, 그렇기 때문에 동기는 내용이 비어 있는 말이다. 그런데도 motivated belief 같은 표현이 사용된다. 이때 이 말이 뜻하는 것은, 무엇인가가 믿음을 형성하는 정신적 과정을 작동시켰고 그래서 어떤 특정한 믿음이 형성되었다는 사실뿐이다. 해당 믿음을 유발한 원인의 내용에 대해서는 밝히지 않는 것이다. 그래서 motivation의 번역어는, 이리저리 고민해도 결국은 돌고 돌아 '동기화'動機化라는 역어로 되돌아온다. 그럴 때도 synchronization의 역어인 '동기화'同期化와 혼동될 위험이 마음에 걸리긴 했다. 하지만 이 책에 synchronization이 한 번도 등장하지 않기에 그냥 '동기화'로 옮겼고, 맥락에 따라서는 '동기 형성', '동기 부여' 등으로 옮기기도 했다(motivate도 '동기화하다'뿐 아니라 '동기를 부여하다'나

'동기를 형성하다' 등으로 옮겼다).

그 외에 구별을 위해서 새롭게 시도해 봤거나 궁여지책으로 도입한 역어가 몇 가지 있다. 이 책의 핵심 개념은 choice이다. 그리고 choice는 선택으로 번역하면 된다. 그런데, natural selection 같은 개념도 빈번하게 등장한다. natural selection의 통상적인 번역은 '자연도태' 또는 '자연선택'이다. selection은 natural과 늘 함께 나오지 않고 독립적으로도 쓰이는데, 그럴 때를 생각하면, 도태는 적절하지 못하다. 하지만 선택으로 하면 choice와 구별이 되지 않는다. 그래서 selection은 모두 '선별'로 옮겼다. 사실 의미론적으로 보더라도 selection은 일종의 체를 치는 것처럼 일정한 기준을 통과하는 것과 통과하지 못하는 것을 나누는 작용 같은 것이지 대안들을 신중하게 견주고 비용과 편익을 따져서 이뤄지는 선택은 아니다. 그래서 natural selection의 역어로도 '자연선별'이 더 적합하다는 생각이지만 얼마나 널리 받아들여질지는 모르겠다. 관련해서 option은 언제나 '선택지'로 옮겼다.

result, outcome, consequence는 각각 결과, 결과물, 귀결로 옮겼다. 엄격하게 구별되는 개념어는 아니지만, 뉘앙스는 다른 것이 분명하여(내가 공을 던지면, 그 '귀결'로 공이 저편으로 날아간다. 내가 공을 던졌고, 그 '결과' 날아간 공이 유리창을 깼다. 내가 공을 던졌고, 그것의 '결과물'인 깨진 유리창을 치워야 했다, 등등) 구별해서 번역했고, 다소 어색해 보이는 문맥에서도 거의 다 역어를 고정했다. 단, consequentialist와 consequentialism은 '결과주의적'과 '결과주의'로 옮겼다. '귀결주의'라는 번역이 워낙 낯설기도 하고, 결과주의라는 번역어가 어느 정도는 관례이기도 해서 그렇게 했다.

risk와 danger도 구별해서 번역할 필요가 있는 말이다. 전자는 위험, 자주 등장하지 않는 후자는 위해危害로 번역했다. 하지만 위해가 어색한 경우에는, 그냥 위험으로 번역했다. risk는 언제나 확률이나 가능성의 맥락을 갖고 등장하므로 문맥상 구별이 그렇게 어렵지는 않다고 판단했다.

하나의 단어를 여러 단어로 번역한 것도 있다. 예컨대 precommitment가 있다. 미리 어떤 조치를 해두는 것을 뜻하는 말인데, 이미 기존 국내 연구서나 번역서에서 '서약전략'으로 번역되는 사례들이 있다. 나쁜 번역은 아니다. 하지만 반드시 타자에게 약속의 형태로만 이뤄지는 것은 아니고, 딱히 전략이라고까지 지칭할 필요는 없는 경우에도 쓰이는 개념이다. 그래서 고정하지 않고, 문맥에 따라서 '서약', '서약전략', '사전조치'를 그때그때 사용했다(동사로 쓸 때는 '서약하다', '사전구속하다', '사전조치하다' 가운데 하나를 사용했다). benefit은 문맥에 따라 '혜택'이나 '편익'으로 옮겼다. incentive도 '인센티브'와 '유인요인' 둘로 옮겼다.

다소간 까다로웠던 역어들을 몇 개만 더 간단히 살펴보자. wishful thinking은 처음에는 '소망 사고'를 역어로 생각해 보았다. wish, 즉 수동적 태도의 바람에 가까운 우리말은 '소망'이라고 생각해서였다. 하지만 어쨌거나 우리말에서 wishful thinking에 가장 가까운 어감을 가진 것은 '희망사항'이다. 그렇지만 희망'사항'은 thinking, 즉 사고활동의 느낌을 전하기 어려웠다. 그래서 고민하다가 '희망사고'를 역어로 정했다.

need와 desire는 각각 욕구와 욕망을 택했고, 엄격하게 고정해서 번역했다. 그 이유는 엘스터가 이론적으로 엄격히 구별하기 때문이다. 전자는 무의식적(행위자의 배후에서 작동한다)인 것이고, 후자는 의식적인 것이다. 따라서 욕구는 '행위'에 대해 인과적 효력을 미치지만, 욕망은 의도적 효력을 갖는다('행동'을 낳는다).

amour-propre도 번역하기 다소 까다로웠다. 이 말은 루소를 생각나게 한다. 그는 amour-propre와 amour-soi를 구별한다. 그러면서 후자는 진정성을 가진 것이지만, 전자는 그런 것이 못한 허영에 찬 것으로 비판했다. 이 책에서 엘스터는 amour-soi는 끌어다 쓰지는 않고, amour-propre만 사용한다. 시쳇말을 자유롭게 역어로 사용하는 것이 허용된다면, 아마 '쫀심' 정도가 직관적으로 느낌을 전달할 수 있는 말일 것이다. 하지만 그럴 수 없어서 역어로 '자존심'을 택했다. 왠지 모르겠지만, 우리말에서 '자존'은 매우 품위 있는 말인데, '자존심'은 별로 그렇지 않다. "자존심 세우지 말고"라고 할 때의 그 자존심이란 단어의 느낌으로 독자가 읽어 주길 기대한다. 관련해서 pride는 자부심, pridefulness는 자존감으로 옮겼다.

decision은 '결정', decision-making은 '의사 결정'으로 옮겼다. 구별을 위해서 그렇게 했다. 후자를 '결정함'이나 '결성 내림'으로 번역할 수도 있지만, 문장 속에서 어색한 경우가 많았다. 그래서 결정 내려지는 것이 꼭 의사意思인 것만은 아니지만, 일상적으로는 제법 쓰이는 표현이라 '의사 결정'을 끌어다 썼다. 비슷한 관점에서 plan은 '계획', planning은 '계획수립'(단 economic planning은 '경제계획'으로)으로 옮겼다. 그리고 경제학에서는 the completeness of preference를 선호의 '완비성'이라고 옮기는데, 여기서는 그냥 '완전성'이라고 옮겼다. 완비성이라는 어색한 용어의 이점을 전혀 느낄 수 없어서였다. 게다가 "선호가 완전하다"로 옮기면 될 문장을 "선호가 완비하다"로 옮기긴 곤란했다(완비하다가 자동사로 쓰일 수 있는지 의문이었다).

7. 정치적 올바름, 하이픈, 외래어

유럽어, 그리고 유럽어의 글쓰기 관행과 관련된 것들도 번역에서는 이런저런 골칫거리였다. 예컨대 콜론과 세미 콜론을 어떻게 처리할까 고민했다. 처음엔 차제에 우리 글에서도 콜론과 세미 콜론을 쓰는 시도를 해볼까 하는 생각을 해봤다. 하지만 아무래도 부자연스러웠다. 그래서 다 무시하고 없애고, 적절한 접속사나 풀어 쓰기로 해결했다.

유럽어의 관행과 관련된 것으로는 단수 3인칭 대명사 문제도 있다. 엘스터는 이 책 전체를 통해서 정해진 인물을 지칭하는 것이 아닌 단수 3인칭 대명사의 경우 he와 she를 불규칙적으로 번갈아 사용한다. 대명사의 수준에서 일종의 정치적 올바름을 추구하는 것이다. 하지만 엘스터의 시도를 그대로 반영해서 '그'와 '그녀'를 교차 사용하면, 번역서의 독자들이 이 '그'가 누구이고, 이 '그녀'가 누구인지 찾으려고 할 수도 있다. 우리말을 염두에 놓고 보면, 정치적 올바름의 실익이 실용적인 관점에서의 손실을 만회하고 남을 가능성은 별로 없어 보였다. 그래서 그냥 모두 '그'로 번역했다. 그녀라는 대명사 자체가 서양어의 여성 단수 3인칭 대명사 번역용으로 만들어진 것이고, 우리말 느낌으로는 꽤 어색하고, 쓰지 않는 것이 좋겠다는 것이 평소 개인적 생각이기도 해서 그런 선택을 했다.

영어에서는 하이픈도 자주 쓰인다. 가령 self interset라고 쓰지 않고 self-interest라고 쓴다. 하나의 단어처럼 쓰려는 의도이긴 한데, 그런 단어가 생각보다 꽤 많다. 몇 가지 예를 들자면, amour-propre, inaction-aversion, anti-Semitism, 그리고 younger-sibling syndrome 등이 그렇다. 이런 단어에 하이픈을 넣어서 번역하는 것은, 그런대로 넘어갈 만한 경우도 있고, 어색한 경우도 있고, 아예 불가능한 경우도 있다. 내 생각에 자기-이익이나 무행동-회피는 넘어갈 만하고, 반-유대주의는 어색하고(반유대주의보다 못하고), 동-생 증후군은 불가능하다. 그래서 하이픈을 모두 없앴다.

그러나 약간의 예외가 없는 것은 아니다. just-so story, why-questions와 why-explanation, 그리고 as-if rationality가 그것이다. 앞의 두 부류는 엘스터의 신조어이고 마지막 것은 (엘스터가 인용하는) 밀턴 프리드먼의 신조어이다. 신조어들의 의미는 책에 밝혀져 있으니 여기서 상론할 필요는 없다. 아무튼, 이 세 부류의 신조어에 대한 좋은 역어를 찾지 못해서 각각 '그럴-법한 이야기', '왜-질문'과 '왜-설명' 그리고 '마치-합리성'으로 옮겼다. 하이픈을 없애고 '그럴 법한 이야기'로 옮기면, 그것이 특정화된 의미를 가진 신조어임을 독자가 알아보시 못할 것이다. 이에 비해 '왜 질문'이나 '왜 설명' 그리고 '마치 합리성'은 비문으로 오해될 것이다.

하지만 이렇게 엘스터가 붙인 하이픈을 빼지 그냥 둘지만 정한 것이 아니라, 엘스터가 넣지 않은 하이픈을 내가 넣기도 했다. 엘스터는 사람들의 이타적 행위를 설명하기 위해서 'warm glow' 이론을 편다. 즉, 선행을 하면, 그것이 선행자의 마음속에 warm glow의 느낌을 일으키고, 그것이 주는 행복감이 이타적 행위의 동기가 될 수 있다는 것이다. warm glow는 '따뜻한 빛' 또는 '온화한 빛' 정도로 직역할 수 있고, '온정'溫情으로 옮겨도 괜찮을 말이다. 하지만 이 말이 나름의 이론적 설명을 제공하는 개념이라는 것에 주목하게 하려면, 따뜻한 빛이나 온정 정도로 옮겨서는 눈에 띄지 않는다. 주목을 얻기 위해서는 본문에 없는 작은 따옴표라도 계속해 주어야 하는데, 그렇게 문장부호를 활용하는 것이 적합해 보이지 않아서 '내면의-빛'이라고 옮겨 보았다. 약간 낯설게 만들어서 주목을 유도한 셈이다.

결정해야 할 또 하나의 문제는 외래어를 얼마나 허용할 것인가 하는 것이었다. 가능한 한 적게 허용하는 것이 좋다고 생각했지만, 번역어가 오히려 의미전달에 혼선을 줄 가능성이 있으면, 외래어로 표기했다. 이미 언급한 것으로 incentive처럼 때로는 의미전달을 위해 유인요인 대신 인센티브로 쓴 경우가 있고, pattern, mechanism, data, model은 외래어로 표기했다. monitor는 여러 번 고심하다가, 외래어 표기 대신 '감독'이나 '감시'로 번역했는데, 잘한 것인지 여전히 의문이다. 관련해서, 인명은 처음 나올 때 한번 원어를 병기했다.

마지막으로 역주를 거의 달지 않은 이유를 밝혀 둔다. 일차적인 이유는 영어판 위키피디아를 읽을 정도면, 이 책에 나오는 인명이나 사건은 모두 검색해서 꽤 상세한 해설을 읽을 수 있기 때문이다. 사실 역주를 단다고 해도 역자 자신이 위키피디아에 상당 부분을 의존해야 하는 상황이기도 하다. 따라서 독자가 가진 사전 지식의 개인차를 생각하여, 독자가 직접 위키피디아를 찾아보는 편이 합리적이라고 판단하였다.

8. 험프티 덤프티

번역하면서 자주 떠오른 것 가운데 하나는 『거울나라의 앨리스』에서 험프티 덤프티와 앨리스가 주고받은 대화이다.

"내가 단어를 쓰면,"

매우 경멸하는 말투로 험프티 덤프티가 말했다.

"그 단어는 내가 선택한 의미만 띠게 되는 거야. 더도 말고 덜도 말고."

"문제는"

앨리스가 말했다.

"당신이 단어들의 의미를 너무나 딴판으로 만드는 데 있어요."

"문제는,"

험프티 덤프티가 말했다.

"누가 주인이 되느냐지. 그게 다야."

앨리스는 너무나 어리둥절해서 아무 말로 하지 못했다. 그러자 잠시 후에 험프티 덤프티가 다시 말을 하기 시작했다.

"단어들도 성격이 있어. 그 중에서도 특히 동사가 그래. 자존심이 가상 강하지. 형용사는 어떻게든 할 수가 있어. 하지만 동사는 안 돼. 그렇지만 나는 그것들 전부를 다룰 수가 있다고! 절대적! 바로 그거야!"

"죄송하지만, 그게 무슨 뜻이죠?"

앨리스가 물었다.

"이제야 네가 분별 있는 아이처럼 말을 하는구나."

매우 만족스러운 표정으로 험프티 덤프티가 말했다.

"'절대적'이라는 단어는, 우리는 그 주제에 대해서 충분히 이야기를 했고, 너의 나머지 인생 전부를 여기에서 멈추려는 게 아니라면 다음 이야기로 넘어가는 편이 좋겠다는 뜻이야."

"한 단어가 의미하는 게 정말 많네요."

앨리스가 생각에 잠긴 말투로 말했다.

"내가 한 단어에 그렇게 많은 작업을 시킬 때는,"

험프티 덤프티가 말했다.

"언제나 시간외 수당을 지불한단다."

번역하는 내내 내게는 엘스터가 "단어들의 의미를 너무도 딴판으로 만드는" 험프티 덤프티로 보였다. 그런데 이제 이 번역서를 읽는 독자에게 번역자인 내가 "단어는 내가 선택한 의미만 띠게 되는 거"라고 우기는 험프티 덤프티로 보일 것 같다.

앞서 나는 번역이 합리적 선택이기도 하다고 말했지만, 번역의 실제 과정은 계속적인 땜질 과정과 더 닮았다. 합리적 선택이기보다는 진화과정과 더 비슷한 것이다. 예컨대 한참 번역이 진행된 다음, 어떤 문형에 대한 좋은 번역이 떠올랐다. 하지만 그것을 세세히 다 찾기는 너무 힘들게 느껴진다. 어떻게 할 것인가? 이런저런 단어에 "시간외 수당을 지불"하며 "다음 이야기로 넘어"갈 것이다. 지금의 이 일러두기란 그렇게 번역이 진화적 표류가 되는 것에 조금이라도 벗어나기 위해서 선택의 이유를 기억하고 적어 둔 몇 개의 메모일 뿐이다. 독자들도 "나머지 인생 전부를 여기에서 멈추려는 게 아니라면 다음 이야기로 넘어"가길 바란다.

2권

| 일러두기 |

1 이 책은 Jon Elster, *Explaining Social Behavior: More Nuts and Bolts for the Social Sciences*, Cambridge University Press, 2015를 완역한 것이다.

2 이 책의 주석은 모두 각주이다. 옮긴이가 추가한 주는 내용 끝에 '―옮긴이'라고 표시했다.

3 단행본·정기간행물의 제목에는 겹낫표(『 』)를, 논문·기사·영화·미술작품 등의 제목에는 낫표(「 」)를 사용했다.

4 외국어 고유명사는 2002년에 국립국어원에서 펴낸 외래어표기법을 따라 표기하되, 관례가 굳어서 쓰이는 것들은 그것을 따랐다.

서문

이 저작의 초판은 훨씬 작은 책이었던 『사회과학을 위한 너트와 볼트』 *Nuts and Bolts for the Social Sciences*의 확장 형태였다. 하지만 대체로 폭의 면에서 확장이었지, 깊이 면에서 확장은 아니었다. 훨씬 많은 주제를 다뤘지만, 분석 수준이 높아진 것은 아니었다. 이번 수정판의 주제 범위는 초판과 거의 같지만, 초판보다는 나은 통찰을 제공하기를 바란다.

책 분량을 적절한 수준으로 유지하면서도, 새로운 소재를 제대로 다룰 분량을 확보하기 위해, 초판의 4부 '자연과학으로부터의 교훈'은 생략했다. 그러나 4부에서 다뤄진 내용 가운데 일부는 11장 '강화와 선별' 그리고 20장에 포섭되었다. 그리고 '변환' 장이 추가되었다. 그리고 결론은 물론이고 제5부를 이루는 집합적 믿음 형성, 집합적 행위, 집합적 의사 결정, 제도와 헌정은 완전히 다시 썼다. 2부도 중요한 수정이 있었다. 1부와 3부도 약간 개정했다.

개정과 추가는 그동안 내가 출간한 다음과 같은 다섯 권의 책을 활용했다. 『자신을 거슬러 행동하기』*Agir contre soi, 2007*, 『무관심』

Le désintéressement, 2009, 『알렉시 드 토크빌: 최초의 사회과학자』*Alexis de Tocqueville: The First Social Scientist*, 2009, 『비합리성』*L'irrationalité*, 2010, 그리고『악정惡政을 막는 안전조치』*Securities Against Misrule*, 2013가 그것이다. 이 책들은 이제야 비로소 읽은 『도덕감정론』, 흄David Hume의 『영국사』, 기번Edward Gibbon의 『로마제국 쇠망사』뿐 아니라 세네카Lucius Annaeus Seneca, 토크빌, 벤담Jeremy Bentham, 그리고 프루스트Marcel Proust에 깊이 몰두했던 경험을 반영한다. 미국이 베트남에서 치른 전쟁에 관한 여러 저서 덕분에 어리석음이 인간사에 미치는 중요성에 눈뜨게 되었다.

책을 개정하면서 나는 연상작용을 따라 자유롭게 생각의 가지를 펼쳐 나갔다. 이런 점에서 나의 역할 모델은 몽테뉴Michel E. de Montaigne의 『수상록』, 프리츠 하이더Fritz Heider의 『인간관계의 심리학』*The Psychology of Interpersonal Relations*, 토머스 셸링Thomas Schelling의 『갈등의 전략』*The Strategy of Conflict*, 그리고 카임 페렐만Chaïm Perelman과 루시 올브레히츠-티테카 Lucie Olbrechts-Tyteca의 『새로운 수사학』*The New Rhetoric*이었다. 내용은 다르지만, 이들 모두 신나게 세부에 몰두하고 있는 책이다. 그런 세부는 겉보기엔 사소해 보이나 분석 구조 위에 덧붙여져서 그 의미를 밝혀주는 역할을 한다.

이번 판의 특징은 제9장을 결론과 함께 읽을 때 드러날 것이다. 거기 나타난 내 입장, 즉 사회과학자들이 쓴 여러 저술을 일종의 허위 패턴 추구의 사례로 이해하는 것은 **사회과학자의 자연화**라고 불릴 수도 있을 것이다. 하지만 그런 패턴은 자연과학자와 사회과학자 모두 인간존재를 아주 일반적으로 규정하기 위해 찾아낸 것이다. 사회과학자들의 설명을 이렇게 설명하는 것이 그들을 반박하기 위한 것(그렇게 하는 것은

"발생적 오류"에 해당한다)이 결코 아니다. 반박은 표준적인 방법론적 절차를 따라야만 한다. 그러나 수준 이하의 사회과학 — 내가 연성 그리고 경성 반反계몽주의라고 부르는 것 — 이 대규모로 존재하게 된 것은 설명이 필요한 현상이다.

프루스트 인용은 스콧 몽크리프Scott Moncrieff의 번역을 이용했고, 더 축자적 의미를 전하기 위해 또는 좀 더 명료한 전달을 위해 약간 수정해서 인용한 경우가 더러 있다. 초고를 읽고 논평해 준 허버트 긴티스Herbert Gintis, 오눈 휠란Aanund Hylland, 위안 풍 콩Yuen Foong Khong, 조지 로엔스틴George Loewenstein, 칼 오베 모에네Karl Ove Moene, 데이비드 스타새비지David Stasavage, 에이드리언 버뮬Adrian Vermeule, 그리고 애덤 웨이츠Adam Waytz에게 감사드린다.

공공선을 위해 헌신했던 애런 스워츠Aaron Swartz를 기억하며 그에게 이 개정판을 바친다.

I부

설명과 메커니즘

이 책은 사회과학에서의 설명에 대한 특정한 관점에 입각해 있다. 이 책은 일차적으로 사회과학의 철학 작업은 아니지만, 사회현상을 설명하는 방식에 대한 나름의 방법론적 발상에 근거해 있고, 또 그것을 주창한다. 첫 세 장에서 이런 발상이 명시적으로 제시된다. 나머지 부분에서는 그런 발상이 대부분 암묵적인 배경을 형성할 것이다. 물론 이따금씩 그리고 결론에서는 뚜렷하게 그것이 무대의 중심으로 돌아올 것이다.

나는 모든 설명은 인과적이라고 주장한다. 하나의 현상(피설명항)^{an} $explanandum$을 설명하는 것은 그것을 야기한^{caused} 이전 현상(설명항)^{the} $explanans$을 인용하는^{cite} 것이다. 인과적 설명을 주창한다고 해서 행위에 대한 의도적 설명의 가능성을 배제하려는 것은 아니다. 의도는 원인으로서 작용할 수 있다. 특수한 종류의 의도적 설명의 하나가 이어지는 장에서 상세히 논의될 **합리적 선택 설명**이다. 그러나 많은 의도적 설명이 행위자^{agent}가 이러저러하게 **비합리적**이라는 가정에 근거한다.[1] 비합리성은 그 자체로는 부정적 또는 잔여적 관념이다. 즉 합리적이지 않은 모든 것이다. 그런 관념이 설명력을 가지려면, 특정한 행위를 함축하고 있는 특정 형식의 비합리성이 요청된다.

때로 과학사들은 현상을 원인이 아니라 **귀결**로 설명한다. 예를 들어 피의 보복$^{blood\ feuds}$은, 그것이 인구를 지속 가능한 수준으로 낮춘다는 사실에 의해 설명된다고 한다. 이것은 형이상학적으로 불가능한 것 같

---

1 '행위자'라는 단어가 이 책에서 처음 등장하는 여기서, 많은 학자가 '행동자'(actor)라는 말을 선호한다는 것을 언급해 두는 것이 좋겠다. 아마도 경제학자들이 행위자라는 말로 생각하는 것을 사회학자들은 행동자로 생각하는 것 같다. 어떤 단어를 쓰는지가 정말 중요한 문제는 아닐 수도 있지만, 나는 행위자를 선호하는데, 그 이유는 그 말이 행위주체성(agency)이라는 말을 암시하기 때문이다. 이에 비해 '행동자'는 현존할 수도 있고 그렇지 않을 수도 있는 청중(audience)을 암시한다.

다. 어떻게 특정 시점에 실존하거나 발생한 어떤 것이 아직 존재하지도 않는 어떤 것에 의해서 설명될 수 있는가? 제11장에서 살펴보겠지만, 귀결에 의한 설명을 의미 있는 개념으로 만들기 위해서, 문제를 달리 서술할 수는 있다. 생물학에서 진화적 설명이 그런 예이다. 그러나 사회과학에서는 그런 설명이 성공한 예가 흔치 않다. 피의 보복은 전혀 그런 사례가 아니다.

자연과학, 특히 물리학과 화학은 **법칙에 의한 설명**을 제공한다. 법칙은 이전 시기의 어떤 진술의 참됨으로부터 다른 특정 시기의 어떤 진술의 참됨을 추론하게 해주는 일반적 명제이다. 우리가 한 시점에서 행성의 위치와 속도를 알고 있다면, 행성 운동의 법칙은 그 이후(또는 그 이전) 어떤 시점에 행성이 위치할지 연역하고 예측할 수 있게 해준다. 이런 종류의 설명은 **결정론적**이다. 즉, 선행요소가 주어져 있다면, 오직 하나의 결과(또는 선행요소)만이 가능하다. 이런 종류의 법칙적 설명이 사회과학에 없는 것은 아니지만, 아주 드물다. 설명항과 피설명항 사이의 관계는 일대일 또는 다대일이 아니라 일대다 또는 다대다이다. 여러 사회과학자가 이런 관계를 **통계적** 방법으로 모델화하려고 한다. 하지만 통계적 설명만으로는 불완전하다. 그것은 궁극적으로는 그럴듯한 인과적 **메커니즘**에 대한 직관에 의존해야 하기 때문이다.

1장_ 설명

설명: 일반

사회학의 중요 과제는 사회현상을 설명하는 것이다. 그것이 유일한 과제는 아니지만, 가장 중요한 과제이다. 다른 과제는 그것에 종속적이거나 그것에 의존한다. 피설명항의 기본 유형은 **사건**이다. 한 사건을 설명하는 것은 **이전 사건**을 그것의 원인으로 인용함으로써 왜 그것이 발생했는지를 해명하는 것이다. 그러므로 우리는 1980년 로널드 레이건Ronald Reagan의 대통령 당선을 이란에 인질로 잡힌 미국인을 구하려던 지미 카터Jimmy Carter 대통령의 시도가 실패한 것으로 설명할 수 있다.[1] 또는 제2차 세계대전의 발발을 뮌헨 협정에서 베르사유 조약 체결에 이

---

1 뒤에서 논의될 구별을 이용해서 표현하자면, 카터는 **시도하지 못한 것**이 아니라 **시도했고 실패했** 다, 라고 할 수 있다. 다른 사람들이 행위자가 행동하지 못했다는 것을 관찰하거나 추론해 보니, 행위자가 그렇지 않았으면 하지 않았을 행동을 하거나 했을 행동을 하지 않기로 한 것이었다는 식의 간접적 의미가 아니라면, 시도하지 못함 같은 무행동(non-action)은 인과적 효력을 가질 수 없다.

르는 일련의 이전 사건들을 인용함으로써 설명할 수도 있다. 두 사례에서 잘 구성된 인과적 설명의 구조는 분명 더 복잡하긴 해도 **사건-사건**이라는 기본적인 설명 패턴을 잘 구현하고 있다. 데이비드 흄으로 거슬러 올라가는 전통은 그것을 인과적 설명의 '당구공' 모델이라 칭한다. 한 사건 ── 당구공 A가 당구공 B를 친 사건 ── 이 다른 사건 ── 당구공 B의 운동 개시 ── 의 원인이다.

사회과학에 전형적인 종류의 설명에 익숙한 사람은 이런 패턴을 특권적 사례로 인정하지 않고, 그렇다고 보지도 않는다. 사회학자들은 대체로 사건보다 **사실**이나 사태에 강조점을 두는 편이다. "아침 9시에 도로가 미끄러웠다"라는 문장은 사실을 진술한다. "아침 9시에 차가 도로를 벗어났다"는 문장은 사건을 진술한다. 이런 예가 말해 주듯이 자동차 사고에 대해 **사실-사건** 설명을 제시할 수 있다.[2] 역으로 주어진 사태를 설명하기 위해서 **사건-사실** 설명을 제시할 수도 있다. 예컨대 2001년 세계무역센터에 대한 공격이 미국인들 사이에서 만연한 공포감을 설명한다고 주장할 수 있다. 끝으로 표준적인 사회과학적 설명은 **사실-사실** 패턴인 경우가 잦다. 그런 예를 무작위로 하나 들자면, 여성의 교육수준은 개발도상국의 1인당 소득을 설명해 준다는 주장이 그런 것이다.

65%의 미국인 혹은 그런 수치는 놔두고 그저 미국인이 사형제에 우호적이라는 개별 사실에 대한 설명에 대해 생각해 보자.[3] 원리적으로 이 이슈는 사건으로 재서술될 수 있다. 어떻게 해서 미국인들은 사형제에

---

2 뒤에서 곧 다룰 투표율도 이것의 다른 예이다.
3 응답 비율은 오르락내리락한다. 그리고 가석방 없는 종신 구금이 대안으로 제시되면, 살인죄를 사형으로 처벌하는 것에 찬성하는 사람 수는 급격히 감소한다.

대해 **우호적**이게 되었는가? 이런 태도를 형성한 사건——부모, 또래 또는 교사와의 상호작용——은 무엇인가? 사회과학자들은 실제로 이런 질문에 별로 관심이 없다. 이런 종류의 그냥 주어진 통계적 사실을 설명하려고 시도하기보다 시간적 경과에 따른 태도 **변화**나 인구집단별 태도 **차이**를 이해하길 원한다. 아마도 그냥 주어진 사실brute facts에 풍부한 정보가 들어 있다고 생각하지 않기 때문일 것이다. 65%가 많은지 적은지 묻는다면, 뻔한 응답은 "무엇에 비해서?"일 것이다. 사형제에 대해 80%가 우호적이었던 1990년에 비하면 낮은 수치이다. 하지만 유럽의 몇몇 나라 시민의 태도에 비하면 높은 수치이다.

　　종단적 연구는 시간의 경과에 따라 나타나는 종속 변수의 변이를 고찰한다. **횡단적** 연구는 인구집단 사이의 변이를 고찰한다. 어떤 경우든 피설명항이 바뀐다. 현상 '그 자체'를 설명하려고 하기보다, 그것이 시공간적으로 어떤 변이를 보이는지를 설명하고자 한다. 설명이 얼마나 성공적인지는 부분적으로는 그것이 설명할 수 있는 변이가 어느 정도인지에 따라 측정된다.[4] 관찰된 모든 변이를 설명한다면 완벽한 성공이다. 예를 들어 국가간 비교연구를 통해 사형제에 우호적인 개인들의 백분율이 인구 10만 명당 살인 건수에 엄밀하게 비례한다는 것이 발견될 수 있다. 이런 발견은 절대적인 숫자에 대해서는 **어떤** 설명도 제시하지 **못하지만**, 사형제 찬성의 국가별 차이에 대해서는 **완벽한** 설명을 제공한다.[5] 물론 실제로 완벽한 성공이 이뤄지지는 않지만, 요점은 같다. 변이

---

4 경제학자들은 오직 '한계에서'(at the marginal) 일어나는 일에만 관심이 있다고 말하곤 한다.
5 엄격히 말해서 인과적 연쇄는 다른 방향으로, 즉 태도로부터 행위로 나아갈 수도 있다. 그러나 그런 경우에는 그 가설은 설득력을 잃게 된다.

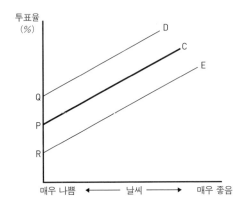

그림 1.1

의 설명은 피설명항 '그 자체'에 대해 아무것도 말해 주지 않는다.

예를 들어 투표 행위 연구를 보자. 우리가 나중에 보겠지만(제14장), 한 사람의 투표가 아무런 차이도 내지 못한다는 것이 도덕적으로 확실한 전국적 선거에서조차 왜 투표자가 귀찮게 투표를 하는지는 불분명하다. 유권자 상당수가 투표일에 투표하러 나온다. 왜 그들은 귀찮은 일을 하는가? 경험적 연구를 주로 하는 사회과학자들은 통상 이런 의문점을 풀려고 하기보다 다른 질문을 던진다. 왜 선거마다 투표율이 달라지는가? 하나의 가설은 비가 오거나 추우면 집에 있는 편에 더 끌리기 때문에, 날씨가 나쁘면 유권자가 투표장에 덜 나오게 된다는 것이다. 그림 1.1의 선 C가 보여 주듯이 데이터가 가설과 일치하면 투표율 변이(적어도 그 일부)를 설명했다고 주장할 수 있다. 그러나 왜 선 C가 수직축에서 Q나 R이 아니라 P를 지나는지 전혀 설명하지 못한다. 마치 십의 자릿수는 주어진 것으로 보고 단지 일의 자릿수만 설명하려는 듯이 보인다. 예측이 목적이라면 필요한 것은 그게 다일 수 있다. 그러나 설명이 목적이라면 만족스럽지 않다. 통상 45% 또는 그 이상의 유권자가 투표한다는

'그냥 주어진 사건'brute event은 설명을 간절히 요청하는 흥미로운 사건이다. 이 점은 뒷장에서 더 자세히 논의할 것이다.

사건-사건이라는 설명의 관점에서 이상적 절차는 다음과 같다. A 선거와 B 선거를 검토한다. 각각의 선거에서 투표한 유권자의 비율의 원인인 사건들을 확인한다. 일단 A 선거와 B 선거의 투표율을 각각 설명하면, 투표율의 차이가 (있는 경우) 부산물로 그냥 주어진다. 덤으로 두 선거의 투표율이 같다면, 그것이 우연인지, 즉 서로를 정확히 상쇄하는 차이로 인하는 것은 아닌지 설명할 수 있을 것이다. 실제로 이런 절차는 너무 성가시다. 자료나 가용한 이론들로는 현상 '그 자체'를 설명하지 못할 수 있다. 하지만 변이 설명에 머무른다면, 우리는 차선의 설명에만 주력하는 것일 뿐이다.

때로 사회과학자들은 **무사건**non-events을 설명하려고 한다. 왜 수급 자격을 가진 이들 가운데 상당수가 사회복지 혜택을 청구하지 않는 것일까? 키티 지노비스 사례에서 왜 아무도 경찰에 전화를 걸지 **않았을까?**[6] 앞의 질문에 대해서, 해당하는 개인이 낙인에 대한 두려움이나 자기 이

6 문헌에 등장하는 바에 따르면, 이 일화의 내용은 다음과 같다. 1964년 3월 27일, 뉴욕 퀸즈에 사는 법을 잘 준수하는 멀쩡한 주민 33명이 큐 가든에서 한 살인자가 한 여성을 따라와 칼로 찌르기를 세 번이나 반복하는 것을 30분 넘게 목격했다. 주민들이 웅성거리고 인근 아파트 침실 전등이 여기저기 켜지자, 살인자는 겁을 집어먹고 두 번이나 공격을 중단했다. 그러나 매번 되돌아와 그녀를 뒤쫓아가서 다시 칼로 찔렀다. 그러나 공격이 일어나는 중에 경찰에게 전화를 건 사람은 없었고, 그녀가 죽고 난 뒤 한 사람이 신고했을 뿐이다. 최근의 조사에 따르면, 이런 판본의 이야기는 일부 부정확한 것이었다. 그럼에도 불구하고, 구경꾼의 수동성이라는 일반적 현상은 제대로 기록되었다(12장). 이어지는 장에서 이 사례를 참조할 때는, 결점이 있긴 하지만 학자들 사이에서 민담처럼 전수된 이전 판본을 논의 대상으로 삼았다. 그러므로 나는 이 사건을 인용부호를 붙여서 '키티 지노비스'라고 표기할 것이다. 그렇게 하는 이유는 독자들에게 그것이 구경꾼 현상에 대한 더 일반적이고 더 잘 기록된 사건의 대리 사례임을 상기시키기 위해서이다.

미지에 대한 걱정 때문에 혜택을 요구하지 않기로 **결정**했기 때문이라고 설명할 수 있다. 결정은 하나의 사건이기 때문에, 이것은 충분히 만족스러운 설명이다. 그런 설명을 제공하지 못할 경우, 사회과학자들은 다시 한번 수급 자격이 있고 그것을 요구한 사람과 자격은 있지만 요구하지 않은 사람의 **차이점**에 주목해야 한다. 유일한 차이가 후자가 자신에게 자격이 있다는 걸 몰랐기 때문이라고 해보자. 설명으로서 이것은 유용하긴 하지만 충분하진 않다. 그 너머로 나아가기 위해, 우리는 왜 자격을 갖춘 사람 가운데 일부는 그런 사실을 모르는지 설명하려고 할 수 있다. 그들이 문맹이어서 그들의 권리에 대해 알려 줄 문서를 읽을 수 없다는 사실을 알아냈다면, 그 역시 도움은 되지만 충분하지는 않다. 설명적 회귀의 어떤 지점에서 우리는 문자 해독을 포기하기로 한 의식적 결정이나 정보를 주지 않기로 한 관료의 의식적 결정 같은 긍정적 사건에 도달해야 하거나 혜택을 받을 자격이 있으며 그것을 그 혜택을 추구하는 사람들에게로 향해야만 한다. 일단 후자의 행위를 설명하면, 다른 사람들이 그들의 혜택을 추구하지 못한 이유는 부산물로서 등장할 것이다.

'키티 지노비스' 사례의 경우, **아무도** 경찰에게 전화를 하지 않았으니 설명해야 할 행위와 관련된 변이가 전혀 없다. 이 사례에 대한 해명들에 따르면, 목격자들 가운데 몇몇은 경찰에게 전화하지 않기로 **결정**했다고 말한다. 그들이 왜 그런 결정을 했는지 알고 싶긴 하지만, 이 경우는 근인近因으로도 충분히 만족스러운 설명이 제공된다. 그들은 "엮이는 것"이 두려웠거나, 모두 "다른 누군가가 경찰에 전화할 것"("목동이 많을수록 양을 더 못 지킨다")이라고 생각했기 때문일까? 하지만 어떤 목격자는 분명 경찰에게 전화 거는 것은 생각조차 하지 않았을 것이다. 어떤 부부는 여흥 거리가 되는 일화로 보았을 수도 있고, 또 다른 남자는 피곤해서 자러 갔다고 말하기도 했다. 그들이 더 강하게 반응하지 않은 이유를 설명하기 위해서는 그들의 얄팍한 감정을 원인으로 꼽아야 할지 모른다. 그러나 이 경우 부정적인 설명항을 인용해서 부정적인 피설명항을 설명하려고 하는 것이 된다. 다시 한번 그들의 행위는 부산물이나 잔여적인 것으로 설명될 뿐이다. 경찰에 결국 전화를 하지 않았다고 하더라도 왜 일부 개인들은 경찰에 전화로 신고할 생각을 했는지 만족스럽게 설명한다면, 왜 어떤 이들이 그것을 생각조차 못 했는지에 대해 우리가 얻을 수 있는 유일한 설명에 이를 것이다.

이 책의 이어지는 내용에서 나는 때때로 적절한 피설명항과 적합한 설명으로 간주할 수 있는 것만 받아들이는 순수주의적이고 엄격주의적인 접근을 고집하지 않을 것이다. 사건에 초점을 둔 설명을 고집하는 것은 이 책의 또 다른 전제이기도 한 방법론적 개인주의의 원칙이기도 하다. 원칙적으로 사회과학에서 설명은 개인들 그리고 개인들의 행동에만 근거해야 한다. 실제로 사회과학자들은 가족, 회사 혹은 민족 같은 초개인적인 실체를 **무해한 약칭** 또는 자료 또는 정밀한 이론이 없어서 어쩔 수 없이 채택한 **차선책**이라고 말한다.[7] 이런 두 가지 정당화는

---

7 두 경제학자는 "신고전주의 효용이론은 개인에게 적용되는 것이지 가계에 적용되는 것은 아니"라고 올바르게 지적했고, 전통적인 가계 중심 접근 대신 개인의 선호만 따져서 소비자 행동을 설명하기 시작했다. 그럼에도 불구하고, 그들은 가족의 결정이 파레토 효율(Pareto efficiency)적이라고 가정하는데, 거기엔 가족 내 협상이 깨지지 않을 것이라는 전제가 깔려 있다. 그러나 실제 가계에서는, 부부 또는 부모-자식이 함께 창출한 잉여의 분배에 합의하지 못하는 경우가 종종 있다. 그리고 그로 인해 파레토 효율적 결정에 이르지 못할 때가 제법 있다. 이런 얘기를 하는 이유는 전통적인 모델을 넘어서고자 한 그들의 작업을 반박하기 위한 것이 아니다. 단지 방법론적 개인주의를 말 그대로 완전히 적용하는 것은 어려운 일이라는 것을 지적하려는 것이다.

사실을 설명항이나 피설명항으로 사용하는 것과 현상 '그 자체'보다 변이에 대한 설명을 채택하는 것, 그리고 부정적 피설명항(무사건 또는 비사실)을 분석하는 것에도 적용된다. 앞선 논의의 목적은 사회과학자들을 중요하지 않거나 불가능한 표준에 붙잡아 매는 것이 아니라, 제1 원리 수준에서는 사건 기반 접근이 내재적으로 우월하다는 것을 주상하는 것이다. 학자들이 그런 사실을 염두에 둔다면, 그들은 적어도 가끔은 더 낫고 더 풍성한 설명을 내놓을 것이다. 1787년 연방 회의에서 이루어진 결정을 설명하고자 할 때, 각 주의 **대표단**의 투표 기록은 유용하지만 불완전하다. 역사가들은 우리의 이해를 개선하기 위해 대표단의 개별 **구성원**이 던진 표를 확인해 왔다. 1933년 독일 의회와 1940년 프랑스 의회가 그들의 권력을 포기했던 이유에 대한 설명은 개별 의원들의 동기 변화와 상호행동을 추적할 때 더 큰 설명력과 선명한 초점을 갖게 될 것이다.

우리는 때로 방법론적 개인주의 때문에 어쩔 수 없이 눈높이를 낮추어야 한다. 사회과학자는 쉽게 큰 질문에 이끌린다. 그러나 어떤 질문은 너무 커서 답을 할 수가 없다. 우리는 칼뱅주의의 발흥은 설명해 볼 수 있다. 그러나 모든 사회에 걸쳐 종교가 어떤 형태로 존재하게 되는지는 설명할 수 없을 것이다. 18세기 영국에서 자본주의적인 형태의 농업이 출현한 것은 설명할 수 있지만, 전체 유럽의 '봉건주의로부터 자본주의로의 이행'을 설명할 수는 없을 것이다. '축의 시대'와 '근대성'에 대한 논의는 다른 이유는 차치하고라도 행위자와 그들의 동기조차 확정할 수 없어서 허우적대고 있다. 사회과학자들이 망원경보다 현미경을 사용하는 쪽으로 몰려가면, 어떤 문제들은 영영 다뤄지지 않을 수도 있다.

하지만 깊이 면에서의 이득이 너비 면에서의 손실을 상쇄하거나 그러고도 남는다.

때때로 우리는 어떤 사건(또는 사건들의 패턴)을 그것의 원인이 아니라 귀결에 의해 설명하려고 할 수 있다. 내가 염두에 둔 것은 **의도된** 결과에 의한 설명이 아니다. 왜냐하면, 의도는 귀결이 설명하고자 하는 선택이나 행동들에 선행해서 존재하기 때문이다. 문제가 되는 것은 사건의 **실제** 귀결, 특히 어떤 사람이나 무엇인가에 대해 **유익한** 귀결이 사건을 설명해 준다는 발상이다. 하나의 원인은 그 효과에 선행해야 하므로, 이런 발상은 인과적 설명과 양립할 수 없다. 그러나 만일 결과가 그 원인으로 향하는 고리가 있다면, 인과적 설명은 귀결에 의한 설명 형식을 취할 수 있다. 아이는 처음에는 단지 고통을 느껴서 울었을 뿐이다. 그러나 울음 덕분에 부모로부터 관심을 얻으면, 아이는 그런 경험이 없을 때보다 더 자주 울기 시작할 것이다. 나는 제11장에서 이런 종류의 설명이 인간 행위 연구에서는 주변적인 편이라고 주장할 것이다. 이 책 전반에 걸쳐 나는 설명항——그것에는 미래를 지향하는 믿음과 의도를 포함한다——이 피설명항의 발생을 선행하는 몇몇 인과적 설명에 관심을 둘 것이다.[8]

구체적으로 특정된 되먹임feedback 메커니즘에 바탕을 둔 형태의 기능적 설명은 전적으로 존중할 만하지만, 그 외에 평판이 좋지 않은 형태의 설명이 있다. 그런 것들은 몇몇 측면에서 유익한 귀결의 산출을 지칭

---

[8] 인과적, 의도적, 그리고 기능적 설명을 구별하는 것이 몇 가지 점에서 유용하다. 물리학은 인과적 설명만을 채택한다. 생물학은 기능적 설명도 받아들인다. 그리고 사회과학은 의도적 설명까지 인정한다. 그렇지만 가장 근본적 수준에서 모든 설명은 인과적이다.

할 뿐, 추가 논증 없이 그런 유익한 귀결의 산출이 그것을 야기한 행위를 충분히 설명할 수 있다고 가정한다. 피설명항이 **증표**^{token}, 그러니까 단일 행동 또는 사건 같은 것이라면, 이런 종류의 설명은 순수하게 형이상학적인 이유로 실패한다. 생물학의 예를 들자면, 중립적이거나 해로운 돌연변이가 향후 이득이 될 일의 필요조건이라는 것을 관찰했다고 해서, 그런 사실에 근거해서 돌연변이 발생을 설명할 수는 없다. 맑스$^{Karl\ Marx}$는 자신에게는 드문 방법론적 냉정함을 보이며, 사변적 왜곡이 일어나는 방식에 대해 다음과 같이 말했다. "나중의 역사가 이전 역사의 목표로 돌변한다. 아메리카 대륙을 발견한 것은 나중에 프랑스혁명을 일으키기 위한 것이었다는 식이 된다." 이만큼 냉정하지는 않지만, "인간의 해부학이 유인원 해부학의 열쇠이다"라고 말하기도 했다.

피설명항이 반복적인 행위 패턴 같은 하나의 **유형**^{type}일 때, 그런 설명은 타당할 수도 있고 그렇지 않을 수도 있다. 그러나 그것이 특정한 되먹임 메커니즘으로 뒷받침되지 않는 한, 우리는 그것을 타당하지 않은 듯이 취급해야 한다. 예를 들어 인류학자들은 보복 행위가 인구 조절부터 탈중심화된 규범 강화에 이르기까지 다양한 종류의 유익한 결과들을 낳는다고 주장해 왔다(제21장에서 다른 예들이 많이 제시된다). 이런 유익함이 실제로 산출된다고 전제해도, 여전히 우연히 얻어진 것일 가능성이 있다. 우연히 생긴 것이 아니라는 것을 보여 주기 위해서는, 즉 그런 유익한 결과들이 그것을 야기한 보복 행위를 존속시킨다는 것을 보여 주기 위해서는, 되먹임 메커니즘의 입증이 없어서는 안 된다. 그리고 그 점이 입증되었다고 하더라도, 피설명항의 최초 발생은 틀림없이 다른 것에서 기인했을 것이다.

설명의 구조

이제 사회과학에서의 설명에 대해 좀 더 자세히 (그리고 어느 정도 더 일반적으로) 해명해 보자. 쉽게 간과되곤 하는 그 첫 단계는, 하나의 사실이나 사건을 설명하려고 해보기 전에, 그것이 하나의 사실이라는 것 또는 실제로 일어난 사건이라는 점이 확인되어야만 한다는 것이다. 몽테뉴가 썼듯이, "당신이 사람들에게 '사실'에 대해 해명하라고 하면, 그들은 그 사실이 진짜인지보다 사실의 존재 이유를 찾는 데 더 몰두한다는 것을 알았다. […] 그들은 사실들은 건너뛰고 추론에만 주의를 기울인다. 그들은 보통 '어쩌다 그렇게 된 거지?' 하는 질문으로 시작한다. 그러나 그들이 물어야 하는 것은 '그런 거 맞아?'이다."

그러니까 말하자면 왜 한 나라에서 다른 나라보다 더 많이 자살이 일어나는지 설명해 보려 하기 전에, 우리는 자살률이 낮은 나라에서는 가령 종교적인 이유로 자살 사건 신고율이 낮은 것은 아닌지 확실히 알아봐야 한다. 우리는 에스파냐가 왜 프랑스보다 실업률이 높은지 설명하려고 하기 전에 보고된 차이가 실업에 대한 정의가 서로 다른 때문은 아닌지, 또는 에스파냐에 큰 규모의 지하 경제가 존재하기 때문은 아닌지 확정해야만 한다. 왜 프랑스 청년 실업률이 영국보다 높은지 설명하고자 한다면, 피설명항이 열심히 구직활동을 하는 청년들 가운데 실업자 비율인지 학생을 포함해서 청년 세대 전반의 실업률인지 정할 필요가 있다. 우리가 유럽과 미국의 실업률을 비교한다면, 피설명항이 문자 그대로 실업 상태인 사람인지(그럴 경우 감옥에 수감된 사람도 포함된다), 아니면 기술적인 의미에서 구직 중인 사람만 포함하는지 결정해야만

한다.[9] 우리는 복수가 왜 '맞대응 전략'tit for tat(너 또는 너희 가운데 하나가 우리 가운데 하나를 죽일 때마다, 나 또는 우리 가운데 하나가 너 또는 너희 가운데 하나를 죽인다) 형태를 취하는지 설명하기 전에, 우리가 관찰한 것이 말하자면 '하나에 대해 둘 전략'(너희가 우리 가운데 하나를 죽일 때마다, 나는 너희 가운데 둘을 죽인다)은 아니었는지 확인해야만 한다. 많은 경우, 사회과학을 포함한 과학 일반은 우리 모두 알고 있는 것들을 설명하려고 한다. 그러나 과학이 기여하는 바는 모두가 알고 있는 어떤 것들이 그렇지 않다는 것을 밝히는 것이다. 그럴 경우, 사회과학은 왜 우리가 그렇지 않은 것을 안다고 생각하는지를 설명해 보려고 할 것이다. 이때 그 설명은 제거된 것을 대신할 지식으로 추가된다.[10]

이제 잘 확립된 피설명항을 가지고 있지만, 그것에 대해 잘 확립된 설명은 없다고, 즉 하나의 **수수께끼**puzzle가 있다고 가정해 보자. 수수께끼는 놀랍거나 반反직관적인 사실일 수 있다. 또는 단순히 설명되지 않은 상관관계일 수도 있다. 간단한 예를 들자면, 옥스퍼드대학 도서관에서 "왜 다른 주제의 책들보다 신학 저서가 더 많이 도난당하는가?" 간단하지만 좀 더 자세히 다루고 싶은 예로, "요즘 브로드웨이 쇼는 왜 20년 전보다 기립박수를 더 많이 받는가?"라는 질문도 있다.

---

9 마지막 두 사례 가운데 어떤 것이든, 어떤 개인은 자신이 애쓴다고 직업을 구할 수 있으리라고 생각하지 않기 때문에 오히려 범죄자나 학생으로서 경력을 쌓아 갈 수 있다. 목적에 따라서는 이런 사람들을 실업자로 산정할 수도 있고, 다른 목적을 위해서 산정하지 않을 수도 있다.

10 과학은, 비사실에 대한 대중적 믿음을 설명하는 데 도움이 되듯이, 잘못된 설명에 대한 대중적 믿음을 설명하는 데도 도움이 된다. 예를 들어, 관절염으로 고생하는 사람들 대부분이 관절통을 촉발하는 것은 나쁜 날씨라고 믿는다. 그러나 관련 연구들은 그런 관련성이 없다고 주장한다. 아마도 우리는 나쁜 날씨와 관절통 사이의 인과적 관련을 찾는 것을 중단하고, 그 대신 왜 관절염 환자들이 그런 믿음을 갖게 되는지 설명해 보려고 해야 한다. 대부분 그들은 관련성이 있다는 얘기를 들은 적이 있고, 그다음부터 그런 믿음을 확증해 주는 사례에 더 주의를 기울이게 된다.

설명 대상이 되는 수수께끼가 다음과 같은 다섯 단계로 제시되는 것이 이상적이다. 그러나 실제로 아래 (1), (2) 그리고 (3)은 종종 다른 순서로 제시된다. 우리는 이들 가운데 하나가 가장 유망한 것으로 등장할 때까지 다른 가설을 만지작거리고 있다가 유망한 것으로 등장한 것을 정당화해 줄 이론을 찾게 된다. (4)단계와 (5)단계가 적절히 진행되면, 우리는 선호하는 가설에 대해 높은 수준의 신뢰감을 가지게 된다. 그러나 내가 다음 장 끝부분에서 논의할 이유로 인해, 학자들은 가설들 가운데서 하나를 뽑고 선택할 자유를 제한하기를 원할지도 모르겠다.

1. 가장 성공적인 설명을 해줄 것 같은 이론 —— 서로 관련된 인과적 명제들의 집합 —— 을 선택한다.

2. 피설명항이 가설로부터 논리적으로 도출된다는 의미에서, 수수께끼에 이론을 적용하는 가설을 구체화한다.

3. 피설명항이 대안적 가설로부터 논리적으로 도출된다는 의미에서, 대안적 설명을 제공할 수도 있는 그럴듯한 해명을 확인하거나 상상한다.

4. 사실상 관찰되지 **않았지만** 추가적으로 검증할 수 있는 함의들을 지시함으로써 경합하는 해명 각각을 반박한다.

5. 가설이 실제로 관찰된 '참신한 사실'에 추가적으로 검증할 수 있는 함의가 있다는 것을 보여 줌으로써 제안된 가설을 강화한다.

이런 절차는 **가설 연역적 방법***hypothesis-deductive method*의 정의에 해당한다. 주어진 사례에서 이런 절차들은 그림 1.2에 보인 형태를 취한다. 나는 기립박수의 빈도가 증가한다는 수수께끼에 근거해서 이 점을 밝혀

그림 1.2

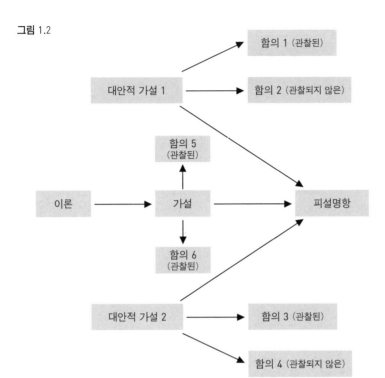

볼 것이다. 그것은 체계적인 관찰 또는 통제된 실험에 근거한 것은 아니라 신문 기사에 의해 확증되는 나의 일상적 인상에 기초한 것이다. 브로드웨이에서 기립박수가 실제로 20년 전보다 더 많아졌다면, 그것을 어떻게 설명할 수 있을까?

브로드웨이 입장권 가격 상승과 연관 지은 설명을 살펴보자. 한 신문 기사에 따르면, 극작가 아서 밀러는 "나는 청중들이 자리에 앉기 위해서 75달러를 지불했다고 생각했다. 청중이 일어설 시간이 되었다. 냉소적이려고 하는 건 아니지만, 가격이 오르자 모든 것이 바뀐 것 같다." 사람들이 75달러나 그 이상을 입장료로 내게 되면, 쇼가 형편없거나 평범하며 돈 낭비였다는 것을 받아들이기 어려운 사람이 는다. 그들은 자신이 멋진 시간을 보냈다는 것을 스스로 확증하기 위해 열렬히 박수를 친다.

형식을 갖춰 표현하면, "사람들이 어떤 재화를 획득하기 위해서 더 큰 돈을 내거나 더 큰 노력을 기울였다면, 그들은 (다른 조건이 같다면) 더 적게 값을 치렀을 때보다 그것을 더 높이 평가한다"는 가설을 통해 설명될 수 있다.[11] 몽테뉴가 썼듯이, "사람들은, 지출은 장부에 잘 기록하기 마련이다. 사교생활 비용 때문에 문제가 생기면, 정확히 비용에 입각해서 사교생활을 평가한다. 우리 의견은 결코 과소평가로 나아가지 않는다. 다이아몬드에 가치를 부여하는 것은 그것에 지출된 비용이다. 덕의 가치는 그것의 얻기 어려움이고, 고행의 가치는 그로 인한 고통이고, 의약품의 가치는 그것의 쌉쓸한 맛이다." 가격 상승이라는 사실적 전제가 주어지면, 이 명제는 설명적 가설이 충족해야 할 최소 검증을 통과한다. 가설이 참되면, 우리는 피설명항을 추론할 수 있다. 그러나 이것은 정말로 최소 검증이며, 그것을 통과할 수 있는 명제는 많다.[12] 이 개별 설

---

11 유사한 발상이 심리치료사에게 내는 비싼 상담료를 옹호하는 데 쓰인다. 치료비가 적으면, 환자가 치료를 믿지 않게 되리라는 것이다. 그러나 내가 아는 한, 어떤 심리치료사도 받은 치료비의 절반을 적십자사에 기부하겠다고 한 적이 없다.

12 인간의 마음은 이런 최소 요건을 충분 요건으로 만드는 경향이 있는 듯하다. 일단 맞을 것 같은 해명이 생각나면, 우리는 종종 쉬지 않고 그것을 더 검증하거나 대안적인 해명을 살핀다. 한 해명의 선택은 **그것 뒤의 일이니, 그것 때문이다**(*post hoc ergo propter hoc*)라는 관념 또는 주어진 해명이 **다른 것보다** 더 그럴듯하다는 사실로부터 십중팔구 그것이 맞는다는 결론을 추론해 낸 것 때문일 수 있다. 볼테르(Voltaire)의 바닷조개 생식 설명에 대한 제퍼슨(Thomas Jefferson)의 반박을 요약하면서 저자들(C. Calomiris and S. Haber, *Fragile by Design*)은 다음과 같이 썼다. "과학은 … 몇몇 억지스러운 관점 가운데 그나마 가장 조리 있는 것을 받아들이는 것보다는 무지를 정직하게 인정할 때 더 잘 발전한다."

명에 대한 믿음을 강화하기 위해서는 아래로부터, 위로부터 그리고 측면으로부터 그것이 지지된다는 것을 보여 주어야 한다.

가설이 설명하고자 한 사실을 넘어서 관찰 가능한 사실을 가설로부터 연역하고 검증할 수 있다면, 하나의 설명은 **아래로부터** 지지된다. 즉, 그것은 '과잉 설명력'을 갖게 되는 것이다. 브로드웨이 쇼의 경우, 우리는 어떤 이유에서 입장료가 오르지 않은 쇼에서는 기립박수를 치는 사람이 더 적을 것이라고 예상할 수 있다.[13] 또한, 어떤 회사가 표를 대량 구매하고, 그것을 직원들에게 나눠 주었다면, 기립박수 하는 사람이 줄어들 것을 예측할 것이다. (이것은 '참신한 사실'로 볼 수 있다.) 표가 비싸다 해도, 관객들이 자기 주머닛돈으로 산 게 아니라면, 공연이 제값 했다고 자신을 설득할 필요가 없는 것이다.

설명적 가설이 더 일반적인 이론으로부터 연역될 수 있다면, 그 설명은 **위로부터**/*from above* 지지된다.[14] 현재 사례에서 설명적 명제는 레온 페스팅거Leon Festinger가 제안한 인지 부조화 이론의 특정화이다. 이 이론에 따르면, 어떤 사람이 자신의 믿음과 가치들 사이에서 내적 비일관성 또는 부조화를 경험할 경우 그 부조화를 없애거나 줄이는 어떤 종류의 정신적 재조정이 일어날 것을 예상할 수 있다. 조정은 보통 최소 저항 경로를 택한다. 후진 것으로 입증된 쇼를 보는 데 75달러를 쓴 사람

---

13 더 싼 좌석에 앉은 사람들은 더 적게 기립할 것이라고 예측할 필요는 **없다**. 그들은 다른 사람들이 일어설 때 앉아 있는 것이 바보 같다고 느낄 수도 있다. 또한, 그들보다 앞쪽에 앉아 있다가 기립한 사람들 때문에 시야가 가려서 잘 보이지 않게 된 배우를 보려고 일어나야 할 수도 있다.

14 더 정확히 말하자면, 그것이 더 일반적인 이론의 **특정화**라면, 위로부터 지지된 것이다. 일반이론과 특정한 설명적 가설 사이의 관계는 드물게만 연역적이다. 한편으로 이론 자체에 어떤 느슨한 부분이 있을 수 있다(2장 참조). 다른 한편으론 주어진 이론은 대체로 매우 다양한 방식으로 조작될 수 있다.

이, 자신을 설득해서 입장료가 더 쌌다고 믿게 하는 것은 결코 쉬운 일이 아니다. 한결 쉬운 일은 쇼가 사실은 꽤 좋았다고 자신을 설득하는 것이다. 어떤 쇼든 어떤 측면에서는 좋기 마련이다. 다른 것보다 그 측면을 강조함으로써 관객은 쇼에 대한 전반적 평가를 끌어올릴 수 있다.

문제가 없진 않지만, 인지 부조화 이론은 상당히 훌륭하게 지지된다. 지지 가운데 어떤 것은 지금 우리가 다뤘던 것과는 매우 다른 사례에서도 찾을 수 있다. 자동차를 구매한 사람이 잘 샀다는 확신을 강화하기 위해 같은 차종 광고를 열심히 검색하는 행위 같은 것이 그것이다. 또 다른 지지는 유사한 사례에서 얻을 수 있다. 즉, 대학 동호회나 여대생 클럽의 고통스럽고 굴욕적인 입문례가 오히려 강력한 충성심을 유발하는 것이 그런 것이다. 그렇다고 해서 사람들이 "이 집단에 가입하려고 많은 고통을 겪었기 때문에, 나는 그 집단을 좋아해야만 한다"고 자신에게 의식적으로 얘기해 주는 것은 아니다. 고통이 충성을 유발하는 메커니즘은 당연히 무의식적이어야 한다.

하나의 설명은 최소 검증을 통과한 다른 대안적 설명에 대해 숙고하고 그것을 반박할 때 측면으로부터 지지를 받는다. 아마도 뉴저지로부터 버스를 타고 왔을 오늘날의 관객은 닳고 닳은 뉴욕 거주자만큼 세련되지 않기 때문에 더 많이 기립박수를 칠 것이다. 또는 그들이 평소에 보던 쇼보다는 더 훌륭해서 그럴 수도 있다. 이런 대안적 설명 각각에 대해 그것들이 정확할 경우 얻을 수 있는 추가적 사실들에 대해 생각해 보고 그것들이 틀렸음을 증명해야 한다. 청중들이 더 잘 감동하는 부류이기 때문에 기립박수가 더 빈번해진 것이라면, 20년 전에도 시골 순회공연에서 기립박수가 더 빈번했으리라고 기대할 수 있다. 쇼가 늘 보던 것보다 훌륭했기 때문이라면, 그 점은 쇼에 대한 비평이나 공연 기간을 통해서도 확인할 수 있을 것이다.

이런 절차 속에서 원源 가설의 주창자는 선의의 비판자devil's advocate가 된다. 그는 일관되게 자신에게 반대하는 사고를 해야 한다. 할 수 있는 한 더 어렵게 자신을 곤경에 빠뜨려야 한다. 쉽게 반박할 수 있는 해명보다 가장 강력하고 설득력 있는 대안적 설명을 선별해야만 하는 것이다. 비슷한 이유에서 가설의 과잉 설명력을 입증하려고 할 때, 우리는 참신하고, 반직관적이며, 가능한 한 원래의 피설명항과는 다른 함의들을 연역하고 확증해 보려고 해야 한다. 어떤 설명이 신빙성을 얻기 위해서는 이런 두 기준 —— 가장 그럴듯한 가설의 반박과 **참신한 사실들을 찾아내기** —— 이 결정적으로 중요하다. 위로부터의 지지는 도움은 되지만 결정적일 수는 없다. 장기적으로는 이론에 의해서 생성된 성공적 설명이 이론을 지지하는 것이지, 그 반대는 아니다. 노벨 물리학상 수상자 에밀리오 세그레Emilio Segré가 말하길, 어떤 수상자는 노벨상을 명예롭게 하지만, 어떤 수상자는 노벨상으로부터 명예를 얻는다. 후자는 전자에 기생하는 셈이다. 마찬가지로 하나의 이론은 그것이 생성한 수많은 성공적 설명에 기생한다. 주어진 설명을 뒷받침할 수 있다면, 그것은 이전의 설명으로부터 지지를 얻어 왔기 때문일 따름이다.

설명이 아닌 것

하나의 사건을 설명하는 진술은 다음 7가지 다른 유형의 진술과 구별되어야 한다.

첫째, 인과적 설명은 **참인 인과적 진술**_true causal statement_과 구별되어야 한다. 원인을 인용하는 것으로는 충분치 않다. 인과적 기제가 제공되거나 최소한 제안되어야 한다. 일상 언어에서, 좋은 소설에서, 멋진 역사 저술에서, 그리고 많은 사회과학적 분석에서 메커니즘은 명시적으로 인용되지 않는다. 그 대신 원인은 서술되는 방식에 의해 암시된다. 어떤 주어진 사건은 여러 가지 방식으로 서술될 수 있다. (훌륭한) 서사적 설명이 암묵적으로 전제하는 바는, 사건의 여러 양상 중 인과적으로 적합한 것만이 그것을 확인하는 데 사용된다는 것이다. 어떤 사람이 상한 음식을 먹고 그 결과 죽었다고 말할 때는 음식중독 메커니즘이 가정된다. 그가 알레르기가 있는 음식을 먹고 그 결과 죽었다는 것을 듣게 되면, 우리는 그 메커니즘이 알레르기 반응이라고 가정한다. 어떤 사람이 실제로 식중독으로 죽었고, 그가 문제가 되는 음식인 바닷가재에 알레르기가 있었다고 해보자. 그가 알레르기가 있는 음식을 먹었기 때문에 죽었다고 말하는 것은 참이지만 오해의 소지가 있다. 그가 바닷가재를 먹었기 때문에 죽었다고 말하는 것은 참이지만 유용하지 않다. 그렇게 말하는 것은 아무런 인과 메커니즘을 제시하지 않으며, 여러 가지 다른 원인과도 부합할 수 있다. 예컨대 다음번 만난 바닷가재 섭취자를 죽일 것이라고 맹세한 어떤 사람이 살해한 사람을 두고, 그가 죽은 것은 바닷가재를 먹었기 때문이라고 하는 것 역시 참되지만 유용하진 않은 것처럼 말이다.

둘째, 인과적 설명은 **상관관계**_correlations_에 대한 진술과 구별되어야 한다. 어떤 유형의 사건에 변함없이 또는 대체로 다른 어떤 유형의 사건이 뒤따른다고 말할 수 있는 때가 있다. 하지만 그렇다고 해서 첫 번째 유형의 사건이 두 번째 사건의 원인이라고 말할 수는 없다. 또 다른 가능성이 있기 때문이다. 두 사건 모두 제3의 사건의 결과일 수도 있는 것이다. 『새뮤얼 존슨의 생애』에서 보즈웰James Boswell이 했던 보고에 따르면, "편견에 대한 반대라는 단 하나의 편견만 가졌음에도 불구하고", 매콜리는 헤브리디스에 있는 세인트 킬다에 배가 도착하면, "모든 주민이 감기에 걸린다"는 말이 사실이라고 말했다. 이런 (이른바) 사실에 대한 인과적 설명을 몇몇이 제시했는데, 보즈웰의 통신원은 그에게 이렇게 알려 주었다. "세인트 킬다에 이방인이 탄 배가 상륙하려면, 그 전에 북동풍이 꼭 불어야 한다. 이방인들이 아니라 바람이 유행성 감기를 일으키는 것이다." 그 외에 양육권 소송 대상인 아동이 사적 양육권 합의가 이뤄진 아동보다 더 고통을 겪는다는 것에 대해 생각해 보자. 차이를 설명해 주는 것은 양육권 분쟁 자체이다. 분쟁이 어린아이가 겪는 고통과 죄의식의 원인이라는 것이다. 그러나 양육권 분쟁은 부모가 서로에게 매우 적대적일 때 더 쉽게 일어나며, 서로 적대적인 부모의 자녀들은 정서 장애를 겪을 가능성도 크다. 두 해석 가운데 어느 쪽이 맞는지 판별하려면, 우리는 이혼 이전과 이후의 고통을 비교 측정해야 할 것이다. 제3의 가능성은 나중에 검토될 것이다.

사실 이런 종류의 모호성을 보여 주는, 더 복잡하지만 내가 좋아하는 예가 있다. 『미국의 민주주의』에서 알렉시 드 토크빌은 연애결혼한 커플의 결혼생활은 불행해진다는 널리 퍼져 있는 인과적 연관에 대해 논의한다. 그는 이런 연관은 오직 연애결혼이 예외이고 중매결혼이 일반적인 사회에서만 일어난다고 지적한다. 고집 센 사람들만이 인습에 저항할 수 있고, 고집 센 두 사람은 행복한 결혼생활을 하기 쉽지 않을 것이다.[15] 거기에 더해, 더 순응적인 또래 집단 사람들은 인습에 저항적인 사람들을 곱게 대하지 않는데, 바로 그런 점이 연애결혼을 고통과 불행으로 이끈다. 논증의 첫 번째 측면은 비인과적 상관관계, 즉 연애결혼하는 사람과 불행 사이에 있는 제3의 요인에서 기인하는 것이다. 두 번째 측면은 참된 인과적 연관에 해당한다. 물론 토크빌이 논증에서 염두에 두었던 연애결혼 비판자들은 그렇게 생각하지 않겠지만 말이다. 연애결혼이 불행의 원인이 되는 것은 그것이 예외적인 사회라는 맥락이다. 생물학자들은 그런 효과를 '빈도 의존적'이라고 말하기도 한다.[16]

상관관계에는 '제3의 요인' 문제 이외에 인과적 **방향**이 불확실하다는 문제도 있다. 다음과 같은 오래된 농담을 살펴보자.

심리학자: 당신은 조니에게 친절해야만 합니다. 그 친구는 결손가정(broken home) 출신이거든요.

교사: 놀랍지도 않네요. 그 친구는 어떤 가정도 망가뜨릴 수 있었을 테니까요(broken any home).

또는 코미디언 샘 레빈슨Sam Levinson이 말했듯이, "정신이상은 유전

---

15 여기서 '제3의 요인'은 사건이 아니라 옹고집 같은 성격적 특징이다.

16 첫 번째 메커니즘은 **선별 효과**이고, 두 번째는 **사후 효과**이다. 이 구별은 상당히 널리 적용된다. 어떤 상태(예컨대 취업 상태, 실업 상태, 또는 정신병 때문에 입원해 있는 상태)에 있는 사람이 그 상태에 오래 머무를 가능성이 큰 이유는 무엇인가 하는 질문이 제기되면, 이 두 메커니즘 가운데 하나(또는 둘 다)가 작동하기 때문이라고 답할 수 있다. 예를 들어 장기 실업 상태에 있는 사람들은 수요가 별로 없는 기술을 가진 집단이게 마련이다. 아니면 모든 취업자가 똑같이 직업을 상실할 가능성이지만, 일단 실업자가 되면 바로 그 사실이 그들을 변화시켜서(또는 고용주들이 그들을 보는 방식을 바꿔서) 노동시장에 재진입할 가능도(likelihood)를 떨어뜨릴 수 있다. 정신병이나 범죄에 대한 '낙인이론'은 사후 효과가 선별 효과를 압도한다는 (미심쩍은) 가정에 근거하고 있다.

적이다. 당신은 당신 아이 때문에 정신이 이상해질 수 있다". 이런 말이 함축하는 바는, 이혼이 정서 장애를 일으키기보다 정서 장애 아동이 부모를 이혼하게 만들 수도 있다는 것이다. 이와 유사하게 부모가 청소년기 자녀가 무엇을 하고 지내는지 아는 정도와 자녀가 말썽을 부리는 경향 사이의 부정적 상관관계가 딱히 부모의 감독이 효과가 있다는 것을 보여 주진 않는다. 오히려 청소년이 의도적으로 말썽을 부린다 해도, 부모가 자녀의 행동거지를 더 주시하게 되진 않는다는 것을 보여 준다.

스탈린 치하의 일상생활에서는 종종 그런 역전된 인과성이 드러났다. 다음의 짧은 대화는 스탈린 시기에 출간된 『악어』*Krokodil*라는 풍자적 잡지의 만평에 붙어 있는 것이다. "동무, 동무는 그렇게 자주 아파서 어떡하나?" "아는 의사가 있습니다." 이것이 뜻하는 바는 의사가 그를 아프게 만들었다는 것이 아니라, 그가 원하면 얼마든지 진단서를 발부해 준다는 것이다. 또 다른 만평은 계산대 직원과 한 여성이 지켜보는 중에, 점포 매니저가 고객에게 친절하게 말하는 모습을 보여 준다. 계산대 직원이 말한다. "우리 점포 매니저는 공손한 사람이야. 그는 옷을 팔때 모든 고객의 이름뿐 아니라 성*patronymic*까지 부른다니까." "그가 진짜모든 고객을 아는 거야?" "물론이지. 그는 모르는 사람에게는 옷을 팔지않아."

셋째, 인과적 설명은 **필연화***necessitation*와 구별되어야 한다. 한 사건을 설명하는 것은 그것이 왜 그런 방식으로 일어났는가를 해명하는 것이다. 다른 방식으로 일어날 수도 있고, 만일 그런 방식이 아니었다면 다른 방식으로라도 일어났을 것이라는 말은 왜 그런 방식으로 일어났는가에 대한 답이 되지 않는다. 시한부 1년의 췌장암을 앓고 있는 사람이 있다고 해보자. 그가 고통을 견딜 수 없어서 자살했다고 하자. 그가 왜 죽었는지 **설명**한다고 하면서, 그녀는 암 환자여서 일정 기간 안에 죽을 수밖에 **없었**다고 말하는 것은 초점을 잃은 것이다.[17] 우리가 그 사례에 대해 알고 있는 모든 것이, 암의 발병, 그런 암 환자의 제한된 수명, 그리고 그의 죽음뿐이라면, 암 때문에 죽었다고 추론하는 것이 그럴듯하다. 이전 사건이 있고, 이후 사건을 일으키기 충분한 인과 메커니즘이 있다. 그러나 메커니즘은 필연적인 것은 아니다. 다른 요인이 그 자리를 선취할 수 있다. (이 예에서는 선취한 원인 — 자살 시도 — 이 그 자체로 선취당한 원인 — 암 발병 — 의 결과이다. 그러나 그런 사례만 있는 것은 아니다. 그녀는 자동차 사고로 죽을 수도 있다.) 실제로 일어난 일을 알아내려면, 더 정교한 지식이 필요하다. 그런 탐구는 끝이 없다. 마지막 순간까지 어떤 다른 원인이 암의 자리를 선취할 수 있다.[18]

필연화 진술은 '구조적 설명'이라고 부르기도 한다. 프랑스 대혁명에 대한 토크빌의 설명이 그 예이다. 그는 이 주제를 다룬 저술에서 15세기부터 1780년대까지의 수많은 사건과 경향들을 인용한다. 그리고 이런 배경들에 비춰 볼 때 혁명은 "불가피했다"고 주장한다. 이런 주장을 통해 그가 뜻한 바는 다음과 같은 것들이다. (1) 수많은 작은 사건들 혹은 중간 규모의 사건들이 혁명을 격발하기에 충분했다. (2) 반드시 실

---

17 제임스 피츠제임스 스티븐(James Fitzjames Stephen)에 의하면, "[한 남자가] 그가 틀림없이 걸려서 죽었을 질병이 퍼진 봄에 [어떤] 폭행 때문에 그가 죽었다면, 폭행이 그를 죽게 한 원인이라고 말하는 것은 여름에도 법칙상 완벽하게 맞는 말이다."
18 인과적 선취는 인과적 중층결정과 구별되어야만 한다. 후자의 예로는 한 개만으로도 충분히 그를 죽일 수 있는 총탄 두 개를 동시에 맞은 사람을 들 수 있다. 전자의 예로는 몇 초 뒤에 발사된 총탄의 작용을 선취한 또 다른 총탄에 맞아 죽은 사람을 들 수 있다.

제로 일어난 사건이거나 일어났을 시점이어야 하는 것은 아닐지라도, 어떤 촉발 사건이 일어날 것이 사실상 확실했다. 우리는 카드로 지은 집은 무너지게 마련이라고 예측할 수 있다. 하지만 무너뜨릴 바람이 언제 불지 예측할 수는 없다. 토크빌은 혁명이 왜 그런 식으로 **일어났는지**를 해명하는 것을 목표로 한 두 번째 저술을 위한 초고를 남겼지만, (1)과 (2)를 성공적으로 확립했다면, 그런 추가적 작업을 할 필요는 없었을 것이다. 추론노선에서의 문제는 많은 흥미로운 사회과학적 문제에서 (그리고 앞의 예와 대조되게도), (1)과 (2) 같은 주장이 후견지명hindsight에 오염되지 않은 방법으로 확립되기 어렵다는 것이다.[19] "때가 무르익었다"고 주장할 수 있는 더 강한 논증은 유사한 사건이 동시에 서로 독립적으로 발생할 때 가능하다. 동시적이지만 독립적으로 발생한 소문rumors에 관한 연구가 그런 예이다.

넷째, 인과적 설명은 **스토리텔링**storytelling과 구별되어야 한다. 제대로 된 설명은 일어난 바를 일어난 대로 해명한다. 스토리텔링은 일어난 일을 일어났을 **수도** 있던 대로 — 그리고 아마도 일어났던 대로 — 해명한다. 나는 방금 과학적 설명은 일어나**야만** 했던 것에 대한 해명과 다르다고 주장했다. 지금은 그것이 일어날 **만했던** 것에 대한 해명과 다르다고 말하고 있다. 논점이 사소해 보이거나 낯설어 보일 수 있다. 왜 사람들이 어떤 사건에 대해 순수하게 추측적인 해명을 내놓고 싶어 할까?

---

19 미국 혁명은 아마도 구조적 설명에 더 잘 맞는 후보일 것이다. 프랑스 대사 슈아죌(Étienne François de Choiseul) 같은 날카롭고 중립적인 관찰자는 이미 1785년에 아메리카 식민지의 독립은 불가피하다고 파악한다. 레이몽 아롱(Raymond Aron) 같은 초연한 프랑스 해석가가 보기에 알제리 독립은 그것이 일어나기도 전에 이미 결론이 뻔했다. 프랑스 대혁명은 공산주의의 붕괴에 더 가깝다. 둘 다 대체로 사후적으로 볼 때는 불가피했다.

이런 종류의 사변이 과학 안에서 어떤 자리를 차지하고 있는가? 답은 '그렇다'이다. 그러나 그 자리는 설명의 자리와 혼동되어서는 안 된다.

스토리텔링은 새롭고 간결한 설명을 제안할 수 있다. 자기 희생적이거나 남을 돕는 행위는 모든 행위가 자기 이익self-interest 추구는 아니라는 증거이며, 감정적 행위는 모든 행위가 합리적인 것은 아니라는 증거이다, 라고 누군가 주장한다고 가정해 보자. 사람들은 다음과 같은 세 가지 환원 불가능한 행위가 있다고 결론 내릴 수 있다. 합리적이고 이기적인 행위, 합리적이고 비이기적인 행위, 그리고 비합리적 행위. 좋은 과학을 특징짓는 간결성을 향한 충동에 입각해 우리는 이런 관점에 의문을 제기할 수 있다. 남을 돕는 것은 호혜화reciprocation를 노렸기 때문 아닐까? 화내는 것은 제 맘대로 하는 데 도움이 되기 때문 아닐까? 합리적인 자기 이익이 어떻게 이타적 행위와 감정적 행위를 생성할 수 있을지에 대해 하나의 이야기를 꾸미는 것은, 쟁점을 철학적인 것에서 경험적 조사를 수용하기 쉬운 것으로 바꾸어 준다.[20] '그럴-법한 이야기'just-so story는 성공적인 설명 구성의 첫걸음일 수 있다.

동시에 진짜 설명으로 오인될 경우 스토리텔링은 잘못된 방향으로 나아가거나 해를 끼칠 수도 있다. 다음 문단에서 이야기할 두 가지 예외를 제외하면, '마치'-설명'as-if' explanation은 실제로는 아무것도 설명하지 못한다. 예컨대 설령 사람들이 합리적 선택 모델에 체현된 복잡한 정신적 계산(또는 그 모델이 제시된 논문 부록의 수학 계산)을 수행할 수 없다

---

20 일회적 상호행동에서도 사람들은 다른 사람을 도울 수 있고, 화를 내면 다른 사람들이 그와 상호행동하는 것을 꺼릴 수 있기 때문에, 이런 특수한 사례에서는 그럴-법한 이야기가 틀릴 수도 있다.

는 것을 우리가 **알고 있다** 하더라도, 행위를 설명하기 위해서 그 모델을 사용할 수 있다는 평범한 주장에 대해 살펴보자. 모델이 관찰된 행동과 잘 맞는 예측을 제공하는 한, 우리는 행위자가 '마치' 합리적인 듯 행동한다고 가정해도 좋다(고 주장된다). 이것은 조작주의적 또는 도구주의적 설명관이며, 물리학에서 유래했고, 나중에 사회과학에서 밀턴 프리드먼Milton Friedman이 채택했다(11장을 보라). 훌륭한 당구선수는 물리법칙을 알고 있고 머릿속에서 복잡한 계산을 해낼 수 있다고 가정할 수 있는 이유는, 이런 가정 덕분에 그의 행위를 아주 정확하게 예측하고 설명할 수 있기 때문이다. 가정이 **참인지** 묻는 것은 요점을 놓친 것이다.

행위자가 시간이 걸려도 시행착오를 통해 학습할 수 있는 환경 속에 있다면, 이런 논증은 타당할 것이다. 그러나 그것이 타당한 것은 바로 초합리적인superrational 행위자나 의도적으로 계산했을 법한 결과를 의도 없이 산출하는 **메커니즘**을 지적할 수 있기 때문이다. 그런 메커니즘이 없을 때도 가정이 매우 정확하게 행동을 예측할 수 있게 해준다면, 우리는 도구주의적 관점을 수용할 수 있다. 중력 법칙은 공간적으로 떨어진 곳에서의 작용이라는 이해할 수 없는 관념에 근거한 것으로 보였기 때문에 오랫동안 신비하게 여겨졌다. 하지만 그것이 소수점 이하까지 정확하게 맞는 예측을 하게 해주었기 때문에, 뉴턴의 이론은 일반 상대성 이론이 나오기까지는 논쟁의 여지 없이 수용되었다. 양자 역학의 신기한 작용도 꺼림칙한 부분이 없는 건 아니었지만, 그것이 믿을 수 없을 정도로 정확한 예측을 해주었기 때문에 수용되었다.

합리적 선택 모델에 입각한 사회과학은 이런 두 가지 지지요소 가운데 어떤 것에도 근거할 수 없다. 합리성인 척하거나 **모방**할 수 있는 일반적인 비의도적 메커니즘은 없다. 강화학습(11장)은 몇몇 사례에서는 그렇게 할 수 있지만, 그렇지 않은 사례에서는 합리성에 대해 체계적인 편차를 보인다. 환경의 변화율이 적응 속도보다 느리면, 개략적인 수준이긴 해도 자연 선별에 비견되는 사회적 과정이 그런 일을 할 수 있다(11장). 그러나 내가 아는 한, 일회적 상황이나 급속하게 변화하는 환경에서는 합리성을 흉내 낼 메커니즘은 존재하지 않는다. 이것은 물론 너무 일반적인 진술이다. 하지만 나는 그것을 '약한' 같은 수식어로 표현하기보다는 경쟁적 가설의 설명력에 대해 수준 있는 학자들 사이에서 이견이 좁혀지지 않았다는 점을 지적하고 싶다. 몇 가지 점에서는 사회과학에서 가장 발전되었다고 할 수 있는 경제학에서조차 '학파들' 사이에 완강한 이견이 있다. 우리는 논쟁을 끝낼 만한 소수점 이하 몇 자리까지의 정확성을 가진 관찰에는 **결코** 이를 수 없을 것이다.

다섯째, 인과적 설명은 **통계적 설명**statistical explanations과 구별되어야 한다. 사회과학에서 많은 설명이 이런 형태를 취하지만, 개별 사건을 설명할 수 없다는 의미에서 불만족스럽다. 개별 사례에 대해 통계적 일반화를 적용하는 것은 과학에서뿐 아니라 일상생활에서도 심각한 실수이다.[21] 남자들이 여자들보다 더 공격적인 경향이 있다고 가정해 보자. 화가 난 남자에게 그의 분노가 상황에 비추어 볼 때 정당하지 못하다고 논

---

21 정반대 오류 —— 일반화를 생성하거나 지지하는 개별 사례를 사용하는 데 있어서 —— 도 마찬가지로 피해야 한다. 프루스트는 화자(narrator)의 가족 가정부 프랑수아가 "특수한 것을 일반적인 것으로 착각하고 일반적인 것을 특수한 것으로 착각하는 경향이 있다"고 썼다. 이런 조합은 해로운 결과를 낳을 수 있다. 집단 X의 구성원이 거짓말하는 것을 당신이 보았다고 해보자. 일반화할 경우 당신은 집단 X의 구성원들은 거짓말하는 경향이 있다고 믿게 될 것이다. 이어서 그 집단의 다른 성원을 관찰할 때, 당신은 그가 거짓말하는 중이라고 가정할 것이다. 마지막으로 (입증되지 않은) 가정을 일반화의 추가 증거로 사용하는 것이다.

박하기보다 남성 호르몬 때문에 일어난 일이라고 말해 주는 것은 지적 오류와 도덕적 오류 모두를 저지르는 것이다. 대부분의 사례에서 타당한 일반화가 개별 사례에서 타당하다는 것은 지적 오류이다.[22] 대화 상대자가 이성이나 논증에 대해 열려 있기보다 생물학적 메커니즘에 지배당하고 있다고 말하는 것은 도덕적 오류이다.

통계적 설명은 언제나 차선임에도 불구하고, 실제로는 더 나은 것을 할 수 없는 경우가 많다. 하지만 그런 경우에조차 그것은 불가불 최선의 이상인 인과적 설명의 인도를 받는다는 것을 유념하는 것이 중요하다. 민주주의 사회의 시민이 비민주적 체제의 시민보다 오래 사는 것은 통계적인 사실로 나타난다. 하지만 정치체제가 평균수명의 길이를 설명한다고 결론 내리기 전에, 우리는 결과에 영향을 줄 만한 다른 변수들을 **통제**해 보려고 해야 한다. 비민주주의 국가보다 민주주의 국가가 속성 X를 더 가졌을 수 있다. 그리고 X가 정말로 기대 수명에 영향력을 가지고 있을 수 있다. 그러나 그런 속성은 여럿이고 한정하기 어려운데, 변수 통제를 어떻게 해야 알 수 있는가? 자명한 답은 우리가 인과적 가설의 인도를 받을 필요가 있다는 것이다. 예를 들어 산업 사회의 시민들은 덜 발전한 사회의 시민보다 오래 산다. 산업 사회가 비산업적 체세보다 더 민주적인 경향이 있다면, 그것이 관찰된 사실을 해명할 수 있다. 인과적 요소가 산업화가 아니라 민주주의임을 확실히 하기 위해서, 우리는 같은 수준의 산업화에 이른 민주적 체제와 비민주적 체제를 비교해야 한

---

22 한 예가 최근 미국의 '증거기반 선고'(evidence-based sentencing) 관행이다. 이 관행은 특수한 사례가 아니라 피고인이 속한 집단 성원의 상습범행 위험에 대한 통계를 증거로 삼는다.

다. 그리고 차이점이 그대로 나타나는지 보아야 한다. 일단 우리가 다른 신빙성 있는 원인을 통제하고 있다고 상당 정도 자신한다면, **어떻게** — 어떤 인과적 고리 또는 메커니즘에 의해 — 체제 유형이 수명에 영향을 주는지 찾아볼 수 있다. 이 두 번째 단계는 다음 장에서 다룰 것이다. 여기서는 우리의 자신감은 불가피하게 우리가 통제할 필요가 있는 신빙성 있는 '제3의 요인'(또는 그것이 아닌 것)에 대한 **인과적 직관**에 근거한다는 점만 언급해 두고 싶다.[23]

여섯째, 설명은 '**왜-질문**'*why-questions*에 대한 답과 구별되어야 한다. 학술 논문을 읽는다고 가정해 보자. 놀랍게도 저자가 중요하고 관련성 높은 논문을 참조하지 않는다면, 우리는 아마 "왜 그 논문을 인용하지 않은 것일까?" 하고 자문하게 될 것이다. 그가 정말로 기존 연구 작업에 대해 몰랐다는 것을 알게 되면 (그가 왜 기존 문헌을 더 철저하게 탐색하지 않았는지 알고 싶을 수도 있지만, 일단) 호기심은 충족될 것이다. 그러나 "그가 몰라서 인용하지 않았다"라는 것은 인과적 설명은 아니다. 그것이 설명으로 받아들여진다면, 그것은 어떤 비사건을 설명하기 위해서 다른 비사건을 인용하는 부조리한 일이 된다. ("그들이 결혼하지 않은 이유는 그들이 만난 적이 없기 때문이다.") 그러나 저자가 그 논문을 알았지만, 그 논문이 자신의 논문을 인용하지 않았기 때문에, 그것을 인용하지 않기로 **결정했다**는 것을 우리가 알아냈다고 해보자. 그 경우에는 왜-질

---

23 예를 들어, 민주적 체제와 비민주적 체제의 인구 규모를 통제해서 볼 필요가 있음을 제시한 그럴 듯한 인과 메커니즘은 없다. 인구 규모와 평균수명 사이의 인과적 연계를 배제할 수 없음에도 불구하고, 사회과학은 그런 연관을 전혀 확립해 본 적이 없다. 나 또한 확립된 적 없는 연관을 상상으로 관련지어 볼 수는 없다.

문에 대한 답이 인과적 설명을 제공한다. 인용하지 않겠다는 결정이라는 사건이 있었고, 그것의 원인이 된 그 이전 사건은 인용되지 않은 것이 유발한 분노이다.

비사건에 대한 왜-설명은 인과적 해명을 제공하지 않지만, 전적으로 존중할 만한 질문이다. 그것은 우리의 호기심을 충족시켜 수고, 어리둥절한 상태를 납득 가는 상태로 바꿔 주기 때문이다. 이 문제는 10장에 더 논구될 것이다.

마지막으로, 인과적 설명은 **예측***predictions*과 구별되어야 한다. 우리는 때로 예측할 수 없어도 설명할 수 있다. 그리고 때로 설명하지 못해도 예측할 수 있다. 사실 하나의 이론이 예측과 설명을 동시에 해줄 수 있는 경우도 많이 있다. 그러나 나는 사회과학에서 그런 일은 규칙이기보다 예외라고 생각한다.

강력한 예측력이 없어도 설명력을 가질 수 있는 이유에 대한 본격적 논의는 다음 장으로 미룬다. 그러나 간단하게 미리 얘기하자면, 그 이유는 많은 경우에 우리는 인과 메커니즘을 사후적으로 확인할 수 있고, 가능한 몇 가지 메커니즘 가운데 어느 것이 촉발될지 사전에 예측하지는 못하기 때문이다. 생물학적 설명의 특수한 사례들은 좀 다르다. 11장에서 더 논의되겠지만, 진화에 연료를 공급하는 것은 무작위적 돌연변이와 (다소간) 결정론적인 선별이라는 한 쌍의 메커니즘이다. 한 유기체의 주어진 특질이나 행위 패턴의 **기원**을 우리는 유전 물질에서 일어난 무작위적 변화에 근거해 설명할 수 있고, 그것의 **지속** 이유는 재생산 적합도로 설명할 수 있다. 그러나 누구도 돌연변이를 발생 이전에 예측할 수는 없다. 그러므로 구조적 설명은 생물학에서는 성공적이기 어렵다. 수

렴 현상 —— 유사한 환경적 압력에 처한 것 때문에, 서로 다른 종들이 유사하게 적응해 나가는 것 —— 에는 구조적 특성이 엿보이지만, 그렇다고 그런 적응이 불가피한 것인지 말할 수 있는 건 아니다.

역으로 설명력 없는 예측력도 가능하다. 어떤 재화의 가격이 오르면, 소비자가 그것을 더 적게 사리라는 것을 예측하기 위해서, 그의 행동을 설명할 가설 형성이 필요한 것은 아니다. 개인행동의 원천이 무엇이든 —— 합리적, 전통적 혹은 단순히 무작위적이든 —— 대부분의 사람이 단순히 그것을 구매할 여유가 줄었기 때문에 그 재화를 더 적게 사리라고 예측할 수 있다(10장). 같은 결과로 이어질 메커니즘이 여남은 가지 있지만, 예측이 목적이라면 그 가운데 어떤 메커니즘이 작동할지 고를 필요는 없다. 그러나 설명이 목적이라면 중요하다. 설명은 이해를 증진하는 반면, 예측은 기껏해야 통제에 도움이 될 뿐이다.

또한 예측이 목표라면, 상관관계, 필연화 그리고 설명을 구별하는 것은 부질없는 일이다. 한 유형의 사건과 다른 유형의 사건 사이에 법칙적 규칙성이 있으면, 그것이 둘 사이에 인과적 연관에 기인하는지, 제3의 공통원인에서 비롯하는지는 —— 예측을 목적으로 하는 한 —— 문제가 되지 않는다. 어느 경우든 우리는 첫 번째 사건의 발생을 두 번째 사건 발생의 예측에 사용할 수 있다. 치명적 질병의 첫 번째 징후가 그 이후 죽음의 원인이라고 아무도 믿지 않아도, 전자는 후자를 예측할 때 정규적으로 사용될 수 있다. 마찬가지로 의학적 상태에 근거해서 어떤 사람이 지금부터 일 년 이상 살지 못할 것을 예측할 수 있다면, 그가 자동차 사고로 죽었다거나 병이 너무 고통스러워서 자살했다고 해서 그 예측이 반증되는 것은 아니다.

참고문헌

내가 근거하고 있는 설명에 대한 일반적인 관점은 J. Elster, D. Føllesdal, and L. Walløe, *Rationale Argumentation* (Berlin: Gruyter, 1988)에 더 자세히 제시되어 있다. 인간 행동에 대한 적용을 위해서는 D. Davidson, *Essays on Actions and Events* (Oxford University Press, 1980)를 독자들에게 권한다. 기능적 설명에 대한 나의 비판은 여러 곳에 실려 있는데, 특히 *Explaining Technical Change* (Cambridge University Press, 1983)가 상세하다. 키티 지노비스 사례에 대한 고전적 논의는 A. M. Rosenthal, *Thirty-Eight Witnesses* (Berkeley: University of California Press, 1999)이다. 이 연구의 잘못을 바로잡은 연구로는 R. Manning, M. Levine, and A. Collins, "The Kitty Genovese murder and the social psychology of helping", *American Psychologist* 62 (2007), pp. 555~562가 있다. 독일 국회과 프랑스 국회의 권력 포기에 대한 뛰어난 '미시 정치적' 해명으로는 I. Ermakoff, *Ruling Oneself Out* (Duke University Press, 2008)이 있다. 소비자 행위에 미시적 기초를 제공하려는 시도로는 M. Browning and P. A. Chiappori, "Efficient intrahousehold allocations", *Econometrica* 66 (1998), pp. 1241~1278이 있다. 페스팅거의 관점을 쉽게 이해하는 데는 L. Festinger, S. Schachter, and M. Gazzaniga (eds.), *Extending Psychological Frontiers: Selected Works of Leon Festinger* (New York: Russell Sage, 1989)가 도움이 된다. 바닷조개에 대한 제퍼슨의 관찰 이야기는 C. Calomiris and S. Haber, *Fragile by Design* (Princeton

University Press, 2014), p. 480에서 인용했다. '아동-부모' 효과, 즉 아이가 부모에게 미치는 효과는 J. R. Harris가 쓴 *The Nurture Assumption : Why Children Turn Out the Way They Do* (New York: Free Press, 1998)와 *No Two Alike* (New York: Norton, 2006)라는 두 권의 고무적인 저서에서 따온 것이다. 『악어』 만평에 달린 캡션은 S. Fitzpatrick, *Everyday Stalinism* (University of Chicago Press, 1999), p. 65에서 인용했다. 토크빌의 인과성에 대한 관점에 대해서는 내가 쓴 "Patterns of causal analysis in Tocqueville's Democracy in America", *Rationality and Society* 3 (1991), pp. 277~297에서 논의된다. 그리고 프랑스혁명에 대한 관점에 대해서는 "Tocqueville on 1789", in C. Welch (ed.), *The Cambridge Companion to Tocqueville* (Cambridge University Press, 2006)에서 다뤘다. '마치'-합리성에 대한 밀턴 프리드먼의 변론인 "The methodology of positive economics" (1953)는 M. Brodbeck (ed.), *Readings in the Philosophy of the Social Sciences* (London: Macmillan, 1969)에 재수록되었다. 그의 논증의 경험적 비판에 대해서는 T. Allen and C. Carroll, "Individual learning about consumption", *Macroeconomic Dynamics* 5 (2001), pp. 255~271을 보라. 정치학에서의 '마치' 접근에 대한 변론으로는 R. Morton, *Methods and Models: A Guide to the Empirical Analysis of Formal Models in Political Science* (Cambridge University Press, 1999)가 있다. 그런 접근에 대한 대부분의 다른 변론과 마찬가지로 그녀는 왜 우리가 '마치'라는 허구를 믿어야만 하는지 이유를 제시하지 못한다. 부분적 예외는 D. Satz and J. Ferejohn, "Rational choice and social theory",

Journal of Philosophy 91 (1994), pp. 71~87이다. 왜-질문에 대한 논의는 B. Hansson, "Why explanations", *Theoria* 72 (2006), pp. 23~59에 근거한 것이다. 수요 법칙의 동기에 대한 가정으로부터의 독립성은 G. Becker, "Irrational behavior in economic theory", *Journal of Political Economy* 70 (1962), pp. 1~13에서 언급된다.

2장_ 메커니즘

블랙박스를 열기

과학철학자들은, 하나의 설명은 **일반법칙**에 근거해야 한다고 자주 주장한다. 하나의 사건을 설명한다는 것은 한 묶음의 초기 조건이 있을 때마다 같은 유형의 사건이 뒤따른다는 취지의 진술과 함께 그 조건을 인용하는 것이다. 나는 이 장에서 그런 관념에 대해 두 가지 이의를 제기할 것인데, 하나는 온건하고 상대적으로 논쟁적이지 않은 것이지만, 다른 하나는 좀 더 급진적이고 논쟁적인 성질의 것이다.

첫 번째 이의는 다음과 같다. 우리가 피설명항을 연역할 수 있는 일반법칙을 수립할 수 있다고 할지라도(두 번째 이의는 우리가 언제나 이렇게 할 수 있는 것은 아니라는 것이다), 그것이 언제나 설명에 해당하는 것은 아니라는 것이다. 다시 한번 우리는 설명과 상관관계 및 필연화를 구별한 논의를 참조해야 할 것 같다. 한 질병의 어떤 징후들 다음에 언제나 사망이 뒤따른다는 뜻에서 하나의 일반법칙은 사람이 왜 죽는지 설명해 주는 것은 아니다. 자살이나 차 사고가 질병을 선행해서 죽음을 야기하면, 질병의 근본적 성질에 근거한 일반법칙은 죽음을 설명할 수 없다.

이 문제를 풀기 위해서, 일반법칙이라는 발상을 **메커니즘**이라는 발상으로 대체해야 한다는 주장이 자주 제기된다. 사실 '메커니즘'이라는 말은 뒤에서 특수한 의미로 사용될 것이기 때문에, 여기서는 내가 염두에 둔 것을 뜻하는 말로 '인과 사슬'을 사용할 것이다.[1] "사건 C1, C2, …, Cn이 일어날 때는 언제나 E유형의 사건이 이어졌다"는 진술에 의해서 사건 E를 설명하려고 하기보다, 원인 C1, C2, …, Cn으로부터 E에 이르는 인과 사슬을 수립하고자 할 것이다. 이런 절차는 '블랙박스 열기'로 지칭되곤 한다. 골초가 다른 사람보다 더 폐암에 걸리기 쉽다는 것을 알고 있다고 가정해 보자. 이 사실은 흡연이 폐암의 원인이라는 것에서 기인할 수도 있고, 흡연 성향의 사람이 암에 걸릴 소인이 있다는 것에서 기인할 수도 있다(폐암에 걸리기 쉬운 유전자가 니코틴에 쉽게 중독되게 하는 유전자와 연관이 있을 수 있다).[2] 앞의 설명을 확립하기 위해서는 폭연爆煙에서 폐암으로 나아가는 생리적 인과관계의 사슬을 밝혀야 한다. 이런 설명은 블랙박스 진술인 "흡연이 암의 원인이다"보다는 더 정밀하고 인과적 연결이 더 상세히 제시되고 더 설득력 있어야 한다.

또는 어떤 사람이 높은 실업률은 침략전쟁의 원인이라고 주장하면

---

1 나의 이전 글들 일부에서 '인과 사슬'이라고 부르는 것을 지시하기 위해서 '메커니즘'이라는 표현을 사용했다. 최근 저술에서는 이 장의 뒤에서 정의되는 의미로 '메커니즘'을 쓰기 시작했다. 아마도 다른 용어를 선택했어야 했지만, 이제는 너무 늦었다.
2 나중에 언급하겠지만, 두 번째 설명은 한 가지 점에서는 진지하게 제시된 것이다.

서, 두 현상 사이에 법칙적 연관을 보여 주는 증거를 제시한다고 해보자. 이 역시 단순한 상관관계가 아니라 인과적 효과인지 어떻게 알 수 있는가? 실업의 원인이 되는 높은 출산율이 정치 지도자들이 침략전쟁을 개시한 동기도 되었던 것일까? 전쟁에서 이기지 못해도 최소한 인구 규모는 줄일 수 있을 것이고, 승전은 팽창이나 이민에 필요한 새로운 영토를 제공하긴 한다. 이런 가능성을 제외하기 위해서는, 먼저 출산율 변수(그리고 다른 신빙성 있는 '제3 요인')를 통제해야 한다. 그러고도 연관성이 남는지 보아야 한다. 설령 연관성이 남는다 해도, 우리는 블랙박스 내부를 들여다볼 때까지 그리고 높은 실업률이 **어떻게** 전쟁을 야기했는지 알게 될 때까지 만족해서는 안 된다. 실업으로 인해 정치 지도자가 전쟁을 통해 새로운 시장을 추구하게 되는 것일까? 아니면 정치 지도자가 혁명운동을 막기 위해서는 실업 때문에 생기는 사회적 불안을 외부의 적으로 돌려야 한다고 믿었기 때문일까? 또는 군수산업이 실업자를 흡수해 줄 것이라고 믿었기 때문일까? 그도 아니면 실업자들은, 갈등 해결을 위해 외교보다는 전쟁을 활용할 가능성이 높은 포퓰리스트 지도자에게 투표하는 경향이 있는 것은 아닐까?

마지막 가설을 더 자세히 살펴보자. 왜 실업자들은 기존 정당 가운데 하나에서 공천한 정치인보다 무책임한 포퓰리스트 지도자에게 투표하는 것일까? 다시 한번, 사람들은 이 특정한 블랙박스를 여는 수많은 방법을 상상해 볼 수 있다. 아마도 포퓰리즘적 정치인의 타고난 고객들은 그들이 실업일 때 더 투표할 가능성이 커질 것이다. 투표의 기회비용(즉 그들의 시간 가치)은 직장에 다닐 때보다 내려갈 것이기 때문이다. 아니면 아마도 포퓰리즘적 지도자는 실업 문제에 대해 더 즉각적인 해결책을 제안할 공산이 크다. 또는 아마도 그들은 실업자들이 보기에 그들의 곤경에 책임이 있거나 자본가든 성공한 인종적 소수집단이든 그들의 곤경에서 이득을 얻는 이들을 징벌하겠다는 정책을 제시할 수 있다.

끝에 제시된 가설을 더 자세히 살펴보자. 왜 실업자들은 자본가나 부유한 소수집단을 징벌하고 싶어 하는 것인가? 그것이 바로 또 다른 블랙박스 진술은 아닌가? 그것을 명료하게 밝히는 한 방법은 실업자들에게 동기를 부여한 것이 물질적 자기 이익이었다고 주장함으로써이다. 국가가 이런 엘리트의 재산을 몰수할 수 있다면, 그렇게 마련된 기금이 실업자들에게 혜택을 주기 위해 재분배될 수 있다. 또는 그들이 복수 욕망에 사로잡혔다고 보는 것이다. 즉, 복수 욕망 때문에 엘리트를 징벌할 수 있다면, 물질적 혜택을 얻지 못해도 상관없다는 것이다. 부자들이 이윤을 위해서 고용을 무자비하게 감축했다고 생각하면, 직장을 잃은 사람들은 투표함을 앙갚음에 써먹을 수도 있다. 그도 아니면, 실업자는 단지 그들이 실패한 곳에서 성공한 영리한 소수집단 구성원을 시기할 뿐이며 그들의 규모를 줄이는 데도 투표함을 쓸 수 있다.

내가 아는 한, 높은 실업률이 침략전쟁을 야기하지는 않는다. 지금까지의 논의는 전부 가설적이다. 그러나 나는 일반법칙이 인과 사슬을 따라 명백히 진술되는 만큼 설명의 신빙성이 커진다는 발상을 이런 논의가 뒷받침한다고 생각한다. 일반법칙 수준에서 우리는 관련성 있는 '제3의 요인'을 모두 통제했다고 확신할 수 없다. 피설명항과 원인(설명항)으로 거론된 것 모두를 해명해 줄 어떤 원인이 잠복해 있을 수 있다. 우리가 인과 사슬의 고리 개수를 늘린다면, 이런 위험 요인은 줄어들 것이다.

그러나 위험 요인이 제거되지는 않는다. 인과 사슬의 특정화가 뜻하는 바는 일반법칙 의존의 중단이 아니라 추상도 높은 일반법칙으로부터 추상도 낮은 법칙으로 나아간다는 것이다. 예를 들어 "높은 수준의 실업은 전쟁을 야기한다"는 보편법칙을 "포퓰리즘적 지도자는 전쟁 성향이 높다"거나 "실업자는 포퓰리즘적 지도자에게 투표한다" 같은 추상도 낮은 법칙으로 대치하는 것이다. 끝에 제시된 법칙을 "실업자는 부유한 소수집단을 시기한다" 그리고 "부유한 소수집단을 시기하는 사람들은 포퓰리즘적 지도자들에게 투표한다" 같은 추정으로 다시 한번 대치할 수도 있다. 어떤 다른 법칙과 관련해서든, 이런 것들이 단순한 상관관계로 판명될 수 있다. 소수집단을 시기하는 것과 실업이 동일 원인의 다른 효과라면, 전쟁 성향이 높은 지도자가 선거에서 승리하는 것은 실업이 아니라 실업과 인과적으로 관련된 다른 요인에서 비롯한 것이라는 식으로 말이다. 어쨌든 이런 더 정밀한 수준에서는, 통제가 필요한 요인 수가 줄어든다. 인과적 이야기의 초점이 명확해질수록, 우리가 단순한 상관관계를 다루고 있는 것은 아니라는 것을 더 쉽게 확신할 수 있다.

(아주) 일반적인 법칙과 연결된 설명은 너무 불투명해서 만족스럽지 않다.[3] 실업과 침략전쟁 사이의 보편적 연계성에 확고하게 들어맞는 사례 그리고 조금이라도 그럴듯한 '제3의 요인들'은 모조리 통제된 설

---

3 일부 수학자들은 컴퓨터를 이용한 4색 정리[평면을 유한개의 부분으로 나누어 각 부분에 색을 칠할 때, 서로 맞닿은 부분을 다른 색으로 칠한다면 네 가지 색으로 충분하다는 정리 — 옮긴이] 증명을 언짢게 느낀다. 그 이유는 그렇게 해서는 그 정리가 맞는 이유에 대한 직관적 이해를 제시하지 못하기 때문이다.

득력 있는 논증이 제시되었다고 해도, 우리는 여전히 실업이 **어떻게** 전쟁을 일으키는지 알고 싶을 것이다. 설명이 옳다고 믿을 만해도, 우리는 그것에 만족하지 않을 것이다. 앞 장에서 언급했듯이, 이것이 일반 상대성이론 이전에 중력 법칙에 근거한 설명이 가졌던 지위이다. 먼 거리에서 일어나는 작용이 너무 신비해서 그것이 최종적 진술이라는 것을 믿으려 하지 않는 사람이 많았다. 법칙이 소수점 아래 여러 자리까지 정확하게 예측을 해주었기 때문에, 설령 '없는 곳에서 작용하는' 힘의 존재를 수용할 수 없는 회의론자도 그것이 '마치' 참된 것처럼 일이 진행된다는 것을 수용해야만 했다.

메커니즘들

이른바 보편적 법칙의 사례로 논의된 것들이 별로 그럴듯하지 않다고 독자들이 되뇔지도 모르겠다. 나도 동의한다. 설득력 결핍은 부분적으로는 상상력이 빈곤해서 좋은 예를 들 줄 모르는 내 탓이다. 그러나 나는 더 심층적인 이유도 있다고 생각한다. 사회과학에는 잘 확립된 일반 법칙이 매우 적다. '수요 법칙' ── 가격이 오르면 소비가 줄어든다 ── 은 잘 확증되는 편이지만, 그것도 따지고 보면 꽤 약한 법칙이다.[4] 가령 중력 법칙은 두 물체 사이의 거리가 멀어지면 그들 사이의 인력이 약해진다는 것을 말하는 데서 그치지 않는다. 중력 법칙은 인력이 얼마나(거

---

4 더 나아가 어떤 재화는 값이 오르면 수요가 올라간다. 소비자는 비싸기 때문에 그 재화에 더 끌릴 수도 있다('베블런 효과'Veblen effect). 또는 가령 빵을 고기 같은 고급 재화로 대체할 경제적 여력이 있는 소비자는 빵값이 떨어져도 여전히 빵을 적게 살 수도 있다('기펜 효과'Giffen effect).

리의 제곱에 반비례해서) 감소하는지도 말해 준다. 사회과학에는 중력 법칙만큼 강한 법칙이 전혀 없다.[5]

수요 법칙과 소득이 증가하면 소득 가운데 식료품 지출분이 감소한다는 엥겔 법칙은 우리가 **약한 법칙**이라고 부르는 것들이다. 독립변수의 변화(상승 또는 하락)가 종속변수에서의 변화(상승 또는 하락)의 **방향** 또는 조짐을 예측할 수 있게 해주지만, 변화의 **크기**는 예측하지 못한다. 약하다 해도 종속변수의 가능한 값 전 범위 가운데 일부를 제외해 주기 때문에 그런 법칙의 의의는 상당하다. 그러나 그런 법칙에 제외되지 않는 범위 내에서 어떤 값으로 실제로 나타날지 찾아내는 데는 도움이 안 된다.

수요 법칙은 약할 뿐 아니라 설명이라는 목적에도 잘 부합하지 않는다. 제1장에서 보았듯이 소비자가 어떻게 행동할지에 대해 예닐곱 개의 양립 가능한 가설들이 있다. 어떤 재화가 비싸질 때 소비자가 왜 덜 소비하게 되는지 **설명**하려면, 가격 변화에 대한 개인 소비자 반응에 대한 특정한 가설을 채택해서 검증해 봐야만 한다. 특정해서 말하자면, 내가 메커니즘이라고 부른 것에 근거해야만 한다. 개략적으로 말해서, 메커니즘은 빈번하게 일어나고 쉽게 인지되는 인과적 패턴인데, 그것이 어떤 조건에서 촉발될지는 일반적으로 알려지지 않았고, 어떤 귀결에 이를지 정해져 있지도 않다. 메커니즘 덕분에 설명은 할 수 있지만, 예측을 할 수 있는 것은 아니다. 예컨대 알코올중독 환경에서 커서 알코올중독이 된 아이들이

---

5 확실히 타인에 대한 이타적 감정의 강도는 행위자와 사회적 거리에 반비례한다고들 한다. 그러나 '사회적 거리'라는 관념은 개념이라기보다는 은유일 뿐이며, 그것을 인정한다 해도 '반비례한다'는 말은 '제곱에 반비례한다'는 말보다는 훨씬 정확성이 떨어진다.

많지만, 어떤 아이들은 같은 환경에서 커도 알코올중독이 되지 않았다는 사실을 지적할 수 있다. 두 가지 반응은 부모 따라 하기와 부모 반대로 하기라는 두 메커니즘이 실현된 예이다. 우리는 알코올 중독자의 자녀가 어떤 사람이 될지 미리 말할 수 없다. 그러나 그가 술은 입에도 대지 않는 사람이 되거나 알코올 중독자가 되었다면, 우리는 그가 왜 그렇게 되었는지를 추측할 수 있다.

나는 여기에 작동하는 모종의 객관적 불확정성이 존재한다고 주장하는 것이 아니다. 불확정성 개념은 양자 역학 바깥에서는 별 의미가 없다. 다만 내가 주장하는 것은, 어떤 일반적인 인과적 패턴이 왜 일어나는지를 설명할 수 없다 하더라도 한 행위가 그 패턴의 사례임을 보여 줌으로써 그것을 설명할 수 있다는 것이다. 동조주의conformism 메커니즘 (예를 들어 부모가 하는 대로 한다)과 반동조주의anti-conformism 메커니즘 (부모와 정반대로 한다)은 모두 매우 일반적이다. 알코올중독 부모를 둔 아이의 행동이 이런 두 메커니즘 가운데 어떤 것의 사례라는 것을 보여 줄 수 있다면, 우리는 그 행동에 대한 설명을 제공한 것이다. 혹자는 그 아이가 (말하자면) 왜 금주가가 아니라 알코올 중독자가 됐는지 보여 주지 못하면 아무것도 설명하지 못한 것이라는 반론을 제기할 수 있다. 왜 다른 것이 아니라 이것이 일어났는지 보여 주는 해명이 더 나은 것이라는 점에 나는 확실히 동의한다. 그리고 우리가 때때로 그런 해명을 제공할 수 있다는 것을 부인하지 않는다. 그러나 개별 사례를 더 일반적인 인과적 패턴 아래 포섭하는 것 또한 설명을 제공한 것에 해당한다. 아이가 동조주의의 결과로 알코올중독이 되었다는 것을 아는 것은, 아이가 왜 동조하게 되었는지 설명하지 못하는 한 불투명성이 남는 것이긴 해도 결과의 불투명성을 일부 제거한 것이다.

나는 메커니즘을 "빈번하게 일어나고 쉽게 인지되는 인과적 패턴"이라고 말했다.[6] 속담에 깃든 지혜는 그런 패턴들을 많이 확인해 준다. 내가 좋아하는 식으로 정의하자면, "속담은 여러 세대를 거쳐 전수된 것이며, 간단한 어구 속에 일반 원리나 공통 상황을 요약하고 있으며, 그것이 언급될 때, 모든 사람이 그것이 뜻하는 바를 정확하게 이해한다". 더 나아가 속담은 일반법칙보다는 메커니즘에 대해 말할 때가 많다. 속담들은 놀랍게도 서로 배타적인 내용의 것들이 짝을 이루는 경향이 있다. 그것에 대해 살펴보자. "옆에 없으면 더 애틋해지는 법"이라는 속담이 있는 한편, "보지 않으면 마음도 멀어진다"는 속담도 있다. 우리는 한편으로는 금단의 열매가 가장 달다고 생각하지만, 다른 한편으로는 손에 닿지 않는 포도는 시다고 생각한다. 한편에 "유유상종"이라는 말이 있지만, 다른 한편에 "극과 극은 통한다"는 말이 있다. "부전자전"이라는 말이 있는가 하면, "아버지가 인색하면 아들이 방탕하다"는 말도 있다. "급할수록 돌아가라"고 하는가 하면, "장고 끝에 악수惡手"라고도 한다. "불운을 회상하는 것은 불운을 되살리는 것이다"라고도 하고, "과거의 불행도 지나고 나면 추억이 된다"라고도 한다(나중에 논하겠지만, 이 둘은 사실 상호배타적인 것은 아니다). 그 외에 많은 예를 들 수 있다.

속담이 포착하지 못한 여러 켤레의 반대 메커니즘들도 있다. 예를 들어 파급-보상 켤레spillover-compensation pair라고 부를 만한 것을 살펴보자. 열심히 일하던 사람이 휴가를 간다면, 예상컨대 그는 여가활동도 업

---

6 12장에서 보게 되듯이, 속담이 언제나 지혜로운 것은 아니다.

무처럼 정신없이 바쁘게 행하는 쪽일까(파급 효과), 아니면 정반대로 완전히 푹 퍼져서 쉬는 쪽일까(보상 효과)? 또는 민주주의 사회의 시민들은 종교에 이끌릴까, 아니면 반감을 품을까? 그들이 스스로 결정하는 습관을 정치 영역에서 종교 영역으로 가져간다면(파급), 종교적 믿음의 약화를 예상할 수 있다. 정치에서 우월한 권위가 없어지기 때문에 다른 데서 권위를 찾는다면(보상), 민주적인 정치체제는 종교에 우호적인 경향을 보일 것이다. 여전히 확정되지 않은 듯한 우리 시대의 문제는 TV 속 폭력이 실제 생활의 폭력을 자극하는가(파급) 아니면 완화하는가(보상), 하는 것이다.

유사한 메커니즘이 개인들 사이의 관계에도 적용될 수 있다. 자선 단체 기부를 어떻게 설명할지 생각해 보자. 어떤 사람은 증여의 효율성에 관심이 클 수 있다. 다른 사람들이 적게 기부하면, 그의 기부는 큰 중요성을 가지게 될 것이고, 그래서 그는 더 많이 기부할 것이다. 다른 사람들이 많이 기부한다면, 그의 기부의 중요성은 줄어들고, 그래서 전혀 기부하지 않을 수도 있다. 또 다른 기부자는 (기부자들 사이의) 공정성에 더 관심이 있을 수 있다. 다른 사람들이 적게 기부하면, 그가 더 많이 기부할 이유가 없다. 역으로 다른 사람들이 많이 기부한다면, 그는 그런 흐름을 따라야만 한다고 느낄 것이다. 같은 종류의 쿌레 메커니즘이 집합행동 상황에도 적용된다. 대중 운동이 커갈 때, 어떤 이들은 그들의 참여로 인해 달라질 것이 없다고 생각하기 때문에 참여하지 않는다. 반면에 다른 사람들이 비용을 치르는 동안 대열 바깥에 머물러서는 안 된다고 느끼기 때문에 참여하는 사람들도 있다.

또는 이 책에서 여러 번 다뤄질 라 퐁텐Jean de La Fontaine의 다음과 같은 말을 생각해 보자. "사람들은 모두 그들이 두려워하는 것과 그들이 욕망하는 것을 아주 쉽게 믿는다."[7] 이 속담을 말 그대로, 즉 보편법칙으로 받아들이면 별로 설득력이 없다. 하지만 이 속담 덕분에 우리는 잘 알려진 희망사고wishful thinking 현상뿐 아니라 **역동기화 사고**countermotivated *thinking*라 부를 만한 잘 알려지지 않은 경향에 대해서도 생각해 볼 수 있다. 『잃어버린 시간을 찾아서』의 화자narrator는 그의 알베르틴에 대한 질투와 스완의 오데트에 대한 질투 사이의 유사성에 대해서 성찰한다(후자에 대해서는 7장을 보라).

스완의 예에 근거해서 내 상상력과 정신력에 의해 만들어진 감정에 대한 강한 인상 때문에, 나는 오래전부터 **내가 희망했어야 했던 것보다 내가 두려워했던 것이 참되다**고 믿을 태세였다. 그리고 [그에게 신실하다는] 알베르틴의 긍정이 가져다준 나의 평온한 감정은 오데트의 이야기를 상기하자마자 뒤흔들렸다. 그러나 나는 스스로 다짐했다. 최악을 받아들이는 것이 유일하게 옳다면, 스완을 이해하기 위해서 그의 자리에 나를 놓아 보아야 할 때뿐 아니라, 진실을 찾아도 그것은 다른 사람에게나 적용되는 것으로 여기면서 나 자신을 걱정하는 지금도, 자신에 대한 잔인함 때문에 가장 유용한 위치가 아니라 가장 노출된 위치를 선택하는 군인처럼 나는 **하나의 가정이 단지 그것이 더 고통스럽다는 이유만으로 나머지보다 더 참되다고 간주하는 잘못**에 빠져서는 안 된다.

---

7 같은 사건을 어떤 사람은 두려워하고 어떤 사람은 희망한다면, 그들은 그것이 일어날 것이라는 근거 없는 믿음은 공유한 것이다. 더 냉철한 사람은 그런 믿음을 받아들이지 않을 것이다. 동기 수준에서 대립적이지만 인지적으로 동맹하는 여러 사례가 뒤에서 다뤄질 것이다.

내가 강조 표시한 첫 번째 문장은 라 퐁텐과 같은 양태이다. 두 번째 강조 표시된 문장은 제2열의 희망사고 현상, 즉 어떤 사람의 역희망사고는 '자신에 대한 잔인성'으로 인한 **희망사고의 과도교정**_overcorrection of wishful thinking_ 때문에 생길 수도 있다는 믿음을 서술하고 있다.

마지막으로 "목동이 많으면 양을 잘 못 지킨다"는 속담과 "요리사가 많으면 국이 짜진다" 같은 속담을 살펴보자. 속담의 가치는 보편법칙을 진술하는 것이 아니라 메커니즘을 제안하는 것임이 다시 한번 드러난다. 각각의 목동이 자기 아닌 다른 목동이 경비하고 있을 것이라고 믿는다면, 첫 번째 속담은 맞는 말이 된다('키티 지노비스' 사례를 기억하라). 각각의 요리사가 누구도 국에 소금을 치지 않았다고 믿을 경우, 두 번째 속담은 참이 된다.

반대 속담과 짝 맞춰지지 않은 속담들 또한 법칙보다는 메커니즘을 자주 표현한다. 만일 수영 실력과 물에 빠지는 성향은 언제나 비례한다는 의미라면, "수영 제일 잘하는 사람이 물에 빠진다"는 속담은 부조리하다. 그러나 수영 실력이 느는 것보다 더 빨리 자신감이 커지는 사람들이 있다. 그런 사람들은 장담할 수 없는 위험을 무릅쓰는 경향이 있다("경적필패"_輕敵必敗_). "엿듣느니, 다 내 욕이다"라는 속담이 경고하는 바는, 엿듣는 사람은 다른 행위에서도 고약한 (그리고 더 눈에 띄는) 데가 있을 가능성이 크다는 것이다. 하지만 12장에서 다루어지듯이 그런 상관관계는 전혀 확실하지 않다.

메커니즘을 정의할 때, 나는 그것이 "일반적으로 알려지지 않은 조건 아래서 촉발되고, 어떤 귀결에 이를지 정해져 있지 않다"고 말했다. 내가 지금까지 인용한 속담 메커니즘의 대부분은 첫 번째 범주에 드는 것이었다. 우리는 어떤 조건이 동조주의를 촉발할지 아니면 반동조주의를 촉발할지, 희망사고와 역희망(역동기화)사고 가운데 어떤 것일지, 적응적 선호(신 포도)일지 역적응적 선호(남의 집 마당 잔디가 더 푸르다)일지 모른다. 우리는 기껏해야 각각의 켤레 가운데 한 편이 실현된다는 것은 알지만, 그것이 어느 편일지 말할 수 없다. '기껏해야'라는 규정은 중요하다. 왜냐하면, 이런 메커니즘 켤레 어느 편에도 속하지 않는 사람들도 있기 때문이다. 진정한 자율성은 동조주의도 반동조주의도 뜻하지 않는다. (사실, 많은 반동조주의자들이 서로 동조한다.) 어떤 사람들은 그들의 지상 목표至上目標를 깎아내려서 마음의 평화를 얻으려고 하지 않으면서도, 그런 목표를 성취하지 못할 수 있다는 것을 수용한다.

결과물에 정반대 효과를 미치는 두 메커니즘의 동시 촉발을 제시하는 속담도 있다. 그럴 경우, 불확정성은 메커니즘 가운데 (있다면) 어떤 것이 촉발되는지를 규정하는 데 있지 않고 동시 작동한 메커니즘들의 **순효과**를 규정하는 데 있다. 예를 들어 "필요는 발명의 어머니이다"와 "가난이 도리어 더 비싸다"를 생각해 보자. 첫 번째 속담은 궁핍과 혁신을 위한 강한 **욕망** 사이의 인과관계를 주장하지만, 두 번째 것은 궁핍과 혁신을 위한 **기회** 부족 사이의 관계를 주장한다. 행위는 기회와 욕망 모두에 의해 영향을 받기 때문에(10장), 궁핍이 혁신에 미치는 순 영향이 긍정적일지 부정적일지 일반적인 수준에서 말할 수 없다. 앞서 언급된 또 다른 속담 켤레, "불운을 회상하는 것은 불운을 되살리는 것이다" 대對 "과거의 불행도 지나고 나면 추억이 된다"도 살펴보자. 앞의 속담은 '소유 효과'endowment effect라 불리는 것에 의존한다. 나쁜 경험에 대한 기억은 나쁜 경험이라는 것이다.[8] 두 번째 속담은 '대비 효과'contrast effect

에 근거한다. 나쁜 경험에 대한 기억은 현재의 가치를 높여 준다는 것이다.[9] 일반적으로 우리는 이전의 나쁜 경험이 나중의 복지에 미치는 순효과가 긍정적일지 부정적일지 말할 수 없다.

다시 한번 말하건대, 속담에 한정되지는 말자. 예컨대 속담이 아닌 '폭정의 심리학'이라고 불리는 것에 관련된 두 가지 메커니즘을 살펴보자. 폭군이 신민에 대한 억압을 강화하면, 두 가지 효과가 생길 수 있다. 한편으로는 가혹한 처벌 때문에 저항이나 반란이 저지될 수 있고, 다른 한편으로는 폭정을 일삼을수록, 저항 가능성이 커질 수 있다.

증오가 두려움을 압도하면 압제는 역효과를 낳을 것이다. 기번은 로마 황제 막시미누스의 "이유도 없고 시도 때도 없는 잔인함"이 "충격적인 공포 대신에 증오를 불러일으켰다"고 썼다. 2차 세계대전 때 독일이 점령한 나라들에서 레지스탕스 대원들은 때로 독일 병사를 죽여서 보복을 유도했는데, 그때 그들은 '폭정 효과'가 억제 효과를 압도할 것이라는 가정에 근거해서 이런 메커니즘을 이용한 것이었다.[10]

2001년 9월 11일 이후, 미국은 다음과 같은 세네카의 격언이 옳았다는 것을 배웠다. "잔인한 왕은 적을 파괴함으로써 적을 늘린다. 죽임을 당한 사람들의 부모와 자녀 그리고 친척과 친구가 그 희생자들의 자리

---

8 역으로, 좋은 경험의 기억은 좋은 경험이다. 그래서 테니슨(Alfred Tennyson)은 이렇게 말한다. "결코 사랑한 적이 없는 것보다 사랑했다가 상실하는 것이 더 낫다."

9 역으로, 좋은 경험의 기억은 현재의 가치를 절하한다. 그래서 던(John Donne)은 이렇게 말했다. "과거에 정정당당했던 것보다 지금 반칙하는 것이 낫다."

10 때로 증오는 다른 목표물을 찾아낸다. 독일이 1944년에 야만적인 보복을 시행했던 중부와 북부 이탈리아의 세 마을의 어떤 주민들은 50년이 지나서도 빨치산에 대해 적개심을 품고 있었다. 그들이 학살에 간접적 책임 또는 "진짜" 책임이 있다고 여겼기 때문이다. B가 C를 죽이도록 A가 만들었을 때, C의 친척과 친구들은 B보다 A로 향해 분노의 감정을 가질 수 있다. 독일 점령군과 싸웠던 레지스탕스 운동에서는 두 가지 메커니즘이 모두 관찰된다.

를 대신한다." 이런 진술에 공명하면서, 존 폴 밴John Paul Vann은 베트남에서의 미국의 전략에 반대했다. 미국의 폭격와 포격은 "베트콩보다 민간인을 훨씬 더 많이 죽인다. 그 결과 더 많은 베트콩이 생긴다". 2014년 1월 21일『르 몽드』의 키예프 소요를 다룬 머리기사 제목은 다음과 같다. "저항을 끝장내기 위한 억압적 법률의 채택으로 인해 악화 과정이 거듭되고 있다."

순효과가 불확정적인 사례도 있다. 헨리 8세 치하에서의 이단 박해에 대해서 언급하면서, 흄은 이렇게 적었다. "다른 지향을 가진 사람들 마음에 [새로운 교리가 퍼지는 것을] 억누르기 충분했던 가혹한 처형이, 이제는 사람들 사이에 그것을 더 널리 퍼지게 하고, 무자비한 박해자에 대한 혐오를 고취하고 있다." 불확정성은 런던에서 발행되는『옵저버』 The Observer의 2009년 1월 4일 만평에 잘 나타나 있다. 가자 지구의 깨진 돌무더기 위의 한 소년이 이스라엘 폭격기를 보며 자문한다. "이 일로 인해, 나는 커서 이스라엘을 향해 로켓을 쏘게 될까, 쏘지 않게 될까?"[11]

불확정성의 또 다른 예로, 목표에 대한 장애나 방해에 직면한 사람의 경우를 살펴보자. 행동의 자유에 대한 이런 위협은 심리학자들이 '유도저항'reactance이라고 부르는 것, 즉 자유를 회복하거나 재확립하려는 동기를 형성할 수 있다. 장애물과 그것이 유발한 유도저항 효과는 서로

---

11 2014년에 하마스의 이른바 세자이야 여단은 자신의 전사들이 인구 밀집 지역에서 활동하도록 자극하는 전투 교범을 발간했는데, 거기에는 이렇게 쓰여 있다. "이스라엘의 폭격으로 가자 지구 민간인 주택이 파괴되는 것"은 환영할 일이다. 왜냐하면, 그로 인해 "공격자에 대한 시민의 증오가 커지기 때문이다". 이런 주장이 옳든 그르든, 그런 전략이 처음은 아니다. 그것은 두 가지 방식으로 역효과를 낳을 수 있다. 민간인들의 공포가 증오심을 압도할 수도 있고, 증오가 적이 아니라 적이 민간인을 살해하게 만든 이들을 향할 수도 있다(앞의 각주를 보라).

대립하며, 어떤 것이 일반적으로 더 강한지 말할 수 없다.[12] 한 예로 아들이 갖고 놀지 않았으면 하는 북을 부모가 아들 몰래 숨기면 어떤 일이 생길지 생각해 보라. 유도저항 메커니즘은 9장에서 다시 논의될 것이다.

순효과를 안다 해도, 그것을 설명하지 못할 수 있다. 어떻게 해서 소유 효과와 대비 효과가 영零의 순효과를 낳는 것을 관찰하고 측정할 수 있었다고 가정해 보자. 이런 결과가 나올 수 있는 방식은 두 가지이다. 별 세 개짜리 프랑스 식당에서 먹은 지난해 식사 때문에 이후 그보다 평범한 프랑스 식당에서 식사하는 즐거움이 줄었을지라도, 그것이 내 복지에 미친 부정적 효과를 근사한 식사 경험에 대한 기억이 정확히 상쇄할 수도 있다. 하지만 영의 순효과는 이렇게 두 효과의 힘이 똑같이 강해도 관찰되지만, 소유 효과와 대비 효과가 모두 영인 경우에도 똑같이 관찰된다. 둘 가운데 어느 쪽인지 알지 못하는 한, 결과를 설명했다고 할 수는 없다. 각각의 효과가 가진 힘을 측정하기 위해서 우리는 다른 것이 일어나지 않을 것 같은 상황에서 결과를 살필 수도 있다. 그럴듯한 예로 보일지 모르겠으나, 그리스 요리를 먹은 즐거움이 별 셋의 프랑스 식당 음식에 영향을 받지 않는다면, 순수한 소유 효과의 힘을 확인할 수 있을 것이다.

관련된 불확정성은 첫 번째 유형의 메커니즘, 즉 '일반적으로 알려지지 않은 조건'에서 촉발되는 것과 관련해서도 발생한다. 알코올중독 부모의 예를 다시 살펴보자. 전체 알코올 중독자(또는 대규모 대표 표본)

---

12 이 예의 특수한 양상은 두 가지 경합하는 효과 가운데 하나(유도저항)가 다른 것(장애)에 의해서 유도된다는 것이다. 다른 예에서는 두 가지 효과가 하나의 공통 원인(폭군의 압제)에 의해서 동시적으로 야기된다는 것이다.

를 살펴봤더니, 그들 자녀의 평균 음주량이 그렇지 않은 사람의 자녀보다 더 높지도 더 낮지도 않다고 해보자. 단순화를 위해 유전적인 요인을 무시할 경우, 이런 가설적 발견은 두 가지 방식으로 이해될 수 있다. 한편으로는 알코올 중독자의 자녀들이 동조주의적이지도 반동조주의적이지도 않아서일 수 있다. 즉 그들의 음주 행위는 비非알코올 중독자 자녀의 행위와 같은 원인 때문일 수 있다. 다른 한편 알코올 중독자 자녀의 절반은 동조주의자이고 다른 절반은 반동조주의자여서 순효과가 영으로 나온 것일 수 있다.

이와 비슷하게, 투표행위 이론은 언더독 메커니즘과 밴드웨건 메커니즘을 확증해 왔다. 전자를 따르는 사람들은 여론조사에서 뒤지는 후보에게 투표하는 편이다. 반면에 후자를 따르는 사람들은 선두 주자에게 투표한다. 두 유형이 똑같은 비율로 섞이면, 눈에 띄는 순효과는 전혀 없을 것이다. 그럴 때 여론조사는 실제 투표의 좋은 예측자일 수 있다. 그러나 투표 총계에 여론조사가 미치는 영향이 나타나지 않는다는 것이 사람들이 여론조사에 영향을 받지 않았다는 것을 말하는 것은 아니다. TV 폭력이 실제 폭력에 미치는 약한 총합 효과는 하위집단에 미치는 정반대의 강력한 효과를 가리는 것일 수 있다. 이 모든 경우에서, 중립적인 총합은 영향을 받지 않는 개인들로 이루어진 동질적 모집단을 반영하는 것일 수도 있고, 서로 반대 방향으로 강력하게 영향을 받는 개인들로 이루어진 이질적 모집단을 반영하는 것일 수 있다. 이런 모호성을 불식할 필요 때문에 방법론적 개인주의에 근거한 논증이 요구된다. 합계 수준에서 행위를 설명하기 위해서는, 구성 요소인 개인들의 행위에 주목해야만 한다.

거시-메커니즘

지금까지 다뤄 온 것은 '원자적' 메커니즘 — 동일 수준의 다른 메커니즘으로 환원될 수 없는 기본적인 심리학적 반응들 — 이라고 부를 만한 것들이었다. 이런 심리학적 메커니즘이 사회현상을 설명하는 데 얼마나 도움이 되는지 물을 수 있다. 그 답은 원자적 메커니즘을 좀 더 복잡한 '분자적' 메커니즘 또는 거시-메커니즘을 짓는 벽돌로 사용할 수 있다는 것이다. 나는 이 책 전체에 걸쳐 여러 예를 제시할 것이며, 결론에서는 일반적 논의를 펼칠 것이다. 여기서 예고편 삼아 간단히 논의할 것이다.

다시 속담에서 시작해 보자. 두 가지 속담이 있다. 하나는 "공포가 위험보다 크게 마련이다"이고, 다른 하나는 "공포가 위험을 키운다"이다. 함께 적용하면, 둘이 함의하는 바는 과도한 두려움이 스스로를 정당화한다는 것이다. 영국 속담에 따르면, "양 떼 속에는 검은 양이 있게 마련이다", 프랑스 속담에 따르면, "양 떼를 망치는 데는 검은 양 한 마리면 충분하다". 둘을 함께 적용해서 추론할 수 있는 것은 모든 양 떼의 털빛은 얼룩덜룩해지기 마련이라는 것이다.[13]

속담들은 놔두고 다른 사례를 살펴보자. 수 세기 또는 수천 년 동안 엘리트들은 하나의 체제 형태로서 민주주의를 경계해 왔다. 그들은 민주주의가 모든 종류의 위험하고 방종한 행위를 허용한다고 생각했기

---

13 이런 속담들을 나는 약간 자유롭게 다루고 있다. 검은 양(une brebis galeuse)을 뜻하는 프랑스 말은 거미류 기생충으로 인한 피부병에 걸린 양을 말한다.

때문이다. 그러나 위험한 행위의 기회가 있다고 해서 그것만으로 그런 행위가 생산되는 것은 아니다. 동기 또한 있어야 한다. 민주주의에서 허용되는 것을 하려는 시민들의 욕망을 민주적 체제가 어떤 식으로든 제한하는 것이 가능한가? 가능하다는 것이 토크빌의 주장이다. 그가 생각하기에, 정치가 허용하지 않는 권위에 대한 욕구를 충족하기 위해서 민주적 시민들은 종교로 향한다. 그리고 종교는 시민들의 욕망을 한정하고 제한한다.[14] 토크빌에 따르면, 민주주의 비판가들은 욕망은 무시하고 기회에만 초점을 맞추기 때문에 이런 점을 놓치고 있는 것이다. 토크빌은 이런 논증이 보편법칙인 듯이 말하지만, 메커니즘으로 보는 것이 더 설득력 있는 이해이다. 보완 효과보다 파급 효과가 작용하고 있다면, 정치적 권위는 종교를 강화하기보다 약화하는 한편, 파급 효과가 작용한다고 할지라도 우리는 순효과가 어떨지 전혀 결론을 내릴 수 없다. 기회 집합은 크게 확장되는데, 욕망은 약하게만 제한된다면, 민주주의의 순효과는 문제가 되는 행위의 발생을 줄이기보다 늘릴 것이다. 그런 예에 대해 생각하는 것은 어렵지 않다.

두 켤레의 메커니즘을 요약하자면 그림 2.1과 같이 제시된다. 만일 민주주의가 종교에 미친 영향이 파급 효과보다 보완 효과에 의해 매개된다면, 민주적 사회는 종교적이게 될 것이다. 만일 기회에 미치는 민주주의의 긍정적 효과를 충분히 상쇄할 정도로 민주주의가 (종교를 매개로) 욕망에 부정적 효과를 미칠 수 있다면, 민주적 시민들은 온건하게

---

14 토크빌은 종교에 대한 옹호를 그것의 사회적 혜택에 근거해서 설명하지 않는다. 방법론적 개인주의에 부합하게도, 그는 생활 속에서 작용하는 어떤 권위를 갖고 싶은 개인들의 욕구에 근거해서 설명한다. "신앙이 없는 시민은 복종하게 마련이고, 자유로운 시민은 신앙을 갖게 마련이다."

그림 2.1

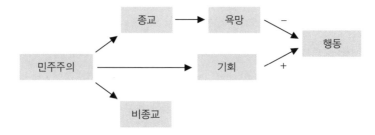

행동할 것이다.[15]

메커니즘과 법칙

종종 메커니즘에 의한 설명이 우리가 할 수 있는 최선이다. 그러나 이따금 우리는 더 잘할 수 있다. 일단 "일반적으로 알려지지 않은 조건 아래서 촉발된" 메커니즘을 확인하게 되면, 촉발 조건을 확인할 수도 있다. 그런 경우, 앞서 정의된 것보다 약한 의미의 법칙일지라도, 메커니즘은 법칙으로 대치된다.

　선물을 받은 사람은 고마워하는 것이 상식이다. 선물을 받고 고마워

---

15 사람들이 법적으로 허용된 일을 자제하는 또 다른 예를 보자. 몽테스키외(Montesquieu)는 이렇게 썼다. "우리는 로마 사람들이 평민을 공직자로 임명할 권리를 가졌음에도 불구하고, 이런 권리를 전혀 행사하지 않았다는 것을 알고 있다. 그리고 아리스티데스(Aristides)의 법에 따라 아테네에서는 여러 거주집단에서 판사를 선출할 수 있었는데도 불구하고, 크세노폰이 말했듯이 평민들이 그들의 안전이나 영광을 위협할 수 있는 사람의 채용을 청원한 적이 전혀 없다." 기번이 주장했듯이 "롬바르디아 사람들은 그들의 주권자를 선출할 자유를 가졌지만, 그런 위험한 특권을 자주 사용하는 것에 거부감도 가졌다". 하지만 몽테스키외나 기번은 토크빌처럼 왜 사람들이 자신들의 힘을 억제하는지 설명하는 메커니즘을 제시하지는 못했다.

하지 않으면 비난을 받게 된다. 고전적 모럴리스트들 — 몽테뉴에서 라 브뤼예르Jean de La Bruyère에 이르기까지 — 의 주장에 따르면, 선물을 받은 사람은 고마워하기보다 분하게 느낀다. 상식과 모럴리스트들 모두 뭔가를 짚어 낸 것이다. 그러나 그들은 언제 어떤 결과물이 나올지는 말해 주지 못했다. 고전 고대classical antiquity 시기의 모럴리스트인 푸블릴리우스 시루스Publilius Syrus는 **촉발 조건**에 대해서 이렇게 말한다. 작은 선물은 의무를, 큰 선물은 적을 창출한다.[16] 선물의 크기를 촉발 조건 삼아, 우리는 메커니즘 켤레를 (어느 정도) 법칙적 진술로 전환할 수 있다. 다른 예를 인용하자면, 욕망과 믿음 사이의 긴장(인지 부조화)이 어떤 때 믿음을 바꾸어서 해소하고, 어떤 때 욕망을 바꾸어 해소하는지 식별할 수도 있다.[17] 순수하게 사실적인 믿음은 너무 완강해서 쉽게 변경되지 않는다(7장). 브로드웨이 쇼 표를 사려고 75달러를 쓴 사람이 푯값이 40달러였다는 식으로 자신을 기만하기는 어렵다. 그러나 앞서 언급했듯이, 쇼의 어떤 매력적인 부분을 찾을 수 있고, 그 쇼의 모자란 점보다 이런 점이 중요하다고 스스로를 설득하는 것이 더 쉽다.

　앞서 나는 '금단의 열매' 메커니즘과 '신 포도' 메커니즘을 대조한 바 있다. 때때로 우리는 어떤 메커니즘이 촉발될지 예측할 수 있다. 한 실험에서는, 한 피험자 집단에게 어떤 물건들에 대해 느끼는 매력도에 대해 4점 척도로 점수를 매기게 하고, 다음날 그 물건들 가운데 어떤 것

---

16 시루스는 선물보다는 대부에 대해 말하고 있으므로, 나는 여기서 예를 약간 제대로 들지 않고 있는 셈이다. 많은 돈의 대부와 선물 모두가 받는 사람을 분하게 만드는 것은 설득력 있어 보이지만, 아마 다른 방식으로 그렇게 할 것이다.
17 그러나 긴장은 해소되지 않은 채 남게 될 것임을 기억하라.

을 무작위로 제공할 것이라고 말해 준다. 다른 피험자 집단에게는 마찬가지로 점수를 매기게 하고, 다음날 물건들 가운데 하나를 피험자들이 선택할 수 있다고 말해 준다. 이튿날 두 집단의 피험자들 모두에게 그들이 3등으로 매긴 물건은 구해 줄 수 없으니 다시 4점 척도로 점수를 매겨야 한다고 말한다. 이 실험은 두 번째로 점수를 매기라고 들은 것이 평가에 어떤 영향을 주는지를 알아내려는 것이다. 유도저항 이론에서 예측되었듯이, 첫 번째 그룹의 피험자들은 얻을 수 없는 선택지를 평가절하하는 '신 포도' 효과를 보인 반면, 두 번째 그룹의 피험자들은 그 선택지를 평가절상하는 '금단의 열매' 효과를 보여 준다. 이 헷갈리는 예는 9장에서 다시 다룰 것이다.

더 복잡한 예를 살펴보자. "옆에 없으면 더 좋아지는 법"이라는 속담과 "안 보면 마음도 멀어진다"는 속담 켤레와 관련해서 촉발 조건을 제시하는 세 번째 속담이 있다. "짧은 이별이 서로를 더 애틋하게 한다"가 그것이다. 라 로슈푸코François de La Rochefoucauld는 또 다른 조건을 제시한다. 즉 "바람이 촛불은 꺼도 산불은 키우듯이, 이별은 적당한 열정은 약하게 만들고, 강렬한 열정을 더 강하게 만든다."[18] 이런 명제들은 그럴듯하긴 해도 강한 의미의 법칙은 아니다. 열정의 경로를 예측할 수 있으려면, 짧은 이별이 얼마 만큼이고(3주?), 강한 열정이 어느 정도인지(잠을 못 이룰 정도?) 알아야만 한다. 또한, 이별 기간과 열정의 강도가 어떻게

---

18 (『오만과 편견』의) 다아시가 "나는 시를 사랑의 자양분으로 간주해 왔어요" 하고 말하자, 엘리자베스 베넷이 이렇게 대답했다. "곱고, 굳세고, 건강한 사랑은 그럴지 몰라요. 이미 강건한 것에게는 모든 것이 자양분이 됩니다. 그러나 그것이 가냘프고 빈약한 기질만 가졌을 뿐이라면, 장담컨대 좋은 소네트 하나 정도로는 굶어 죽고 말 거예요."

상호작용해서 열정을 증가 또는 감소시키는지를 특정해야만 한다. 이 문제를 더 따져 보자.

원인들 사이의 상호작용

일반적으로 사회과학은 결합 효과를 산출하는 원인들 사이의 상호작용 방식을 설명하는 데 별로 능하지 못하다. 대부분 각각의 원인이 따로 결과에 작용한다고 가정한다('부가 모델'). 예를 들어 소득을 설명하려고 할 때, 일부는 부모의 소득이 원인이고, 일부는 부모의 교육이 원인이라고 가정할 것이다. 그런 다음 두 원인의 상대적 기여도를 측정하기 위해서 통계적 방법을 사용한다. 하지만 내가 논의해 온 예에서 이런 접근은 적절하지 않다. 이별 기간과 이별 뒤 감정의 강도는 독립적으로 영향을 주지 않는다. 오히려 그것의 효과는 이별 전 감정의 강도에 달려 있다. 이런 상호작용 효과는 그림 2.2와 같다.

어떤 학자들은, 세상 — 최소한 그들이 연구하는 일부 세상 — 에는 이런 종류의 상호작용이 흔치 않다고 주장한다. 그들의 주장에 따르면 독립변수 X값이 작을 때는 종속변수 Y와 더불어 종속변수 Z가 증가(감소)하는 반면, X값이 클 때는 Y의 증가가 Z의 감소(증가)를 야기하는 경우는 드물다. 그림 2.2에 나타난 가설적 관계는 (존재한다 해도) 예외라는 것이다. 그들의 주장에 따르면, 우리가 발견하는 것은 기껏해야 X값이 작을 때 Y는 Z에게 별로 영향을 미치지 못하고, X값이 큰 경우에만 영향을 준다는 것이다. 예를 들어 소득을 설명할 때, 부모의 소득 수준이 부모의 교육 수준에 다양한 수준으로 일정 정도 영향을 준다고 가

그림 2.2

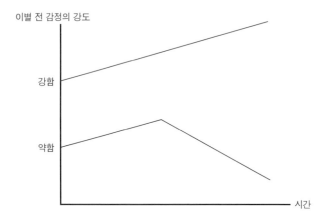

정된다. 이런 종류의 상호작용은 승수적 상호작용 항으로 포착되어, Z
는 X, Y, 그리고 XY의 함수로 표현된다. 하지만 Y가 Z에 미치는 인과적
효과의 **역전**은 이런 식으로 포착될 수 없다. 벤담의 주장처럼, 나도 공직
적성은 공직자의 "덕, 능력 그리고 정력"의 승수적 함수라고 생각한다.
덕의 수준이 낮으면, 다른 두 변수는 공직 적성에 부정적 효과를 미치
고, 높으면 긍정적 효과를 미칠 것이다.

　상호작용 효과의 존재는 우리가 메커니즘들에서 자주 발견하게 되
는 불확정성과 같은 종류에 속한다. 나이와 기본적인 정치적 태도 사이
의 상호작용을 극단주의의 원인으로서 생각해 볼 수 있다. 어떤 당의 청
년 조직이든 그 당 전체보다 더 좌파적이라고 추정할 수 있다. 따라서
청년 보수파는 더 옅은 푸른색을 띨 것이다. 이와 달리 정당의 청년 조
직은 당 자체보다 더 극단적일 것으로 추정할 수도 있다. 그 경우 청년
보수파는 더 짙은 푸른색일 것이다. (청년 사회주의파는 어느 쪽 가설에
근거하든 당 전체보다 좌파적일 것이다.) 두 추정 모두 그럴듯하며, 실제

로 두 패턴 모두 관찰된다. 이번엔 약물 소비 전 기분과 약물 소비 사이의 상호작용을 약물 소비 후 느끼는 기분의 원인으로 살펴보자. 술이나 코카인 같은 약물은 우울함을 누그러뜨리고 만족감을 행복감으로 바꿔주는 **기분전환용**이라고 추정할 수 있다. 또는 그런 약물이 나쁜 기분을 더 나쁘게 하고 좋은 기분을 더 좋게 하는 **기분강화용**이라고 추정해 볼 수도 있다. 여기서도 두 추정 모두 그럴듯하며, 두 패턴 모두 관찰된다. 이런 두 가지 사례에서 첫 번째 메커니즘은 부가 모델과 양립할 수 있지만, 두 번째 메커니즘은 반전 효과를 함축한다.

까다로운 데이터에 직면해서 상호작용 항을 추가하거나 '곡선 적합' curve fitting 같은 작업을 하는 것이 유일하게 가능한 반응은 아니다. '데이터 발굴'data mining 같은 대안적인 전략이 있다. 곡선 적합에서는 종속변수와 독립변수를 고정해 놓고 통계와 잘 맞는 수학적 함수를, 말하자면 쇼핑하러 돌아다니게 된다. 데이터 발굴에서는 수학적 함수를 고정해 두고 (보통은 단순한 부가 모델에 따라) 종속변수에 잘 맞는 독립변수를 쇼핑하러 돌아다닌다. 이때 "잘 맞는"이란 말이 뜻하는 바는 우연히 일어날 5% 확률의 상관관계이다. 소득같이 복잡한 사회현상 연구에서는 소득에 영향을 준다고 생각할 만한 변수 십여 개쯤 적어 내는 것이 그리 어려운 일이 아니다.[19] 또한, 소득을 개념화하는 방법도 예닐곱은 될 것이다. 소득에 대한 정의 가운데 하나에서 5% 수준의 상관관계를 보여

---

19 어머니의 양육 관행과 자녀 소득 사이의 관계에 대한 어떤 시계열적 연구에 따르면, $p < 0.05$의 유의도(20개 가운데 한 사례만 우연이라는 의미다)하에 552개 사례 가운데 35개 사례만이 통계적으로 유의미한 상관관계를 보였다. 그런데 이런 사실은 책의 부록을 읽은 사람만이 알 수 있다. 게다가 재판(再版)에서는 부록이 삭제되었다.

주는 독립변수가 하나도 없기는 어려운 일이다.[20] 확률 법칙이 우리에게 말해 주는 바는 가장 일어나기 어려운 사건은 일어나기 어려운 사건이 전혀 일어나지 않는 것이다.[21]

어떤 학자가 일단 적합한 수학적 함수나 적합한 종속 또는 독립변수 집합을 확인하면, 그는 발견을 뒷받침하는 직관을 제공할 인과적 이야기를 찾기 시작한다. 논문 출간을 위해서 결과를 써 내려갈 때는 대개 순서가 거꾸로 된다. 그는 인과적 이론에서 출발하고, 다음으로 그것을 형식적인 가설로 바꿀 가장 그럴듯한 방법을 찾아냈다. 그런 다음 그것이 데이터에 의해서 검증되었다고 쓸 것이다. 이것이 엉터리 과학이다. 자연과학에서는 '발견의 논리'에 맞추거나 그것을 반영하는 '정당화 논리'가 필요 없다. 일단 하나의 가설이 최종적인 형태로 진술되면, 그것의 발생 경위는 상관없는 일이 된다. 중요한 것은 가설의 하류에서 등장하는 귀결이지, 가설의 상류에 있는 기원이 아니다. 그 이유는, 가설은 처음 학자가 그것에 대한 생각을 자극한 것 너머에서 무한한 수의 관찰에 근거하여 검증될 수 있기 때문이다. 사회과학의 (그리고 인문학의) 설

---

20 어떤 이론에 따라 나쁜 날씨는 주식 시장 거래자들의 기분을 우울하게 하며 그래서 그들이 주식을 내다 팔게 된다고 주장할 수 있다. 그러나 100% 구름 낀 날씨를 나쁘다고 정의할 때, 학자들은 그 반대 결과를 보고한다. 그럴 때, 나쁜 날씨의 정의를 구름이 80% 낀 날로 바꾸면 상관관계의 화살표는 마술적으로 역전된다.

21 나도 두 번의 개인적 경험이 있다. 한번은 내가 뉴욕을 방문해서 브로드웨이 쇼 두 편의 표를 샀을 때이다. 한 쇼는 패츠 월러(Fats Waller), 다른 한 쇼는 듀크 엘링턴(Duke Ellington)의 음악을 중심으로 한 것이었다. 남은 표가 거의 없어서, 표를 고를 형편이 아니었는데, 사고 보니 표 둘이 모두 H열 130번 좌석이었다. 이런 일이야 그저 약간 기이한 일이지만, 또 다른 우연은 좀 더 의미심장하게 다가왔는데, 그것은 내가 딱 한 번 겪은 두 가지 경험이다. 하나는 정찬 파티에 초대되었지만, 그 사실을 잊었던 일이다. 다른 하나는 정찬 파티에 초대받았는데, 내가 파티에 도착하기 30분 전에 초청자에게서 자신이 아파서 파티를 취소한다는 전화가 온 일이다. 둘은 우연히도 같은 파티였고, 그래서 나는 잠시 누군가 나를 감시하고 있나, 하는 생각을 했다.

명 대부분은 한정된 데이터 집합을 사용한다. 데이터 수집 절차가 표준화되어 있지 않기 때문에, 학자들은 그들의 가설을 새로운 데이터에 비추어 검증할 수 없다. 그리고 만일 절차가 표준화되어 있다고 해도, 데이터는 변화하는 현실을 반영하지 못할 것이다. 예컨대 오래된 제품의 가격 변화와 새로운 제품을 함께 고려하지 않고 소비 패턴을 설명하는 것은 불가능하다.

의심의 여지 없이 이런 종류의 사기 행각이 벌어지지만, 그것이 얼마나 광범위한지는 모르겠다. 다만 사려 깊은 사회과학자들이 걱정할 만큼 널리 퍼져 있다는 것은 분명하다. 문제의 주된 원인은 아마도 다인적multifactorial 인과성에 대한 우리의 부적절한 이해일 것이다. 우리가 여러 원인이 상호작용해서 하나의 결과를 산출하는 방식에 대해 강한 직관을 갖고 있다면, 부가 모델이 실패하면 '상호작용 항을 추가하기' 같은 기계적 절차만 적용할 필요는 없을 것이다. 그러나 약한 직관만 가지고 있다면, 무엇을 찾고 있는지 제대로 알지 못하고 있는 셈인데, 그런 경우 모델을 땜질하는 것이 유일한 대안으로 보일 수 있다. 최소한 법칙 같은law-like 설명은 제공하겠다는 야심찬 목표를 가지고 있다면 그럴 것이다. 하지만 땜질의 위험을 생각하면, 그러기보다 우리의 야심을 낮추어야만 할 것이다.

참고문헌

이 장의 많은 발상은 나의 *Alchemies of the Mind* (Cambridge University Press, 1999) 1장 내용을 가져와 여기에 맞게 다듬은 것이

다. 나는 또한 비슷한 제안을 옹호하는 Raymond Boudon, Nancy Cartwright, Paul Veyne의 작품을 인용했다. 최근의 진술은 P. Hedström, *Dissecting the Social* (Cambridge University Press, 2005) 의 것이다. John Paul Vann의 관찰은 N. Sheehan, *A Bright Shining Lie* (New York : The Modern Library, 2009), p. 111의 것이다. 심리적 메커니즘을 사고하는 유용한 방식을 담은 저술로는 F. Heider, *The Psychology of Interpersonal Relations* (Hillsdale, NJ : Lawrence Erlbaum, 1958) 및 R. Abelson, *Principled Argument* (Hillsdale, NJ : Lawrence Erlbaum, 1995)를 들 수 있다. 후자는 또한 통계 분석의 함정과 오류에 대해 현명하고 재치 있는 설명을 제공한다. 이 문제들에 대해서는 David Freedman의 두 권의 책, 즉 *Statistical Models* (Cambridge University Press, 2005)와 *Statistical Models and Causal Inference* (Cambridge University Press, 2009)가 필수적이다. 과학은 일반법칙에 근거해서 설명한다는 발상의 간결하고 표준적인 해설서는 Hempel, *Philosophy of Natural Science* (Englewood Cliffs, NJ : Prentice-Hall, 1966)이다. 방법론적 개인주의의 원리는 M. Brodbeck (ed.) *Readings in the Philosophy of the Social Sciences* (London: Macmillan, 1969)의 4부와 M. Martin and L. McIntyre (eds.), *Readings in the Philosophy of Social Science* (Cambridge, MA: MIT Press, 1994)의 6부에서 철저히 다뤄진다. K. Arrow, "Methodological individualism and social knowledge", *American Economic Review: Papers and Proceedings* 84 (1994), pp. 1~9도 참조하라. 나는 "Science et sagesse: le rôle des proverbes dans la connaissance de l'homme et de la société", in J. Baechler (ed.), *L'acteur et ses raisons: Mélanges Raymond Boudon* (Paris: Presses Universitaires de France, 2000)에서 속담에 대해 더 체계적으로 썼다. '폭정의 심리학'에 대한 발상은 J. Roemer, "Rationalizing revolutionary ideology", *Econometrica* 53 (1985), pp. 85~108에서 가져왔다. 점수를 매기고 물건을 받기로 한 피험자에 대한 연구는 J. Brehm et al., "The attractiveness of an eliminated choice alternative", *Journal of Experimental Social Psychology* 2 (1966), pp. 301~313이다. 유도저항 이론에 대한 일반적인 입문서로는 R. Wicklund, *Freedom and Reactance* (New York : Wiley, 1974)가 있다. 반전 효과를 유발하는 상호행동에 대한 회의론은 R. Hastie and R. Dawes, *Rational Choice in an Uncertain World* (Thousand Oaks, CA: SAGE, 2001) 3장에 있다. 있기 어려운 우연의 일치가 빈번히 나타나는 현상은 D. Sand, *The Improbability Principle* (New York : Scientific American, 2014)의 주제이다. 각주에 나오는 6%[5%의 오기로 보임] 유의도의 상관관계 이야기는 R. R. McCrae and P. T. Costa, "The paradox of parental influence", in C. Perris, W. A. Arrindell, and M. Eisemann (eds.), *Parenting and Psychopathology* (New York: Wiley), pp. 113~114에 나온다. 각주에 등장하는 나쁜 날씨가 주식 시장 거래자에게 미치는 영향의 예는 P. Kennedy, "Oh no! I got the wrong sign! What should I do?", *Journal of Economic Education* 36 (2005), pp. 77~92에서 가져왔다. 이 글에는 데이터 발굴의 비용(그리고 편익!)에 대한 더 일반적인 의견도 들어 있다.

3장_해석

해석과 설명

인문학에 대한 많은 저술에서 초점은 설명이 아니라 해석에 두어진다. 독일 전통에서 '정신과학'Geisteswissenschaft과 '자연과학'Naturwissenschaft이 대비되는데, 전자에서 적절한 절차는 해석 또는 '이해'Verstehen라고들 하며, 후자에서 적절한 언어는 설명Erklären의 언어라고들 한다. 예컨대 막스 베버Max Weber는, 자연과학은 세포들의 행위에 대한 '이해'를 목표로 하지 않는다고 썼다.

사회과학이 이해에 근거하는지 아니면 설명에 근거하는지에 대해 질문이 제기될 수 있다. 나는 이 질문이 잘못 제기되었다고 믿는다. 나의 관점으로는 해석한다는 것은 설명한다는 것이다. 해석은 가설 연역적 방법의 특수한 사례일 뿐이다(1장). 예컨대 인문학자들은 '감정이입'empathy을 행위 해석의 특권적 지름길로 사용할 수 없다. 한 학자의 감정이입적 이해는 다른 학자와 다를 수 있기 때문이다. 갈등하는 해석들 사이에서 결정을 내리기 위해서는 이런 해석적 직감hunches 또는 가설(왜냐하면, 그것이 그러한 바이기 때문이다)을 **경험**과 대면시켜야만 한다. 제1장에서 주장했듯이 경험은 우리가 이해하려고 하는 사실만 포함하는 것이 아니라 그것이 아니었다면 탐구해 볼 생각도 하지 않았을 **참신한 사실**novel fact도 포함한다.[1]

해석은 인간 행동과 예술작품 같은 인간 행동의 산출물을 향한다. 제16장에서는 문학작품, 좀더 특수하게는 작가의 선택뿐 아니라 등장인물의 행동을 이해할 필요가 있는 작품의 해석이라는 이슈가 제기될 것이다. 다른 문학작품은 이런 2단계 해석 문제two-tier issue가 제기되지 않는데, 이는 회화, 조각 또는 기악곡 같은 '비언어적wordless 예술'에서도 그렇다. 하지만 이런 예술형태에서도 예술가의 선택은 내가 저자의 결정authorial decisions에 대해서 제기한 것과 같은 분석이 원리상 적합성을 갖는다. 예술가는 어떤 '더 나음'betterness이라는 기준에 따른 선택을 한다. 그 기준은 그들도 우리도 명시적으로 정식화할 수 없지만, 그들이 어떤 초고나 스케치 또는 녹음을 내버리고 다른 것을 택하는 것에서 실제로 드러난다. 그러나 더 나음이라는 기준과 인간 심리 간의 관계는 (고전적인) 소설보다 비언어적 예술에서 더 복잡하게 나타나지만, 그것에 대한 이해는 소설에 미치지 못하고 있다. 나 역시 여기서 그것을 다루지는 않을 것이다.

---

1 실험과학에서 '참신한 사실'은 쥐나 인간을 자연적으로는 존재하지 않는 조건에 노출시켰을 때처럼 말 그대로 새로운 사실을 의미할 수 있다. 인문학이나 비실험적인 사회과학에서, '참신한'은 '이전에는 존재하지 않았던'이라는 존재론적 의미보다는 '이전에는 생각지도 못했던'이라는 인식론적 의미로 받아들여져야만 한다.

합리성과 이해가능성

이 장의 나머지 부분은 **행동**의 해석을 향할 것이다. 행동을 해석하려면 행위자의 선행하는 믿음과 욕망(동기 형성)과 관련지어 행동을 설명해야 한다. 더 나아가서 우리는 이런 정신적 상태 자체를 이해가능한 방식으로 설명해야 한다. 그러기 위해서는 그 정신 상태를 욕망-믿음 복합체 전체 안에 자리 잡아 줄 수 있어야 한다. 다른 정신 상태와 정상적인 종류의 연계를 갖지 않는 고립적 욕망이나 믿음이 있을 수는 있다. 그런 정신 상태는 행동의 설명에 사용될 수는 있어도 행동을 이해할 수 있게 해주지는 않는 그냥 주어진 사실일 뿐이다.

행동 설명의 패러다임적 양식은 그것이 **합리적**이었기 때문에 수행되었다는 것을 보여 주는 것이다(13장). 그렇게 하기 위해서는 행동이 행위자에게 좋은 결과를 가져다준다는 것을 보여 주는 것으로 충분하지 않다. 그것이 행위자의 관점에서 최적으로 이해되어야 한다. 혜택을 주는 귀결로 선택을 설명하고자 하는 것은—내가 서문에서 경고했던, 두 가지 접근의 결합인—'합리적 선택 기능주의'의 한 형태이다. 그것은 행위의 의미에 대해서 아무것도 밝혀 주지 않는다. 사람들이 예컨대 현재 행위의 미래 귀결에 높은 가치를 부여한다면, 즉 시간 할인율이 낮으면, 그들의 삶이 개선된다는 것은 사실이다(6장).[2] 고등 교육이 시간 선호를 그런 방향으로 이끈다고 볼 수 있다.[3] 그러나 이런 두 가지 전제

---

2 더 많은 마시멜로를 얻기 위해서 더 오래 기다리기로 한 다섯 살 아동들이 나중에 관찰해 보면 SAT 점수가 더 높은 경향을 보인다.

가 사람들이 수학受學을 결정한 이유에 대한 합리적 선택 설명에 도달하게 해주진 않는다. 설명이 순조롭기 위해서는, 사람들이 필요한 **믿음**, 즉 교육이 만족을 지연할 능력을 형성한다는 믿음을 가졌고, 그런 능력을 획득하려는 주관적 **동기**도 있었다는 것을 보여 주어야 한다.[4]

행위가 합리적이면, **그 사실 때문에** 행위는 이해가능하다(예외도 있다. 그것에 대해서는 16장을 보라). 그러나 비합리적 행위도 이해가능할 수 있다. 나는 이해가능하지만 비합리적인 변이형 세 가지를 구별하고, 그것을 몇 개의 이해 불가능한 행위 사례와 대조할 것이다.

첫 번째는 의사결정 장치에 이런저런 방식의 **단축**이 있을 때 생긴다(그림 13.1). 독특한 긴급 상황 때문에 행위자가 강력한 감정에 휩싸여 행동 전에 '주변을 돌아보지'(즉, 정보를 수집하지) 못할 수도 있다. 지연 전술가 파비우스Fabius the Cunctator 같은 로마 장군처럼 대기 전략을 택하지 못하고, 있을 수 있는 모든 귀결을 살필 시간을 갖지 않고 행동에 매진하는 것이다. 단축의 또 다른 형태는 ── 전통적으로 행위자가 자신의 더 나은 판단에 반해서 행동하는 것으로 이해되어 온 ── 의지박약에서 생긴다(6장). 금연을 결심한 개인이 아직도 담배 권유를 받아들이는 것은 오직 한 가지 이유, 즉 끽연 욕망 때문이다. 하지만 한 행위가 합리적이려면, 그것이 이유들 가운데 하나가 아니라 이유들 전체totality of reasons에 비추어 최적이어야 한다. 그러나 나는 뒤에서 의지박약에 대한 이런

---

3 그래서 멕시코 출신 대학 지원자들을 무작위로 받은 경우, 이런 추첨에 당첨되어 입학에 성공한 사람들도 2년 뒤에 측정해 보면 평균적으로 높은 인내심을 가진 것으로 나타난다.

4 13장에서 장기적 귀결에 의해 동기화되도록 동기화된다는 관념이 개념적으로 일관성이 없다는 것을 논증할 것이다. 그러나 그것은 내가 여기서 논하는 것과는 논점이 다른 문제이다.

이해에 대해 의문을 제기할 것이다.

두 번째 변이는 결정 장치의 **단락**短絡에서 생기는데, 단락은 믿음 형성이 행위자의 욕망에 치우칠 때 일어난다. 예컨대 희망사고는 비합리적이지만 완전히 이해가능한 현상이다. 더 미묘한 형태의 동기화된 믿음 형성은 행위자가 수집된 증거가 그가 참되었으면 하는 믿음을 뒷받침해 줄 때 정보 수집을 중단하는 경우이다.[5] 이런 형태의 동기화된 믿음 형성은 그 나름대로 최적화 과정이긴 하다. 세계와의 조우에서 그가 기대할 수 있는 쾌락을 최대화하는 것은 아니지만, 세계에 대한 자신의 믿음에서 도출되는 쾌락을 최대화하는 것이란 의미에서 말이다.

세 번째 변이는 결정 장치 내 **혼선**混線이라고 부를 만한 것이다. 왜 마음이 인지 부조화 감축에 애쓰는지는 쉽게 이해할 수 있다. 그러나 왜 마음이 부조화를 **생산**하려 하겠는가? 제2장에서 인용된, 우리는 두려워하는 것을 더 쉽게 믿는다는 생각이 그 예이다. 나쁜 결과물에 대한 두려움으로 인해 그런 일이 증거가 보장하는 것보다 더 많이 생길 것으로 보이게 되는 이유는 무엇인가? 증거나 욕망 모두가 믿음을 지지하지 않는다면, 왜 그런 믿음을 받아들이는가? 분명 최적화될 것이 아무것도 없는, 어떤 의미에서 그런 행위는 단축이나 단락에 의해서 생기는 행동보다 이해하기 더 어렵다. 왜냐하면, 부분적 또는 단기적으로라도 행위자를 위해 충족해 줄 일이 그 안에는 **전혀 없기** 때문이다. 그럼에도 불구하고 (내가 그런 생각에 대해 이해한 바로) 그것은 이해가능하다. 왜냐하면,

---

5 훨씬 더 통계에 대해 순진했던 시대에, 유전법칙의 발견자 그레고어 멘델(Gregor Mendel)은 실험에서 겉으로는 '당신이 앞서면 중단하기'(quitting when you're ahead)라는 방법을 썼다.

그것은 행위자의 믿음-욕망 체계로부터 생기는 것이기 때문이다.

해석에서 벗어나는 행동에는 강박이나 집착, 공포증적 행위, 자해, 거식증 등이 일으키는 행동도 포함된다. 확실히 그런 행위에는 그렇게 하는 이유를 설명해 주는 효과, 행위자가 그렇게 하지 않는다면 느낄 불안을 덜어 주는 효과가 있다. 그렇지만 하루에 손을 50번씩 씻거나 엘리베이터를 타지 않으려고 50층 계단을 걸어 올라가는 것은 진정제를 복용하는 것과 같은 일은 아니다. 바륨^{Valium} 복용은 아스피린 복용처럼 합리적이고 이해가능할지 모른다. 그러나 강박적이거나 공포증적인 행위는 이해될 수 없다. 왜냐하면, 그것은 상호연결된 믿음과 욕망의 **체계**의 부분이 아니기 때문이다. 또는 존 롤스^{John Rawls}가 든 예에서처럼, 내기 같은 모종의 목표와 관련이 없는 한, 풀잎을 세는 데 온통 시간을 쏟고 있는 어떤 사람의 행위를 이해하기는 어렵다.

역희망사고가 그렇듯이 희망사고는 이해가능하다. 그러나 옆 건물 치과의사가 그의 정신을 파괴하기 위해서 엑스레이로 자신을 겨누고 있다는 정신장애인의 믿음은 이해받을 수 없다. 이에 비해 정치에 대한 편집증적 믿음은 이해가능하다. 왜냐하면, 그런 믿음은 행위자의 욕망에 뿌리내리고 있기 때문이다. 강력한 반유대수의자는 유대인의 선능하고 사악한 본성에 대한 터무니없는 믿음을 향유한다는 점에서 동기를 가진 것이다. 그는 유대인들이 그런 특질을 **가지기**를 원하는 것이 아니라 그들이 그런 특질을 가졌다고 **믿는** 것에 동기화된 것이다. 그 믿음이 그들을 해치려는 자신의 충동을 합리화시켜 주기 때문이다. 모순적인 믿음도 이해가능하다. 반유대주의자는 어떤 경우에는 유대인을 '버러지'라고 규정하는 **동시에** 그들의 전능함을 주장한다.⁶ "유대인들은 늘 아무도 자신을 반기지 않은 곳까지도 밀고 들어가려 한다"고 말하는 바로 그 사람이 "유대인들은 배타적이고 언제나 자기들끼리만 똘똘 뭉친다고 믿는다". 세계무역센터에 대한 2001년 9월 11일 공격 뒤에는 이스라엘 정보기관 모사드Mossad가 있다고 믿는 바로 그 이슬람교도가 **동시**에 그 사건에 자부심을 내비친다.

내전을 이해하기

이해가능한 믿음과 욕망이라는 관념에 살을 붙이기 위해서 두 가지 확장된 예를 들고 싶다. 이 예들은 과거와 현재의 내전 연구에서 따온 것이다. 동기와 믿음을 귀속시키거나 확립할 방법이라는 해석학적 기본 문제를 논하기 위해서 이 연구들과 몇 가지 여타 연구에 의존할 것이다.

먼저 예정설에 대한 믿음을 살펴보자. 그것은 종교 전쟁 시대에 칼뱅주의자와 가톨릭 신자를 분리하는 주요 쟁점이었다. 그것의 기원에는 종교개혁 이전 시대에 여러 신자가 경험했던 강렬한 종교적 불안이 있는데, 그 불안은 신자 자신의 구원에 대한 불확실성에서 연유한 것이었다. 구원을 얻기 충분한 만큼의 행함이 있었는지 어떻게 ── 그리고 줄곧 ── 확신할 수 있는가? 자신의 지난 시절을 돌아보며 칼뱅은 1539년에 이렇게 썼다. 죄를 고백하고 선행과 참회를 함으로써 죄에 대한 신

---

6 버지니아의 노예 소유주의 태도에 대해 논평하면서, 이 주제에 관한 가장 위대한 역사가는 1812년 전쟁에서 영국에 대항하여 싸우도록 노예를 무장시키고 해방해 주는 것에 반대하며 "그들은 노예가 무서운 내부의 적이 될 것을 두려워하면서도 흑인들은 너무 겁이 많아서 싸울 수 없다"고 주장했다. "노예제와 더불어 살기 위해서는 그런 모순된 믿음이 필요했다."

의 기억을 지우라는 교회의 요구를 충족한다고 해도, "나는 양심의 확실성과 평정으로부터는 멀리 떨어져 있다. 내 자신을 철저히 감찰하고 마음을 주님께로 들어 올릴 때마다, 정죄淨罪도 면책도 나를 치유할 수 없을 것이라는 극단적 공포에 사로잡혔다".

그를 불안으로부터 구한 것은 압제적이고 위협적으로 임재하는 세계 내재적 신이라는 관념으로부터 절대적 초월자로서의 신이라는 관념으로의 이행이었다. 결정적인 점은 이런 관념이 이중적 예정설과 연결된다는 것이다. 신은 영원으로부터 구원받을 자와 저주받을 자를 선택했기 때문에, 인간이 자신의 구원을 위해서 **할 수 있는 일이 아무것도 없**고, 따라서 얼마나 행해야 충분한지 걱정할 이유도 없다는 것이다. 열쇠가 되는 해석적 쟁점은 예정설에 대한 믿음과 불안의 해소 사이의 연결과 관련된다. 이 교리의 효과는 연역적으로는 이해불가능하다. 칼뱅은 (여기저기에서) 백 명에 한 명이라고 하기도 하고 다섯 명에 한 명이라고 하기도 했지만, 아무튼 택함을 받는 자는 소수라고 가르쳤다. 저주받은 자에 속할 가능성이 더 크고, 영원히 지옥 불에 태워지는 것에서 벗어나기 위해 할 수 있는 일이 아무것도 없다는 믿음보다 더 불안을 자아내는 것이 어디 있겠는가? 가톨릭에서 칼뱅주의로 개종하는 것은 말 그대로 프라이팬이 뜨겁다고 불로 뛰어드는 것 아니겠는가?

답은 아마도 막스 베버가 처음으로 간결하게 묘사한 선을 따라 발견되었을 것이다. 예정설이라는 믿음이 주어졌을 때, 칼뱅주의자는 합리적이고 체계적인 노력이 구원을 가져온다고 주장할 수는 없지만, 그런 노력이 그에게 구원에 대한 **주관적 확실성**을 준다고 주장할 수는 있었고, 실제로 그렇게 주장했다. 칼뱅 스스로 쓰기를, "선택된 자의 소명은 이런 선택의 예시이자 증언 구실을 하는 것이다". 그리고 사실 칼뱅주의로의 개종은 구원의 불확실성을 효과적으로 제거했던 것 같다. 이런 형태의 '주술적 사고'에 대해서는 제7장에서 다룰 것이다. 여기서는 단지 희망사고와 주술적 사고라는 쌍둥이 메커니즘이 어떻게 예정설에 대한 믿음을 이해가능하게 해주는지 강조하고 싶을 뿐이다.

다음으로 동기화의 이해가능성에 대해서 살펴보자. 왜 젊은 팔레스타인인들은 자살 임무에 목숨을 던지려 하는 것일까? 주요 동기 — 조국의 해방 또는 방위 — 는 이해하기 어렵지 않다.[7] 그것은 히틀러와 투쟁하며 민주주의를 방어하는 것과 마찬가지로 감당하지 않을 수 없는 대의이다. 수수께끼처럼 보이는 것은 그런 동기의 강도이다. 그것이 이해되려면 몇몇 인과적 요인들이 추가될 필요가 있다. 나는 그런 요인들을 대여섯 가지 검토하고 그 가운데 하나가 받아들일 만하다고 결론 내릴 것이다.

2001년 9월 11일 이전, 중동의 전형적인 자살특공대는 실업 상태의 젊은 미혼 남성, 아마 성적으로도 빈곤한 남성이라는 믿음이 널리 퍼져 있었다. 그래서 가족과 직업이 채워 주지 못한 공백을 종교 운동이 채울 수 있었다는 것이다. 그런데 세계무역센터에 대한 공격 이후 하룻밤 만에 테러리즘 전문가들은 "책을 다시 써야"만 했다. 물론 그 전에도 등락이 있긴 해도 여성이 자살특공대로 배치되는 빈도가 커지자 학자들

---

7 이것이 그들의 주요 동기라고 주장한다고 해서, 내가 사후의 영광이나 명예에 대한 욕망, 자살공격자 가족에게 주어질 물질적 혜택, 친구나 친척의 복수를 위한 이스라엘인 살해, 또는 사명에 자원하라는 사회적 압력 같은 다른 동기가 있다는 것을 부정하는 것은 아니다. 하지만 2부 서론에서 언급했듯이, 낙원에 대한 특권적 접근 같은 종교적 혜택이 동기를 부여한 힘이라는 것에 나는 회의적이다.

이 기존 스테레오타입에 의문을 제기하긴 했다. 두 번째 인티파다Second Intifada, 2000~2005에서는 여성 자살특공대의 활용 — 그들 가운데 일부는 어머니이거나 고등 교육을 받은 사람들이었다 — 이 더욱 두드러졌다.

빈곤이나 문맹같이 자주 언급되는 요인들이 적어도 자살공격자의 개인적 특질에 미치는 인과적 효력은 제한적인 듯하다. 팔레스타인 자살특공대의 소득 및 교육 수준은 전체 인구보다 더 높아지고 있다. 빈곤에 근거한 설명도 점점 더 만족스럽지 않다. 빈곤이 자살폭탄테러에 필요한 동기를 어떻게 자아내는지 분명하지 않기 때문이다. 상식적으로는, 폭탄을 터뜨려서 얻는 것이 그로 인해 치를 비용 — 자신의 목숨 — 보다 가치 있다고 생각해야 한다. 생명의 가치가 높게 평가되지 않다면, 비용도 낮아질 것이다. 이런 접근에 따르면, 자살 비용을 하찮게 여기는 개인에게 괴로움과 가난 속의 삶은 별 가치가 없을 것이다. 나는 이런 관점에 회의적이다. 왜냐하면, 가난한 사람들도 자신의 삶이 어느 누구와 마찬가지로 가치 있다고 생각한다고 보기 때문이다. 사람들은 자신의 열망을 상황에 적응시키고, 그래서 어느 정도 일정한 수준의 만족을 유지한다는 것('향락의 쳇바퀴'the hedonic treadmill)은 정평 있는 심리학적 주장이다.[8]

---

8 향락의 쳇바퀴 개념은 약간 주의해서 다루어야 한다. 그것을 신 포도 개념, 즉 사람들이 가질 수 없는 것을 깎아내리는 경향과 혼동해서는 안 된다(9장). 하반신 마비 장애인이 사고를 겪은 후에도 그 이전처럼 행복하다고 보고한다면, 이는 분명 이동성이 완전했던 상태를 깎아내리기 때문만은 아니다. 또한, 세네카의 다음과 같은 주장과 혼동해서는 안 된다. "나는 [가난한 사람들이 부자들보다] 더 행복하지 않다고 확신하지 않는다. 그들은 마음을 산만하게 하는 것들이 더 적기 때문이다." 그리고 18세기 의사 토머스 퍼시벌(Thomas Percival)의 다음과 같은 유사한 주장과도 혼동하지 말아야 한다. "빈곤층의 처지를 위로하는 것 가운데 하나는 재산 처분에 대해 염려하지 않아도 된다는 것이다."

절대적 박탈감보다 그럴듯한 요인은 **상대적 박탈감**, 즉 많은 교육받은 팔레스타인인들이 가진 기대와 괜찮은 직장을 얻을 전망이 없다는 현실 사이의 간극이다. 하향적 사회 이동도 마찬가지 효과를 발휘할 수 있다. 그러나 가장 관련성 높은 양상은 **열등감**과 **원한** 같은 영속적 감정이다. 전자는 다른 사람과의 **비교**에 근거하고, 후자는 다른 사람과의 **상호작용**에 근거한다. 일반적으로 상호작용기반 감정이 비교기반 감정보다 더 강력하다. 팔레스타인 자살폭탄범을 다룬 여러 작가들이 강조한 것은 이스라엘 군대와의 상호작용에서 생기는 일상적 굴욕이 불러일으킨 강렬한 원한 감정이다. 모멸스러운 검색과 통제를 겪는 팔레스타인인들은 어떤 깨달음에 도달한다. 그것은 예루살렘의 한 택시 운전수가 30년 전에 나에게 말했던 바, 모든 아랍인은 "게으르고 비겁하고 잔인하다"는 것이 다수 이스라엘인의 생각이라는 깨달음이다.

이 설명이 옳다면, 그들이 열망하는 조국의 땅을 지금 점령하고 있는 이들에 대한 강한 원한 감정이야말로 팔레스타인 자살공격자들이 왜 죽음을 마다하지 않는지 이해할 수 있는 실마리이다. 이스라엘과 싸우려는 욕망이 그 힘을 얻어 내는 것은 그것을 품고 있는 더 큰 동기 복합체로부터이다. 그러나 이와 다른 대안적 관점이 있다. 팔레스타인 자살공격자들은 대체로 그들의 조종자들에 의해 엄격하게 통제되고 있다는 것이다. 이 조종자들은 행동할 시간이 다가옴에 따라 일차적 동기가 힘을 잃을 경우, 추가 압력을 제공하려고 한다. 겉보기에도 지나치게 초조해하다가 붙잡혀서 무장 해제된 이라크의 한 자살공격 시도자는, 임무 이전 3일 동안 그에게 천국에 관해 이야기해 주고, '그를 강건하게 해 줄 특별한 수프'를 먹여 준 한 율법학자와 함께 방에 갇혀 있었다고 말했다. 그러므로 폭탄을 터뜨리는 행동을 실제로 촉발한 정신 상태는 일시적이며, 어떤 인격의 안정된 특징이기보다 인위적인 어떤 것이라고 할 수 있다. "세뇌당했다"느니 "최면에 걸렸다"느니 하는 말은 지나친 면이 있지만, 공격자들 가운데 일부가 그들이 죽기 몇 분 전에 무아지경에 가까운 상태에 있었다는 증거가 있다. 그런 경우에서 보듯이, 하나의 의도가 어떤 인격체의 전체 욕망-믿음 체계로부터 고립되면, 어떤 해석도 불가능하다. 조종자들 그리고 더 일반적으로는 자살 테러 사명의 조직자들의 행위는 물론 해석의 대상이 될 수 있다.

해석적 딜레마

행위가 그것의 원인이 되는 선행 정신 상태 —— 욕망과 믿음 —— 와 관련해서 설명되어야 한다고 주장하는 것은 괜찮다. 그러나 이런 선행 원인은 어떻게 확립될 수 있는가? 순환논법을 피하려면, 행위 자체를 증거로 써서는 안 된다. 행위자가 자신의 동기에 대해서 했던 진술, 이런 진술과 그의 비언어적 행위 사이의 정합성, 타자가 그에게 귀속시킨 동기들, 그리고 이런 타자의 비언어적 행위와 그들의 귀속 사이의 정합성 같은 여타 증거를 찾아야만 한다. 그러나 이런 언어적·비언어적 행위 형태가 그걸 보는 사람에게 거짓된 믿음을 심으려고 고의적으로 선택되었을 가능성, 어떤 특수한 동기화가 작동하고 있을 가능성을 어떻게 배제할 수 있는가? 동기화의 고백이나 주장 자체가 다른 동기에 의한 것일 수 있다. 이것은 집합적 의사 결정에서 중심적 문제이다. 24장에서 주장하겠지만, 개인적 선호들을 사회적 결정으로 공고화하는 모든 방법은 결정 과정 참여자를 위한 인센티브를 창출하는 것이다. 그 과정에서 자신의 선호를 허위재현하게misrepresent 되더라도 말이다.

한 예로, 내전에서 지도자들과 추종자들이 가진 동기를 살펴보자. 파당들이 공언하거나 그 반대 파당이 그렇다고 주장하는 세 가지 동기는 **종교**, **권력** 그리고 **돈**이다. 종교적 동기를 공언한 이들은, 그들의 진정한 동기 ── 정치나 돈 ── 를 위장하는 데 종교를 이용한다는 비난을 종종 받는다. 프랑스 종교 전쟁 기간 동안(1562~98), 싸우고 있는 파당들은 항상 상대방이 종교를 그들의 정치적 또는 경제적 목표를 위한 구실로 써먹고 있다고 비난했다. 이런 혐의는 어느 정도 근거가 있다. 나바르의 앙리(나중에 앙리 4세가 된다)는 생애 내내 6번 개종했으며, 1593년에 있었던 마지막 개종은 기회주의라는 의심이 파다했다. 그의 아버지, 부르봉의 앙투안은, 진작부터 그의 신앙이 경매 최고가 제시자에게 팔릴 것이라고 떠들어댔다. 그는 섭정 여왕을 가톨릭 미사에 데려가고 프로테스탄트였던 아내를 성찬식에 데려갔다. 그리고 임종 때에도 그는 가톨릭과 프로테스탄트 양편에서 위안을 얻고자 했다. 프로테스탄트 지도자였던 샤티용Châtillon 추기경은 개종 후에 결혼까지 했지만, 추기경 작위를 보유하는 동시에 주교직 수입도 계속 받았다. 또 다른 고위 성직자인 트루아의 주교 앙투안 카라치올로Antoine Carraciolo는 프로테스탄트 성직자 직위와 주교직 수입을 모두 받고 싶어 했다. 가톨릭 지도자인 기즈의 앙리 백작은 앙리 3세에 대항해서 칼뱅주의자들과 열심히 동맹을 맺으려고 했다.

현대 세계에서도 종교는 때때로 정치적 구실로 사용되고 정치는 돈을 위한 구실로 사용된다. 체첸 반군 그리고 팔레스타인 조직, 특히 팔레스타인민족해방운동의 목표는 본래 전적으로 정치적이었다. 그들이 종교적 외피를 걸친 까닭은 더 많은 추종자를 끌어들이기 위해서였다. 팔레스타인에서 명백히 종교적인 하마스Hamas와 경쟁하다 보니, 종교적 외피는 조직의 생존에 필수적이었다. 아부 사야프Abu Sayyaf 같은 테러 집단은 필리핀에서 엄청난 몸값을 요구하는 납치의 구실로 이슬람 국가의 독립을 요구한다. 콜롬비아에서 콜롬비아혁명군(FARC)이 사회정의를 위한 투쟁이라는 본래의 동기를 고수하고 있는지 아니면 이제 마피아로 타락한 것인지는 확실치 않다. 이 모든 경우에서 동기 귀속은 프랑스 종교 전쟁에서처럼 불확실성투성이다. 특히나 지도자와 추종자의 동기가 완전히 일치하는지 아는 것은 어려운 일이다.

사람들이 자신과 상대의 동기를 허위재현하려고 할 이유는 많다. 한편으로 사회마다 동기화를 나름의 규범적 위계 속에 배열하는데(9장), 이 때문에 자신은 천한 동기보다 고귀한 동기로 충만해 있다고 내세우고 싶고, 상대편은 천한 동기를 가진 것으로 치부하고 싶은 욕망이 생긴다. 영국 내전에서처럼 프랑스 종교 전쟁에서도, 각자 자기 동기는 종교적이고 상대방은 권력에 굶주렸다고 주장했다. 다른 한편, 자기가 내세운 특정 동기를 다른 사람들이 신뢰하게 할 수 있다면, 목표 성취는 너쉬워질 것이다. 테러리스트의 이미지가 평범한 범죄자의 이미지보다 한층 위압적이기 때문에, 돈을 목적으로 한 납치범들은 성공 가능성을 높이기 위해 대의의 깃발을 흔든다. 콜롬비아에서 있었던 많은 납치는 평범한 범죄자들이 저지른 것이지만, 희생자 가족들의 두려움을 불러일으키기 위해 자신들이 게릴라 집단에 속해 있다고 주장했다. 테러리스트들이 일이 잘못될 때 대담한 짓을 하려고 할 것이라 여겨지고, 최종시한을 협상하거나 돈을 두고 실랑이를 벌이려 하지 않으면, 납치는 더 오싹한 것이 된다. 그들은 요구한 것을 얻을 수 없어도 최소한 희생자들을 죽임으로써 "성명을 발표할" 수는 있기 때문이다.

사회적 행위자의 의도에 대한 진술에 나타나는 자기 위안적 편향self-serving bias 문제는 심각한 것이지만, 넘어설 수 없는 것은 아니다. 그것을 피하는 쉬운 길은 행위자의 **객관적 이익**을 살핀 다음, 강력한 반대 증거가 없는 한, 그가 자신의 주관적 동기에 대해서 뭐라고 하든 상관없이 그의 객관적 이익이 그의 주관적 동기와 일치한다고 가정하는 것이다. 아니면 그의 행동의 **실제 귀결**을 확인하고, 강력한 반대 증거가 없는 한 그가 의도한 결과가 그것이라고 가정하는 것이다. (둘 가운데 어떤 발상법이든 앞서 논의한 고등교육 선택에 적용해 볼 수 있을 것이다.) 그러나 증명 부담을 전가하는 절차가 **두 가지** 존재한다는 사실은 둘 가운데 어떤 것도 수용할 수 없다는 것을 암시한다. 객관적 이익과 실제 귀결은 주관적 동기를 추정한 유용한 가설을 제시할 수는 있지만, 어느 편도 더 낫다고 추정되지 않는다.[9]

역사가와 사회과학자들은 문제를 다룰 다른 방법, 특히 문제가 결합 상태일 경우 납득할 만한 확실한 결론에 이를 수 있게 해줄 방법을 개척해 왔다. 한 기법은 청중 앞에서 한 진술 너머의, 허위재현 욕망에 동

---

9 이 책에서 자주 인용하는 기번은 동기화의 **분리**(*disjunction*)에 의해 행동을 설명하는 한결같고 수수께끼 같은 습관을 지니고 있다. 매우 많은 사례 가운데 두 가지만 인용해 보자. 그는 아들에게 물려준 유산을 설명하기 위해서 아버지의 "존중 또는 편애"를 인용한다. 한 정치 집단의 다른 정치 집단의 우세 인정은 "설득이 아니면 강요"에 의한 것이라고 주장한다. 그가 행위로부터 몇 가지 가능한 동기화를 역행 추론했던 것인지, 또는 동기화 각각에 대한 증거가 있기는 하지만 충분하지는 않았던 것인지 일괄해서 말하기는 불가능하다.

기화되지 않았을 만한 것을 찾는 것이다. 편지, 일기, 보고된 대화, 초고 등은 엄청난 가치를 가진 자료들이다. 아내에게 쓴 편지들을 통해 우리는, 1789년 프랑스 제헌의회의 몇몇 대의원들이 양원제와 왕의 거부권에 반대표를 던진 이유가 달리 투표할 경우 목숨이 위험하다고 생각했기 때문임을 알게 된다. 하지만 그들은 의회에서 자신들의 투표를 공적 이익에 입각한 것으로 정당화했다. 공포정치 동안 그들은 사신私信이 공개될지 모른다는 두려움 때문에 더욱 조심스러웠다. 동시대인들과 학자들은 에스파냐의 펠리페 2세의 동기를 꿰뚫어 볼 수 없었지만, 그에 대한 최고의 역사가는 다음과 같이 썼다. "예외가 하나 있다. 에스파냐 궁정에 살면서 왕이 그의 결정과 계획을 숨기려고 뒤집어썼던 '비밀과 가장'의 베일을 벗기는 데 시간과 에너지를 바쳤던 12명의 외국 대사들이 본국에 보낸 통신문이 있다." 흄은 한 성직자 역사가의 보고서를 신빙성 있다고 보았는데, 그 이유는 그가 쓴 사건에 대한 "기억을 보존하는 것이 그가 속한 교단의 이익에 반하는 것이기" 때문이었다. 결과물에 관한 관심의 **결여**가 신빙성을 끌어올릴 수도 있다. 갈레리우스 황제의 칙령에 대해 논평하면서, 기번은 다음과 같이 썼다. "그것은 통상적인 칙령과 선언문의 언어가 아니다. 그러므로 우리는 군주의 진짜 성격과 은밀한 동기를 찾아야 한다. 그러나 그것이 죽어 가는 황제의 말이었기 때문에, 그의 상황은 아마도 성실성의 맹세로 받아들여질 것이다." 19세기 영국에서 임종 시 유언은 통상적인 전문傳聞 증거 처리 규칙에서 면제되었다. 첫 번째 초고가 나중에 출판된 판본보다 저자의 믿음과 동기에 대해 더 많은 것을 말해 줄 수도 있다. 예를 들어 맑스의 『프랑스 내전』 초고나 베라 자술리치Vera Sassoulitch에게 보낸 편지의 초고를 공식

판본과 비교하는 것은 유익한 작업이다.

　행위자가 공개적으로 말한 것과 비공개 상태에서 말한 것은 선명하게 대조된다. 출판된 형태의 1789~91년 프랑스 제헌의회 토론들은 너무나도 매혹적이지만, 두 가지 요인 때문에 그 자료가 행위자들의 정신 상태에 대한 증거로서 믿을 만하지 못하다는 것이 드러났다. 한편으로 공적 세팅 때문에 대의원들은 공적 이익에 입각한 논증만 해야 했다. 노골적인 집단 이익은 받아들여질 수 없었다. 다른 한편 그들은 천여 명의 동료 대의원과 청중석에 앉은 천여 명의 참관인들 앞에서 말한다는 허영심에 들떠 있었다. 이런 두 면 모두에서 미국 연방의회가 성실성에 더 좋았다. 대의원 수가 적었고(파리는 1,200명이었지만 미국은 55명이었다), 진행 과정이 비밀리에 이루어져서 이익에 입각한 협상이 가능했고 실제로 그렇게 되었다. 동시에, 매디슨James Madison이 몇 년 뒤에 썼듯이, "구성원들이 처음에 공적으로 헌신하고 있었다면, 그들은 나중에도 그들의 입지를 일관성 있게 지키라는 요구를 예상할 것이다. 반면에 비밀 토의에서는 아무도 자신의 의견을 유지해야만 한다고 느끼지 않았다. 예절과 진실성을 지키고, 논증의 힘에 자신을 개방하는 정도면 됐다." 미래의 누설에 대한 두려움 때문에 토론이 차갑게 식지는 않았다. 비밀이 영영 지켜질 것을 모두 믿었고, 실제로 매디슨의 노트가 출판됨으로써 비밀이 깨진 것은 몇십 년 뒤였다. 성실성에 아무 비용이 들지 않으면, 허위재현할 전략적 이유도 무뎌진다.

　9장에서 나는 미국의 의사 결정자들이 베트남 전쟁에서 여러 선택지를 주장하거나 반대하기 위해 역사적 유추를 어떻게 사용했는지 논의할 것이다. 그들이 결정을 내릴 때 이런 유추를 정말 믿었는지, 아니

표 3.1

공적으로 사용된 유추		사적으로 사용된 유추	
한국	63	한국	46
뮌헨	42	디엔비엔푸	26
그리스 1947	32	말레이시아	12
말레이시아	22	뮌헨	10
베를린 1949, 1961	19	그리스 1947	8
필리핀	15	필리핀	6
쿠바	14	제2차 세계대전	5
터키 1947	10	베를린 1949, 1961	4
제2차 세계대전	9	쿠바	3
독일 1944	8	터키 1947	2

면 다른 근거를 통해 도달한 결정을 정당화하기 위해 사용했는지 밝히려면, 그들의 공개적 발언과 사적 발언을 비교하는 것이 유익할 것이다. 1965년에서 1966년에 이르는 결정적 시기에 활용된 유추를 꼼꼼히 분석해 보면, 양자 사이에 꽤 놀라운 차이가 드러난다(표 3.1 참조).

이 비교가 암시하는 바는, 수많은 쿠바, 뮌헨, 베를린과의 유추는 외부용이었고, 한국과 말레이시아와의 비교는 내부 심의에 더 큰 영향을 미쳤다는 것이다. (뮌헨과의 유추는 당연한 것으로 여겨졌기 때문에 사적 대화에서 경시되었을 수도 있다.) 놀라운 일은 아마도 가장 명백한 비교 사례인, 프랑스가 치른 인도차이나에서의 파국적 전쟁[표 3.1의 디엔비엔푸]에 대해 공개적 언급이 없다는 것이다. 사적 언급은 주로 조지 볼George Ball이 베트남에서의 철수를 주장하기 위해 사용한 유추에 대한 반박이었던 것으로 보인다. 9장에서 나는 미국 의사 결정자들의 유추 사용에 대해서도 논의할 것이다.

사회과학자들이 인위적인 무지의 베일을 만듦으로써, 성실성의 비용을 제거할 수도 있다. 어떤 학자가 성적 지향성과 다른 이익 변수 사이의 관계를 연구하려고 한다고 가정해 보자. 조사대상자에게 답변이 익명처리 된다고 확인해 주어도, 동성애 경험에 대한 질문이 정직한 답을 얻기는 어렵다. 이런 문제를 피하기 위해서, 조사자는 조사대상자가 그런 경험이 있는 경우 정직하게 답하고, 그런 경험이 없다면 예와 아니오를 동전을 던져 결정하라고 안내할 수 있다. 조사대상자들이 이런 지시에 동조한다면 — 그들이 동조하지 않을 이유는 없다 — 그리고 표본이 충분히 크면, 자료는 모든 사람이 참되게 답하는 것과 마찬가지로 신뢰할 만할 것이다.

행위자의 비언어적 행위가 그들이 공언한 동기와 일치하는지 알아내는 또 다른 기법은 그들이 말을 행동으로 옮기는지 알아보는 것이다. 랜드 연구소RAND corporation의 시스템 분석가인 알렌 엔트호번Alain Enthoven과 대니얼 엘스버그Daniel Ellsberg가 핵전쟁의 위험에 대해 공개적으로 뭐라고 말하든, 내면의 태도를 드러냈던 것은 그들이 랜드 연구소의 수익성 좋은 퇴직 연금에 가입하지 않기로 결정한 것이다. 그들은 연금 혜택을 그렇게 오래 받을 수 없을 것이라고 생각했던 것 같다. 2003년에 부시 행정부는 사담 후세인이 대량살상무기를 가진 것이 확실하며 그것이 이라크 침공의 주된 이유라고 말했다. 그때, 부시 행정부는 이런 위협으로부터 미국 군인들을 보호하는 데 필요한 조치를 취했었는가? 고대 아테네에서, 소송자는 그의 연설문 작가가 높은 급여를 청구했다는 것이 널리 알려지면, 자신이 가난하다고 주장해도 사람들이 믿어 주질 않았다. 소련의 잡지 『우리의 성취』의 편집자 막심 고리키는 1934년에 용지 부족으로 인쇄 작업이 중단되었다고 불평함으로써 '우리의 결점'을 무심코 드러냈다. 어떤 행위 패턴은 납치범들의 진정한 동기를 드러내기도 한다. 1996년에 코스타리카에서 납치범들(주로 니카라과 반군 출신)은 몸값으로 백만 달러를 요구하면서 추가로 노동자들의 직장 보장, 식료품 가격 인하, 코스타리카 최저 임금 인상, 그리고 감옥에 있는 동료 반군들의 석방을 요구했다. 그들에게 이십만 달러를 제안하자, 그것에 만족하고 정치적 요구를 거두었다. 이 사실로 인해서 당국은 그들이 로빈후드식 의적의 자세를 취한 것은 간계였고, 목표는 오직 돈이었을 뿐임을 알게 되었다. 또는 프랑스혁명기에 영국으로 망명 온 프랑스 귀족의 행태를 보라. 왕정복고가 임박했다는 소문과 너보다 내가 더 왕당파라는 식의 경쟁 판에서, 모두 반혁명에 복무하겠다는 의지를 열렬히 표명했다. 그러나 확언만으로는 충분치 않았다. 한 달 이상 아파트를 임대한 인물들은 모두 엉터리라고 봐야 했다. 반혁명을 위해 프랑스로 돌아갈 준비가 되어 있는 사람이라면, 주 단위로 거주지를 임대하는 것이 당연하기 때문이다.

동시대인들뿐 아니라 역사가들도 충성심에 대한 공적 고백의 성실성을 판단하기 위해 그런 행위 지표를 사용하는 것이 상례이다. 디오클레티아누스 황제가 연금술 서적을 모두 불태우겠다는 결정을 내리면서, 결정 이유를 이집트인들이 연금술을 이용해 부유해짐으로써 제국에 반역을 저지르는 것을 막기 위해서라고 했다. 기번은 그 일에 대해 다음과 같이 논평했다. "디오클레티아누스가 그런 귀중한 기술이 진짜라고 확신했다면, 그것을 기억에서 소멸시켜 버리려고 하기는커녕, 공적 수입에 혜택이 되도록 운용했을 것이다." 제2차 세계대전 말기에 점령된 프랑스에서는 독일이 승리할 것이라는 전망에 대한 회의주의가 상당히 널리 퍼져 있었다. 이런 태도를 표출하는 것은 안전하지 않았지만, 행위에 은연중에 드러났다. 외국어 수업으로 독일어를 선택한 고등학교 학생(또는 부모가 선택하게 한 학생) 비율이 1939년에서 1942년 사이에 두 배로 늘었는데, 그 이후엔 급감했다. 독일어책 번역 판권을 열심히 얻으려 했던 여러 출판업자가 출판권을 행사하려 하지 않았다. 전쟁 중에 투자자들은 자기 나라가 질 것이라고 믿는다고 공공연히 말하기를 꺼린다. 그러나 주식 시장은 그들의 진짜 믿음을 드러낸다.

판사와 배심원이 같은 방식으로 재판을 진행할 때가 자주 있다. 때로 그들은 "피고가 X를 할 동기가 있는가?" 하고 묻는데, 그럴 때 그들은 그 답이 피고가 실제로 X를 했는지 판단하는 데 도움이 되기를 바란다. 이런 경우에 '동기를 가졌음'은 피고가 X를 하는 것에서 어떤 식으로든 혜택을 봤는가 하는 객관적 관념이다. 그 외에 지금 논의에 더 적합한 경우는, 피고가 X를 했다는 것이 확립된 다음, "그가 그것을 한 동기는 무엇인가?"를 묻는 것이다. 살인이 열정에 의한 범죄인지 냉정한 행동인지를 정하기 위해서 판사와 배심원이 객관적 혜택만 눈여겨봐서는 안 되고, 피고의 주관적 마음의 상태를 확인하려고 해야 한다. 피고가 분노나 질투에 맞는 식으로 행동했다고 주장하지만, 뒤이어 실행 시간에 앞서 살인 무기를 준비했다거나 죽이는 데 상당한 시간을 소요했다는 것이 드러난다면,[10] 그의 신빙성은 약해질 것이다.

---

10 1957년 영국에서의 판결(알 대 맥퍼슨)에서, 고다드(W. E. Rayner Goddard) 경은 수사적으로 물었다. "한 번이 아니라 네 번 발포했고, 각각의 발포는 장전을 위해 총을 꺾는 작업과 각기 네 번의 탄창 분리를 수반하는데도, 항소인은 어떻게 열정의 광풍 속에서 행동했다고 주장할 수 있습니까?"

개별적으로 사용될 때, 이런 기법들 각각은 실패할 수도 있다. 어떤 대의원은 자기 아내에게조차 목숨이 위태로울까 벌벌 떨었다는 것을 인정하지 않으려고 할 수도 있고, 평판이 떨어지는 동기(예컨대 뇌물 수수)를 숨기느라고 두려웠다고 주장할 수도 있다. 19세기 인도에서는, 사람들이 자신들이 죽는 순간을 적을 해코지하는 데 사용하는 경우가 종종 있었기 때문에, 죽는 순간의 유언은 신뢰할 만한 것으로 여겨지지 않았다. 앞서 프랑스 망명 귀족의 예에서 반혁명을 진짜로 믿는 사람과 그렇지 않은 사람 **모두** 주 단위 임대를 할 동기가 있을 수 있다. 전자는 때가 왔을 때 빨리 프랑스로 돌아가기 위해서이고, 후자는 패배주의자라는 비난을 피하고자 그랬을 수 있다. 그러나 사람들이 그들의 진정한 동기를 들키지 않고 기만의 거미줄을 짜는 능력에는 한계가 있다. 서머싯 몸W. Somerset Maugham이 말했듯이 위선은 온종일 매진해야 하는 일이다. 타르튀프조차 결국은 미끄러진다. 앙리 4세의 종교적 신앙의 성실성을 옹호하기 위해서, 그의 전기작가는 "그의 종교적 정신이 어떤 선전 의도도 없이 드러나는 수많은 에피소드들"을 긍정적 증거로 인용하였을 뿐 아니라, "위선이 있었다면, 이런저런 좋은 일에 경적을 울려댔을 것"이라고 주장하기도 했다. 이와는 대조적으로, 올리버 크롬웰Oliver Cromwell과 관련하여 흄은 다음과 같이 주장했다. "시치미 떼는 습관이 강력했음에도 불구하고, 그는 주의 깊게 표정을 숨기진 못했다. 마음에 드는 생각이 떠오르면 금세 얼굴에 나타났다."

같은 선상에서 우리는 몽테뉴를 인용할 수 있다.

나의 솔직함, 단순성, 예절의 자연스러움을, 선함이 아니라 그저 꾸밈과 교활한 신중함이고, 자연스러움이 아니라 목표지향성이고, 행운이기보다는 분별이라고 부르면서, 내가 공언한 것에 반대해 온 사람들은 빼앗은 것보다 더 많은 명예를 내게 준 것이다. 그들은 확실히 내 교활함을 지나치게 교활하게 묘사했다. 저들 중 누구라도 나를 바짝 따라다니며 나를 염탐한다고 하자. 그 경우 나의 자연적인 일 처리 방식을 모조할 방도, 그렇게 다양한 길을 가면서도 불굴의 자유를 고수하는 것까지는 아니더라도 굽은 길을 따라가는 차분한 여유의 외양을 유지할 방도 그리고 그들이 모든 노력과 영리함을 다해도 결코 똑같이 행동하지 못한다는 것을 양해할 방도가 그의 파벌에 있다고 주장할 수 있다면, 나는 그가 이겼다고 선언할 것이다.

허위재현의 혜택은 상당할 수 있지만, 비용 또한 엄청날 수 있다. 수단 삼아 동기를 공표하는 것은 상당 정도 자기 한정적이다. 특정한 동기도 그 외 여러 동기의 광범위한 네트워크 안에 심어진 상태로 있기 때문에, 위선을 유지하기 위해서 이루어져야 할 수많은 조정은 손상되기 마련이다. 전체 음악이 무너지는 데는 단 한 번의 음표 실수만으로도 충분하다. 여러 속담이 증언하듯이, 신뢰의 붕괴는 비가역적이다. "한번 거짓말한 사람은 백번 거짓말하게 된다"는 민속적인 믿음은 엄격하게 한정되어야 한다(12장). 그렇지만 한정되지 않은 믿음이 사실 널리 주장되고 있으며, 어느 정도는 그 덕분에 거짓말을 억제하는 데 기여한다. 이런저런 이유가 있겠지만, 바로 이런 이유로 다음과 같이 말한 데카르트Rene Descartes가 옳았던 것 같다. "모든 것 중에 가장 위대한 교묘함은 교묘함을 전혀 이용하지 않은 것이다."

참고문헌

설명Erklären 대對 이해Verstehen에 대한 토론은 M. Martin and L. McIntyre (eds.), *Readings in the Philosophy of Social Science* (Cambridge, MA: MIT Press, 1994)의 III부에서 다룬다. Dagfinn Føllesdal의 "Hermeneutics and the hypothetico-deductive method"는 나와 가까운 입장을 주장한다. 막스 베버 인용문은 그의 "The interpretive understanding of social action", in M. Brodbeck (ed.), *Readings in the Philosophy of the Social Sciences* (London: Macmillan, 1969), p. 33에서 인용한 것이다. 그레고어 멘델Gregor Mendel의 통계적 방법에 대한 논평은 R. Abelson, *Principled Argument* (Hillsdale, NJ : Lawrence Erlbaum, 1995), pp. 96~97에서 가져왔다. 반유대주의 태도의 비일관성에 대해서는 J. Telushkin, *Jewish Humor* (New York: Morrow, 1992)에서 다뤄진다. 이 책은 소위 유대인적 특성에 대한 여러 언급 그리고 그것에 대한 유대인 자신들의 언급에 대해 내가 인용한 것들의 출처이기도 하다. 미국 노예 소유자의 모순된 믿음에 대한 논평은 A. Taylor, *The Internal Enemy* (New York : Norton, 2013), p. 324에서 온 것이다. 교육적 선택에 대한 언급은 G. Becker and C. Mulligan, "The endogenous determination of time preferences", *Quarterly Journal of Economics* 112 (1997), pp. 729~758을 암묵적으로 비판하고 있다. 이것에 대해서는 결론에서 더 논의될 것이다. 임종 시 고백의 증거 가치는 J. F. Stephen, *A History of English Criminal Law* (London: Macmillan, 1883; Buffalo, NY: Hein, 1964), vol. I, pp. 447~449

에서 논의된다. H. Sass, "Affektdelikte", *Nervenarzt* 54 (1983), pp. 557~572는 열정 때문에 범죄를 저질렀다는 주장에 신빙성이 부족한 13가지 이유를 나열한다. 프랑스 종교 전쟁기의 행위 동기에 대한 탁월한 해석적 논의로는 D. Crouzet, *Les guerriers de Dieu* (Paris: Champ Vallon, 1990)가 있다. 자살공격자의 동기와 믿음에 대한 해석적 분석으로는 D. Gambetta (ed.), *Making Sense of Suicide Missions* (Oxford University Press, 2005)에 수록된 S. Holmes, L. Ricolfi, and J. Elster의 논문들이 있다. 에스파냐에 대한 대사의 논평은 G. Parker, *The Imprudent King* (New Haven, CT : Yale University Press, 2014), p. xvi 에 있다. 베트남에 관한 진술에서 공적·사적 유추의 열거는 Y. Khong, *Analogies at War* (Princeton University Press, 1992)의 표 3.1 및 3.2의 요약 버전이다. 엔트호번과 엘스버그가 퇴직 급여에 가입하지 않았다는 보고서는 F. Kaplan, *Wizards of Armageddon* (Stanford University Press, 1983), p. 124에서 따왔다. *Our Achievements*에 대한 논평은 S. Fitzpatrick, *Everyday Stalinism* (University of Chicago Press, 1999), p. 68에서 가져왔다. 독일의 승리에서 프랑스인들의 믿음을 보여 주는 행위 지표는 P. Burrin, *France à l'heure allemande* (Paris: Seuil, 1995)에서 인용했다. 앙리 4세의 종교적 신념에 대한 논평은 J.-P. Babelon, *Henri IV* (Paris: Fayard, 1982), p. 554에 있다. 동기에 대한 과도한 회의론은 G. Mackie, "Are all men liars?", in J. Elster (ed.), *Deliberative Democracy* (Cambridge University Press, 1998)에서 논의된다.

II부

마음

이 책은 행위의 '믿음-욕망 모델'을 중심으로 조직되었다. 사람들이 어떻게 행동하고 상호행동하는지 이해하기 위해서는, 먼저 사람들의 마음이 어떻게 작동하는지 이해해야 한다. 이것은 크게 보아 내성內省과 민속 심리학의 문제이다. 심리학자들, 그리고 요즘 들어서 행동경제학자들이 수행한 더 체계적인 연구가 그것을 정제하고 교정했다 해도 그렇다. 모델은 행위를 설명하기 위해서뿐 아니라, 행위에 대해 칭찬, 비난 또는 처벌을 내리기 위해서도 필수적이다. 죄는 대개 **죄 지으려는 마음** mens rea, 의도 그리고 믿음을 전제한다. 무과실책임[1] — 행동의 실제 귀결에만 기초한 죄 — 은 드물다. 사실 때로 우리는 아무런 결과가 뒤따르지 않았을 때조차 의도에만 기초해서 사람들이 죄를 지었다고 말하는 것을 듣게 된다. 살인 미수는 범죄이다. 존 던John Donne이 선언했듯이 "마녀는 때로 그들이 죽이지 않았을 때도, 그들이 죽였다고 생각한다. 따라서 그들이 죽였을 때만큼의 과오가 있다." 홉스Thomas Hobbes는 이렇게 썼다. "마녀와 관련해서, 나는 그들의 마법이 진짜로 힘을 가진 것은 아니지만, 합당한 처벌을 받는다고 생각한다. 그들은 잘못된 것이긴 하지만 어쨌든 그런 못된 짓을 할 수 있다고 믿음을 가지고 있고, 할 수 있는 것이라면 하겠다는 의도도 품고 있기 때문이다."

믿음-욕망 모델은 꼭 필요하지만 취약하다. 우리가 다른 사람이 어떤 정신 상태에 있다고 규정하기 위해 쓰는 방법이 언제나 한결같은 결과를 낳는 것은 아니다. 건물의 높이를 측정하기를 원하면, 지붕에서 아

---

1 무과실책임(strict liability)은 고의나 과실이 없더라도 손해와 결과에 대해 법적 책임을 지는 것을 뜻한다.—옮긴이

래쪽으로 재든, 지상에서 위쪽으로 재든 상관없다. 하지만 믿음과 욕망의 규정 결과는 이런 관련성 없는 요소에 의해서도 달라질 수 있다. 예를 들어 사람들은 "기대효용을 최대화한다"(13장)는 발상을 살펴보자. 그것을 명확히 하기 위해서는, 어떤 행동에서 발생할 수 있는 결과물 각각에 부여한 **가치**와 그런 결과물의 발생 **확률**에 대한 명료하고 안정적인 관념이 사람들에게 있어야 한다. 이런 가정은 자주 정당화되지만, 이따금 그렇지 않을 때가 있다.

먼저 행위자의 믿음에 대해 살펴보자. 한 개인이 사건에 부여하는 주관적 확률을 유도하는 표준적 절차는 다음과 같다. 숫자 p에서 시작해서, 어떤 사람에게 p의 확률로 일정 액수의 돈을 딸 수 있는 복권을 선호하는지, 발생하면 같은 액수의 돈을 딸 수 있는 사건을 선호하는지 묻는다.[2] 그가 전자를 선호한다면, 하향 조정된 확률을 새로운 선택지로 제시한다. 후자를 선택한다면 확률을 상향 조정한다. 계속 이런 식으로 하면, 궁극적으로 우리는 확률 p로 돈을 딸 수 있는 복권과 발생하면 돈을 따는 사건 사이의 무차별적인 확률 p^*에 이르게 된다. 그럴 때 우리는 그가 사건에 부여한 드러난 또는 유도된 확률이 p^*라는 것을 확증할 수 있다. 원리적으로 p^*는 최초의 p와 독립적이다. 즉 유도된 확률은 유도 절차에 독립적이어야 한다. 실제로 이것은 더 높은 수치의 p가 더 높은 수치의 p^*를 유도하는 경우가 아니다. 이런 조사 결과가 최소한 일정 정도 함축하는 바는 **정해진 사실은 없다**는 것, 절차에 의해 포착되는 안

2 문제의 사건은, 그것이 발생한다 해도, 다른 행성에서의 생명 발견과 같이 개인적으로 영향을 미치지 않는다고 가정해야 한다. 사건이 자신이 좋아하는 스포츠팀의 승리라면, 돈을 잃을 게 뻔한 경우에도 어떤 일이 생기든 상관없이 즐거운 내기를 걸 수도 있다.

정적 정신 상태는 없다는 것이다.[3]

다른 절차는 훨씬 더 취약하다. 학자들이 행위자가 가진 주관적 확률을 추정할 때 가정하는 바는 행위자들이 상황에 대해 아는 것이 별로 없다면, 가능한 세계 상태 각각에 대해 같은 확률을 부여하리라는 것이다. 이런 절차의 정당화는 '불충족 이유율'principle of insufficient reason을 따른다. 당신이 한 세계 상태가 다른 세계 상태보다 더 개연성 있다고 생각할 실증적 근거가 없다면, 당신은 그것들에 논리적으로 동일 확률을 할당할 수밖에 없다. 그러나 세계 상태는 여러 가지 방식으로 개념화되고 산정될 수 있다. 당신이 도둑을 추격 중인데 두 갈래는 오르막이고 한 갈래는 내리막인 세 갈래 길의 분기점에 이르렀다고 가정해 보자. 당신은 특정한 길로 가는 것이 도둑을 잡을 확률이 더 높다고 생각할 아무런 이유가 없다. 따라서 당신이 내리막길을 택할 확률은 원리적으로는 1/3이다. 그러나 도둑이 내리막길이 아니라 오르막길로 갔으리라고 생각할 이유가 없다. 따라서 당신이 내리막길로 갈 확률은 1/2이 된다. 최소한 이런 경우에 불충족 이유율은 확률을 구성하거나 할당하는 데 쓰기엔 너무 불확정적이다.

다음으로 선호 추출에 대해 살펴보자. 실험에서 피험자들에게 그들의 사회보장 번호의 끝 두 자릿수에 해당하는 달러로 여러 가지 물건(컴퓨터 액세서리, 포도주 등)을 사게 될 것이라고 말했다. 그런 다음 그들에

---

3 이 진술은 너무 강한 것 같다. 절차를 조작하면, 50%에서 80% 사이의 어떤 확률 할당도 도출할 수 있고, 해당 범위를 벗어나는 것은 없을 것이다. 그런 경우, 우리는 피험자가 사건이 일어나지 않는 쪽보다는 일어나는 쪽 확률이 더 높다고 믿기는 해도, 사건이 일어날 것을 확신하지는 않는다고 주장해도 좋다. 그러나 이 평가는 표준 의사 결정 모델에 필요한 것보다 훨씬 엉성한 것이다.

게 물품값으로 얼마까지 내겠는지 물었는데, 그들의 사회보장번호가 그들이 내려고 하는 액수에 의미 있는 영향력을 발휘한다는 것이 입증되었다. 예를 들어 사회보장번호 끝 두 자리가 80~99인 사람들은 무선 키보드에 평균 56달러를 낼 의사를 보였는 데 반해, 01~20인 사람들은 16달러만 낼 의사를 보였다. 해당 절차가 기존 선호를 알아내거나 추출할 것이라 가정됨에도 불구하고, 결과는 추출할 것이 없다는 것, 정해진 사실 따위는 없다는 것을 보여 준다. 숫자는 어떤 '실제' 선호보다도 사회보장번호가 제공한 정박 효과anchoring에 더 큰 영향을 받았다.

사람들이 드러내는 가치들 사이의 **맞교환**trade-off은 아주 불안정하고 밑에 깔린 정신적 현실보다 인위적 절차에 더 많이 영향을 받는다는 증거도 있다. 맞교환은 실험에서 **선택** 또는 **매칭**에 의해 파악된다. 피험자에게 구조비용은 크되 많은 사람을 구조하는 선택지(A)와 비용은 작지만 적은 수의 사람을 구조하는 선택지(B) 가운데 하나를 고르라고 할 수 있다. 또는 같은 비용으로 더 많은 사람을 구할 수 있는 방안(선택지 C)과 선택지 B를 무차별화할 수 있는 1인 구조비용을 정해 보라고 요청할 수도 있다. 어떤 주어진 피험자가 선택지 A의 비용보다 작은 비용을 말한다고 가정해 보자. 어떤 피험자가 C와 B 사이에는 무차별적이면서 A보다 C를 선호한다면, 그는 A보다 B를 선호해야 한다. 사실 압도적인 다수의 피험자가 A보다 비용이 적게 드는 C를 선호한다. 그렇지만 2/3는 B보다 A를 선택하겠다고 말한다. 더 중요한 가치 ── 생명 구조 ──는 매칭에서보다 선택에서 더 두드러진다. 논리적으로는 선택과 매칭이라는 두 절차는 등가적임에도 불구하고 말이다.

믿음을 비롯한 여러 정신 상태에 대한 진술을 언제나 액면가 그대로 취해서는 안 되는 이유는 또 있다. 종교적 믿음은 이런 점에서 특히 문제가 있다. 17세기 초 영국에서 앤드루스Lancelot Andrewes 주교 같은 고위 성직자는 역병이 신이 죄인들에게 내린 형벌이라고 주장하면서 **동시에** 런던을 벗어나 시골로 대피하라고 말할 수 있었다. (이와 달리, 에스파냐의 펠리페 2세는 신의 가호를 너무 믿어서 그런 긴급대처방안을 쓰지 않았다.) 프랑스 왕은 신이 세운 자이기 때문에, 그가 연주창에 걸린 사람 몸에 손을 대면 병이 낫는다는 믿음은, 18세기가 되면 현저하게 약해진다. 그때가 되면 전통적인 공식("왕이 그대를 만지면, 신이 그대를 치유한다")은 가정법("왕이 그대를 만지면, 신이 그대를 치유할 수도 있다")으로 대치된다. 왕의 신하들이 성공적인 치료의 문헌 증거를 열심히 찾았다는 것은 그런 믿음이 확실성을 잃었다는 것을 암시한다.

최근의 예로는, 이슬람 자살공격자를 들 수 있다. 그들의 행동은 적어도 부분적으로는 순교자에게만 특권적으로 허용되는 어떤 사후의 삶이 있다는 믿음에 의해 설명될 수 있다고 한다. 이런 '믿음'이 내일도 해가 뜰 것이라는 믿음과 같은 성질의 것인지, 즉 행동의 전제로 삼을 정도의 확신인지 물어볼 수 있다. 이것은 확실성 대對 확률의 문제가 아니라, 확신 대 확신 결여의 문제이다. 나는 과거에 일어난 여러 일에 근거한 확률적 믿음을 전적으로 확신할 수 ― 그것에 근거해 내기를 걸 수 ― 도 있다. 아마도 많은 사람이 품고 있는 사후의 삶에 대한 믿음은 그런 것은 아닐 것이다.[4] 오히려 그것은 행동의 전제라기보다는 소비가치

---

4 믿음의 연약함에 대한 기번의 반어적인 여러 논평 가운데 하나는 다음과 같다. "투르와 밀라노의 주교들은 주저 없이 이단자에게 내릴 영원한 저주를 선포했다. 그러나 그들이 현세에서 죽어 가며 흘린 피 이미지에 놀라고 충격을 받았다."

가 있을 뿐인 어슴푸레한 '유사믿음'quasi-belief에 해당할 것이다. 사후의 삶을 믿는다고 주장하는 사람들 모두가 완전한 확실성 또는 '확신할 만한 확률'을 가지고 그것을 믿고 있다면, 순교자는 우리가 현재 목도하고 있는 것보다 훨씬 더 많을 것이다. 어떤 신자가 이런 유형일 수 있고, 자살 공격은 그런 집단에서 더 많은 비율로 충원될 수 있겠지만, 여러 사람에게 종교는 결단의 전제이기보다는 결단을 내린 뒤에 위안을 주는 역할을 하는 것으로 추측된다.[5]

이것은 신앙이나 미신의 영향이 사소하다고 주장하는 것은 아니다. 예컨대 프랑스령 인도차이나에서, 자신이 악마에게 쫓기고 있다고 생각한 사람이 길을 가로질러 죽음을 무릅쓰고 차 앞으로 뛰어들었다. 그는 자기 그림자로 변신해서 쫓아오는 악마를 자동차로 쳐서 죽일 수 있다고 생각한 것이다. 그러나 미신 때문에 호텔의 13층 숙박을 꺼리는 경향이 강하다고, 호텔 운영자가 13층을 비우지는 않는다는 것은 기억해 둬야 한다. 숫자만 14로 바꿔 주면, 고객은 같은 층에서 아마 행복하게 유숙할 것이다. 로마 제국에서, 콘스탄티누스 황제를 포함한 일부 사람들은 죽음이 임박할 때까지 세례를 연기했다. 그래야 죽을 때까지 지상의 쾌락을 누리면서도 깨끗한 이력을 가지고 천국에 들어갈 수 있기 때문이다. 하지만 그들이 내세를 믿고, 세례를 그것에 필요한 입장권이라고 믿었다면, 죽음이 경고 신호 없이 갑자기 닥칠 수 있다는 사실을 고려했을 것이다.

---

5 종교가 '인민의 아편'이라는 발상 또한 그것이 행동의 전제가 아니라 소비재라는 것을 암시한다. 그러나 그것은 무행동의 전제가 될 수는 있다.

마찬가지로, 사람들은 행동에 대해 함축하는 바가 없다는 점에서 진짜 감정과 다른 '유사감정'quasi-emotion을 경험할 수도 있고, 경험했다고 주장할 수도 있다. 제3세계의 빈곤에 분개한다고 하면서도 전혀 지갑을 열지 않는 사람들은 그들의 분개를 일종의 소비재로 즐기는 것이다. (나는 5장에서 이런 '내면의-빛'warm-glow 현상을 다시 다룰 것이다.) 그런 감정 덕에 자신을 괜찮은 사람으로 생각할 수 있기 때문이다. 비슷하게 다이애나 공주가 죽은 뒤에 슬픔(또는 '유사슬픔')을 느꼈다고 주장하는 여러 사람이 내비친 즐기는 듯한 태도도 진짜 슬픔이 가진 괴로운 느낌과 일치하지 않는다. 내 생각에 그런 감정에 맞는 용어는 ── 독일어의 슈베르머라이Schwärmerei가 훨씬 더 잘 맞지만 ── 감상주의이다. 오스카 와일드Oscar Wilde는 감상주의자를 "감정에 따르는 비용을 치를 생각은 없고, 그것을 호사 거리로 삼고 싶은 사람"으로 정의했다. 치러야 할 비용은 옥스팜에 내는 기부금일 수도 있고 고통일 수도 있지만, 그런 것이 없다면 그 감정은 진짜가 아니라고 단언할 수 있다.[6]

관련된 쟁점으로 자기 암시의 엄청난 힘이 있다. 우리가 일단 X가 Y로 추정된다는 것을 알게 되면, 우리는 그것은 분명 Y라고 주장하고 나면, 그렇다고 믿게 된다. 세계에서 가장 뛰어난 페르메이르Vermeer 전문가들도 판 메이헤런Han van Meegeren의 명백한 위조품(이제야 그렇게 보이게 된 것)에 속아 넘어갔다. 프루스트는 "프로그램을 읽고 웅장한 작품의

---

6 관련된 현상이, 사람들이 자신에 대해 3인칭 관점을 취할 때 생긴다. 속담에 따르면, "미덕은 스스로를 모른다". 또한 사람들은 시종일관 자신의 소박함을 주장할 수 없다. 왜냐하면 소박함이라는 바로 그 생각은 자의식의 결여를 전제하기 때문이다. 렉스 스타우트(Rex Stout)의 소설 가운데 하나에서, 네로 울프(Nero Wolfe)가 말했듯이, "품위를 주장하는 것은 그것을 떨어뜨리는 짓이다".

의도를 발견할 줄 아는 자질과 친척을 보고 아이가 어디를 닮았는지 알아내는 자질"을 언급했다. 뒤에서 나는 제인 오스틴의 소설에서 엠마가 어떤 식으로 자신이 사랑에 빠졌다고 스스로를 설득하는지 인용할 것이다. 잭 티가든Jack Teagarden을 고평했던 유럽의 한 재즈 팬은 그가 흑인이 아니라는 사실을 알게 되자 평가를 완전히 바꿨다. 우리가 어떤 작가가 뛰어나다고 믿으면, 공평한 독자라면 사소하게 여길 만한 것에서도 깊은 의미를 읽어 내려 할 것이다. 우리는 세계에 우리의 기대를 투사하고, 그런 다음 세계가 우리의 믿음을 확증하고 정당화한다고 주장한다.

기대는 현실적 효과를 가질 수 있다. 그래서 같은 포도주도 다른 가격으로 제시해 보면, 뇌의 쾌락 중추는 비싼 포도주를 마시고 있다고 생각하는 피험자에게서 훨씬 강력하게 활성화된다. 무알코올 음료를 알코올 음료로 알고 마시는 피험자는 (어느 정도까지는) 마치 술에 취한 것처럼 행동한다. 위약 효과는 이런 현상의 가장 잘 알려진 예이다. (진짜 진통제도 은밀하게 투여되면, 효과가 떨어진다.) 위약 효과는 오피오이드 길항제에 의해 완전히 또는 부분적으로 반전될 수 있다. 그것은 위약이 몸 안에서 내인성 오피오이드를 생성하는 식으로 작용한다는 것을 시사한다. 이런 과정은 '운동 황홀'runner's high 형성과 비슷하다. 그렇지만 운동 황홀은 위약 효과와 달리 쾌락을 얻기 위해서는 주자가 달려야 한다.

이런 언급들이 결론적으로 말해 주는 것은 믿음, 선호, 감정 같은 것을 사과나 행성에 비견되는 안정적이고 견고한 실재라고 생각하지 않도록 조심해야 한다는 것이다. 뒷장들에서는, 엉성하거나 불안정하거나 맥락-의존적 성질을 보여 주는 정신 상태의 여러 예가 제시될 것이다. 그것들을 통해 독자는 내가 경고해 왔던 종류의 의사정확성pseudo-precision 또는 겉보기 엄격성make-believe rigor을 예증하는 듯한 진술도 할 것이다. 몇몇 사례에서는, 모델의 실재성을 보증하지 않지만, 모델의 내부 작동을 설명하기 위해 그렇게 할 것이다. 다른 사례에서, 나는 정확한 관념을 내가 타당하다고 믿는 더 일반적인 관념의 특정화로 제시할 것이다. 예를 들어, 나는 13장에서 서술할 베이즈적 추론에 의한 믿음의 갱신을 정확한 메커니즘이라고 생각하지 않는다. 그러나 나는 12명의 배심원이 동일 증거에 직면할 경우, 피고에 대해 더 강한 유죄 심증을 가지고 법정에 들어간 사람들이 유죄 판결을 내릴 가능성이 평균적으로 더 크다고 믿는다. 또한, 배심원은 자신의 믿음을 뒷받침하는 강력한 증거가 제시될 때, 그의 믿음을 유죄를 향해 이동시켜 갈 것이다. (그는 자신의 믿음을 뒷받침하기에 더 약한 증거가 제시되면, 유죄 판결로부터 멀어지는데, 이는 베이즈적 추론과 일치하지 않는다.) 이런 질적 진술은 설명을 위해서는 충분하지만, 예측을 위해서는 충분하지 않다. 마찬가지로, 나는 사람들이 정확한 양적 함수에 따라 미래를 할인한다고 생각하지 않지만, 원격 보상보다 즉각적 보상에 더 중점을 둔다고 가정함으로써 그들의 행동을 설명할 수 있다. 어떤 사례에서는, 때때로 마음이 바뀌는 이유를 매개변수 값을 특정하지 않고 설명하기 위해 할인 함수의 개형概形을 끌어올 필요가 있을 수 있다. 요령 —— 과학이 아니라 숙련된 기교 —— 은 주어진 작업에 얼마나 많은 세부 정보를 제공해야 하는지를 아는 것이다. 세부 정보가 많이 요구된다면, 그것은 그 작업이 실행할 수 없다는 경고 신호이다.

무의식적 정신 상태나 정신 작용과 관련해서 약간의 최종적 논평이 필요하다. 이 책에서 나는 반복해서 마음의 무의식적 작용에 대해서 말할 것이다. 예를 들어 부조화 감축(9장), 희망사고(7장), 동기의 변환(9장)은 무의식적 메커니즘에 의해서 야기된다. 우리는 그런 것들이 어떻게 작동하는지 잘 모른다. 그러나 그런 것들이 존재한다는 것을 부인할 수는 없다. 여러 사람이 무의식적 정신 **상태**의 실존을 주장했다. 이러한 메커니즘과 상태에 직접 접속할 수 없지만, 우주의 암흑 물질과 암흑 에너지처럼, 그것은 영향을 통해 식별될 수 있다. 원리적으로는 신경 영상을 통해 접근할 수도 있을 것이다.

무의식적 정신 메커니즘이 존재한다는 것은 사실 논쟁거리가 못 된다. 그러나 무의식적 정신 상태가 존재한다는 것은 그렇게 간명한 이슈는 아니다. 자기기만은 희망사고와 달리 무의식적 믿음이 있다고 가정한다. 이 질문에 대해서는 아직 배심원이 입장하지 않았다(7장 참조). 프로이트는 우리 모두 무의식적이고 공개할 수 없는 많은 욕망을 가졌다고 생각했다. 그는 그것이 오이디푸스 콤플렉스를 통해 예증된다고 주장했다. 하지만 그런 생각은 사변적이고 대체로 입증되지 않았다. 무의식적 감정과 편견의 증거는 그보다 강력하다.

무의식적 정신 상태가 인과적 효력을 가진 만큼, 그 효과에 근거해서 그것의 존재를 확인하는 것은 마땅히 가능하다. 예컨대 어떤 진술을 지나치게 강하게 부인한다면, 우리는 문제가 되는 인물이 무의식적일망정 "왕비가 너무 수다스러운 것 같다"(『햄릿』, 3막 2장)고 정말로 믿는 경우라고 추론할 것이다. (정확한 출처를 찾진 못했지만) 지그문트 프로이트에 대한 이야기가 하나 있다. 그가 국제 유대인 운동에서 X박사라는 저명한 인물을 만나기 위해 초청을 받았는데, 대화 중에 X박사가 그에게 "말해 보시오, 프로이트 박사. 오늘날 세계에서 가장 중요한 유대인이 당신 생각에 누구인 것 같소?" 하고 물었다. 프로이트는 정중하게 "왜요? 내 생각에 그 사람은 X박사 당신인데요" 하고 답했다. X박사는 "아니오, 아니오" 하고 답했을 때, 프로이트가 "아니오는 한번으로 충분하지 않나요?" 하고 물었다. 이중 부정은 긍정일 수 있는 것이다. 르그랑댕이라는 프루스트 소설 속의 인물은 이런 효과를 정밀하게 예증한다(9장).

무의식적 **편견** 또한 그 효과에 의해서 확인될 수 있다. 암묵적 연관 기억 검사Implicit Association Test에서, 피험자에게 처음에 일련의 이름 목록을 빠르게(오른쪽 또는 왼쪽 무릎을 치는 식으로) 통상 흑인 이름으로 간주되는 것(말릭Malik이나 라숀다Lashonda 같은)과 백인 이름으로 간주되는 것(티파나나 피터 같은)으로 분류할 것을 요청한다. 다음으로 그들에게 단어 목록을 주고 그것을 각기 의미상 기분 좋은('사랑'이나 '아가' 같은) 것과 의미상 불쾌한('전쟁'이나 '구토' 같은) 것으로 빠르게 분류할 것을 요청한다. 다음으로 흑인 이름들, 백인 이름들, 기본 좋은 단어들, 불쾌한 단어들 모두가 무작위로 들어 있는 목록을 분류하라고 한다. 처음에는 흑인 이름이나 불쾌한 단어는 왼쪽 무릎을 두드리고, 백인 이름이나 즐거운 단어는 오른쪽 무릎을 두드리게 한다. 두 번째는 지침을 바꾼다. 백인 이름과 불쾌한 단어는 왼쪽 무릎을 두드리고, 흑인 이름과 즐거운 이름은 오른쪽 무릎을 두드리게 했다. 과제의 난이도는 객관적으로 동일함에도 불구하고 두 번째 과제에 반응하는 데 약 두 배의 시간이 걸렸다. 이론적으로, 법정에서 그러한 시험을 사용하여 인종중립적 법의 '부당 영향'disparate impact이 무의식적 편견에 근거한 '부당 처우'disparate treatment 때문인지 판단할 수 있다.

무의식적 **감정**은 종종 관찰자가 특징적인 생리적 또는 행위적 표현으로부터 그 존재를 추론함으로써 확인할 수 있다. 우리 대부분이 듣게 되고, 우리 가운데 많은 사람이 화가 나서 하는 말이 "나, 화 안 났어"이다. 시기심은 목소리 톤이 날카로워지는 것이나 주체에겐 아니어도 관찰자에게는 경멸적으로 치켜뜬 눈으로 뻔히 드러난다. 『적과 흑』에서 레날 부인은 줄리앙 소렐이 자신의 하녀와 사랑에 빠진 게 아닐까 의심이 들 때 비로소 그에 대한 감정을 깨닫는다. 한 감정(질투)이 다른 감정의 존재(사랑)를 드러내는 것이다.

자기기만(7장)은 이런 점에서 더 문젯거리이다. 내 아내가 내 절친과 바람을 피우고 있다는 믿음을 키운 다음 억압한다고 가정해 보자. 무의식적일지라도, 그들이 연인이라는 믿음이 내 행동을 인도할 수도 있다. 예컨대 무의식적 믿음이 내 친구가 사는 지역이나 내 친구를 만나는 아내를 보게 될 위험이 있는 장소에 내가 가는 것을 막는 것이다. 이것은 그럴듯한 이야기로 들리지만, 내가 아는 한 무의식적 믿음이 인과적 효력을 가진다는 증거는 없다. 자기기만의 존재에 대한 많은 논증은 (1) 어떤 인물이 참이기를 원치 않는 믿음이 옳다는 걸 강력하게 암시하는 증거에 노출된 상태이지만 (2) 자기 구미에 더 맞는 다른 믿음에 근거해서 공언하고 행동한다는 사실에 근거한다. 구미에 맞지 않는 믿음이 무의식 안에서 존속하고 있다는 직접적 증거를 얻기 위해서는 (3) 방금 제시된 가설적인 예에서처럼 그런 믿음이 행동을 인도하고 있음을 보여 줄 필요가 있다. 반복하자면, 나는 이런 효과까지 발휘하는 예를 알지 못한다.

나의 직감은 그런 현상은 존재하지 않는다는 것이다. 나의 무의식적 믿음이 내 의식적 믿음을 해칠 증거로부터 나를 멀리 떼내는 식으로 나의 의식적 믿음의 시녀일 수 있다고 상상하는 것은 신나는 자만심이다. 그러나 그것은 근거에 의해 뒷받침되지 않는 그럴-법한 이야기일 뿐이다. 마찬가지로 사변적인 수준에서는, '무의식'이 간접 전략(일보 후퇴, 이보 전진)을 유도할 능력이 있다고 상상해 볼 수도 있다. 예컨대 아이가 부모의 관심을 끌기 위해서 자신을 다치게 하는 것이다. 이런 제안은, 무의식에 미래 그리고 사람의 행동 및 의도를 표상할 능력이 있다고 가정하는 것이다. 그것은 무의식을 의식적 마음과 너무 유사하게 만드는 것이다. 우리가 깨닫지 못하는 마음의 상태가 간단히 "아니오" 하는 대신에 "아니오, 아니오"와 같이 답하는 것, 즉 자연발생적 행동을 야기할 수는 있다. 그러나 그런 마음의 상태가 도구적으로 합리적인 행위의 원인일 수 있다는 증거에 대해 나는 들어 본 적이 없다.

특히 일부 경제학자들이 주장한 바와 같이, 무의식에 시점 간 맞교환intertemporal trade-offs을 할 능력이 있다는 증거는 없다.[7] 한 주장에 따르면, 노동자들은 믿음을 유지해서 얻는 편익이 비용을 초과하면, 작업 안전성을 믿으려는 동기를 가지게 된다. 두려움을 억눌러서 얻는 심리적 편익이 사고 가능성 증가로 치를 비용을 압도하면, 노동자는 작업활동이 안전하다고 믿게 된다. 다른 주장에 따르면, 사람들은 중독의 위험에 대해 과장된(그러나 동기화된) 믿음을 형성할 수 있다. 약물 사용을 중단하고 싶은데, 그것의 위험한 영향에 대한 나의 믿음에 충분한 설득력이

---

7 9장에서 보겠지만, 인지 부조화 이론의 창시자도 이런 주장을 했다.

없다는 것을 알게 되면, 나는 그 약물이 내가 지금 믿고 있는 것보다 더 위험하다는 믿음을 채택할 수도 있다. 나의 지금 믿음 때문에 내가 금단 현상으로 괴로움을 겪을 수 있기 때문이다. 그러나 중독에 관해 우리가 알고 있는 모든 것은 그 반대를 암시한다. 즉, 중독자들은 약물이 위험하다고 생각하는 이유보다 덜 위험하다고 자신을 설득한다. 더 일반적으로, 무의식이 허위 믿음의 현재 편익을 미래의 보유 비용과 비교하거나, 허위 믿음의 현재 비용을 미래의 보유 이익과 비교할 수 있다는 증거는 없다.

참고문헌

확률 평가에서 정박 효과의 근거는 A. Tversky and D. Kahneman, "Judgment under uncertainty: heuristics and biases", *Science* 185 (1974), pp. 1124~1131에서 볼 수 있다. 선호의 정박 효과에 대한 근거는 D. Ariely, G. Loewenstein, and D. Prelec, "Coherent arbitrariness", *Quarterly Journal of Economics* 118 (2003), pp. 73~105에 있다. 앤드루스 주교에 대해서는 A. Nicolson, *God's Secretaries* (New York: HarperCollins, 2003), 그리고 왕의 치유에 대해서는 M. Bloch, *Les rois thaumaturges* (Paris: Armand Colin, 1961)를 참조했다. 인도차이나와 로마 제국에서의 믿음과 행위 사이의 관계에 대한 예는 P. Veyne, *L'empire grécoromain* (Paris: Seuil 2005), pp. 531~538에서 발췌한 것이다. 감상주의에 대한 훌륭한 논의로 M. Tanner, "Sentimentality", *Proceedings of the Aristotelian Society* n.s. 77 (1976~7), pp. 127~147이 있다. 가격이 포도주를 마시는 즐거움에 미치는 영향에 대한 근거는 H. Plassmann et al., "Marketing actions can modulate neural representations of experienced pleasantness", *Proceedings of the National Academy of Sciences* 105 (2008), pp. 1050~1054이다. 무의식적 편견에 대한 대규모의 (인터넷) 실험은 B. Nosek, M. Banaji, and A. Greenwald, "Harvesting implicit group attitudes and beliefs from a demonstration website", *Group Dynamics* 6 (2002), pp. 101~115가 보고한 바 있다. 프로이트가 무의식을 의식적 사고와 너무 비슷하게 만들었다는 주장에 대해서는 L. Naccache, *Le nouvel inconscient* (Paris: Odile Jacob, 2006)를 보라. 무의식에서의 시점 간 맞교환에 관한 경제학자들의 주장은 G. Akerlof and W. Dickens, "The economic consequences of cognitive dissonance", *American Economic Review* 72 (1982), pp. 307~319, 그리고 G. Winston, "Addiction and backsliding", *Journal of Economic Behavior and Organization* 1 (1980), pp. 295~324에 있다.

4장_ 동기화

이 장과 이어지는 두 장은 다양한 동기화에 대한 논의에 주력할 것이다. 이 장의 논의는 꽤 일반적이다. 이어지는 장에서는 두 가지 특수한 쟁점, 즉 이기주의selfishness 대對 이타주의 그리고 시간적 근시안 대 선견지명에 초점을 기울일 것이다. 이 두 쟁점은 서로를 보완한다. 전자가 인격 간間 대조라면, 후자는 그것의 인격 내적이면서 시점 간間 판본이다. 더 중요한 것은, 선견지명이 이타주의를 흉내 낼 수 있다는 의미에서 이들이 실체적으로도 연결되어 있다는 점이다.

　인간 동기화의 집합은 원하는 만큼 조각낼 수 있는 파이이다. 그 가운데 어떤 것도 정본의 지위를 주장할 수 없지만, 내 보기에 유용한 네 가지 접근이 있다. 첫째는 동기화의 연속체를 제안한다. 둘째와 셋째는 삼분법을 제시한다. 그리고 넷째는 단순한 이분법이다. 분류법들이 어느 정도 유사하기도 하고 흥미로운 차이를 보이면서 같은 행위를 다른 각도에서 조명할 수 있게 해준다. 이런 유형론에 대해 논의한 다음, 동기화에 대해 약간의 추가적 논평을 할 것이다.

본능적인 것(the visceral)에서 합리적인 것으로

2001년 9월 11일에 사람들은 화염의 극심한 열기를 피해서 세계무역센터에서 뛰어내렸다. 뉴욕시 소방대장 루이스 가르시아Louis Garcia는 "이건 정말 하나의 선택으로 생각되지 않는다"고 말했다. 당신이 사람들을 창문에 세워 놓고 그리로 열기를 불어넣는다면, 대부분의 사람이 뛰어내리지 않을 도리가 없다고 느낄 것이다. 진정한 대안은 없는 것이다. 주관적인 면에서 보면, 이것은 마치 민물을 구할 수 없어서 바닷물을 마시는 사람의 경험 같은 것일 수 있다. 그들은 약간의 바닷물을 마시는 것조차 위험한 길로 들어서는 것이라는 걸 알 수 있다. 마시면 마실수록 더 목마를 것이다. 그러나 어떤 사람은 유혹을 이겨 내지 못할 것이다. 중독 물질에 대한 갈망craving도 이런 식으로 경험된다. 18세기 작가 벤저민 러쉬Benjamin Rush는 극적인 예를 제공한다. "친구 중 하나가 술을 끊으라고 강력하게 촉구할 때, [한 술고래가] 말했다. '내 방 구석에 럼주 통이 있고, 나와 럼주 통 사이에 대포가 있고, 그 대포가 계속 포탄을 쏘고 있다고 할지라도, 나는 럼주에 이르기 위해 대포 앞을 지나갈 것이다.'" 성적 욕망도 신중한 우려를 잠재울 만큼 매우 압도적일 때가 있다.

어떤 감정은 아주 강력해서 다른 모든 고려를 몰아낼 정도이다. 예컨대 1996년 그가 받은 훈장을 박탈당할 상황에 놓이자 자살한 미국 해병대 장군이나 1997년 소아성애물 소비자임이 노출된 프랑스인들 가운데 6명이 자살한 일이 보여 주듯이, 수치심은 견딜 수 없이 고통스럽다. 2006년 7월 9일 월드컵 결승전이 거의 끝날 무렵 지네딘 지단Zinedine Zidane은 상대편인 이탈리아 선수의 도발적인 말에 대한 앙갚음으로 상대를 머리로 들이받았다. 7만 명의 관중이 보고 있고 10억 명이 TV로 경기를 시청하고 있는데 말이다. 일 초만 멈춰서 생각할 시간을 가졌더라도, 그는 자기 행동의 대가로 팀이 패배하고 자신의 명성이 엄청나게 손상될 것임을 깨달았을 것이다.

아마도 세계무역센터에서 충동적으로 뛰어내리는 것을 제외하면, 이런 욕망 가운데 어떤 것이 억누를 수 없는 것인지, 마치 언덕 아래로 굴러떨어지는 돌덩어리처럼 개인이 그 경로를 막으려 해도 어쩔 수 없는 것인지 의문스러울 것이다. (잠자고 싶은 충동은 억누를 수 없지만, 잠드는 것은 행동이 아니다. 그것이 잠자려는 시도가 자기 패배적인 이유이다.) 중독자도 비용에 꽤 민감하다. 그들도 가격이 오르면 적게 소비한다.[1] 구명선 위의 사람들은 때로 바닷물 마시는 것을 서로 막는다. 성적 유혹이나 수치심에 자살하는 것은 확실히 억누르기 어렵다. 그 강력함 때문에 이런 본능적visceral 갈망은 인간 동기화의 스펙트럼의 한 극단에 선다. 언제나 그렇지는 않지만, 그것에는 숙고, 맞교환, 그리고 심지어 선택을 가로막을 잠재력이 있다.

다른 극단에는 합리적 행위자라는 패러다임이 있다. 그는 감정은 물론이고 여러 본능적 요인에 의해 흔들리지 않는다. 그는 가능한 선택지 각각의 귀결들을 신중하게 ── 그러나 상황이 허락하는 만큼만 신중하게 ── 서로 견주어 본 후에만 행동한다. 합리적인 장군, 최고 경영자, 의사는 승전, 이윤 극대화, 생명 구조 같은 객관적 목표를 실현하는 최선의 수단을 찾는 데만 관심을 보인다. 욕망의 본능적 뿌리는 방정식 안에

---

1 예산 제약 때문에 전과 같은 수준으로 소비할 수 없기 때문일 수도 있다(10장).

들어오지 않는다.

본능적 동기화와 합리적 동기화를 구별해 주는 예로 본능적 **공포**와 신중한 **공포**의 차이를 들 수 있다. 공포가 감정이라고 말하는 것이 일반적이긴 하지만, 공포도 하나의 믿음-욕망 복합체일 것이다. "비가 올까 봐 걱정이야"라고 말할 때, 내가 뜻하는 것은, 비가 올 것이라고 믿지만 비가 안 왔으면 한다는 것뿐일 수 있다. 비 때문에 우산을 가져가는 경우처럼, '걱정'fear이 행동을 고무한다면, 그것은 합리적 행위 패러다임이다(13장). 감정의 특징적 양상 가운데 어떤 것도 거기에 등장하지 않는다(8장). 본능적 공포는 이와 달리 도구적으로 합리적이지 않은 행동을 유도할 수 있다. 예를 들어 2001년 9월 11일 이후 비행기 타는 위험을 회피했기 때문에, 그렇지 않다면 죽지 않았을 350명의 미국인이 도로에서 교통사고로 목숨을 잃었다. 대조적으로, 2004년 3월 2일 마드리드에서의 기차 공격 이후에도, 에스파냐 사람들은 계속 기차를 탐으로써 차를 택해서 불필요하게 죽는 일을 피했다. 그것이 가능했던 이유는, '바스크 조국과 자유'ETA, Euskadi Ta Askatasuna의 공격이 지속적이어서, 에스파냐 사람들이 폭탄 테러에 대해 본능적 두려움 대신 신중한 두려움을 발전시킬 수 있었기 때문이었다. 그들에게 테러 공격은 비 올 위험 —— 물론 그보다는 위험하지만 —— 처럼 여러 위험 가운데 하나에 불과했던 것 같다.

프랭클린 루스벨트Franklin Roosevelt가 "우리가 두려워해야 할 유일한 것은 … 공포 그 자체이다. 이름도 없고 불합리하고 부당한 공포가 후퇴를 전진으로 바꾸는 데 필요한 노력을 마비시키고 있다"라고 썼을 때, 그가 염두에 둔 것은 아마도 본능적 공포에 대한 합리적인 공포인 것 같다. 몽테뉴는 "내가 가장 두려워하는 것은 두려움이다"라고 쓴 다음, "공포는 마음에서 모든 지혜를 밀어낸다"고 덧붙였다. 그의 말이 뜻하는 바도 맥락상 루스벨트와 같다고 할 수 있다. 그런 경우, 언젠가 미래에 비합리적 공포에 빠질 수 있다고 합리적으로 두려워하는 사람은, 공포를 불러일으킬 상황에 부닥치지 않도록 하거나 공포에 쫓겨 행동하는 것을 막는 예방조치를 취할 수 있다. 예를 들어, 제독은 자신(또는 그의 선원)이 겁에 질려 도망치는 것을 막기 위해 배를 태워 버릴 수 있다. 이런 '불완전한 합리성' 전략에 대해서는 15장에서 논의한다.

본능-합리성 연속체의 양극단 사이에서, 우리는 부분적으로는 본능적 요인들에 의해 동기화되지만, 비용-혜택에 대한 고려에도 어느 정도 민감한 행위를 보게 된다. 어떤 남자가 복수(본능적 욕망)하려고 할 수 있다. 그렇지만 몰래 적을 해치울 수 있을 때까지 기회를 노릴 수 있다(신중한 염려). 적에게 결투를 신청한다면(명예 규범에 따라서), 그는 비밀리에 펜싱 수련을 받을 수도 있다(불명예스럽지만 유용한 행위). 받아들이는 편이 더 낫다는 의미에서 불공정해도 이득이 되는 제안을 어떤 사람이 받게 되면, 그것을 수용할 수도 있고 거절할 수도 있을 텐데, 그것은 이익의 힘과 원한의 힘 사이의 상대적 강도에 달려 있다(19장). 더 복잡한 사례로는 하나의 본능적 요인이 다른 본능적 요인에 반작용하는 것이다. 혼외정사에 대한 욕망은 죄의식에 의해서 중단될 수 있다. 적에 대한 공포, 전우에 대한 수치심의 공포, 그리고 탈영하다가 사살될지 모른다는 공포가 전장戰場에서 도망치려는 충동을 상쇄하거나 선취할 수도 있다.

이익, 이성 그리고 열정

인간 동기화에 대한 분석에서 17세기 프랑스 모럴리스트는 이익, 이성 그리고 열정이라는 매우 유용한 구분을 했다. 이익은 돈이나 명성 또는 권력이나 구원 같은 개인적 이득의 추구이다. 우리 아이들을 돕는 행동 조차 이익 추구로 헤아려질 수 있다. 우리의 운명이 아이들의 운명과 밀접하게 묶여 있기 때문이다. 최선의 교육을 받을 수 있는 비싼 사립학교에 자녀를 보내는 부모는 자신의 이익을 희생하는 것이 아니라 추구하는 것이다. 열정은 배고픔, 목마름 그리고 성적인 또는 중독적인 갈망 같은 다른 본능적 충동과 마찬가지로 감정을 포함하는 것으로 받아들일 수 있다. 고대인들은 광기의 상태도 같은 범주에 포함했다. 왜냐하면, 감정처럼 광기도 비자발적이고 뜻밖의 것이며, 합리적 숙고를 전복하기 때문이다. 여러 가지 목적상, 우리는 도취 상태도 열정에 포함하고자 한다. 법적인 관점에서 볼 때, 분노와 취태醉態와 광기는 동등한 것으로 취급되는 때가 많다.

이성은 더 까다로운 관념이다. 모럴리스트들은 대부분 그 말을 사적인 목적보다 공공선을 증진하려는 욕망과 관련해서 사용했나(나도 여기서 그렇게 사용할 것이다). 때로 그들은 단기적(근시안적) 관심과 구별해서 장기적인 (신중한) 동기화를 지적하기 위해서도 이 말을 썼다. 두 가지 관념은 **공평성**impartiality이라는 표제로 요약할 수 있을 것이다. 공공정책을 설계할 때, 다른 개인이나 집단보다 어떤 개인이나 집단에 우호적이어서는 안 되고 공평하게 대우해야만 한다. 개인들 역시 이런 동기화에 근거해서 행동할 것이다. 기회 균등이 옳다고 믿기 때문에, 부모는 자녀를 공립학교에 보냄으로써 자신의 이익을 희생할 수도 있다. 동시에 사적 개인들과 마찬가지로 정책입안자는 이어지는 시기들 각각에서 발생하는 결과물들을 공평하게 다뤄야 한다. 즉 현재 내리는 결정에서 그 결과물 각각에 동일 가중치를 부여해야지, 임박한 미래의 결과물을 특권화해서는 안 된다. 사실 몇몇 모럴리스트들이 주장했듯이, 장기적 이익에 대한 관심은 공공선을 증진하는 경향이 있다. 예를 들어 필라델피아 연방의회에서 조지 메이슨George Mason은 다음과 같이 주장했다.

우리는 모든 계급 사람들의 권리에 주의를 기울여야 한다. 사람들은 인간애와 정책의 이와 같은 명령에 사회의 우월한 계급들이 무관심할까 자주 걱정했다. 처지가 얼마나 풍요롭고 상황이 얼마나 고상하든 여러 해가 경과하는 동안 그들의 후손이 사회의 최하층 계급에 속할지도 모르고, 확실히 그럴 수 있다는 점을 생각하지 못하고서 말이다. 그러므로 모든 이기적 동기, 모든 가족의 유대는 시민 가운데 높은 지위에 있는 사람들 못지않게 가장 낮은 지위에 있는 사람들의 권리와 행복을 세심하게 도모하는 그런 정책 체계를 권고해야만 한다.

어떤 형태의 공평성이든 정도가 있다. 타자에 관한 관심의 강도는 인척 관계가 멀어질수록 약해질 뿐 아니라, 지리적 거리가 멀어질 때도 약해진다. 이와 비슷하게 신중한 사람들조차 먼 미래보다 가까운 미래에 더 큰 무게를 둔다. 그런 사실이 부분적으로 설명해 주는 것은 사람들이 먼 미래를 누릴 만큼 오래 살지 못한다는 것을 알고 있다는 점이다.

공평한 **목적**이라는 요구사항 외에도, 결과주의적 형태(뒤에서 논의될 것이다)의 이성은 합리적 수단 선택으로 정의될 수 있다. 비록 '이성'과 '합리성'이라는 용어가 때때로 호환되지만, 나는 합리성을 목적이 아닌 수단에만 적용되는 것으로 생각할 것을 제안한다(13장). 이와 달리 이성은 둘 모두에 적용된다.

행위가 이런 세 동기화 가운데 어느 것과 관련해 어떻게 이해될 수 있는지 보여 주는 예로 뉴욕 지사 로버트 리빙스턴Robert Livingston이 알렉산더 해밀턴Alexander Hamilton에게 1783년에 보낸 편지를 인용할 만하다. 거기서 그는 독립전쟁 당시 영국 편에 섰던 사람들에 대한 박해에 대해 다음과 같이 언급한다.

나는 당신과 마찬가지로 여기를 휩쓸고 있는 폭력적인 박해의 분위기에 대해 크게 애석해하고 있으며, 그것이 이 나라의 부와 상업과 미래의 평안에 미칠 결과에 대해 두려워하고 있습니다. 그런 분위기에 **순수한 애국적 동기**가 조금도 섞여 있지 않은 것 같아 더 상심하고 있습니다. 소수는 **복수와 원한**이라는 맹목적 기분에 빠져 있고, 더 많은 이들은 가장 **지저분한 이익**을 탐닉하고 있습니다.

내가 강조한 문구들은 각각 이성, 감정, 그리고 이익에 대응한다. 그리고 수식하는 형용사들이 말해 주는 것은 이성은 순수하고, 열정은 맹목적이고, 이익은 지저분하다는 것이다. 25장에서 나는 이런 구별을 헌법 제정을 예로 해서 해명할 것이다.

이드, 자아, 초자아

인간의 동기화에 대한 분석에서 프로이트는 세 가지 기본 형식을 제시했는데, 이들 각각은 마음의 분리된 하위체계들과 연결된다. 그 세 체계는 이드, 자아, 그리고 초자아이며, 각각 쾌락원리, 현실원리 그리고 양심에 대응한다. 이드와 초자아는 각기 충동impulse과 충동 통제impulse control를 대변한다. "두 갈래 방향에서 어쩔 줄 몰라 하는" 자아는 "살인적인 이드의 선동과 가혹한 양심의 비난 모두에 맞서 자신을 헛되이 방어한다". 같은 논문에서 프로이트는 다음과 같이 더 통찰력 있게 쓰고 있다. 자아는 "외부 세계, 리비도로 충전된 이드, 가혹한 초자아라는 세 명의 주인에게 굽실거리지만, 결국 그들에게서 오는 위협에 시달리는 가련한 피조물이다". 하지만 내가 보기에 이런 정식화만으로는 프로이트 사고의 유용한 핵심을 충분히 포착할 수 없다. 이것은 자아가 외부 세계(현실원리) 속을 운행해 나가기 때문에 이드에서 오는 충동(쾌락원리)과 초자아의 가혹한 충동 통제(양심)라는 이중 전선에서 전쟁을 벌여야만 한다는 명제이다.[2]

이 명제는 참신하고, 심오하고, 참되다. 그것이 갖추지 못한 것은 메커니즘이다. 충동 통제에 무엇이 필요하든, 도대체 왜 자아는 스스로 그것을 행사할 수 없는가? 왜 도덕성과 양심은 엄격한 규칙의 형태를 띠는가? 분리되어 있고 유사자율적인 정신 기능의 실존을 명시해야만 하

---

2 프로이트의 두 은유를 결합하면, 자아는 악령(초자아)을 자기 등에 태우고서 길들지 않은 말(이드)을 타고 있는 기수와 같다.

는가? 이런 문제에 대해 만족스러운 답을 제공한 것으로 조지 아인슬리George Ainslie의 선구적인 작업이 있다. 그의 관점에 대해서는 15장에서 논의될 것이다. 여기서 주목하고 싶은 것은, 견제되지 않은 여러 충동은 그것이 끼칠 수 있는 **누적적 손상** 때문에 저지될 필요가 있다는 사실이다.[3] 어떤 경우든 음주나 과식, 낭비벽 또는 (숙제를 못하게 하는) 습관적 미루기는 행위자에게 큰 해를 끼치진 않는다. 피해는 과잉(또는 실패)이 반복된 뒤에 일어난다. 충동 통제의 초점은 따라서 개별 사안이 아니다. 왜냐하면, 해당 인물은 언제나 자신에게 새롭고 더 나은 삶이 내일 시작될 것이라고 말할 수 있기 때문이다. 충동 통제는 충동이 무한히 여러 번 유발될 것으로 예견된다는 점을 경고해야만 한다. 해결책은 문제를 재규정해야 가능하다. 즉, 어떤 경우든 단 한 번의 충동 통제 실패가 다음번 통제 실패의 예측 인자로 받아들여져야 한다. "예, 나는 중요한 위해나 위험 없이 충동 통제를 내일까지 연기할 수 있습니다. 그러나 내일이 오늘과 왜 다르겠습니까? 내가 지금 실패한다면, 내일도 실패할 것입니다." 이렇게 **내적 도미노 효과**를 설정하고 그것의 판돈을 키움으로써 행위자는 하루하루 살아가면서 가질 수 없었을 충동 통제의 동기를 획득할 수 있다. 동전의 다른 면은 통제가 무자비해야 하며, 빅토리아 시대 모럴리스트가 말했듯이 "단 한 번의 예외도 수용되지 않아야 한다는 것이다".

---

3 누적적 **위험**도 있다. 안전하지 않은 성관계로 인해 원치 않는 결과가 나올 가능성은 적지만, 그것의 평생에 걸친 누적적 위험은 상당할 수 있다. 어떤 여행에서 안전 벨트를 착용하지 않은 채 자동차 사고로 부상을 입을 확률은 적지만, 평생의 확률은 약 1/3에 이른다.

결과를 고려하기

마지막으로 동기화는 결과주의적consequentialist이거나 비결과주의적일 것이다. 즉, 행위의 결과물을 지향하거나 행위 자체를 지향할 것이다. 많은 경제적 행위가 순수하게 결과주의적이다. 사람들이 노년을 위해서 돈을 저축할 때 또는 주식투자자가 주식을 사고팔 때, 이런 행동 자체에 어떤 내재적 가치 ── 긍정적이든 부정적이든 ── 도 부여하지 않는다. 이와는 대조적으로 가장 사악한 적을 막기 위한 병역 의무조차 거부하는 무조건적 평화주의자는 행위 귀결을 전혀 고려하지 않는다. 그에게 중요한 것은 인간 생명의 살상 같은 행동을 무조건 금지한다는 것이다. 이것은 감정적 행동이 그럴 수 있듯이 귀결에 대해 모르는 것이 아니라, 그가 무엇을 할지가 귀결에 좌우되지 않을 뿐이다.

공공 정책은 이런 두 동기화 가운데 하나에 입각해서 채택된다. 가치 있는 새 자원을 발견한 사람에게 그것에 대한 소유권을 준다면, 가치 있는 자원들이 더 많이 발견될 것이라는 가정에 근거해서, 정책입안자는 "찾은 자가 임자"(예컨대 특허 법률)라는 원리를 채택할 수도 있다. 이것은 결과주의적 논증이다. 비결과주의적 논증이라면 같은 정책에 대해 땅이든 암 치료법이든 새로운 자원을 발견한 사람은 그것에 대해 자연적 권리를 가진다고 할 것이다. 또 다른 예로 디온 크리소스토모스Dion Chrysostomos의 연설(XXXI)을 들 수 있다. 그는 도시에 대한 공헌자를 기리기 위해서 과거의 청동 동상을 재활용하는 로도스 사람들을 꾸짖었다. 이런 관행은 청동상이 본래 기리고 있던 사람의 권리를 침해하는 동시에, 새로 등장할 잠재적 공헌자의 의욕을 꺾을 뿐이라는 것이다. 왜냐하면, 그는 자신의 명예를 기릴 청동상이 곧 다른 누군가를 위해 재활용될 것임을 알게 되기 때문이다. 결과주의적 논증은 테러리스트에 대한 조치들이 인권이나 시민적 자유에 결부된 비결과주의적 가치들을 침해할지라도 그들에 대한 가혹한 조치를 인가할 것이다(으로 보인다).[4]

비결과주의적 동기화의 특수한 사례의 하나는 내가 일상적 칸트주의, 정언 명령 또는 주술적 사고라고 다채롭게 불렀던 다음과 같은 원리이다. **모두가 같은 것을 하면 최선일 것을 하라.** 어떤 의미에서 이 원리는 귀결과 연결된다. 왜냐하면, 행위자는 다른 모든 사람이 같은 것을 행하면 최선의 귀결을 가져올 일을 하기 때문이다. 그러나 그것은 그의 행동 귀결이 아니라, 그와 타자가 함께 수행한 행동이라는 가설적 집합의 귀결이다. 다른 사람들이 같은 방식으로 행동하지 **않으면,** 이 원리에 따라 행동하는 것이 모두에게 재앙이 되는 경우도 있다. 국제 관계에서의 일방적 군축이 그런 예이다.

또 다른 사례는 다음과 같은 유대인 윤리학의 원리이다. 적이 성문 앞에서 "너희들 가운데 처형당할 한 명을 골라 넘긴다면, 다른 사람들은 모두 살려주마. 이 제안을 거절하면 모두 죽이겠다"고 말했다고 가정해 보자. 탈무드는 그런 경우 유대인들이 나머지 사람들을 구하기 위해서 살해될 한 사람을 거명하기보다 모두가 살해되는 쪽을 택해야 한다고 말한다. 그러나 적이 같은 상황에서 "베드로를 내놓아라"라고 말한다면, 그들에게 그를 넘기는 것은 허용된다. 다른 사람들을 구하기 위

---

4 괄호 안의 "으로 보인다"는 '폭정의 심리학'(2장)의 작동 가능성을 반영한다. 억제의 고전적 딜레마는 그것이 야기한 증오가 애초에 그것이 불어넣으려고 했던 공포를 상쇄하고도 남을지 모른다는 것이다.

해서 한 사람이 살해되게 놔두는 것은 금지되지 않지만, 누가 살해될지를 선별하는 것은 금지된다. 소설 『소피의 선택』은 같은 딜레마를 제시한다.

사회 규범(21장) 또한 비결과주의적 행위의 특수한 사례를 제공하며, 거기엔 중요한 비틀림이 동반된다. 사회 규범은 사람들이 무엇을 해야 할지에 대해 말해 준다. 예컨대 모욕에 대해서는 복수해야 하고, 어미젖으로 삶은 새끼 짐승은 먹지 말아야 한다. 그래야 하는 이유는 그것이 바람직한 결과를 가져다주기 때문이 아니라 행동이 그 자체로 의무적이어서이다.[5] 그런 행동은 어떤 결과물을 얻기 위해서가 아니라 막기 위해서, 즉 그렇게 하지 않아서 남들에게 비난받는 것을 막기 위해서 취해지는 것으로 보인다. 그럴 때 비난도 결과주의와 유사한 이유로 하는 것 아닌가 하는 의문이 들 수 있다. 장담컨대, 그런 일은 일반적이지는 않다. 더 나아가 사람들은 타자의 행동으로 인해 피해를 볼 경우, 실험적으로 세팅된 완전히 익명적인 일회성 상호행동에서는 보복한다. 상호행동이 일회적이라면 나중의 만남에서 얻을 수 있는 것이 전혀 없고, 익명적이라면 제3자의 비난을 걱정할 필요가 없기 때문이다. 이 실험은 뒷장에서 다시 논의될 것이다.

공공연한 비결과주의자에게도 결과가 아주 중요한 문제가 될 수 있

---

5 어미젖으로 삶은 새끼짐승을 먹는 것을 금지하는 것이 일례인 유대인의 섭생규칙의 정당화 근거는 오랫동안 위생에서 찾아졌다. 내가 배울 수 있었던 한에서 오늘까지도, 수행하기 까다롭고 무의미한 일을 하면 좋다는 식으로 권고하는 이유로 위생적인 근거가 제시되고 있다. 이런 발상은 내가 나중에 논의할 부산물의 오류를 구체화하고 있는 것 같다. 즉, 단지 인격 도야 효과만을 목표로 정당화된 행동은 그런 효과를 얻지 못한다. 그럼에도 불구하고 규칙을 준수하는 사람 가운데 얼마나 많은 이들이 이런 이유로 그렇게 하는지는 모르겠다.

다. 많은 사람이 무조건적인 것으로 간주하는, 어린이에 대한 고문 금지 같은 원리를 보자. '시한폭탄이 재깍거리는' 상황인데, 핵폭탄이 맨해튼 중심부에서 터지는 것을 막기 위한 필요충분조건이 테러리스트 앞에서 어린이를 고문하는 것일 경우를 상상해 보라. 만일 이런 시나리오가 신 빙성이 있는 상황이라면, 고문을 묵인하는 비결과주의자가 꽤 있을 것이다. 시나리오의 조건이 실제로는 절대로 일어나지 않을 것이며, 따라서 절대적 금지는 계속 유효할 것이라고 말하는 사람들도 있을 것이다. 시나리오상의 일이 일어나도 계속 고문을 금지할 사람도 있을 것이다. 여기서 나의 과제는 이런 결론 가운데 하나를 주장하는 것이 아니라, 실 제 상황에서 판돈이 드물게 크고, 상황에 대한 지식이 드물게 확실하면, 비결과주의자들조차 행위 귀결을 고려하지 않을 수 없는지 경험적으로 관찰하는 것이다. 판돈이 더 커지고, 지식이 더 확실해지면, 비결과주의 자가 자신의 원칙을 포기하는 일은 가능하다. 하지만 그런 상황이 일어나지 않았기 때문에, 우리가 다루고 있는 것이 웬만하면 하지 않을 맞교환인지 아니면 맞교환 자체의 전면적 거부인지 확언할 수 없다.

동기화에 대한 이런 네 가지 접근은 부분적으로 같은 현상을 포착한다. 본능적 요인, 열정, 그리고 쾌락원리는 분명히 공통점이 많다. 쾌락원리는 더 폭넓은 범위의 사례들에 적용된다. 그것은 쾌락 추구만큼이나 고통 회피와 관련되기 때문이다. 학생들이 숙제를 뒤로 미룰 때, 꼭 그들이 열정적으로 하고 싶은 다른 일이 있기 때문은 아니다. 그들은 종종 저항이 최소인 경로를 따르는 것일 뿐이다. 초자아, 이성 그리고 비결과주의적인 동기화도 공통 특질을 가지고 있다. 모든 도덕성의 체계가 고집불통에 무자비한 것은 아닐지라도, 어떤 체계는 그렇다. 칸트Immanuel Kant의 도덕이론은 악명 높은 예이다. (사실 그의 도덕 철학은 아침 식사 후에는 파이프 담배 한 대 이상을 금지하는 것 같은 자신의 충동을 통제하기 위해서 만든 사적인 규칙들에서 연원한다.) 하지만 도덕성에는 모호성이 없어야 한다는 강박에서 벗어난다면, 도덕은 고집불통을 넘어설 수 있다. 사실 모호성의 관용은 건강한 자아를 보증하는 특징이라고들 한다. 이와 달리 합리성, 이익, 자아 그리고 결과주의와 건강한 자아와의 관계는 더 미약하다. 건강한 자아의 전형적 특징이 자기 이익의 합리적 추구라고 주장하는 것은 부조리하다.

원함과 바람

우리는 동기화가 어떤 사태를 만들어 내기를 원함*wanting*이라는 형태를 취한다고 생각할 때가 많다. 그러나 동기화는 어떤 사태가 획득되기를 바람*wishing*이라는 형태를 취하기도 한다.[6] 감정의 동기적 요소들을 검토해 볼 때, 이런 원함과 바람의 구별은 중요하다(8장). 세네카와 애덤 스미스Adam Smith 모두 언급했듯이, 감정은 사실 어떤 것을 하기를 원함을 수반할 수도 있고 어떤 것이 이뤄지기를 바람을 동반할 수도 있다. 화 또는 분노를 느낀 A가 B에게 복수하려는 충동은, A가 B에게 계획한 것을 C가 B에게 한다거나 B가 우연히 사고를 당한다고 해서 충족되지 않는

---

6 장의사는 사람들이 죽기를 바랄 수 있지만, 능동적으로 고객을 창출하려고 하지는 않는다. 장의사의 소망이 도덕적으로는 거북해도 해로운 것으로 보이진 않는다. 그럼에도 불구하고, 세네카는 데마데스(Demades, 기원전 4세기)가 장의사에 건 소송에서 승리한 것에 관해 이야기한다. 데마데스는 많은 사람이 죽어야 벌 수 있는 큰 돈을 희망했다는 이유로 장의사에게 소송을 걸었다.

다.[7] 중요한 것은 단순히 B가 고통받는다는 결과물이 아니라 A의 행위가 B의 고통의 원인이 되는 것이고, 자기 고통의 저자가 A라는 것을 B가 아는 것이다.[8] 『수사학』에서 아리스토텔레스는 이런 효과와 관련하여 호메로스를 인용한다. 즉, 오뒷세우스는 폴리페무스(퀴클롭스)로 하여금 그의 눈을 멀게 한 것이 누구인지 확실히 알게 한다. "누가 왜 자기 눈을 멀게 했는지 퀴클롭스에게 알릴 수 없다면, 오뒷세우스는 복수하지 않았을 것이다." 라신Jean Racine의 『앙드로마크』Andromaque에서 헤르미오네는 "죽을 때 그를 살해한 것이 나라는 것을 그가 모른다면", 자신이 피로스에게 한 복수는 "실패한 것"이라고 말한다.

이와는 대조적으로 증오의 경우, 문제가 되는 것은 증오 대상인 사람이나 집단이 지구상에서 사라지는 것이고, 이런 일이 증오를 품은 사람에 의해서든 다른 누군가에 의해서든 상관없다. 마찬가지로 사랑은 단순히 내가 사랑하는 사람이 행복하길 바라는 소망을 불러일으키지만, 감사 또한 나의 활동으로 인해 타자가 행복해지고, 그렇게 된 연유를 그가 알기를 원한다. 사디즘에서 중요한 것은 상대방을 고통스럽게 만드는 것이다. 악의malice의 경우에 중요한 것은 단지 다른 사람이 고통을 겪어야 한다는 것뿐이다. 애덤 스미스는 "자신이 혐오하고 비난했던 어떤 사람이 모종의 사고로 죽었다는 소식을 … 즐겁게 들을" 사람조차도 "그 사건을 일으킨다는 것은 상상하기조차 두려워 거절하는 것"을 관찰

---

7 그럼에도 불구하고, 흄은 "[프랑스의] 샤를[7세]이 이미 겪었던 곤경이 [부르고뉴] 공작의 복수심을 충족시켜 준 듯하다"고 말한다.
8 실험이 보여 주는 바에 의하면, 자신이 처벌받고 있다는 것을 B가 모른다는 것을 A가 알고 있을 때도, A는 B를 처벌한다. 그럴 경우의 처벌은, 아마도 놀랍게도, B가 알게 되리라는 것을 A가 알 때보다 약하다.

했다. 이것은 시기에서 훨씬 더 분명해진다. 경쟁자가 그의 소유를 상실하는 것을 즐기며, 그것을 막기 위해서 자신이 할 수도 있는 일을 전혀 하지 않는 사람은 많다. 하지만 그런 사람조차 경쟁자의 소유를 파괴하기 위한 능동적 조치는 절대 하지 않는다. 그렇게 하는 데 자신이 부담할 비용이나 위험이 전혀 없을 때조차도 말이다.[9] 이웃의 집에 불을 지르지는 않아도 집이 불타는 것을 보면서 소방서에 신고하는 것을 머뭇거릴 수는 있다.

희망사고(7장)는 원함보다는 바람에 근거한다. 어떤 경우에 행위자는 세상이 자신의 욕망에 부합되도록 힘든 일을 하는 것은 주저하고, 그 대신 세상에 대한 적합한 믿음을 채택하는 쉬운 길을 택한다. 승진하고 싶지만 노력하기는 싫다면, 나는 그 대신 승진이 임박했다는 희망을 불어넣어 줄 희미한 징표에 집착할 수 있다. 세계에 영향을 미칠 행동을 하는 것이 선택지에 없는 경우들도 있다. 내 사랑이 사랑으로 응답받게 하거나, 아픈 내 아이가 회복되게 만들 수는 없다. 그런 경우, 나는 환상에 만족하거나 사실을 직시해야 한다. 추가할 구별은 환상이 행동에 아무런 추가적 귀결을 갖지 않는 경우와 행위의 전제로 활용되는 경우이다. 나는 내가 아는 사람의 여자가 나에게 은밀한 열정을 품고 있다고 착각하지만, 도덕적 제약(또는 자기 이익) 때문에 또는 착각만으로도 충분히 즐겁기 때문에, 그녀에게 접근하지 않을 수 있다. 착각이 그 대상에게 겉으로 표현될 수도 있다. 그가 자신에게 엄청난 열정을 가지고

---

9 확실히 일부 시기심 많은 사람에게는 그런 거리낌이 없을 수도 있다. 그들이 그런 이유는 시기심을 별로 부끄럽게 여기지 않는 사회에 살기 때문일 수도 있고, 그저 그들이 부끄러움을 모르는 사람이기 때문일 수도 있다.

있다는 것을 눈치채지 않을 수 없다고 존 메이너드 케인스John Maynard Keynes에게 말한 그의 여비서처럼 말이다. 물론 그녀의 인생은 그로 인해 망가졌다.

본질적으로 부산물인 상태

바람-원함 구별을 복잡하게 만드는 요인은, A를 함으로써 X를 얻을 수 있지만, Y를 얻기 위해서 A를 하는 한에서만 그럴 수 있는 경우이다. 내가 감정의 신경생리학적 토대를 설명하기 위해서 열심히 일했고 그것에 성공한다면, 나는 높은 명성을 얻을 것이다. 만일 내가 정치적 대의를 위한 일에 투신한다면, 그런 과정의 끝에서 내가 '개성 있는 사람'이 되었다는 것을 깨달을 수도 있다. 내가 피아노를 잘 친다면, 다른 사람들에게 감동을 줄 수 있다. 이런 간접적 혜택은 활동성의 주된 목표에 기생적이다. 나의 학자로서의 동기가 명성을 얻는 것이라면, 그것을 얻을 가능성은 줄어든다. 정치 운동에 헌신하는 것이 **전적으로** 의식화나 내게 미칠 개성 형성 효과를 위한 것이라면, 실패할 공산이 크고, 성공해도 우연에 의한 것일 가능성이 크다. 세네카가 주장했듯이, "영광은 그것을 피하는 자를 뒤쫓는다". 프루스트가 언급했듯이, 음악가는 "영광을 위해서 때로 [자신의 진정한 소명을] 배신할 수 있다. 그러나 그가 이런 식으로 영광을 추구할 때, 그는 그것에서 점점 더 어긋나고 종래는 영광의 반대 방향을 향하고 있음을 알게 된다". 자의식이 연주를 방해하기 때문이다. 그가 썼듯이, "사람들이 자기를 애타게 찾게 하는 최선의 길이 찾기 어렵게 되는 것"이라고 할지라도, 그는 그런 효과를 노려보려는 충고를 누구에게도 하지 않았다. 왜냐하면 "이런 방법으로 사회적 성공을 성취하는 것은 그런 목적으로 그 방법을 채택하지 않는 한에서이기" 때문이다.

음악적 영광이나 사회적 성공은 **본질적으로 부산물인 상태** ── 그것을 실현하려는 욕망에 의해서만 동기화된 행동으로는 실현할 수 없는 상태 ── 의 범주에 속한다. 이런 상태는 **일어나기는 해도**, 단순한 결정에 의해 의도적으로 **만들어지지는** 않는다. 잊으려는 욕망, 믿으려는 욕망, 욕망하려는 욕망(예컨대 발기불능을 극복하려는 욕망), 잠자려는 욕망, 웃으려는 욕망(사람은 자신을 간지를 수 없다), 누군가를 무시하려는 욕망,[10] 그리고 말을 더듬지 않으려는 욕망이 이 범주에 속한다. 이런 욕망을 실현하려는 시도는 효과가 없게 마련이며, 심지어 사태를 악화시키기도 한다. 의도적인 쾌락주의가 자기 패배적이거나[11] 그리고 잊으려는 시도보다 기억에 깊이 새겨지는 경험은 없다는 것은, 모럴리스트들과 소설가들이 흔히 하는 말이다. 우리는 이런 상태가 실현되기를 **바랄** 수 있지만, 그것을 실현하기를 **원하는 것**은 경계해야 한다.

많은 사람이 (사후의 삶을 위한) **구원**salvation과 (자신이 저지른 잘못으로부터의) **구제**redemption에 관심을 쏟는다. 그들은 행동으로 이런 목표를 성취할 수 있다고 믿을 수도 있다. 불신자와의 투쟁 속에서 순교하는 것은 천국으로 가는 여권을 받는 일일 수 있고, 그렇게 믿는 사람도 있

---

10 라 브뤼예르에 따르면, "같은 사람을 항상 바라보거나, 그를 보는 것을 항상 피하는 여성에 대해서 우리는 같은 것을 생각하게 된다".
11 아마도 자신의 삶을 반영한 『잃어버린 시간을 찾아서』의 마지막 권에서, 프루스트는 행복에 대한 헛된 탐색에도 불구하고, 그것은 우리를 인간 조건에 대한 통찰로 이끌 수 있으며, 그런 통찰이 "모종의 기쁨을 줄" 수도 있다고 썼다. 본질적으로 부산물인 상태의 추구는 간접적으로 그런 상태를 만들어 낼 수도 있다. 예컨대 누군가에게 웃도록 지시하는 어린이는 그런 터무니없는 요구 때문에 그 누군가를 웃게 만들 수도 있다.

다. 처음에는 나치와 협력했지만, 나중에 나치와 투쟁한 것이 그를 악행에서 구제해 줄지도 모른다. 그러나 이런 행동들이 구원이나 구제를 얻을 목적으로 이루어진다면, 실패할 것이다. 가톨릭 신학에서 자발적 순교로 천국의 자리를 사려는 의도는 성직 매매와 같은 수준의 죄이다. 가장 엄격한 신비주의 교리에 따르면, **타자**의 구원을 위한 작업만이 허용된다. (하지만 이 역시 일종의 사회적 계약이 될 수 있지 않을까? 나는 당신의 구원을 위해 기도하고, 당신은 나의 구원을 위해 기도하는 식으로 말이다.) 몇몇 이슬람 학자들은 낙원에서 특권적인 자리를 얻을 것이라는 믿음이 동기가 된 자살 공격자에 대해서 유사한 비판을 한다. 몽테뉴는 스파르타인들이 "그날 최고였다는 영광을 받을 만한 사람을 결정해야 했을 때, 아리스토데모스Aristodemus가 가장 용기 있게 위험을 무릅썼다고 결정했다. 하지만 그는 그 상을 받지 못했다. 그의 용기의 근원이 테르모필레 전투에서 그가 스스로 초래한 비난에서 벗어나려는 소망이었기 때문이었다." 프랑스 점령 당시 독일군과 협력한 프랑스 언론의 거물 장 **프로보스트**Jean Prouvost는, 독일군의 패전이 명백해지자 자신을 구제하려고 레지스탕스에게 거액의 수표를 써 주었다. 해방 후, 고등 법원은 **소송 기각**non-lieu 결정을 내렸다. 스파르타인들이라면 그런 결정을 내리지 않았을 것이다.[12]

펠로 앨토 정신의학 학파는 본질적으로 부산물인 상태의 중요성을 강조했으며, 특히 간접적으로만 발생할 수 있는 일을 직접 달성하려고

---

12 그가 석방된 이유는, 아마도 레지스탕스는 돈이 필요했고, 수표를 받는 것에 함축된 은밀한 사면 약속을 지켜야 한다고 느꼈기 때문일 것이다.

할 때, 사람들이 어떻게 정신적으로 결박되는지 강조했다. "알아서 하라!"나 "굽실거리지 말라!" 같은 명령 그리고 "착한 여자애는 섹스에 대해 생각조차 하지 않아" 같은 진술은 그 말을 듣는 사람을 마비시킬 수 있다. 스탕달Stendhal은 자연스러워 보이기라는 불가능한 목표에 사로잡혔다. 그가 "확실한 [사회적] 성공을 위해서 필요한 전부는 나의 무관심을 보여 주는 법을 배우는 것이다"라고 적었을 때, 그는 무관심해 보이려는 의지가 진정한 무관심과 일치하지 않는다는 사실을 간과했다. 심리학자들이 '백곰 효과'white bear effect라고 부르는 것을 선취해서 몽테뉴는 다음과 같이 썼다. "기억하지 않으려는 욕망만큼 생생하게 기억을 각인하는 것은 없다."

추진 대 유인

왜 사람들은 한 나라를 떠나서 다른 나라로 가는가? 왜 교수들은 한 대학을 떠나 다른 대학으로 가는가? 그 답은 종종 '밀기와 당기기'로 분류된다. 어떤 사람이 이민을 떠나는 것은 고향 상황이 견딜 수 없기 때문이거나 외국의 상황이 너무 유혹적이기 때문이다. 최소한 이것이 문제를 바라보는 일반적인 방식이다. 그러나 많은 상황에서 그런 조망 방식은 오도된 것이다. 사람들이 이주하는 전형적인 이유는, 고향과 외국의 상황을 비교해 보니, 이주 비용을 고려해도 이주를 정당화할 만큼 차이가 크기 때문이다.[13] 그러나 추진 동기push motive는 연속체의 본능적인 끝단에 가깝고, 유인 동기pull motive는 합리적인 끝단에 가깝다면, 둘을 구별하는 것은 납득할 만한 일이다. 강력한 공포에 사로잡힌 사람들은 때로 안전을 향해 나아가기보다 위험으로부터 달아난다. 그들 마음속에 있는 유일한 생각은 벗어나는 것이다. 그리고 그들은 프라이팬을 벗어나 불로 뛰어드는 것은 아닌지를 생각할 여유가 없다. 약물에 의존하고 있는 중독자는 행복감에 끌리려는 동기를 갖기도 하고(코카인), 불쾌감에서 벗어나려는 동기를 갖기도 한다(모르핀). 자살 기도는 유인보다는 추진에 더 영향을 받는다. 그것은 무언가를 향한 도약이기보다는 절망으로부터의 도피이다.

사회 규범의 작용도 추진 대 유인과 관련해서 조명될 수 있다. **영광**(최고가 되는 것)을 추구하는 것이든, **명예**(경쟁이나 전투에서 승리하는 것)를 추구하는 것이든, 사회적으로 인정되는 방식으로 뛰어나려는 욕망은 많은 사람에게 강력한 유인력을 행사한다. 이와 달리 사회 규범의 위반에 결부된 수치를 피하는 것에 더 큰 관심을 기울이는 사람들도 있다. "함부로 나대지 말라"가 일반적 규범인 사회가 있다. 무엇인가에서 빼어난 것은 일탈적인 것이며, 일탈은 보편적 반감의 대상이 되며, "자기가 뭐라도 되는 줄 아나 봐?" 같은 반응을 불러일으킨다. 이런 두 동기화 사이의 상대적 강도는 사회마다 그리고 사회 안에서도 다양하다. 고대 아테네인들은 탁월성을 향한 경쟁적 분투를 보여 준다.[14] 근대 사회의 작은 마을들에서는 탁월성에 대한 적대감이 사람들을 얼마나 갑갑

---

13 이런 공식은 이주 비용이 이주의 전체 효용의 결정 요인으로서 이동 후 편익과 동등한 수준에 들어갈 것을 전제한다. 그러나 이사 비용도 결정에 대한 **제약**에 들어갈 수 있다. 가장 저렴한 대서양 횡단 요금이 가난한 이탈리아 농민이 저축하고 빌릴 수 있는 최대 금액보다 많은 경우, 미국에서 얼마나 더 잘 벌 수 있는지와 상관없이 그는 이탈리아에 남을 것이다(10장).

14 예를 들어, 아이스킬로스(Aischylos)는 연극 경연에서의 공연을 위해 대본을 썼다. 젊은 소포클레스(Sophokles)에게 졌을 때, 그는 분해서 아테네를 떠나 시칠리아로 가버릴 정도였다.

하게 하는지 잘 드러난다. 일반화의 위험이 있긴 하지만 전반적으로 수치심의 밀어내기는 영광의 당기기보다 더 중요한 동기화인 것 같다. 그러나 그것이 후자가 강력하지 않다는 말은 아니다.

동기화 사이의 갈등

경쟁적 동기화가 존재한다는 것은 잘 알려져 있다.

> 나는 어떤 책이 너무나 필요해서 도서관에서 그 책을 훔치고 싶을 지경이었다. 그러나 나는 도덕적으로 처신하기를 원한다.

> 깡패bully 앞에서 나는 두려운 동시에 화가 났다. 나는 상대로부터 도망가고 싶었지만 그를 때리고 싶기도 했다.

> 나는 모든 아이들이 공교육을 받기를 원한다. 그렇지만 나는 최상의 교육을 위해서 내 아이를 사립학교에 보내길 원한다.

> 나는 낙태 합법화에 찬성하는 후보를 원한다. 그러나 세금 인하 또한 찬성한다.

> 나는 흡연을 원하지만, 건강도 원한다.

> "받거나 꺼지거나"는 식의 내게 이득이 되지만 불공정한 제안을 받으면, 나

는 그것이 불공정하기 때문에 거절하고 싶지만, 동시에 그것이 나에게 이 득이 되기 때문에 수용하고 싶다.

나는 자선단체에 기부하고 싶을 뿐 아니라 내 이익도 늘리고 싶다.

나는 혼외정사의 유혹에 이끌리지만 결혼 생활을 유지하는 것도 원한다.

이런 동기화 사이의 갈등은 어떻게 해결되는가? 일반적인 대답은 다음과 같다. 상황이 '승자 독식' 형이라면, 어떤 (물리적) 타협도 가능하지 않다. 강한 동기가 이긴다. 내 아이에 관한 관심이 어린이들 일반의 취학에 관한 관심보다 강하면, 나는 아이를 사립학교에 보낼 것이다. 만일 합법적 낙태pro-choice에 대한 내 관심이 세금 인하보다 강하고 어떤 후보자도 이 둘을 함께 찬성하지 않는다면, 나는 낙태 합법화를 주장하는 후보에게 투표할 것이다. 어떤 사람이 공동기금 10달러 가운데 7달러를 차지하려는 의도로 나에게 3달러를 주겠다고 제안하면, 나는 그것을 받아들인다. 하지만 그가 나에게 단 2달러만 제안하면, 그 제안은 거절한다. 타협이 가능하다면, 더 강한 동기화가 더 약한 동기화보다 더 큰 영향력을 발휘한다. 어떤 흡연자는 하루에 30개비 피우던 담배를 10개비로 줄일 수도 있다. 나의 이타주의가 영향력을 발휘한 결과는 내가 자선에 소득의 5%를 쓰는 것일 수 있다.[15]

이런 답이 딱히 틀린 것은 아니다. 그러나 지나치게 단순하긴 하다.

---

15 6장에서 나는 의지박약에서 관찰된 '패자 독식'이라는 수수께끼 같은 현상에 대해 논의할 것이다.

왜냐하면 '동기의 강도'라는 관념은 이런 손쉬운 예보다 더 복잡하다. 동기화의 강도는 순전히 동기의 심리적 힘에 의존할지도 모른다. 예컨대 본능적 동기가 매디슨이 말하는 "이성의 온건한 목소리"보다 강할 때가 많다는 의미에서 말이다. 강한 동기화는 또한 자신이 속한 사회에서 그것에 부여된 높은 가치 때문에 행위자가 인증한 것일 수도 있다. 각 사회나 문화의 특징은 사실 동기화의 규범적 위계로 나타난다. 다른 것이 같고 동기 A가 그 위계에서 높은 위치에 있다면, 개인은 동기 B보다 A를 위해 행동을 할 것이다. 이런 것이 메타 동기화^{metamotivations}, 어떤 종류의 욕망이 활성화한 욕망이다.[16] 이런 동기화는 본능의 차원에서는 더 약할지 몰라도 결국은 다른 동기화를 누르고 승리할 것이다.

주목할 만하게도 이익과 열정은 **이성에 대한 경의**를 표할 때가 종종 있다.[17] 세네카가 말했듯이, "이성은 그것이 제시하는 결정이 정당하기를 바란다. 분노는 그것이 제시한 결정이 정당한 결정으로 보이기를 바란다". 이성, 정의 그리고 공정성에 대해 그럴듯하게 들리는 개념화는 아주 많다. 따라서 분노 속에서 이루어진 결정을 이성에 따른 것으로 제시하는 것은 어렵지 않은 일이다. 2차 세계대전 중에 독일이 점령했던 나라들에서 부역자에 대한 재판은 많은 경우 강렬한 복수 욕망에 뿌리

---

16 메타 동기화라는 발상은 메타 선호 개념과 무관하다. 후자의 예로 다음과 같은 선호를 가진 사람을 보자. 그는 두 가지 **상이한** 선호 순서를 가지고 있다. 하나는 다이어트보다 먹는 것을 선호하는 것이고 다른 하나는 먹는 것보다 다이어트를 선호하는 것이다. 그런데 그는 그러면서 후자를 좋아하는 메타 선호를 가진 사람이다. "인간은 허영에 차 있지만, 모든 것 중에서 제일 싫은 것은 그렇다고 여겨지는 것이다"라는 라 브뤼예르의 통찰을 따르자면, 메타 동기화는 건강을 이유로 하는 다이어트를 같은 다이어트 선호이지만 그 동기가 허영인 것보다 더 선호하는 것에 해당한다 (9장).

17 14장에서 보겠지만, 행위자는 때때로 **합리성**에 과도한 경의를 표할 수도 있다.

를 둔 것이다. 그러나 자신들이 겪은 점령 체제의 무법적 행태와는 다르고 싶은 욕망과 결합한, 이성에 대한 경의 때문에, 새로운 지도자들은 가혹한 조치가 감정기반이 아니라 정의기반이라고 제시한다. 어떤 사람은 자선을 위한 기부에 제1열의 이익을 가지고, 자신이 이익에만 휘둘리는 사람으로 비치지 않으려는 제2열의 욕망을 가질 수도 있다. 이성에 대해 경의를 표하며, 그는 작은 기부를 정당화할 수 있는 자선의 철학(2장)을 채택할 수도 있다. 만일 다른 사람들이 기부를 많이 한다면, 작은 기부를 정당화하는 공리주의적 방침을 채택하고, 다른 사람들이 기부를 적게 한다면, 같은 행동을 정당화하는 공정성에 근거한 방침을 택할 수도 있다.

이런 경우에 이성은 독립적인 인과적 역할을 한 것이 아니다. 그것은 다른 것에 근거해서 이미 결정된 행동을 단지 사후적으로 정당화할 뿐이다. 갈등은 해소되는 것이 아니라 카펫 아래로 쓸려 들어갈 뿐이다. 이런 합리화의 예는 7장에서 더 많이 검토할 것이다. 이외에 이성에 기초한 정당화의 추구 때문에 행위가 바뀌는 일도 있다. 다른 사람들이 적게 기부하기 때문에 공정성에 근거한 자선을 방침으로 삼았는데, 사람들이 갑자기 전보다 훨씬 더 많은 돈을 관대하게 기부하기 시작하면, 나도 똑같이 행동해야 한다. 처음에는 **자부심에 대한 욕구** 때문에 자기 이익 추구적 행위를 공평한 고려로 정당화했지만, 바로 그 자부심 때문에 공평성 관념이 이제 나에게 유리하지 않다고 해서 버릴 수 없게 되는 것이다. 『리어왕』 속의 버건디 공작과 프랑스 왕을 떠올려 보자. 둘 다 처음에는 코델리아의 환한 미래 때문에 그녀와 사랑에 빠졌다. 하지만 자신의 감정이 자기 이익과 더는 일치하지 않게 되자, 버건디 공작은 자아

이미지에 구애되지 않고 감정을 떨쳐 버렸다. 이것은 이익이 이성보다는 열정에 경의를 표하는 경우이며, 열정 또는 이 특수한 열정이 규범적 위계 속에서 이익보다 높은 등급을 차지했다는 걸 시사한다.[18] 그러나 여타 열정, 가령 시기 같은 열정은 이익보다 등급이 낮게 매겨진다. 그래서 우리는 시기 기반 행동이 이익에서 비롯된 것처럼 보이려고 애쓰는 것을 보게 된다. 그렇게 보일 수 없다면 행동하지 않을 것이다.

인지 부조화 이론은, 한 동기화가 다른 동기화보다 **약간** 더 강할 때, 그 동기는 자기 쪽의 이유를 결정적으로 더 강하게 해줄 동맹자를 끌어들이려고 한다는 것이라고 말해 준다. 말하자면 의식적 마음이 도달한 잠정적 결론에 우호적인 추가 논증 주변에서 무의식적 마음이 기웃대고 있는 셈이다. 그런 경우, 동기화의 '강도'는 주어진 것으로 볼 수 없고, 최소한 어느 정도는 결정 과정 자체의 산물로 봐야 한다. 차를 하나 살 때 나는 각기 대안이 있고 가중치가 다른 특질들(속도, 가격, 승차감, 외관)에 값을 매긴다. 그리고 가중치가 부여된 값의 총합을 비교함으로써 전체 평가에 도달한다. 예컨대 A회사 차에 합계 50점을 매기고 B회사 차에 48점을 매겼다고 하자. 점수 차이가 너무 작으면 마음이 개운하지 않기 때문에, A가 확연한 승자가 되도록 무의식적으로 점수를 60 대 45로 조정한다. 그런데 구매 전에 C회사 차를 보게 되었는데, 그 차는

---

18 『리어왕』의 내용에 비추어 보면, 이 부분의 엘스터의 서술은 약간의 착각이 있었던 것으로 보인다. 분노한 리어왕이 코델리아에게 아무것도 상속하지 않고 결혼지참금도 전혀 주지 않겠다는 결정을 내렸다는 것을 알게 된 버건디 공작은 이해타산 때문에 코델리아에 대한 청혼을 거둬들인다. 따라서 위의 본문은 "이것은 열정이 이성보다는 이익에 경의를 표하는 경우이며, 이익 또는 이 특수한 열정이 규범적 위계 속에서 이성보다 높은 등급을 차지했다는 걸 시사한다"가 되어야 맞다.—옮긴이

과거의 기준으로는 가중치가 55점이지만 새로 조정된 기준으로는 가중치가 50점밖에 안 된다. 내가 차를 C-A-B 순으로 보았다면, 나는 C를 선택했을 것이다. 하지만 A-B-C 순으로 차를 보았기 때문에 A를 택하는 것이다. 그런 **경로 의존성**은 동기화 갈등이 주어진 동기화 강도에 따라서 결정된다는 단순한 생각을 깬다.

내가 단순화된 관점이라고 부른 것에 근거할 때, 도서관에서 책을 훔칠 것인지 결정하는 것은 다음과 같이 제시된다. 대차대조의 한편에는 책을 사용할 수 있게 된다는 편익이 있다. 다른 편에는 죄의식이라는 비용이 있다. 내가 훔치는 것으로 결론 날지는 오직 비용이 편익을 초과하는지 아니면 그 역인지에 달려 있다. 그러나 어떤 사람이 나에게 책을 훔칠 때의 죄의식에서 오는 괴로움을 없애 줄 '죄의식 약'를 주었다고 가정하면, 이 이야기는 틀린 것이 된다. 죄의식이 단순히 내 결정이 고려해야 할 심리적 비용이라면, 약을 먹는 것이 합리적일 것이다. 그것은 예정된 술자리 전에 숙취 예방약을 미리 먹는 것과 마찬가지로 합리적이다. 하지만 주장컨대 대부분의 **사람이 약을 먹을 때도 정확히 책을 훔칠 때만큼의 죄의식을 느낄 것이다.**[19] 나는 어떤 의미에서 도덕성과 자기 이익 사이에는 맞교환이 있을 수 없다는 주장을 부정하지 않으며, 맞교환이 이런 단순화된 방식으로 표현될 수 없을 뿐이라는 주장을 부정하지도 않는다.

---

19 13장에서, 나는 짧은 시간 지평을 가진 사람은 다소 비슷한 이유로 현재 행동의 미래 결과에 더 큰 중요성을 부여할 '할인 치료제' 복용을 거부할 것이라고 주장할 것이다. 이 두 알약으로 예증되는 일반적 원리는, 합리적인 사람은 한 단계라면 원하지 않을 일을 두 단계일 때도 원하지 않을 것이라는 점이다. 물론 그는 한 단계에서는 할 수 **없었던** 일을 두 단계로는 하기를 원할 수도 있다.

더 복잡한 경우도 있다. 가령 나는 크림 케이크를 먹지 않으려고 하지는 않았으면 할 수 있다. 나는 크림 케이크를 좋아하기 때문에 그것을 먹기를 원한다. 그런데 나는 약간 허영이 있는 사람이어서 날씬한 것을 더 중요하게 생각하므로 내가 크림 케이크를 좋아하지 않았으면 한다. 그러나 나는 내 허영심이 지나치지는 않았으면 하는 것이다. 그런데 그런 소망이 왜 내가 크림 케이크를 먹고 싶을 때만 활성화되는가? 크림 케이크에 대한 욕망, 날씬하고 싶은 욕망, 허영심 많은 사람이고 싶지 않은 욕망 사이의 갈등에서, 첫 번째와 세 번째 욕망은 두 번째 욕망에 대항해서 동맹을 형성하고 단합할(또는 몰래 다가갈) 수 있다. 무심결에 나를 사로잡는다면 두 욕망이 성공한 것이다. 그러나 허영에 찬 사람이 되지 않으려는 욕망이 돌출한 이유가 케이크에 대한 욕망 때문이라는 것을 간파한다면, 그것에 대한 욕망을 억누를 수도 있다. 이와 달리 나의 단기적 만족에 대한 욕망과 자발성에 대한 장기적 욕망이 나의 중기적인 자기 통제 욕망에 대항해서 동맹할 수도 있다. 두 가지 선택지 사이의 선택에 두 가지 이상의 동기가 작용하면, '동기화의 강도'라는 관념은 어떤 동맹이 형성될지 알기 전까지는 결정력을 갖지 못할 것이다.

17세기 프랑스 모럴리스트 라 브뤼예르는 동기화 갈등의 두 형태를 다음과 같이 요약했다. "이성을 극복하는 것보다 열정에게 쉬운 일은 없다. 그것의 가장 큰 승리는 이익을 정복하는 것이다." 우리가 보았듯이 열정은 "이성을 극복할" 때도 그것이 계속 자기 편에 있기를 바란다. 사도 바울은 "내가 원하는 선을 나는 행하지 않고, 내가 원하지 않는 악을 행하는도다"라고 말했지만, 더 일반적인 반응은 "열정에 장악된 채" 우리가 하기를 원하는 것이 선이고 정의라고 스스로를 설득하는 것이다. 열정이 "이익을 정복할" 때, 그것은 두 가지 방식 가운데 하나로 그렇게 할 수 있다. 행위자는 감정에 전형적인 **긴급성** 때문에 그의 이익이 무엇인지 알아낼 시간이 없을 수 있다. 다른 하나는 감정의 힘이 너무 강해서 알면서도 이익에 어긋나게 행동하는 것이다. 그런 행위는 의지박약에 해당한다(6장).

내용적 선호와 형식적 선호

때로는 동기화를 선호로 재현하는 것이 유용하다. 13장과 14장에서 개인적 선택과 집합적 선택이 각기 어떻게 선호에 입각해서 설명될 수 있는지 논할 것이다. 여기서는 내용적 선호와 형식적 선호의 구별만 제시할 것이다.

　　내용적 선호는 모든 종류의 유형 및 무형의 선택지와 관련해서 정의된다. 일상생활에서 우리는 다양한 종류의 과일 또는 자동차 브랜드와 같은 소비재에 대한 선호를 지속적으로 표현하고, 이러한 선호에 근거해서 우리의 선택을 설명한다. 또한, 친구를 배신하는 것보다 나라를 배신하는 것을 선호할 수도 있고(E. M. 포스터Forster), 아예 사랑하지 않는 것보다 사랑하고 헤어지는 것을 선호할 수도 있고(테니슨Alfred Tennyson), 다투며 성내는 여인과 함께 사는 것보다 광야에서 사는 것을 선호할 수도 있고(잠언 21 : 19), 서서히 타다가 스러지기보다는 확 타오르기를 선호할 수도 있다(닐 영Neil Young). 이런 선호 가운데 일부는 어떤 사태의 발생에 대한 바람이고, 다른 일부는 행동을 동반하는 원함이다.

　　형식적 선호는 타자에 대한 태도(이타주의 또는 이기심), 시간에 대한 태도(인내심 또는 조바심), 그리고 **위험에 대한 태도**(위험 회피, 위험 중립 또는 위험 추구)를 포함한다.[20] 이것들에 대해 5장, 6장 그리고 13장에서 각각 논의할 것이다. 이타주의는 행위자가 다른 사람의 복지를 한 단위 늘리기 위해 얼마나 많은 개인적 복지를 희생하고자 하는가에 따라 대략 측정될 수 있다. 조바심은 지연되는 것을 참기보다 즉각적인 보상을 받기 위해 행위자가 얼마나 큰 비용을 치르고자 하는가에 따라 측정될 수 있다. 그가 오늘 100−x달러를 받는 것과 10일 뒤에 100달러를 받는 것에 무차별적이라고 가정하자. x가 클수록 참을성이 없는 것이고, x = 0이면 완벽한 참을성이다. (x < 0인 경우도 있을까?) 위험 회피는 행위자 A가 위험을 보상해야 하는 정도에 따라 측정될 수 있다. 복권의 100달러 당첨확률이 50%이고 0달러일 확률이 50%라고 가정해 보자. 행위자는 복권에 50달러−x를 지불하려 할 것이다. x > 0인 경우 행위자는 위험 회피적이며, 위험 회피적일수록 x값은 커진다. x = 0인 경우 행위자는 위험 중립적이다. x < 0의 경우는 위험 추구적이다.

오늘의 오렌지 한 개와 내일의 사과 두 개 사이의 선택 또는 확실한 사과 한 개와 50% 확률의 오렌지 두 개 사이의 선택은 내용적 선호와 형식적 선호 모두와 관련된다. 우리는 내용이나 형식 가운데 한 가지 측면에서 다른 선택지들을 비교하는 것만큼 이런 복합적인 종류의 비교에 능숙하지 못한 것 같다. 우리는 종종 다른 조건이 같다면 무엇을 선호하는지 명확하게 진술할 수 있지만, 그렇지 않은 때는 혼동을 겪는다

---

20 위험 회피를 손실 회피와 혼동해서는 안 된다. 손실 회피는 손실에 같은 크기의 이득보다 더 큰 가중치를 부여하는 경향이다(14장).

('맞교환 회피').

　민속 심리학은 형식적 선호가 생활 전반에서 개인의 행동을 형성하는 성격 특성이라고 가정하는 경향이 있다(12장 참조). 그러나 형식적 선호는 영역 특정적이라는 증거가 꽤 있다. 꽤 자명하게도, 이타주의의 정도는 수혜자와 우리의 근친도에 달려 있다. 만족을 지연하는 능력 —— 인내심의 표현 —— 은 미래의 재화가 돈일 때와 건강에 관련된 것일 때 달라진다. 암벽 등반가도 일상생활에서는 위험 감수를 즐기지 않는다는 것은 대충 봐도 알 수 있다.

참고문헌

본능적 동기화 이론은 G. Loewenstein "Out of control: visceral influences on behavior", *Organizational Behavior and Human Decision Processes* 65 (1996), pp. 272~292에서 제시된 것이다. 2001년 9월 11일 이후의 '과도한 자동차 사고'의 추정치는 G. Gigerenzer, "Dread risk, September 11, and fatal traffic accidents", *Psychological Science* 15 (2004), pp. 286~287에서 가져왔다. 에스파냐에서는 비슷한 과잉 사고가 없었다는 사실은 A. López-Rousseau, "Avoiding the death risk of avoiding a dread risk: the aftermath of March 11 in Spain", *Psychological Science* 16 (2005), pp. 426~428에 정리되어 있다. 이익-이성-열정의 3분법은 A. Hirschman, *The Passions and the Interests* (Princeton University Press, 1977), M. White, *Philosophy, The Federalist, and the Constitution* (Oxford University Press, 1987)

그리고 나의 *Alchemies of the Mind* (Cambridge University Press, 1999)에서 분석되었다. George Ainslie의 *Picoeconomics* (Cambridge University Press, 1992)는 프로이트의 통찰에 빠져 있는 메커니즘을 제시한다. 추진 대 유인에 대한 고전적 연구는 D. Gambetta, *Did They Jump or Were They Pushed?* (Cambridge University Press, 1983)이다. 크리소스토모스의 주장은 P. Veyne, *L'empire gréco-romain* (Paris: Seuil, 2005), p. 217에서 가져왔다. 내가 유대인의 윤리로 인용한 원칙은 D. Daube, *Collaboration with Tyranny in Rabbinic Law* (Oxford University Press, 1965)와 D. Daube, *Appeasement or Resistance* (Berkeley: University of California Press, 1987)에 잘 논구되고 있다. 아리스토텔레스와 『앙드로마크』의 문구는 F. Heider, *The Psychology of Interpersonal Relations* (Hillsdale, NJ: Lawrence Erlbaum, 1958), p.265에서 끌어왔다. 나는 '본질적으로 부산물인 상태'를 *Sour Grapes* (Cambridge University Press, 1983) 2장에서 발전시켰고, 그것을 "Redemption for wrongdoing", *Journal of Conflict Resolution* 50 (2006), pp. 324~338에서 구제 문제에, 그리고 "Motivations and beliefs in suicide missions", in D. Gambetta (ed.), *Making Sense of Suicide Missions* (Oxford University Press, 2005)에서 구원 문제에 적용했다. 또한 L. Ross and R. Nisbett, *The Person and the Situation* (Philadelphia: Temple University Press, 1991), pp. 230~232도 참조하라. 나는 2차 세계대전 후의 부역자 재판에서 나타난 '이성에 대한 경의'에 대해 *Closing the Books* (Cambridge University Press, 2004) 8장에서 논의했다. 팰로 앨토 정신치료 학파에 대한 좋은 입문서로는

P. Watzlawitz, *The Pragmatics of Human Communication* (New York: Norton, 2011)이 있다. 대안적 선택지의 다양한 특성에 부여된 가중치 변화에 대한 증거는 A. Brownstein, "Biased predecision processing", *Psychological Bulletin* 129 (2003), pp. 545~568, 그리고 J. Brehm, "Postdecision changes in the desirability of alternatives", *Journal of Abnormal and Social Psychology* 52 (1956), pp. 384~389 에 있다. 영역 특정적 인내심에 대한 증거는 G. Chapman, "Your money or your health: time preferences and trading money for health", *Medical Decision Making* 22 (2002), pp. 410~416에서 찾을 수 있다.

5장_자기 이익과 이타주의

동기화와 행위

자기 이익적 동기화와 이타적 동기화 사이의 대조는 기만적일 정도로 단순하다. 우선 개략적인 수준에서 **이타적 동기화**는 복지 면에서 자신에게 순 손실일 때조차 타자의 복지를 끌어올리려는 욕망으로, 그리고 **이타적 활동**은 이타적 동기화가 충분한 이유를 제공한 행동으로 이해할 수 있다. 당신이 길거리에서 거지에게 돈을 주는 것을 본다면, 나는 그것을 이타적 활동이라고 부를 것이다. 왜냐하면, 그것은 실제로 그런지 안 그런지 알 수 없지만, 이타적 동기화로부터 연원할 수 있는 행동이기 때문이다.

더 복잡한 예로 앞으로 여러 차례 논의될 '이타적 처벌'에 대한 실험적 발견을 살펴보자. 이 연구에서 피험자 A는 다른 피험자 B의 비협동적 행위에 대해서 처벌이라는 선택지를 갖고 있지만, 그것을 택하면 자신도 대가를 약간 치러야 한다. 두 피험자 사이에는 대면적 상호행동은 없고 다시 만날 일도 없다. 그러나 여러 피험자가 나중에 제3자인 C에게 B가 더 협동적으로 행동하게 하려고 처벌 옵션을 사용했다. 만일 A가 B에게 내린 처벌이 C에게 제공할 혜택을 예상하고 그것에 A가 동기화되었다면, 처벌은 이타적 동기화에서 연원한 것일 수 있다. 현실적으로는 복수 욕망이 동기일 공산이 크지만 말이다.

실험실 바깥에도 그런 행위 사례는 많다. 18세기 프랑스에서 소농들은 보통 거지나 방랑자들에게 먹을 것과 잠자리를 제공해 주었다. 어떤 소농이 그러기를 거절한다면, 그는 자기가 키우는 나무가 잘리고 가축이 살해되고 집이 불타는 것을 보게 될 위험을 무릅쓰는 것이었다. 그런 못된 짓은 거지에게 아무런 혜택도 없고, 오히려 체포될 위험만 줄 뿐이다. 사실 거지들의 행위 동기가 미래의 다른 거지에게 농부가 숙식을 제공하게 하려는 욕망이라고 믿을 이유는 없지만, 그것이 충분히 그들의 행동을 설명해 주기는 한다. 산업화 이전 영국에서, 빵값이 너무 올라서 일어난 도시 식량 폭동은 변함없이 실패로 끝났다. 결과는 이런 운동을 연구한 역사학자들이 썼듯이, "몇몇 방앗간의 파괴와 몇 사람의 단두대 처형"이었을 뿐이다. 그러나 반란에는 소유 계급을 성가시게 하는 힘이 있었다. 그로 인해 소유 계급이 좀 더 온건하게 처신했고, 그런 섬에서 반란은 장기적으로 성공이었다.

이타적 동기화를 물질적 재화보다는 복지의 희생과 관련해서 정의하는 이유는 다음과 같은 사례들을 배제하기 위해서이다. 내가 자녀의 대학교육 비용으로 십만 달러를 지출한다면, 그것은 아이의 복지가 자신의 복지와 너무 밀접하게 얽혀 있어서, 그 '희생'이 자녀와 나 모두의 처지를 개선하기 때문이다.[1] 이런 경우 동기화는 타자 배려적otherregarding이기는 해도, 이타적인 것은 아니다. 내가 자녀를 사립학교에 보낼 여유가 있고 사립학교가 내 자녀에게 더 좋다고 믿고 있으면서도 자녀를 공립학교에 보낸다면, 그것은 진정한 이타주의의 사례일 것이다. 그렇게 하는 것은 내 자녀의 복지뿐 아니라 자신의 복지도 희생하는 것이다. 이와 비슷하게 헌혈하는 것은 (친척에게 수혈하는 것과 달리) 진정으로 이타적인 동기에서 연원할 가능성이 더 크다. 실제로 어떤 동기화가 이타적인지 아니면 단순히 타자 배려적인지 말하는 것은 불가능하긴 하지만 말이다.

이타적 동기화 확인 문제가 어떻든, 이타적 행위에 대한 증거는 풍부하다. 카네기재단은 자신의 목숨이 매우 위험한 상황에서도 다른 사람의 생명을 구한 사람들에게 정규적으로 메달을 수여한다. 많은 사람이 보상 없이도 헌혈한다.[2] 노르웨이에서는 이식될 신장 대부분을 수혜자 친척이 기부한다. 신장 적출은 의료적으로 위험하다. 그러나 어떤 금전적 보상도 없다.[3] 많은 사람, 특히 여성들이 직장을 다니고 자기 가족을 돌보면서 늙은 부모도 봉양한다. 여러 나라에서 성인 인구의 절반 이상이 자선을 위해 정기적으로 돈을 기부한다. 2004년 [인도양] 쓰나미 이후 수많은 선진국에서 기부 액수가 정점을 찍었다. 전시戰時에는 상당수 사람들이 장애를 숨기거나 나이를 숨기고 입영 허가를 받으려 한다. 근

---

1 학비가 지나치게 높아서 복지의 면에서 나를 악화시키는데도 학비를 내는 경우일 수도 있다. 이 경우, 더 낮은 학비 지출은 이타주의를 선취한 타자-배려적 동기에 의해 설명된다.
2 실제로, 전염병이 있는데도 매혈을 하는 사람들을 걸러 내기 위해서 부불(不拂, non-payment)이 필요하다는 주장이 제기되어 왔다.
3 실제로 대부분 나라에서 살아 있는 사람의 신장 판매는 불법이다. 이 경우 법의 동기는 질 낮은 장기로부터 이식대상자를 보호하는 것만큼이나 빈곤한 사람을 그 자신으로부터 보호하는 것이다.

시였던 맥조지 번디McGeorge Bundy는 군대에 가기 위해서 시력검사표를 외워 버렸다. (반면에 징집 기피를 위해서 신체를 절단하는 사람도 있다.) 많은 병사가 위험한 (때로는 자살적) 임무를 자원한다. 사람들은 전국적 선거에서 투표를 하고, 그럼으로써 민주주의에 활력을 불어넣는다. 그러기 위해서 치르는 약간의 비용에 대신 얻는 사적 혜택은 전혀 없다. 이런 식의 목록은 무한정 길어질 수 있다.

이타적 행위로부터 이타적 동기화가 존재한다는 것을 추론할 수 없는 이유는 다른 동기화가 이타주의를 흉내 낼 수 있기 때문이다. 4장의 용어법을 따르면, 우리는 이타주의를 이성의 한 종種으로 볼 수 있다. 그리고 이익이나 열정은 그럴듯하게 이성으로 가장할 수 있다. ('흉내'나 '가장' 같은 단어는 다른 사람에게 자신의 진정한 동기화를 속이려는 의식적인 노력을 함축하지만, 반드시 그런 것은 아니다.) 많은 사람이 무사심함disinterestedness에 대해서는 별로 관심이 없지만, 사심 없다고 칭송받는 것에 대해서는 관심이 많을 수 있다. 흄은 "덕 있는 행동의 영광스러움을 사랑하는 것은 덕에 대한 사랑의 확실한 증거"(강조는 인용자)라고 주장했는데, 그것은 확실히 잘못된 주장이다. 이와 달리 몽테뉴는 "행실the deed이 빛나면 빛날수록, 나는 그것의 도덕적 가치를 더 많이 깎는다. 왜냐하면, 그것이 선함이 아니라 광택을 위해서 드러난 것은 아닌가 하는 의심이 들기 때문이다. 전시된 상품은 이미 반쯤은 팔린 것이다"라고 말했다. 플루타르코스, 흄, 애덤 스미스 그리고 쇼펜하우어Arthur Schopenhauer는 모두 사소한 행동이 인물의 성격을 가장 잘 드러내 준다고 보았다. 왜냐하면, 그런 행동은 청중 앞에서 수행될 가능성이 작거나, 스미스가 말했듯이, "나쁜 시스템에 의해 왜곡되는 경향이 적기" 때문이다. 극단적으로 말하면 유일하게 덕 있는 활동은 전혀 드러나지 않은 활동이다. 프루스트 작품 속 화자의 천사 같은 할머니는 이런 원리를 너무 철저하게 내면화하고 있어서, 자신의 선한 행동의 동기조차 모두 이기적이라고 여긴다. 덕에 이런 자기 말소적 특성이 있는 만큼, 보이는 것보다 더 많은 덕행이 있을 수 있지만, 반대로 드러난 것보다 적다고 볼 이유도 분명 있다.

인정욕심과 염치

몽테뉴 또한 진짜 '동전'인 동기와 위조 '동전'인 동기, 즉 옳은 일을 위해 행동하는 것과 다른 사람들이 자신에 대해 어떻게 생각할지를 위해 행동하는 것을 구별함으로써 덕의 희귀함을 인정했다. 그에 따르면, 앞의 동기는 희귀하기 때문에, 정책입안자는 뒤의 동기에 근거해야만 한다.

> 만약 그 잘못된 견해[다른 사람들이 생각하는 것에 대한 우려] 때문에 사람들이 의무를 다했고, 그로 인해 공공선에 도움이 되었다면 (…) 그것이 왕성하게 자라게 내버려 두고, 힘닿는 데까지는 우리 사이에서 육성해도 좋을 것이다. 사람들은 진짜 동전으로 제대로 지불할 만큼 지적이지 않기 때문에, 위조 동전도 사용하게 놔두어야 한다. 그런 방법은 모든 법률가가 채택하는 바이다. 그리고 사람들이 의무를 다하게 하려고 헛된 의례적 명예나 약간의 허위를 끌어들이지 않는 정책은 없다.

나폴레옹 또한 이런 생각에 공감했다. 그래서 그는 1802년 레지옹

도뇌르 훈장을 창설한 것을 옹호하면서 "사람들은 그런 싸구려 장식에 끌려다닌다"라고 말했다. (공화국 군대 출신의 그의 오랜 병사는 훈장 창설에 강력하게 반대했다.) **인정욕심**_approbativeness_ ─ 다른 사람이 좋은 사람으로 생각해 주길 바라는 욕망 ─ 은 이타주의와 도덕성이라는 진짜 동전을 대신하는 가짜 동전이다. 이와 달리 **염치**_shamfulness_ ─ 다른 사람들이 나를 나쁘게 생각하지 않기를 바라는 욕망 ─ 는 가짜 동전 역할을 할 수도 있다. 사회 규범은 그 규범이 없으면 저질렀을 행동을 자제하게 한다. 그러나 규범을 준수하는 것만으로 다른 사람들이 나를 좋은 사람으로 여기게 하기에 충분치 않다. 인정욕심은 **필요 이상의** 즉, 규범을 초과하는 활동을 유발하기 마련이다. 한 사회에서 의무적인 것이 다른 사회에서는 필요 이상의 것이다. 노르웨이와 미국에서는 형제 사이에는 한 사람이 이식이 필요하고(또 적합하면) 신장을 기부해야 한다는 (온건한) 사회 규범이 있다.[4] 반면에 프랑스에서는 그런 행동은 필요 이상으로 보인다. 어떤 사회적 집단에서는 자선을 위한 기부가 강제성을 띤다. 따라서 18세기 영국에서는 일단 사회적 연쇄의 최상층에서 하나의 모범이 설정되자, "사회의 각 수준에서 존스 집안을 따라잡는다는 원칙이 세워지고, 그것에 따라 존스 집안과 같은 대의를 위해 같은 정도로 기부해야 한다는 요구가 있었다". 기부에서 뒤처진 사람들은 인쇄된 블랙리스트에 이름이 올랐을 정도였다.

　이런 동기화는 18세기 정치에서 나타난 두 가지 대조적인 예를 통

---

4 미국의 경우, 의사는 잠재적 기증자가 그런 압력에 저항할 수 있게 도와준다. 이식과정 초기에 의사는 잠재적 기증자에게 그가 요청한다면 기증을 추진할 수 없는 의학적 변명을 만들어 주겠다고 말해 준다.

해 보여 줄 수 있다. 첫 번째 프랑스 제헌의회에서(1789~91), 대의원들은 그들의 봉건적 특권을 포기하는 것에서부터 첫 번째 일반의회 의원 피선거권을 갖지 않기로 선언하는 것에 이르기까지 중요한 이익을 여러 번 희생했다. 그들의 동기화는 복잡하지만, 한 가지 중요한 요소는 사심 없어 보이고 싶은 욕망이었다. 그들 가운데 한 전기 작가의 말을 빌리자면, 그들은 "무사심에 취해" 있었다. 같은 시기에 미국에서 조지 워싱턴은 다른 사람들이 자신이 사적 이익에 따라 행동한다고 생각할까 봐 두려워하는 모습을 여러 번 보였다. (동시에 자신의 덕에 너무 관심을 쏟으면, 오히려 덕이 없어 보인다는 것을 그는 알고 있었다.) 그것과 짝이 맞는 또 다른 예로는 명예에 대한 두 가지 관념을 들 수 있다. 하나는 명예가 영광스러운 행실을 통해 **획득되어야** 한다는 관념이고, 다른 하나는 명예는 일종의 기준선이고, 창피한 행동을 하면 **상실되는** 것이라는 관념이다.

인정욕심이나 염치가 이타주의를 흉내 낼 수 있는지는 다른 사람들이 행위를 평가하는 데 적용하는 실질적 기준에 달려 있다. 체계적인 방식으로 이타주의를 흉내 내는 경향이 없는 자질을 높게 평가하는 (그래서 그런 겉모습을 흉내 내는) 사회도 있을 수 있다. 명예욕은 사회적으로 낭비적인 모든 종류의 행위를 끌어들인다. 나폴레옹의 싸구려 장식이 만들어진 이유는 프랑스인의 복지 증진이 아니라, 병사들이 프랑스의 영광을 드높이기 위해 목숨을 바치게 하려는 것이었다. 메테르니히Klemens von Metternich는 한때 이렇게 말했다고 한다. "나는 전장에서 컸다. 나 같은 사내는 백만 명의 목숨도 별 하찮게 여긴다!" 어떤 개인들은 종교적 달인들이 받는 사회적 찬미 때문에 자기희생적 삶을 택한다. 그러나 은자나 수도승은 때로 동료 인간들보다 숭배 의례에 더 집중한다. 근대 서구 사회에서는 미에 대한 숭배가 타자에 관한 관심에 적대적인 자기중심적 행위인 양 군다. '무도덕적 가족주의'라 불리는 성향이 강한 사회(남부 이탈리아가 그런 예로 인용되어 왔다)에서는, 곤경에 처한 이방인을 돕거나 법에 동조하는 것을 막는 사회 규범이 있다. 「대부」에서 돈 꼴레오네는 군대에 자원입대한 아들 마이클을 비난했다. 그의 아들이 무훈으로 훈장을 받자, "돈 꼴레오네는 경멸적인 푸념을 늘어놓았다. '이방인을 위해 기적을 행한 꼴이야.'" 그러므로 전체적으로 보아서 칭찬 추구와 비난 회피의 욕망이 이타주의를 흉내 내는 경향이 있다고 말하기는 어렵다.

미덕, 능력, 정력

벤담이 말한 것처럼, 사람들은 **미덕**과 **능력**, 다시 말해 도덕적 적성과 지적 적성을 혼동하는 경향이 있다. 22장에서 논의하겠지만, 사람들에게 제도에 대한 **신뢰**에 대해 질문하면, 공직자의 역량을 평가하는지 정직성을 평가하는지 상당히 불분명하다. 수 세기에 걸쳐 많은 작가가 이 두 가지 특성을 분명하게 구별했지만, 구별하지 못한 사람도 있고, 능력이 미덕으로 이어질 것이라고 가정하는 사람도 있다. 적어도 개인 수준에서는 후자가 가정한 바가 옳다는 증거를 나는 알지 못한다. 하지만 오늘날 생태학적 오류라고 불리는 현상에 대해 논의하면서도 흄은 "모든 개인이 그렇지는 않지만, 모든 시대에 걸쳐 도덕과 지식이 분리된 일은 거의 없다"고 주장했다.

벤담은 **정력** 또는 능동성이라고 그가 부른 세 번째 자질을 방정식에 추가했다. 또한, 그의 핵심적 고찰에 따르면, 세 자질은 덧셈이 아니라 곱셈으로 상호 작용하며, 그가 '총 적성'aggregate aptitude이라고 부른 것을 형성한다. 그러므로 지적 적성과 능동성은 그 자체로 바람직한 것은 아니다. "도덕적 자질이 부족하면, 지적 적성과 활동적 재능 둘 다이든 어느 하나이든, 그것에 비례해서 총 적성의 적합성은 증가하지 않고 오히려 감소한다." 그는 어마어마한 지적 적성과 능동성을 갖췄지만, 도덕적 적성은 완전히 결핍된 사람의 예로 나폴레옹을 인용했다. 그리고 그는 루이 16세에 대해서는 "동료 시민들의 행복에 가장 불리한 성향을 지닌 군주의 한 사람이지만", "멍청"해서 불리하지도 못했다고 말했다.

이런 개념 도식은 단순하고 상식적이지만, 내가 알기로 벤담 이전에 명시적으로 언급된 적은 없다. 하지만 그보다 약간 나이가 많은 동시대 기번과 흄의 인용문이 보여 주듯이, 그것은 당시에 널리 퍼진 이야기였을 수도 있다.

(i) **미덕과 능력**.[5] 헨리 8세의 울지Thomas Wolsey 추기경과의 관계에 대해 논평하면서, 흄은 다음과 같이 썼다. "헨리가 추기경의 수완에 대해 품었던 고평 자체가 그의 몰락을 앞당겼던 것 같다. 그는 신통치 않은 장관 업무 성과를 불운이나 [능력 부족인 사람이 저지른] 실수로 보지 않고, 그의 악

---

5 능력과 덕성(미덕) 사이의 곱셈식 상호작용에 대한 최근의 예로, 해럴드 윌슨(Harold Wilson)에 관해서 했던 질문에 대한 로이 젠킨스(Roy Jenkins)의 답을 들 수 있다. 윌슨이 영국 노동당 당수가 되는 것에 반대한 이유를 묻자, 그는 "[윌슨의 주요 경쟁자들이] 더 큰 지적 정직성을 보여 준다는 식으로 말할 수는 없다. 로이가 말할 수 있는 전부는 해럴드의 경우 그가 더 재능 있기 때문에 더 나쁘다는 것이었다"라고 했다.

의나 의도적 불충 탓으로 보았다." 흄은 제임스 1세의 정책이 "수단의 면에서 신중하고 정치적이기보다 목적의 면에서 더 지혜롭고 공평했다"고 파악했다. 이와는 달리, 헨리 베인Henry Vane 경에 대해서는 이렇게 말한다. "자신이 추구한 목적의 면에서 방만했지만, 그가 채택한 수단의 면에서는 현명하고 심오했다."

(ii) **능력과 정력.** 흄은 찰스 2세의 정책이 더 나쁜 방향으로 나아갈 때, "행복하게도 그만큼의 태만이 여전히 그에게 있었다. 그래서 선의 영향이 줄어든 만큼 그가 취했던 나쁜 조치의 영향도 줄었다"고 주장한다.

(iii) **미덕과 정력.** 기번은 고대 로마의 시인을 인용하여 "활기찬 경구로 이탈리아의 두 현縣의 대립적 인물을 비교한다. 그는 철학자의 순진한 휴식과 탐욕스러운 목사의 사심에 찬 부지런함을 대조한다. 전자는 업무 시간에도 때때로 졸고 있지만, 후자는 부당하고 때로는 신성모독적인 이득까지도 지칠 줄 모르고 추구한다. '말리우스는 늘 깨어 있고, 하드리아누스는 늘 잠들어 있다면, 이탈리아 사람들은 얼마나 행복할까요!'"

그러나 벤담은 방정식에 세 가지 자질을 모두 넣은 최초의 인물일 수 있다.[6]

수 세기에 걸쳐, 미덕과 능력에 근거해서(더욱 드물게는 정력에 근거해서) 유권자, 배심원 그리고 대표자를 선별하려는 여러 시도가 있었다. 미덕은 관찰 가능한 자질이 아니므로, 그것과 높은 상관관계가 있어 보

---

6 그의 방정식에는 한 가지 자질이 빠져 있다. 그것은 현재 선택의 시간적으로 먼 귀결을 고려할 수 있는 능력이다. 어떤 사람이 덕성 있을 뿐 아니라, 정력에 더해 지적 능력도 뛰어날 수 있지만, 항상 단기 목표만 지향한다면, 그의 행동은 별로 성과가 없을 것이다.

이는 관찰 가능한 대리변수가 필요하다. 재산, 특히 부동산은, 토지 소유자만이 국가의 안녕에 영속적 관심을 가진다는 이유로 가장 빈번하게 사용된 지표였다. 그러나 비토지소유자들은 이런 논증을 거의 받아들이지 않는다. 능력은 직접적 관찰과 시험 대상으로 삼기 한결 쉽다. 문해력은 특히 쉽게 확인하기 쉽지만, 역량의 필요조건은 되어도 충분조건은 못 된다. 1856년 그리고 1857년에 다시 한번 영국 의원 2명이 하원 선거 후보자에 대한 지적 및 도덕적 자격을 결정하기 위해 공공 심사원을 만들 것을 제안했다. 그들이 아무 결실을 거두지 못한 것은 놀라운 일은 아니었다.

호혜성

호혜성은 단순한 2자 관계일 수 있다. 계속되는 관계 속에 있는 각 편이 협동과 비협동 사이에서 선택해야 할 처지일 때 그렇다. 한 농부는 8월에 수확하고, 다른 농부는 9월에 수확한다면, 둘은 서로 도와서 혜택을 볼 수 있다. 먼저 수확기에 이른 농부가 먼저 다른 농부의 도움을 요청한 다음, 9월에 품앗이하기를 거부한다면, 다음 해 8월에 지원을 받기는 어려울 것이다. 안정된 상호 원조 관계는 동료애에 의존하지 않고도 발전할 가능성이 크며, 오히려 동료애를 키울 수도 있다. 1차 대전 때 일부 독일군과 영국군은 은밀한 협정, 그러니까 할 수 있는 것보다 더 약하게 상대방을 포격하는 공생live-and-let live 관행을 발전시켰다. 이런 사례에서도 다른 편에 대한 우호적인 태도는 점차 생겨나지만, 그것은 협동의 **결과이지 원인은 아니다.**

직접적 호혜성에서는, B가 A를 도왔을 때만 A가 B를 돕는다. 간접적 호혜성에서는 B가 C를 도왔다면, A가 B를 돕는다. 다음 장에서 보겠지만, 유사한 구별이 '부정적 호혜성'에도 적용된다. B가 C를 괴롭혔다면, A가 B를 괴롭힐 수 있다. 간접적 호혜성의 존재는 이타적 동기를 가졌다는 **평판**을 얻기 위해서 이타적 행동을 할 수 있다는 것을 암시한다. 그럴 때 다른 사람들은 그 행위가 진정한 이타주의를 반영하는지 아니면 이타적이라는 평판을 쌓기 위한 전략적 욕망일 뿐인지 확정해야 한다. 이런 경우에 평판은 도구적인 근거에 따라 평가되는 것이지 내재적인 근거에 따라 평가되지는 않는다. 인정욕심은 행위자가 존중 자체를 욕망하게 한다. 반면에 평판은 그것이 가져다주는 물질적 보상 때문에 추구된다.

사람들은 후속 보상을 받을 기회가 없는 일회적 상황에서도 호혜적일 수 있다. A와 B 모두 앞으로 더 이상의 상호 행동이 없다는 것을 알고 있을지라도, A가 B에게 이타적으로 행동하면, B는 호혜적일 것이다. 8월에 수확하는 농부는 그가 다음 계절에 이민을 떠날 계획이라고 하더라도 9월에 수확하는 농부를 도울 것이다. 확실히 그런 호혜 형성에도 자기 이익 추구적 이유가 있다고 생각해 볼 수 있다. 아마도 일찍 수확하는 농부는 그가 호혜적으로 행동하지 않으면 다른 사람들이 어떤 식으로든 그를 처벌하지 않을까 두려워하거나, 그가 의존하는 원조를 제공하는 제3자가 그를 배척하지 않을까 두려워한다. 하지만 실험적 조건에서 그런 효과를 배제할 수 있다. 나중에 논의될(19장) 실험적 게임에서 피험자들은 컴퓨터 단말기를 통해서 익명으로 상호행동한다. 따라서 수치심이나 당혹감 같은 대면적인 효과는 배제된다. 그리고 게임은 또한 주어진 인물이 주어진 파트너와 오직 한 번만 상호행동하도록 설계되어 있다. 이런 엄격한 조건에서조차 호혜성은 준수된다.

도덕 규범, 사회 규범 그리고 유사도덕 규범

몇 장 뒤에서 나는 이런 실험과 관련된 실험들의 함의에 대해 다시 다룰 것이다. 여기서는 세 가지 종류의 '타자 배려적' 동기화를 구별할 것이다. **도덕 규범**은 곤경에 처한 타자를 돕는 규범, 평등한 나눔의 규범, 그리고 '일상적 칸트주의'(모든 사람이 똑같이 행동하면 최선인 것을 행하라) 규범을 포함한다. **사회 규범**(21장)은 예절 규범, 복수 규범, 화폐 사용을 규율하는 규범을 포함한다. 내가 '**유사도덕 규범**'*quasi-moral norm*이라고 부르는 것은 호혜성 규범(너를 돕는 사람을 돕고, 너를 해치는 사람은 해쳐라)과 조건적 협동 규범(다른 사람이 협동하면 너도 협동하라, 그러나 협동하지 않으면 너도 하지 마라)을 포함한다. 사회 규범과 유사도덕 규범은 타자의 현존이나 행위가 촉발한다는 의미에서 모두 조건적이다. 내가 이해하는 바로, 사회 규범은 타자가 어떤 사람의 행위를 관찰할 수 있을 때 촉발된다. 그리고 유사도덕 규범은 행위자가 타자의 행위를 관찰할 수 있을 때 촉발된다.[7] 도덕 규범은 결과주의적이든 비결과주의적이든 이런 두 가지 가운데 어떤 것에도 의존하지 않는다.

---

7 관찰자 자신의 행동을 행위자가 관찰할 수 있을 때, 둘은 서로를 강화할 수 있다. 당신이 쓰레기 버리는 것을 내가 보면, 내가 같은 짓을 하는 것을 봐도 신경 쓰이지 않을 것이다. 당신이 아이스크림 포장지를 주머니에 조심스럽게 넣는 것을 보면, 공정성과 용인되지 않을 것이란 두려움이 합쳐져서 동조적 행위를 자아낼 것이다(21장 참조).

급수난에 대한 개인적 반응의 두 사례는 사회 규범과 유사도덕 규범 사이의 차이를 잘 보여 준다. 보고타 시장 안타나스 모쿠스Antanas Mockus 의 상상력 풍부한 시정 아래서, 사람들은 유사도덕 규범을 따라 물 소비량을 줄였다. 개인들의 물 소비를 감시하는 것은 가능하지 않다. 하지만 도시의 물 소비 총량을 TV로 중계했다. 그래서 사람들은 다른 사람들이 얼마나 시정에 협조하는지 알 수 있었다. 조건적 협동을 유지하기에 충분한 숫자의 사람들이 있음이 드러났다. 사람들은 자신에게 말했다. "다른 사람들이 소비를 줄였기 때문에, 나도 그렇게 하는 것이 공정하다." 이와 달리 캘리포니아에서 식수가 부족해졌을 때, 사람들의 물 소비를 제한한 것은 사회 규범이었던 것 같다. 잔디에 물 주기 같은 실외 소비는 이웃뿐 아니라 시 감찰관도 감시할 수 있다. 실내 소비는 방문자가 감찰할 수 있었다. 방문자는 변기 물이 깨끗한 것을 못마땅해할 수 있고 실제로 못마땅해했다.[8] 사실 개인 행위의 감시는 보고타에서도 있었다. 물을 아끼지 않으면 종종 아이들이 부모를 난처하게 했다.[9]

유사도덕 규범은 이타적 행위를 끌어내는 데 매우 강력한 힘을 발휘할 수 있다. 이런 유사도덕 규범은 이타주의를 **흉내**만 내는 것인가, 아

---

8 물 절약은 정상적인 시기에도 문제가 된다. 뉴욕시에서는 변기 물통의 최대치를 고정하는 법으로 물 절약을 달성했다. 일부 국가에서는 공공기관이 물 소비를 감시하고 세금을 부과한다. 유럽 여러 지역에서는, 두 개의 물 내리기 버튼이 있는 변기를 이용해서 용도가 다르면 물의 양이 달라지도록 하고 있다. 유럽 방식은 기회나 유인요인(10장)이 아니라 관찰할 수 없는 사람들의 호의에 기대서 작동한다는 점에서 흥미롭다.

9 실험 결과는 이 메커니즘을 제안한다. 어떤 에너지 절약 캠페인에서는, 헹굴 때만 샤워기를 틀고 비누칠할 때는 샤워기를 잠그라는 지시를 써붙여 놓았다. 그런 지시는 거의 효과가 없었다. 그러나 한두 명의 실험 도우미가 지시를 준수하기 시작하자, 다른 샤워 사용자의 준수도 크게 늘었다. 도우미들은 다른 사람들에게 아무 말도 하지 않았지만, 그들의 행동이 비준수자들에게 암묵적 비난으로 작용할 수 있었다.

니면 이타적 동기화에 속하는가? 내가 그것을 도덕이라고 하지 않고 유사도덕이라고 하는 이유는 전자가 맞다고 보기 때문이다. 호혜성 규범은, 타자가 이전에 나를 도운 적이 없다면 곤경에 처해도 그를 도우라고 하지 않는다. 전형적인 도덕 규범은, 타자가 이전에 나를 원조한 적이 없더라도 그가 곤경에 처했다면 무조건 도우라고 한다. 조건적 협동 규범을 따를 경우, 다른 사람들이 소비를 줄이지 않는다면 평소 쓰던 만큼 물을 써도 좋다. 반면에 공리주의와 일상적 칸트주의는 일방적 감축을 지지한다. 도덕 규범은 **주도적**proactive이지만, 유사도덕 규범은 **반응적**reactive일 뿐이라고 말할 수도 있겠다. 둘의 차이를 달리 표현한다면, 불의에 대한 지각이 정의감보다 더 큰 동기 부여의 힘을 가졌다고 할 수 있다. 나중에 살펴보겠지만(19장), 실험에서 응답자가 불공정하다고 느껴서 거절하고, 그 결과 응답자나 제안자 모두 아무것도 얻지 못하게 되는 제안은, 제안자가 거절의 두려움을 전혀 느끼지 않고 제안한 것과 같은 크기이다.

다음 두 가지 조건이 충족된다면, 진짜 이타적 동기의 작동을 확인할 수 있다. 첫째, 다른 사람에게 혜택을 주는 행동이 반응적이지 않고 주도적이다. 둘째, 혜택을 주는 행위자의 정체를 혜택받는 사람이나 제3자가 모른다는 의미에서 익명적이다.[10] 예를 들어 옥스팜 같은 자선 단체에 익명으로 돈을 보내거나 사람이 하나도 없이 비어 있는 교회의 모금함에 돈을 넣는 사람을 생각해 보자. 두 번째 예는 우리가 원하는 만

---

10 실험에서 피험자의 신원은 실험자에게 숨겨져 있다. 자선 단체에 기부하면, 그 단체의 직원에게 그의 신원은 숨겨진다.

큼 선명하지는 않다. 왜냐하면, 신이 그를 굽어보고 보상해 줄 것이라는 믿음이 동기였을 수 있기 때문이다. 그런 믿음은 비논리적('부산물 오류'의 예가 보여 주듯이)이지만, 여전히 꽤 흔한 편이다. 첫 번째 예는 모호성이 덜하다. 그러나 낯선 사람에게 하는 익명적 기부 같은 가장 순수한 이타주의 활동도 어두운 동기에서 연원할 수 있다. 칸트에 따르면,

행동의 준칙은 그 자체로 옳지만, 그렇다고 해도 그것이 도덕적 토대 그리고 의무 관념에만 근거하고 있는 사례를 딱 하나라도 완벽한 확실성을 가지고 경험적으로 알아내는 것은 절대 불가능하다. 극히 날카로운 자기 검사를 거쳐, 이런저런 행동으로 그리고 커다란 희생으로 우리를 몰아갈 만큼 강력한 도덕적 의무 원리 외에 아무것도 발견할 수 없는 일이 때로 일어나기도 한다. 하지만 우리는 그런 사실로부터 그것이 의무의 거짓된 외양 아래 있을 뿐, 의지의 실제 결정 원인이 어떤 비밀스러운 자기애의 충동은 결코 아니라고 확실히 추론할 수 없다. 우리는 거짓일망정 더 고귀한 동기가 있다고 우겨서라도 자신에게 아첨하는 것을 좋아한다. 반면에 가장 엄격한 검사를 거친다고 해도, 우리는 사실 행동의 비밀스러운 원천 뒤까지는 결코 완전히 도달할 수 없다. 왜냐하면, 도덕적 가치가 문제가 될 때 우리가 관심을 두는 것은, 우리가 보고 있는 행동이 아니라 볼 수 없는 행동의 내면적 원리이기 때문이다.

칸트가 여기서 말하고 있는 것은, 우리가 외적 청중 앞에서 연기하고 있지 않더라도, 은유를 사용하자면 **내적 청중**에게 연기하고 있는지 알 수 없다는 것이다. 이 은유의 의미는 9장에서 내가 제시할 예에 의해

서 더 분명해지길 바란다.[11] 몽테뉴가 그렇게 덕 있는 것이라고 했던 자신의 덕을 숨기는 활동조차 자신에게는 숨길 수 없다. 라 로슈푸코가 언급했듯이, 자존심은 "언제나 보상을 찾고, 허영을 포기할 때조차도 잃는 것이 전혀 없다". 또한, 그가 말했듯이, "우리의 다른 열정의 찌꺼기로부터 자유로운 순수한 사랑이 존재한다면, 그것은 우리의 심장 깊은 곳에 숨어 있으며, 우리 자신에게조차 알려지지 않은 채 남아 있을 것이다". 프루스트가 말했듯이, 우리는 잘해야 다른 사람으로부터 우리의 참된 동기를 배울 수 있을 뿐이다. "우리는 타자의 열정에 익숙할 뿐이다. 우리가 우리 자신에 대해 아는 것은 타자로부터만 배울 수 있을 것이다. 우리가 자신에게 행하는 것은 오직 간접적으로, 즉 우리의 일차적 동기를 좀 더 수용적인 대안적 동기로 대치하는 우리의 상상이라는 방법으로 이루어진다." 나는 이런 대치 또는 변환이라는 중요한 발상을 9장에서 다룰 것이다.

칸트와 프루스트는 모두 17세기 프랑스 모럴리스트, 특히 라 로슈푸코의 영향을 받았다. 그들의 논의 얼개는 다음과 같다고 할 수 있다. 어떤 시대의 모든 개인과 모든 시대의 일부 개인은 **이기적**이고, 사적인 물질적 혜택에 의해서만 동기화된다. 그보다 더 많은 개인은 **자기중심적**이고, 물질적인 자기 이익에 의해 동기화되며, 자존심의 두 형태, 즉 허영과 자기 승인self-approval에 대한 욕망에 의해서도 동기화된다. 사람들은

---

11 흄은 퀘이커교의 창시자인 조지 폭스(George Fox)가 "자신의 상상력 속에서 충분한 축성(祝聖)을 받고 나자, 자기 칭송이 피운 연기는 계속 다른 사람들의 찬미가 이어지지 않으면 금세 흩어져 버린다는 것을 느꼈다"고 주장한다. 나는 이 문제를 더 일반적인 관점에서 검토한 연구를 접해 보지 못했다.

외적 청중이 승인해 주길 원하며, 세네카가 지적했듯이 심지어 자신이 승인하지 않은 사람들의 승인까지도 원한다. 자존심으로 인해 사람들은 내적 청중의 승인도 추구한다. 어느 경우든 승인에는 약간의 물질적 자기 이익의 희생이 필요할 수 있다. 그러나 자기중심적인 사람들은 다른 사람들에 대해 진정으로 신경 쓰지는 않는다. 그들은 그저 그의 희생의 관객 또는 상황으로서만 의의가 있다. 마지막으로 일부 사람들은 순수하게 이타적이고, 외적 그리고 내적 청중 모두에 무관심하다. 프루스트의 『잃어버린 시간을 찾아서』의 화자는 이 점에 대해 다음과 같이 묘사한다.

> 살면서 말 그대로 진짜 자선의 성스러운 모범을 예의 수녀원에서 만날 기회가 있었다. 그들은 일반적으로 바쁜 의사에게서 풍기는 사무적이고, 단호하고, 범접하기 어렵고, 약간은 무자비한 분위기를 보였다. 그들의 얼굴에서는 고통받는 인류에 대한 동정이나 다정함을 전혀 찾을 수 없지만, 인류에게 상처를 주지 않을까 두려워하는 모습 또한 찾을 수 없다. 그것은 상냥함이 없는 얼굴, 격정 없이 숭고한 진정한 선의의 얼굴이었다.

내면의-빛(발몽 효과)

나는 이 쟁점을 예를 통해서 다룰 것이다. 사람들이 언제 선한 대의를 위해 기부하는가? 그것의 동기는 무엇인가? 구체적으로, 세이브더칠드런 같은 자선 단체에 대한 기부를 살펴보자. 기부자에게 동기를 부여한 것이 이타주의뿐이라면, 즉 아동의 복지를 늘리려는 욕망으로 동기화되었다면, 그는 집합 행동 문제에 직면하게 된다(23장). 이타적 기부자에게 있어 수혜자의 복지는 사실상 깨끗한 환경과 마찬가지 성질의 공공재이다. 각각의 잠재적 기부자에게 중요한 것은 그가 아이들이 더 나아지게 했다는 것이 아니라 아이들이 나아진다는 사실 자체이다(4장). 그는 자신의 기부만큼이나 다른 사람들의 기부에 의해서도 혜택을 얻는다. 그것은 마치 환경주의자가 자신의 청소 노력뿐 아니라 다른 사람들의 같은 노력에서 혜택을 얻는 것과 마찬가지이다.

뒤에서 설명할 용어를 당겨 쓰자면(18장), 경제학자는 개별 기부가 **내시 균형**Nash equilibrium을 이루어야 한다고 가정한다. 타자가 얼마나 공여할지 주어진 상황에서, 각각의 이타주의자는 자기 관점에서 최적의 금액을 기부한다. 기부 금액을 결정할 때, 그는 다른 잠재적 기부자에게 그가 제공하는 편익은 고려하지 않는다. 박애주의적 기부가 이러한 의미에서 균형을 이루도록 제한된다면, 자선 기부금의 예상 수준은 우리가 실제로 관찰하는 것보다 훨씬 낮다. 더욱이 사적 기부는 정부의 개입만큼 줄어야 한다. 하지만 우리가 관찰한 것은 그것과 반대된다. 경제학자는 이런 문제에 대해 기부가 자아내는 '내면의-빛'이라는 **사적 재화**에 의해서 동기화된다고 가정함으로써 대응한다.

내면의-빛 효과에 대한 언급은 쇼데를로 드 라클로Choderlos de Laclos의 『위험한 관계』Les liaisons dangereuses 속의 지독한 소행과 관련해서 일찌감치 등장한다. 한 장면에서, 냉소적인 난봉꾼 발몽 자작은 투르벨 법원장 부인을 유혹하려는 순전히 이기적인 동기를 위해 자선을 한다. 그녀의 하인 가운데 하나가 발몽 자작의 행실을 관찰하기 위해 염탐한다는 것을 알아채자, 그는 세금 체납으로 재산이 차압될 처지에 놓인 가난한 가족을 물색한다.

> 저는 세금징수원을 불렀습니다. 그러곤 지극히 관대한 연민을 담은 고결한
> 태도로 돈을 주었습니다. 다섯 식구를 빈곤과 절망에 빠뜨리려고 하는 56
> 리브르를 말입니다. 이 간단한 한 가지 행동이 있은 후에 주위에 모여 있던
> 사람들이 어떤 찬사의 함성을 질러 댔는지 당신은 상상할 수 없을 겁니다.
> (…) 가족들이 연신 떠들어대는 감사의 말에 둘러싸인 제 모습은 마치 연극
> 의 결말 장면을 연기하는 주인공 같았답니다. 무엇보다 중요한 사실은, 관
> 객들 중에 충실한 첩자가 섞여 있었다는 거죠. 제 목표가 달성된 것입니다.
> (…) 정말 흡족할 만한 멋진 생각이었습니다. 이 여인은 이만한 노력을 기
> 울일 가치가 있습니다. 언젠가 이런 노력은 그녀에게 상당한 의미가 있는
> 것으로 보일 것입니다.

그의 경험에 대해 이어지는 성찰에서 발몽 또한 선행의 내재적 즐
거움을 발견한다. 가족이 무릎 꿇고 감사를 표하자, 그는 야릇한 느낌이
든다. "저의 순간적 약점을 고백합니다. 눈물이 핑 돌면서 가슴속에 저
절로 뭉클한 감정이 느껴지더군요. 사람들이 선행을 하면서 이런 즐거
움을 느낀다는 게 놀라웠습니다. 덕망 있는 자선가라고 불리는 사람도
우리가 그렇게 믿는 것만큼 훌륭한 게 아니라는 생각도 들었고요." 발
몽은 ── 자신의 행동이 아니라 ── 겉보기에 덕망 있는 다른 사람들의
행동을 내면의-빛 효과로 **설명**하고 있는 셈이다.

설명은 개념적 질문뿐 아니라 경험적 질문도 제기한다. 경험적으
로, 이타적 균형에 대한 반박으로 인용된 논의는 각각의 잠재적 기부자

가 타자의 기부 금액을 **눈치채고** 있다고 가정한다. 이 가정은 비현실적으로 보인다. 더 나아가서, 이타주의와 내면의-빛이 자선 행위의 동기 전부는 아니다. 자연재해, 쓰나미 또는 지진 뒤에 다른 사람들이 큰돈을 기부하는 것을 매체를 통해서 알게 되면, 사람들은 더 **많이** 기부한다. 이는 유사도덕 규범의 작동과 일치하는 현상이다. 정치에서도 이런 메커니즘이 작동할 수 있다. 1963년 배리 골드워터^Barry Goldwater의 선거자금 모금 행사 때, 신문 "『롤 콜』^Roll Call은 골드워터의 선거운동 본부가 이미 750만 달러를 모금했다고 보도했다. [선거본부 책임자가] 홍보에 거의 신경 쓰지 않은 상태에서 실제 모인 돈은 12만 5천 달러였지만 말이다. 더 큰 돈이 들어올 일만 남은 셈이었다".

개념적 문제는 더 심각하다. 전형적인 ── 희망컨대 희화화되지는 않은 ── 경제학자의 사고틀을 재구성해 보자. 어떤 관찰된 행동을 앞에 둔 경제학자는 먼저 행위자가 합리적인 자기 이익에 의해 동기화되었다고 가정하고 그것을 설명해 보려고 할 것이다. 자선 단체 기부나 전국적 선거에서의 투표 같은 사례에서, 이런 논증 노선은 그렇게 전도양양하지 않다. 일반적으로, 설명 실패에 대한 자연스러운 반응은 관찰된 사실을 원래 모델에서 가능한 한 적게 벗어나서 설명해 보려고 하는 것이다. 내가 지금 염두에 둔 사례에서, **합리적 이기주의**로부터 최소 편차에 있는 것은 **합리적 자아중심성**^egocentricity인 것 같다. 행위자는 자신의 물질적 이익과 스스로를 도덕적 사람으로 생각할 수 있는 정도에 모두 관심을 둘 수 있다. 다른 경우와 마찬가지로, 두 목표 사이에는 상충 관계가 있을 수 있다. 라 로슈푸코가 제안한 것처럼, 그는 고양된 자기 이미지로부터 내면의-빛을 얻기 위해 약간의 물질적 복지를 기꺼이 희생하려고 할 수 있다.

그러나 박애주의, 투표 그리고 그와 비슷한 비이기적 행동을 다루는 내면의-빛 이론가들은 이기주의의 자아중심성으로의 대체라는 약간의 모델 조정이 더 급진적인 또 다른 조정, 즉 합리성의 비합리성으로의 대체를 요구한다는 것을 깨닫지 못하는 듯하다. 특히 행위자는 자신의 동기를 스스로 기만해야만 한다. 이 대체가 개념적 진리가 되기 위해서는 내가 받아들이는 것이 요구된다. 즉, 행위자는 적어도 부분적으로라도 남에게 혜택을 주려고 해당 행위를 수행했다고 믿지 않는 한, 그 행동으로부터 내면의-빛을 끌어낼 수 없다. 내적 청중을 위해서 연기하는 자아중심적인 행위자는 자신이 이타적이라고 믿어야만 한다. 자기 이미지 제고라는 의식적 목표만을 위해 '선행'을 한 행위자는 목표를 달성할 수 없다. 그것은 자기를 찬양해 달라고 남에게 돈을 주어서 자기 이미지를 끌어올리는 것과 마찬가지 짓이다.[12]

더 나아가서, 내성과 일상적 관찰이 제시하는 바는, 내면의-빛의 강도는 우리가 다른 사람들에게 **얼마나 많이** 기증하는지에 달려 있다는 것

---

12 지금의 신문 『피가로』(*Le Figaro*)의 모토이지만, 원래는 보마르셰(Pierre Beaumarchais)의 희곡 『피가로의 결혼』(*Le mariage de Figaro*)의 한 구절이었던, "비판의 자유가 없으면, 진정한 칭찬도 없다"(sans la liberté de blâmer il n'est pas d'éloge flatteur)는 말이 있다. 『피가로의 결혼』이 개막하기 2년 전, 기번은 "감히 [율리아누스 황제의] 결점을 비난하지 않는 노예는 그의 미덕에 갈채를 보낼 자격이 없다"라고 썼다. 이런 개념적 진리가 독재자들이 그를 칭찬하라고 부하들과 신문 편집자에게 지시하는 것을 막지는 못한다 할지라도, 그런 진리를 위반하는 것에 내포된 근본적 비합리성을 지적해 준다. 몽테뉴는 다음과 같은 카르네아데스(Carneades)의 말을 인용했다. "군주의 아들들이 실제로 제대로 배운 유일한 것은 승마뿐이었다. 왜냐하면, 다른 모든 스포츠에서는 다른 선수들이 그들에게 양보하여 이길 수 있게 해주지만, 말은 아첨꾼도 아니고 가신도 아니기 때문이다." 타키투스(Publius Cornelius Tacitus)에 따르면, 아첨과 비판을 똑같이 싫어했던 티베리우스는 예외다. 그가 원로원에 자문을 구했을 때, 원로원은 현명하게 그것을 거절했다. 동의하는 것도 동의하지 않는 것도 똑같이 처참한 결과를 초래했을 것이기 때문이다.

이다. 거리의 걸인에게 1쿼터짜리 동전을 적선하면서 자신을 이타적 인물이라고 스스로 설득하기는 쉽지 않다. 타인에 대한 혜택이 클수록(자신이 치를 비용이 클수록) 빛은 더 따뜻해진다. 실제로 그리고 아마도 원리상, 타자의 복지 향상이 기부자의 **이타적 목표**인지 **자아중심적 목표 성취를 위한 조건** 역할을 하는지 구별하는 것은 어려운 일이다.

동기화 귀속

행위자의 행위에 대한 설명은 그 자신의 동기화 이외에 타자의 동기화에 대한 행위자의 믿음에 호소해야만 한다. 이런 믿음을 형성하는 데 있어서 행위자는 역사가나 사회과학자가 직면하는 것과 같은 해석적 딜레마와 마주친다. 그는 공언된 동기화를 액면 그대로 수용할 수 없으므로, 3장에서 논의했던 일반적 형태의 삼각 측량을 사용할 수 있다. 추가로 그는 대면적 상호행동에만 적용되는 기법을 활용할 수 있다. 다른 사람들은 그의 몸짓 언어(또는 몸짓 언어의 결여)로 그가 아마추어 거짓말쟁이라는 것을 확인할 수도 있다. 왜냐하면, 그는 자신이 말하는 데 집중하느라 자연스러운 말에 통상 수반되는 몸짓을 흘려 보게 되기 때문이다. 또한, 공언된 동기의 진위를 파악하기 위해서는 행위자에게 덫을 놓아야 할지도 모른다. 역사가들은 그들이 연구하는 인물에게 덫을 놓을 수 없고, 사회과학자들은 윤리적인 이유로 그렇게 하는 것이 통상 금지되는 반면, 고용주, 배우자 또는 부모는 그런 일에 덜 구애된다.

　타자에게 동기를 귀속시키는 것은 종종 악의로 물들게 된다. 이타적 행동이 이타적 동기화에 의해 야기되었다고 믿는 것과 그것이 자기 이익에 근거하고 있다고 믿는 것 사이에서 선택해야 할 때, 우리는 그렇게 믿을 실증적 근거가 없을 때조차 후자를 가정할 때가 많다. 그런 불신이 신중성을 이유로 납득될 수는 있지만, 많은 경우 이런 정당화를 이용하는 것은 불가능하다. 예를 들어 뒷소문gossip은 프랑스 모럴리스트가 아우구스티누스를 따라 인간 본성의 **악의**와 **나약함**이라고 불렀던 것에 의해 동기화될 때가 많다.[13] 라 로슈푸코에 따르면, "우리에게 결점이 전혀 없다면, 다른 사람의 결점을 보고 그렇게 큰 즐거움을 느끼지 않을 것이다". 그런데 그가 썼듯이, 사실 다른 사람에게서 결점을 찾고 싶은 우리의 욕망은 너무 강해서, 그 욕망 때문에 타인의 결점을 찾아낼 지경이다. "우리의 적은 우리에 대한 의견의 면에서 우리 자신보다 진실에 더 가까이 있다." 그렇지만 우리의 적이 진실에 더 가까이 있다고 하더라도, 그들 역시 잘못을 저지른다. 설령 더 적게 잘못한다고 해도 말이다. 그리고 그 잘못의 방향은 우리와는 정반대이다. 0에서 10까지의 척도에서 내가 6이면, 나는 내가 9라고 생각하며, 나의 적은 나를 4라고 생각한다.

이런 태도 — 때로 '불신의 해석학'이라고 불리는 태도 — 의 분석에는 제러미 벤담이 (서투른 불어 실력으로 번역해서) 인용한 말보다 나은 것이 없다.

왕[루이 16세]이 취한 입장이 무엇이든, 그가 한 희생이 무엇이든, 그는 결코 이런 중상모략가들을 침묵시키는 것에 성공하지 못할 것이다. 그들은

---

13 나는 뒷소문이 사회 규범을 집행하는 역할을 하는 것에 근거해서 그것을 설명하려는 사람들에게 동의하지 않는다. 사실, 뒷소문은 사회 규범을 유지하는 비공식적 제재에 대해 승수 역할을 할 수 있다. 하지만 나는 그 기원이 더 깊은 곳에 있다고 생각한다.

고약한 기질과 허영 덕분에 가장 건강한 정치체제에서도 쉼 없이 번성하는 벌레들이다. 이런 불의의 가장 비옥한 원천은 무엇보다도 허영이다. 사람들은 모든 것을 미묘하게 다루려고 한다. (…) 그리고 공적인 인물의 행위에 칭찬할 만한 좋은 동기가 있을지 의심하는 걸 부끄러워하지 않으며, 그보다 더 좋아하는 일은 공적 인물이 그런 동기를 가진 척한다고 가정하는 것이다. 가령 워싱턴이 은퇴를 고집하면, 그것은 무정부 상태를 이용해 폭정의 길로 가려는 수단으로 삼으려는 것일 뿐이다. 네케르Jacques Necker가 다른 모든 사람처럼 그의 봉사에 대해 보상을 받는 대신, 자신이 봉사할 수 있게 된 것에 대해 자기 기금으로 보상한다면, 그것은 자신의 탐욕을 충족하기 위한 세련된 수단일 따름이다. 루이 16세가 인민을 위해 입법권을 양위한다면, 그것은 오로지 그 권력을 모두 되찾거나 좋은 시점에 그 이상을 되찾으려는 정교한 계획의 결과로서 그런 것일 수 있다.

아이러니한 것은 (1789년 초에 쓰인) 이 텍스트에서 인용된 그럴듯한 의심들 가운데 마지막 것은 의심의 정당성이 1790년 가을에 사실로 입증되었다는 것이다. 왕의 최측근 고문 가운데 하나인 생-프리스트Saint-Priest가 기록한 것에 따르면, 그때 왕이 입법권의 잠식에 더 이상 저항하지 않던 이유는 "의회가 자신의 실수 때문에 불신임을 받을 것을 확신했기 때문이었다". 음모 이론은 맞을 수 있다. 왜냐하면, 음모가 존재하기 때문이다. 그러나 그것을 찾는 경향은 경험에 힘입은 것이기보다는 공적 인물이 선한 이유로 행동할 수도 있다는 것을 받아들이기를 주저하는 악의적인 마음에서 온 것이다.

나는 16장에서 불신의 해석학의 다른 예들을 텍스트 해석과 관련해서 다룰 것이다.

참고문헌

이 장은 S. C. Kolm and J. M. Ythier (eds.), *Handbook on the Economics of Giving, Reciprocity and Altruism, vol. I* (Amsterdam: Elsevier, 2006)에 수록된 "Altruistic motivations and altruistic behavior"에 근거해 쓰였다. 이 책의 다른 장들, 특히 콤의 서론은 풍부한 경험적 정보와 이론적 분석을 제공한다. 같은 책 제2권에 실린 논문들도 마찬가지로 유익하다. 프랑스 걸인들에 대한 언급은 G. Lefebvre, *La grande peur* (Paris: Armand Colin, 1988), p. 40, 그리고 영국 농민 반란에 대한 언급은 E. P. Thompson, "The moral economy of the English crowd in the 18th century", *Past and Present* 80 (1971), pp. 76~136에서 가져온 것이다. 신장 기증에 대한 태도에 대해서는 H. Lorenzen and F. Paterson, "Donations from the living: are the French and Norwegians altruistic?", in J. Elster and N. Herpin (eds.), *The Ethics of Medical Choice* (London: Pinter, 1994)를 보라. '인성욕심'이라는 (단어와) 발상은 A. O. Lovejoy, *Reflections on Human Nature* (Baltimore: Johns Hopkins University Press, 1961)에서 가져왔다. 프랑스 대혁명에서 무사심의 역할에 대해서는 B. M. Shapiro, "Self-sacrifice, self-interest, or self-defense? The constituent assembly and the 'self-denying ordinance' of May 1791", *French Historical Studies* 25 (2002), pp. 625~656에서 논의된다. 비슷한 현상이 미국에서 나타나

는 양상에 대해서는 G. Wood, "Interest and disinterestedness in the making of the constitution", in R. Beeman, S. Botein, and E. Carter II (eds.), *Beyond Confederation: Origins of the Constitution and American National Identity* (Chapel Hill: University of North Carolina Press, 1987)를 보라. 18세기 영국에서의 의무적 자선 행위에 대한 논의는 P. Langford, *Public Life and the Propertied Englishman* (Oxford University Press, 1991), pp. 564~565에서 따왔다. 로이 젠킨스에 대한 일화는 J. Campbell, *Roy Jenkins: A Rounded Life* (London: Jonathan Cape, 2014), p. 228에서 가져왔다. 영국 헌병에게 도덕 및 지능 검사를 요구하자는 제안에 대해서는 H. Witmer, *The Property Qualifications of Members of Parliament* (New York: Columbia University Press, 1943), p. 201을 보라. 1차 세계대전에서 나타난 맞대응 전략 사례는 R. Axelrod, *The Evolution of Cooperation* (New York: Basic Books, 1984)에서 발췌한 것이다. 신탁 게임에 대해서는 C. Camerer, *Behavioral Game Theory* (New York: Russell Sage, 2004), 2장과 7장을 보라. 내면의-빛 형성적 증여warm-glow giving에 대한 포괄적 논의는 J. Andreoni, "Philanthropy", in S.-C. Kolm and J. M. Ythier (eds.), *Handbook of the Economics of Giving, Altruism and Reciprocity*, vol. II (Amsterdam: North-Holland, 2006), pp. 1202~1269에 있다. 나는 "The Valmont effect", in P. Illingworth, T. Pogge, and L. Wenar (eds.), *Giving Well: The Ethics of Philanthropy* (Oxford University Press, 2011), pp. 67~83에서 내면의-빛에 근거한 설명을 비판한 바 있다. B. Caplan, *The Myth of the Rational Voter* (Princeton University

Press, 2007)는 투표에 대한 내면의-빛 이론을 제시했다. 그것에 대한 비판에 대해서는 J. Elster and H. Landemore, "Ideology and dystopia", *Critical Review* 20 (2008), pp. 273~289를 보라. 골드워터의 선거 캠페인에 대한 언급은 R. Perlstein, *Before the Storm* (New York: Nation Books, 2001), p. 320에 있다. 거짓말 탐지에 대해서는 P. Ekman, *Telling Lies* (New York: Norton, 1992)를 보라. 벤담의 말은 그의 *Rights, Representation, and Reform* (Oxford University Press, 2002), pp. 17~18에서 가져왔다.

6장_ 근시안과 선견지명

앞 장에서 나는 자아와 타자 사이의 관계를 탐구했다. 이 장에서는 초점이 현재와 미래 사이의 관계이다. 몇몇 사례에서는 그리고 어느 정도는 다른 자아들과 미래의 자아 상태 사이의 유추가 유용할 수도 있다.[1] 즉 우리는 인격 내적 관계와 시점 간[삽입] 관계를 상호인격적 관계에 유추해 볼 수도 있다. "내가 아니면 누구?" 그리고 "지금 아니면 언제?"라는 질문은 모두 마술적 사유에 뿌리를 둔 것이다(14장). 같은 유추에 근거해서라 브뤼예르는 "자신만 그리고 현재만 생각하는 것은 정치에서 오류의 원천이다"라고 말했다. 외부성이라는 경제학적 발상은 내부성과 병행성을 갖는다(17장). 경제학자들은 때로 신중함과 이타주의를 같은 개념적 틀 안에서 다룬다. 시간적 비일관성 문제는 상호인격적 맥락에서뿐 아니라 인격 내적 맥락에서도 일어날 수 있다(18장). 유추는 무한히 매

---

1 "미래의 자아"라는 문구는 은유로만 받아들일 수 있다. (병리적인 사례가 아니라면) "복수의 자아"라는 문구는 그런 가치조차 없다.

력적일 수 있지만, 조심스럽게 다뤄져야 한다. 유추는 가설을 제안하긴 해도 그것을 전혀 지지해 주지 않는다.

비탈길 오르기를 넘어서

프로이트의 쾌락원리(4장)는 직접적인 욕망 충족을 추구하는 경향이다. 이런 경향의 한 표현은 증거에 의해서 뒷받침되는 믿음보다 맞기를 바라는 믿음을 채택하는 것이다. 희망사고는 그 때문에 나중에 코가 납작해지는 일이 생긴다고 할지라도 지금 여기에서 나를 기분 좋게 해준다. 이것은 서로 다른 시간 효용 흐름을 끌어들이는 두 행동 사이의 선택에서도 표현된다. 쾌락원리는 나중 시기 효용 흐름의 양상과 무관하게 앞선 시기에 최고의 효용을 가진 흐름을 택하라고 할 것이다.

  좀더 일반화해서 보자. 지렁이든 기업이든 의사결정자라면 **비탈길 오르기**에 참여하고 있다. 어떤 시점時點에서든, 결정자는 인근 선택지들을 훑어본다. 그 가운데 어떤 것이 현 상태the status quo보다 큰 **직접적 혜택**을 줄지 알아내기 위해서이다. 인근 선택지로의 한정은 '공간적 근시안', 즉 보이지 않으면 마음도 멀어진다의 한 형태이다. 직접적 혜택으로의 한정은 시간적 근시안, 즉 쾌락원리의 한 형태이다. 지렁이는 인근 어느 지점이 그가 지금 점하고 있는 장소보다 습한지 알기 위해서 환경을 살핀다. 그리고 그런 장소를 발견하면 그 지점으로 이동한다. 회사는 더 나은 단기적 수행성을 약속하는 것을 찾기 위해서 현재 하고 있는 일 인근의 일과日課 '공간'을 살핀다. 그리고 그 속에서 단기 수행성을 높일 것을 찾으면, 그것을 채택한다. 지렁이나 회사는 인근의 위치 전체보다

(단기적으로) 우월한 장소에서 잠시 편히 쉴 것이다. 지렁이나 회사는 국지적 최댓값*local maximum*을 획득한 것이다.

인간 존재는 그보다 더 잘할 수 있다. 지향성intentionality —— 부재不在를 다시 제시할re-present 수 있는 능력 —— 덕분에 쾌락원리의 피안으로 나아갈 수 있고, 현재 선택이 한참 뒤에 초래할 귀결들을 고려할 수 있다. 앞선 계획수립planning 덕에 매분 매초 내리는 결정보다 더 나은 결과를 가져올 선택을 할 수 있다. 어떤 경우에는 멀리 내다보는 행동이 현재 욕구를 더 잘 충족하기 위한 것일 수도 있다. 예컨대 한 잔 마실 돈으로 멀리 떨어져 있는 가게에서 한 병을 살 수 있다면, 어떤 알코올중독자는 병째 사기 위해 인근 음식점에서 술 마시는 것을 포기한다. 이와 달리 노년을 위해서 저축하는 경우처럼, 행동은 미래의 욕구를 충족하기 위해서 취해지기도 한다. 전자와 같은 류의 선견지명은 인간이 아닌 동물에서도 관찰되지만, 후자는 통상 동물의 능력을 초월하는 것으로 생각된다. 그러나 몇몇 최신 증거들에 따르면, 영장류는 실제 욕구가 아니라 예상되는 욕구에 근거해서 계획을 세울 수도 있다. 아무튼 투사된 욕구에 기초해서 행동하는 것은 명백히 더 정교한 작동이다.

먼 시간 뒤의 귀결들에 기초해서 행동하는 것의 예를 네 가지 제시할 것이다. 앞의 세 가지 예는 뒷장에서도 논의된다.

더 나은 도약을 위해 되돌아가기|*reculer pour mieux sauter*. 대략 "일보 후퇴, 이보 전진"에 해당하는 이 프랑스 말은 미래에 더 큰 소비에 투자하기 위해서는 현재 덜 소비해야만 한다는 경제생활의 근본 사실을 잘 예시해 준다. 현 상태보다 열등한 상태가 나중에 더 우월한 대안을 실현하는 조건이라면 행위자는 그것을 수용한다. 말할 필요도 없이, (1) 이것은

그림 6.1

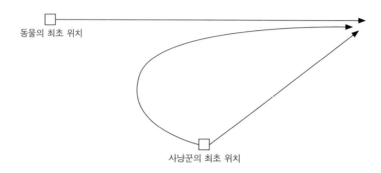

동물의 최초 위치

사냥꾼의 최초 위치

그 상태가 열등하다고 해도 행위자의 생존에는 문제가 없고 (2) 우월한 상태에서 얻는 이득이 열등한 상태로 이동해서 겪는 손실을 충분히 정당화할 정도로 클 때만, 의미가 있다.

기다리기. 많은 포도주가 그것이 병에 담긴 때에 좋았다 하더라도 시간이 감에 따라 더 맛 좋게 숙성된다. 이런 사실로부터 혜택을 얻기 위해서, 행위자는 현 상태에서 우월한 선택지(지금 바로 포도주를 마시는 것)를 거부할 의향이 있어야만 한다. 왜냐하면, 이 거부가 나중에 훨씬 더 나은 결과물을 실현할 조건이기 때문이다. 하지만 행위자가 더 숙성된 포도주를 즐길 만큼 오래 살 수 있다고 기대하지 않는다면, 소비를 지연하는 것이 언제나 납득되는 일은 아니다. 더 결정적인 예로, 배우자 선택을 들 수 있다. 결혼할 만한 후보가 등장한 첫 번째 기회에 혼인을 제안하거나 수용하기보다는 더 잘 맞는 누군가를 기다려 볼 수 있다. 세계문학이 풍부하게 다뤄 온 주제는 더 잘 맞는 누군가가 도무지 나타나지 않을 위험이 있다는 것이다.

목표물의 앞을 겨냥하기. 움직이는 목표물을 타격하기 위해서는 그것

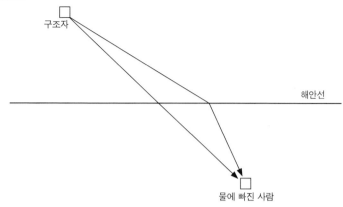

그림 6.2

구조자

해안선

물에 빠진 사람

이 있는 곳이 아니라 있을 곳을 겨냥해야 한다. 마찬가지로, 움직이는 목표물을 잡기 위해서는, 항상 그것의 현재 위치를 겨냥할 경우 따르게 될 굽은 경로로 쫓기보다 목표물이 있을 곳을 직선으로 겨냥해야만 한다.

그림 6.1에서 사냥꾼은 동물보다 다소 느리게 움직일지라도 계산된 미래 시간에 동물이 있을 지점을 향해 직선으로 나아가서 동물을 잡을 수 있다. 하지만 언제나 동물의 현재 위치 방향을 겨냥하고, 그래서 그림 속의 굽은 경로를 따라가면, 그는 결코 동물을 따라잡지 못할 것이다. 뒤에서 살펴보겠지만(17장), 변화하는 환경 속에서 일어나는 자연선별은 이런 관점에서 조망될 수 있다.

직선이 언제나 가장 빠른 길은 아니다. 정지한 목표물에 도달하려고 할 때, 직선이 가장 효율적인 경로인 것만은 아니다. 그림 6.2에서 구조대원은 물가에 도착해서 남아 있는 거리를 헤엄칠 때까지는 물에 빠진 사람을 향해 충동적으로 똑바로 달려갈 것이다. 하지만 그가 멈춰서(그렇게 오래 걸리지 않는다!) 생각해 보면, 달리기가 수영보다 빠르기 때문에,

전체적으로는 더 길더라도 물속에서 헤엄치는 거리가 짧은 간접적 경로로 가는 것이 조난자에게 더 빨리 도달한다는 것을 깨닫게 된다. 지도상으로 짧아 보이는 길보다 속도가 빠른 유료 고속도로를 택할 때 우리는 이런 식으로 행동한다. '유료 고속도로 타기' 같은 경제계획이 최적인 경우가 종종 있다.

시간 할인(Time Discounting)

장기적 계획수립 능력이 있다고 해서 그것을 꼭 활용하는 것은 아니다. 현재 행위에 차이를 가져올 장기적 귀결들을 알고 있다고 해도, 행위자가 그것을 고려하려면 그럴 **동기**가 있어야만 한다. 심리학자들의 표현을 빌리면, 행위자가 만족을 **지연**할 자세를 갖추어야만 한다. 경제학자들의 표현으로 하면, 그들은 과도한 **시간 할인**에 종속되어서는 안 된다.[2] 그러기 위해서는 인지적 요소와 동기적 요소 모두가 필요하다. 미래의 결과물이 불확실성에 덮여 있다면, 그것은 현재 행위를 동기화할 수 없다. 그것이 위험을 수반한다면, 그것의 동기부여적 힘은 희석될 것이다. 미래 결과물이 현재 행위를 규정하는 능력은 그것이 언제 일어나는가와 어느 **정도 확률**로 일어나는가에 영향을 받는다. 그것이 선택에 영향을 주는 형식적 메커니즘은 전자는 시간 할인이고 후자는 위험 태도risk

---

2 이 책에서 "높은 시간 할인율"이란 문구는 현재로 환산된 미래 보상의 가치가 보잘것없다는 것을 뜻한다. "할인 인수(discounting factor)가 크다"라는 말은 현재가치가 크다는 것을 의미한다. 겉보기에 이상한 이런 용어를 예증하고 써먹어 보기 위해서, 행위자가 내일 3단위 보상과 오늘 2단위 보상 사이에서 무차별적이라고 가정해 보자. 미래 보상은 1/3만큼 할인(감소)된다. 이 경우 할인 인수(현재가치를 얻기 위해 미래 보상을 곱해야 하는 수)는 2/3이다.

attitudes이다.

앞 문장이 암시하듯이, 시간 할인(또는 근시안)은 원遠 미래의 보상보다 근近 미래 또는 현재의 보상을 더 중시하는 경향이다.[3] 이런 경향은 상당히 보편적이다. "취하기도 전에 숙취가 온다면, 과음하는 일은 결코 없을 것이다."(몽테뉴) 오늘의 100달러와 딱 1년 뒤 110달러 가운데 하나를 택하라면, 대부분의 사람이 전자를 택한다. 이런 선호의 원천은 다양하다.

이윤 추구. 1년 안에 110달러 이상을 벌 수 있는 펀드에 투자할 수 있기 때문에, 조기 보상을 선호하는 사람도 있다.

희소성. 생존을 위해 돈이 필요하기 때문에 지금 100달러를 택하는 사람도 있다. 1년 안에 죽을 것이라는 예상이 들면, 더 큰 돈이라고 해도 아무 가치가 없다. 또는 계류에서 손으로 물고기를 잡는 것과 더 많은 물고기를 잡게 해줄 그물을 짜는 것 가운데 하나를 택한다고 가정해 보자. 그물을 짜면서 물고기를 잡을 수는 없는데, 그런 기회비용이 너무 커서 그물 짜는 일을 감당할 수 없을 수도 있다.

사망 확률. 1년 안에 죽을 확률이 10%인 질병에 걸렸기 때문에 더 작은 보상을 취하는 사람도 있다. 하지만 일반적으로 미래를 위한 계획을 수립할 때,

---

3 병리적인 구두쇠는 현재보다 미래 효용에 더 큰 중요성을 부여한다. 그들에게는 소비할 때가 무르익는 일이 없다.

우리는 우리가 언젠가 죽지만 그게 언제인지는 모른다는 사실을 고려해야만 한다.

위험 회피. 미래의 총합이 50% 확률의 130달러와 50% 확률의 90달러가 기대되는 보상이라면, 위험 회피가 유도하는 것은 확실성을 가진 오늘의 100달러이다.

순수한 시간 할인. 마지막으로 어떤 사람들은 단지 어떤 것의 보상이 이르게 주어진다는 사실 때문에 그것을 선호한다. 이것은 순수한 시간 할인이다. 먼 거리에 있는 큰 집이 가까운 곳의 작은 집보다 더 작아 보이듯이, 미래의 큰 액수가 현재의 작은 액수보다 주관적으로는 작아 보일 수 있다. 아래서는 이런 사례만 더 상세히 검토될 것이다.

순수한 시간 할인은 비합리적인가? 어떤 사람이 미래의 보상을 너무 많이 할인한다고 가정해 보자. 그는 소득의 일시적 희생을 나중의 고임금으로 보상하는 대학 교육을 받기보다 고교 졸업 직후에 승진 가능성이 낮은 직장에 취직할 것이다. 그는 흡연과 고콜레스테롤 음식의 장기 효과를 무시하기 때문에 기대 수명도 짧을 것이다.[4] 그런 사람이 도덕적 근거로 법을 존중하지 않으면, 신중한 숙고 능력 결여로 쉽사리 법을 위반하게 될 것이다. 달리 말하면 그의 삶은 짧고 비참할 공산이 크

---

4 50년 전에는 여러 사람이 이런 결과를 알지 못했다는 의미에서 그것을 '무시'했을 수 있다. 이것이 오늘날에는 가능성이 더 낮지만, 결정에 있어 중요성을 적게 부여한다는 의미에서 여전히 '무시'할 수 있다. 드물지 않게, 결과에 관해 '동기화된 무지'(희망사고의 한 형태) 상태일 수도 있다.

다. 이것이 비합리적 행위가 아니고 무엇이겠는가?

그러나 내가 보기에 순수한 시간 할인이 그 자체로 비합리적인 것은 아니다. 그 때문에 행위자의 삶은 미래를 더 배려할 때보다 더 나빠질 수도 있다. 그러나 그런 점은 이기적 동기화도 마찬가지일 수 있다. 자신만을 챙기며 사는 사람은 결국 슬프고 빈곤한 삶에 이를 것이다. 몽테뉴가 말했듯이, "다른 사람을 위해서 살지 않은 사람은 자신을 위해서도 살지 않는다". 그러나 그런 이유로 이기성이 비합리적이라고 말하지는 않는다. 나는 이 문제를 11장에서 논할 것이다. 이 장에서는 시간 할인을 적절히 개념화하는 데 초점을 맞출 것이다. 그것에 대해 함축하는 바가 근본적으로 다른 접근이 몇 가지 있다.

시간 할인을 모델화하기 위해서 결정 이론가들은 전통적으로 사람들이 미래 효용을 지수적으로 할인한다고 가정했다. 미래 t시점의 한 단위 효용은 k^t의 현재가치를 가진다. 이때 $k < 1$는 시점별 할인 인수이다. 지수적 할인은 규범적 관점에서 볼 때 **일관성 있는 계획수립**을 가능하게 해주는 유도 인수attractive factor를 갖는다. 한 흐름의 보상이 한 시점에서 다른 보상 흐름보다 더 큰 현재가치를 가진다면, 그것은 모든 시점에서 더 큰 현재가치를 가질 것이다. 그럴 때 행위자는 전혀 선호 역전에 종속되지 않은 것이다. 선호 역전은 보통 (마음을 바꿀 이유가 없는 경우에) 비합리성의 전형적 특질로 여겨진다.

그러나 경험적으로는 일관된 계획수립의 관념을 납득하긴 쉽지 않다. 일상적 관찰이 보여 주고, 체계적 관찰이 확증해 주는바, 우리들 대부분이 자주 선호 역전을 겪는다. 저축하고, 아침에 운동하고, 피아노 연습하고, 약속을 지키는 등의 목표를 실행하지 못할 때가 많다. 3월 10

일에 치과의사에게 전화를 걸어서 4월 1일로 진료를 예약한다. 그리고 3월 30일에 예약을 취소한다. 그러면서 장례식장에 가야 한다고 (거짓) 말한다. 이런 일상생활의 다양한 비합리성(그리고 여타의 수많은 현상)을 해명하기 위해서는, 지수적 할인 가정을 **쌍곡선형 할인***hyperbolic discounting* 가정으로 대치할 필요가 있다.

미래의 t시기 효용 단위 1의 할인된 현재가치는 $1/(1+kt)$이라고 가정하자. (아래 예에서 나는 $k=1$로 가정하지만, 일반적으로 k는 어떤 양수라도 상관없다: 그것이 클수록 행위자가 미래에 대해 신경을 덜 쓸 것이다.) 거기에 더해 $t=0$의 행위자가 $t=5$에서 10이라는 보상과 $t=10$에서 30이라는 보상 사이의 선택에 직면했다고 가정하자. $t=0$에서 전자의 현재가치는 1.67이고 후자의 가치는 2.73이다. 현재가치를 최대화하는 행위자는 지연된 보상을 택하려고 할 것이다. $t=1$에서 전자의 더 이른 보상의 현재가치는 2이고, 후자의 가치는 3이다. $t=2$에서는 그 가치가 각각 2.5와 3.3이다. $t=3$에서는 각각 3.3과 3.75이다. $t=4$에서는 5와 4.29이다. 시간의 단순한 경과의 결과만으로 $t=3$과 $t=4$ 사이 어디에선가 이른 보상이 작은 보상에서 가장 선호되는 선택지로 바뀐 것이다. 사실 전환이 $t=3.5$에서 일어났다는 것은 쉽게 알 수 있다. 그것이 내가 치과의사와의 약속을 취소하는 때라고 부른 시점이다.

이런 패턴은 도표로 훨씬 더 쉽게 파악할 수 있다. 그림 6.3에서 행위자는 t_1에서 작은 보상 B를 택하거나 t_2까지 기다렸다가 더 큰 보상 A를 얻는다. 쌍곡선 I과 II는 다양한 이전 시기에 평가된 보상들의 현재가치를 표현한다. 그것은 사실상 보상을 얻을 수 있는 시점과 보상의 크기 사이의 맞교환을 재현하는 **무차별 곡선**이다(10장). 예를 들어 t시점에

그림 6.3

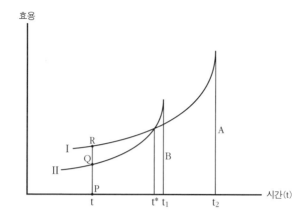

서 행위자는 보상 PQ를 즉시 얻는 것과 t_1에서 적은 보상을 얻는 것에 대해 무차별적이고, 즉각 보상 PR을 얻는 것과 t_2에서 큰 보상을 얻는 것에 대해 무차별적이다. t시점에서 A의 현재가치는 B의 현재가치보다 크기 때문에, 그는 A를 택하려는 의도를 품을 것이다. 그러나 쌍곡선이 t^*에서 교차하기 때문에 그 시점에서 선호 역전이 발생하며, 그래서 대신 B를 선택한다.[5]

---

5 쌍곡선형 할인을 나타내는 약간 다른 대안적 방식이 있다. 그 방식은 사람들이 이후 모든 시기의 복지보다 현재 복지에 더 큰 중요성을 부여함으로써 현재와 다른 모든 시간을 급진적으로 구별한다는 직관적 발상에 근거를 둔다. 거기에 추가해서 이후 시기들 사이에서도 구별한다. 세 시기 구별법을 예로 보자. 기간 i에 경험한 복지를 u_i로 표시하면, 현재가치 또는 할인된 효용 합계는 u_1+$b(du_2+d_2u_3)$이다. 현재와 비교할 때, 두 가지 할인 인수가 있다. 현재와 비교할 때, 미래의 모든 효용은 언제 경험한 것인지와 관계없이 인수 b에 의해 할인된다. 또한, 미래의 모든 효용은 인수 d에 의해 지수적으로 할인된다. 현재 순간은 다른 모든 것들에 비해 본능적으로 현저히 중요하다. 반면, 나중 시기는 시각적 환영과 더 비슷한 것이어서 동기 부여의 힘을 점차 잃는다. '유사쌍곡선형 할인'(quasi-hyperbolic discounting)이라 불리는 이 유형은 선호 역전을 유도할 수 있는 쌍곡선형 할인과 공통점이 있다. 하지만 (파스칼의 내기에서처럼) 동등한 보상의 무한한 흐름의 현재가치가 유한 합이라는 점이 다르다. 유사쌍곡선형 할인은 쌍곡선형 할인의 유용한 근사치로서 도입된 것이지만, 실제로 더 정확한 재현은 유사쌍곡선형 할인이라는 몇몇 신경생리학적 증거들이 있다.

파스칼의 내기

지수적 시간 할인과 쌍곡선형 시간 할인의 관계를 분명히 하기 위해서 파스칼의 내기를 활용해 보자. 파스칼은 그의 친구 가운데 자유사상에 물들어 신의 존재에 대해 내기를 거는 도박꾼을 설득하고 싶었다. 가장 작은 확률의 영원한 복락도 가장 큰 확률을 가진 지상의 쾌락을 상쇄할 수 있기 때문이다. 파스칼의 논증은 여러 가지 복잡성을 내포한다. 그 가운데 일부는 다음 장에서 다룰 것이다. 여기서는 파스칼이 언급하지 않은 문제에 주목하고 싶다. 영원한 복락의 (할인된) 현재 가치가 유한한 가치를 갖는가 아니면 무한한 가치를 갖는가, 하는 문제가 그것이다. 그 가치가 유한하다면, 도박꾼은 사후의 삶을 기다리는 것보다 지상의 쾌락을 선호할 것이다.

단순화를 위해서 다음을 가정하자. 사후^{死後} 각 시기가 경험 효용 단위 1을 제공한다. 그리고 해당 인물은 현재로부터 n년 안에 죽을 것으로 기대된다. 그리고 마지막으로 그는 미래의 복지를 인수 $k(0<k<1)$에 의해서 지수적으로 할인한다. 그런데 신이 존재하고 그의 신앙에 기초해서 그에게 구원을 내린다면, 그가 사후 첫해에 누릴 복락의 현재가치는 효용 단위 k^n이고, 둘째 해에는 k^{n+1}이고, 그렇게 이어질 것이다. 초급 대수학 문제이긴 한데, 이 효용의 무한 합($k^n+k^{n+1}+k^{n+2}\cdots$)은 유한 합인 $k^n/(1-k)$이다.[6] 상상컨대 이 합은 최소한 지상에서의 n년 동

---

6 원문에는 $k^n/(1+k)$로 되어 있는데, 엘스터의 지적대로 "초급 대수학 문제"라서 오식으로 추정된다.─옮긴이

안 누릴 쾌락주의적 삶의 현재가치보다는 열등할 것이다. 이와 달리 행위자가 쌍곡선형 할인에 종속된다면, 무한 합 $1/(n+1) + 1/(n+2) + 1/(n+3)\cdots$은 주어진 유한한 가치를 초월해서 증가할 것이다. 그것은 우리가 현재가치를 비교하면, 어떤 현세적 쾌락도 궁극적으로는 구원의 복락이 추월하리라는 것을 함축한다. 신이 존재할 확률이 (당신이 원하는 만큼) 작은 확률이라고 해도 그것이 곱으로 증가하면, 그 결과는 어떤 유한한 수도 초과할 것이다.

그러나 파스칼의 대화 상대자가 도박할 기회를 정규적으로 갖는다고 가정해 보자. 미리 숙고해 본다면, 그는 도박보다 예배에 참석할 것이다. 왜냐하면, 전자는 궁극적으로 그가 믿게 하고, 무한한 복락에 대한 그의 기대를 확증해 줄 것이기 때문이다. 그러나 쌍곡선형 할인의 논리에 의하면, 도박 기회가 임박하면 선호 역전이 일어날 것이다. 그는 다시 한번 도박을 할 생각을 하게 되고, 예배는 도박한 다음에 가기 시작할 것이다. 성 아우구스티누스를 따라서 그는 다음과 같이 말할 것이다. "나에게 정숙함과 자제심을 다오. 그러나 이번에 말고 다음에." 다음 주에도 똑같은 추론이 적용될 것이다. 따라서 영원한 복락이 더 큰 현재가치를 가지고 있음을 확증하는 바로 그 시간 할인의 구조 때문에 도박꾼은 그것을 획득할 단계로 나아가지 못할 것이다.

의지박약

이 예가 보여 주듯이, 쌍곡선형 할인은 의지박약이라는 고전적 문제를 조명해 준다. 자기기만 문제(다음 장을 보라)와 더불어, 의지박약은 역설적 비합리성의 고전적인 층위를 구성한다. 의지박약과 자기기만은 동기화된 비합리성 형태들이다. 그러나 동기화되었다는 점 때문에 그것이 역설적이 되는 것은 아니다. 의지박약과 자기기만에 역설의 분위기를 불어넣는 것은 그것에 빠진 사람은 같은 시간에 같은 것을 원하는 동시에 원하지 않고, 믿는 동시에 믿지 않는 듯이 보인다는 것이다. 이런 역설 때문에 어떤 사상가나 학자는 그런 현상의 존재를 부인한다. 그와 달리 그것이 존재한다는 것을 주장하고, 그것을 일으키는 메커니즘을 특정화하기 위해서 노력하는 사람도 있다. 나의 관점은 불가지론적이며 약간 회의주의적이다.

의지박약인(또는 아크라틱한akratic) 인물에게는 다음과 같은 특징이 보인다.

1. 그 인물은 X를 할 이유가 있다.
2. 그 인물은 Y를 할 이유가 있다.
3. 그 자신의 판단으로는 X를 할 이유가 Y를 할 이유보다 더 중요하다.
4. 그 인물은 Y를 한다.

특히 감정에는 행위자의 더 나은 판단에 반하는 행동을 끌어내는 능력이 있다고 주장하는 사람들이 많다. 에우리피데스Euripides의 연극에서, 자식들을 죽이려고 하면서 메데이아가 말한다. "나는 잘 알고 있다. 내가 어떤 악을 행하려고 하는지. 그러나 아무리 심사숙고해 봐도, 내 분노를 막을 수 없다." 이 연극의 오비드 판본에서 그녀는 말한다. "알 수 없는 강박이 나를 누른다. 주저하는 마음 전부를 내리누른다. 여기저기로 몰아간다. (…) 더 좋은 것이 보이고, 그게 더 좋다는 걸 인정한다. 그런데도 나는 더 나쁜 것을 따라간다."

이런 발화는 모두 의지박약을 규정하기 위해서 사용된 네 진술처럼 모두 모호하거나 언제 그 진술이 참된지에 대한 언급이 없다는 점에서 구체성이 떨어진다. **의지박약에 대한 엄격한 관념**은 다음과 같이 정의할 수 있다.

1. 그 인물은 X를 할 이유가 있다.

2. 그 인물은 Y를 할 이유가 있다.

3. **행동하는 바로 그 순간에**_at the moment of action_ X를 할 이유가 Y를 할 이유 보다 더 중요하다고 판단하면서도 Y를 한다.

금연을 결심하고는 담배가 제공되는 파티에 간 사람을 상상해 보자. 그는 수용하지 말아야 한다는 것을 **알면서도** 권하는 담배를 받아 핀다. 다이어트를 하는 어떤 사람이 먹는 것이 좋은 생각이 아니라는 것을 **알면서도** 제공된 디저트를 먹을 수도 있다. 이런 의지박약 관념에는 하등 불가능한 것이 없음에도 불구하고, 두 가지 경험적 문제에 부딪힌다. '더 나은 판단'이 행동하기 전 아주 짧은 순간 동안 바뀐 것이 아니라 바로 동일한 순간에 공존했다는 것을 입증하기가 어렵다. 내가 아는 한 누구도 Y를 하려는 욕망이 X를 하려는 욕망보다 더 큰 인과적 효력을 획득하게 만든 인과적 메커니즘을 구체화하지 못했다.

이런 문제를 우회하기 위해서 **의지박약에 대한 느슨한 관념**을 정의해 볼 수 있을 텐데, 그것에 따르면 X를 해야 한다는 행위자의 판단과 Y의 선택이 다른 순간에 일어나도 된다.

1. 그 인물은 X를 할 이유가 있다.
2. 그 인물은 Y를 할 이유가 있다.
3. 행위자 자신의 평정하고 성찰적인 판단 속에서, X를 할 이유가 Y를 할 이유보다 더 중요하다.
4. 그 인물은 Y를 한다.

소크라테스는 엄격한 의미에서의 의지박약이 가능하지 않다고 주장한다. 아리스토텔레스 역시 그런 입장에 가깝다. 그는 행동의 순간에 판단력이 술의 영향 아래 있었던 사람을 예로 인용하며, 느슨한 관념의 의지박약은 인정한다. 내가 직장의 파티에 갔고 너무 많이 술을 마셨고 상사를 공격했으며, 상사의 아내에게 추파를 던졌다고 가정해 보자. 그때는, 그런 행동들이 완벽하게 자연스러운 듯했다. 그러나 그에 앞서 누구라도 그런 식의 행동을 내게 제안했다면, 나의 평정하고 성찰적인 판단에 어긋나기 때문에 그것을 거절했을 것이다. 술 때문에 판단력이 흐려질 것을 미리 납득했다면, 나는 파티에 가지 않았을 것이다. 그런 일이 벌어진 뒤에는 내가 한 짓에 대해 씁쓸히 후회할 테니 말이다.

이런 경우는 엄격한 의미의 의지박약 사례가 아니라 그림 6.4와 같은 **일시적 선호 역전** 사례이다. 그런 변화를 가져올 메커니즘이 적어도 셋 있다. 하나는 **시간적 근접성**인데, 그것은 쌍곡선형 할인을 논의하며 설명한 바 있다. 다른 하나는 **공간적 근접성**인데, 신호 의존성cue dependence 현상으로 예증된다. 이 메커니즘은 예컨대 중독자들의 재발

그림 6.4

사례들을 상당한 정도 설명한다. 여러 해 동안의 절제 후에도 약물 사용과 전통적으로 연관성이 높은 환경적 신호가 재발을 촉발하곤 한다. TV에서 약물 용품drug paraphernala을 보는 것만으로도 충분하다. 다이어트를 계속하겠다는 결심은 디저트 운반대가 주변을 지나다니는 것을 본 것만으로도 흔들릴 수 있다. 이런 경우, 행위자는 모든 것을 고려했을 때 그가 가장 선호하는 것을 **선택하는 순간에조차** 머리에 떠오르는 것을 선택한다. 마지막으로 **열정**이 일시적 선호 역전을 유발할 수 있다. 열정은 반감기가 짧은 편이기 때문이다(8장). 열정에 빠진 사람은 먼 미래에 대해 주의를 기울이기 어렵고, 그로 인해 선호 역전이 일어난다.[7]

우리는 이런 관념을 확장해서 행위자의 일시적인 (그리고 동기화된) **믿음** 변화까지 다뤄 볼 수도 있다. 매우 느슨하지만 이런 발상에 비춰 보면, 의지박약은 자기기만(또는 희망사고) 때문에 생길 수도 있다. 집으로 안전하게 운전해서 오기 위해서 파티에서 딱 두 잔만 마시기로 미리 결

---

7 실제로, 감정은 지수적 시간선호와 연결된 할인 인수에 변화를 줄 수 있다. 그렇게 바뀐 할인 인수는 쌍곡선형 시간선호에 의해 야기된 선호 역전을 모방할 수 있다. 행위자가 연속하는 세 시기에 대해 각각 (2, 5, 6)과 (5, 4, 1)의 보상을 제공하는 선택지 A와 B 중 하나를 선택한다고 가정하자. 한 시기의 할인율이 0.8(그리고 두 번째 시기의 할인율은 0.64)인 경우, 두 선택지의 현재가치는 첫 번째 시기에 각각 9.84와 8.84이다. 한 시기의 할인율이 0.6이고 두 번째 시기는 0.36인 경우, 값은 7.16 및 7.96이다. 감정적인 이유로 미래에 관한 관심이 적어지면, 행위자가 더 나은 장기적 결과를 가진 선택지를 선호하지 않게 되는 것은 놀랄 일이 아니다.

심했는데, 셋째 잔을 마시고 싶은 욕망이 밀려 왔다면, 그는 숱한 증거를 거부하고 한잔 더 마신다고 운전에 무슨 지장이 있겠냐고 자신에게 속삭였을 것이다.[8] 안전 운전에 대한 그의 선호는 변하지 않았지만, 안전하게 운전할 수 있는 조건에 대한 그의 믿음은 변한 것이다. 만일 그가 파티에서 즐겁게 지내는 것이 (그가 정확하게 인지하고 있을) 음주 운전 위험을 상쇄할 만큼 중요하다고 판단 내렸다면, 그것은 물론 일시적인 선호 변화에 해당한다.

과거를 할인하기

우리가 보았듯이, 미래 사건에 대한 **예상**이 현재 선택에 미치는 영향은 행위가 그것이 언제 일어나리라 믿는지에 달려 있다. 기억하고 있는 과거 사건이 현재 선택에 미치는 영향은 그것이 일어난 때로부터 얼마나 지났는지에 달려 있다. 어떤 과거 사건은 확실히 기억에서 희미해진다. 하지만 그렇지 않은 것은 어떤 영향을 주는가? 직관적으로 우리는 최근 사건이 더 큰 영향을 준다고 생각하는 편인데, 그렇게 생각하는 유일하진 않아도 부분적인 이유는 더 쉽게 기억되기 때문이다. 미국 유권자들이 대통령 선거에서 현직 대통령 취임 첫해에 일어난 일에는 별로 영향을 받지 않고 상대적으로 투표일 가까이 일어난 국가 경제 상황 변화를 중시한다는 사실은 이런 직관을 확증해 준다.[9] 그들은 '회고적 근시안'

---

8 이와 달리, 그가 사고가 아닌 경찰의 단속에 관심을 기울였다면, 세 번째 잔을 마셔도 혈중 알코올 함량이 법적 한계를 초과하지 않을 것이라고 믿기는 어려웠을 것이다. 다음 장에서 주장하듯이, 희망사고조차 (어느 정도) 현실 제약에 종속된다.

looking-backward myopia의 곤경을 겪는다고 할 수 있다.

과거의 영향이 더 모호하다는 것을 시사하는 사실들이 있다. 배심원 앞에서 말할 때, 검사와 변호사는 자신 편에 강력하게 유리한 논증을 진술을 시작할 때 내놓을지 마지막에 꺼낼지 결정해야 한다. 방금 인용된 직관은 '최신효과'recency effect를 활용하기 위해서 마지막에 내놓아야 함을 암시한다. 하지만 반대 전략을 지지하는 '초두효과'primacy effect의 증거도 있다.[10] 두 효과 모두 존재한다는 것이 알려져 있으니, 연사는 무엇을 택해야 하는가? 이른바 '네스토리우스교식 전략'[11]은 차선의 논증을 초두에 두고, 최선의 논증을 끄트머리에 놓으며, 가장 설득력이 떨어지는 논증은 중간에 배치하는 것이다.

실험이 함축하는 바는 우리가 때때로 '정점-종점' 어림법a "peak-end" heuristic을 이용해서 과거를 평가한다는 것이다. 한 실험에서 피험자는 두 가지 조건의 지속적으로 시끄럽고 불쾌한 소리에 노출되었다. 한 조건은 그림 6.5의 위의 그림(A)와 같다. 그 조건에서는 10초 동안 지속적으로 시끄러운 소리가 나다가 4초 동안 천천히 줄어든다. 두 번째 조건(B)에서는 소리가 수초 후에 갑자기 사라진다. 다시 경험한다면 어떤 방식의 과정을 선택할지 피험자들에게 물었더니, 약 2/3가 — 객관적으로는 더 불쾌한 — 첫 번째 경험(A)를 택했다. 위의 실험과 비슷하지

---

9 합리적이고 자기이익 추구적인 행정부는 선거가 있는 해의 경제 성장을 촉진함으로써 이런 사실을 이용해 먹을 것이라고 예상할 수 있다. 그러나 '정치적 비즈니스 사이클'의 존재를 입증할 증거는 여전히 확실치 않다.

10 『오만과 편견』의 초고 제목이 『첫인상』이었다는 것은 초두효과의 힘을 증언한다.

11 네스토리우스교는 예수의 신성과 인성이 느슨하게 결합해 있는 별개의 두 품성이라고 믿었던 기독교 종파이다. 여기의 의미는 초두효과와 최신효과를 적당히 조합하는 전략이라는 의미로 보인다.—옮긴이

그림 6.5

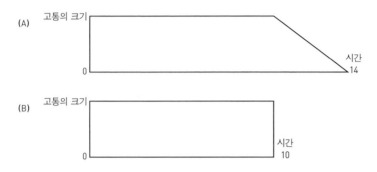

만, 진행 절차가 다른 두 종류의 내장 내시경 시술을 받은 환자에 대한 연구도 비슷한 결과를 보였다. 이런 역쾌락주의적 선택에 대해 제시된 설명에 따르면, 피험자들은 그들의 경험을 (1) 최상과 최악을 기준으로 좋은지 나쁜지 판단하며, (2) 그것이 끝날 때 좋았는지 나빴는지 판단한 다. '상태지속 무시'duration neglect를 보여 주는 실험은 또 있다. 경험이 똑같이 지속되는 기간은 피험자가 그들의 유쾌함 여부를 회고적으로 평가하는 데 별로 영향을 미치지 못한다는 것이다.

정점 효과와 상태지속 무시는 음악적 감흥의 회상에서도 관찰되는데, 그럴 때 **경사 효과**slope effect까지 추가된다. 이 연구의 저자들에 의하면, "에피소드의 ⋯ 상태지속은 기억된 정서에 최소한의 영향만 미친다 (상태지속 무시). 공연이 끝난 뒤 평점을 매길 때, 청취자는 해당 공연 동안 정서적 강도의 절정, 마지막 순간, 그리고 바로 직전 순간보다 감정적으로 더 강렬했던 순간에 의존한다". 일반적으로도 의당 그럴 것이다. 그러나 어떤 음악, 가령 베토벤의 5번 교향곡은 확실히 초두효과를 잘보여 준다. 이런 발견이 매우 견고하다고 가정할 경우, 또 다른 문제는 작곡가들이 그것에서 끌어낼 교훈과 관련된다. 청취자의 정서 경험을 최대화해야 하는가 아니면 그들의 정서 기억을 최대화해야 하는가? 후자를 택한다면, 청중은 청취 경험이 그리 좋지 않아도, 그 음악을 다시 듣고 싶어 할 것이다. 전자를 택한다면, 우리는 작곡가들에게 후견주의의 혐의를 두어야 하는 것일까?

동기화된 근시안 대(對) 인지적 근시안

마지막 부분에서 행위자가 전혀 기억하지 못하고 있다면, 과거의 기억에 의해 영향을 받을 수 없다는 자명한 이야기를 했다. 비슷한 점이 미래에도 해당된다. 현재 선택의 미래 귀결이 그 선택에 영향을 주기 위해서는 행위자가 그 점을 고려할 동기를 가져야 할 뿐 아니라 그 귀결이 어떤 것이 될지 확정할 인지적 역량을 갖춰야 한다.[12] 따라서 '동기화된 근시안'에 의해서 형성된 것처럼 보이는 행위가 실제로는 '인지적 근시안'에 의해 형성된 것일 수도 있다. 헨리 8세 치하에 있었던 영국 수도원 탄압에 대해 언급하면서, 흄은 "시민사회에서는 그런 큰 권력 남용이 이뤄지면서 여러 가지 좋은 혜택을 전혀 동반하지 않은 적이 없었다. 그리고 개혁 초기에 이런 이점의 상실은 언제나 아주 예민하게 지각된다. 반면에 변화의 결과로 생기는 혜택은 시간적으로 느린 효력을 낼 뿐이

---

12 실험실 상황에서는 이러한 사실을 제대로 포착하지 못한다. 왜냐하면, 피험자들이 선택의 귀결을 스스로 결정하기보다 그것이 무엇인지 **전해듣기** 때문이다. 위험 태도를 알아내기 위해 설계된 실험도 마찬가지이다. 피험자는 다양한 결과가 발생할 확률을 **전해듣기** 때문이다. 그래서 실험을 통해 '동기화된 비관주의'(위험 회피)와 '인지적 비관주의'(역희망사고)를 구별하기는 어렵다.

고, 전체 국민들은 거의 지각하지 못하기 마련이다"라고 말한다.

토크빌은 민주주의 사회의 사람들은 만족을 지연할 줄 모른다는 의미에서 당연히 근시안적이라고 주장한다. 동시에 그는 인지적 결핍도 있다고 주장한다. "민주주의에서 자주 결여되는 것은 계몽과 경험에 바탕을 둔 미래에 대한 분명한 지각이다." 이런 주장은 자유로부터 도출될 수 있는 혜택과 평등이 가져오는 위험에 특히 힘 있게 적용된다.

정치적 자유가 과잉으로 치달으면, 평온함, 소유권, 그리고 사생활을 위협할 수 있다. 그리고 이런 것을 모를 정도로 맹목적이거나 경솔한 사람은 없다. 이와는 대조적으로 평등이 우리에게 야기할 재앙을 지각하는 것은 **오직 세심하고 명철한 시각을 가진 사람들뿐이다.** 그리고 그들은 늘 그 점을 짚어 말하려 하지 않는다. 그들은 비참함이 멀리 있고 오직 미래 세대를 괴롭힐 뿐이라는 생각에 안도하며, 그런 점에 대해 **현 세대는 별로 관심을 표명하지 않는다**는 것을 안다. 자유가 때때로 초래하는 병은 직접적이다. 그것은 모두에게 보이고, 어느 정도는 모두 느낀다. 극단적 평등이 초래할 수 있는 병은 한 번에 조금씩 드러난다. (…) 자유가 산출하는 재화는 장기적으로만 자신을 드러내며, 그것이 원인이라는 것이 쉽게 인정받지 못한다. 평등의 장점은 즉시 느껴지고 그 원천으로부터 매일 흘러나오는 것을 보게 된다.

고딕체로 표기한 첫 번째 문구는 "세심하고 명철한 시각"을 갖지 못한 모든 시민의 인지 결핍을 지적한다. 두 번째 문구는 (아마도) 모든 시민에게 결여된 동기를 지적한다. 현재 선택의 시간적으로 먼 효과가 지적 엘리트에 속하는 이들의 정신적 화면에는 비쳐지더라도, 그들에게는 그런 판단을 비중 있게 여길 동기가 형성되지 않는다. 다수 사회 성원은 신중함은 물론이고 선견지명도 부족하다. 그리고 이 두 결함은 수렴한다.

나는 8장에서 감정의 긴급성에 의해 인지적 근시안이 유도될 수 있음을 주장할 것이다. 그러나 그것은 우리가 미래를 엿보려고 할 때 불확실성의 안개가 더 두터워진 때문일 수도 있다. 그런 상황에서 의사결정자들은 종종 그들이 예측할 수 있는 단기적 귀결에 근거해서 선택하려는 유혹에 빠진다. 리비아에 대한 2011년의 군사 개입은 독재자를 제거함으로써 얻을 수 있는 단기적 이익이라는 동기를 따랐지, 누가 또는 무엇이 그 독재자를 대체할 것인지에 대해서는 별로 생각하지 못했다. 이와 유사하게, 베트남 전쟁사가는 "단기적 편의에 고착되었을 뿐, 전쟁으로 인해 미국이 장기적으로 치르게 될 비용에 대한 종합적인 추정치가 결여된 채, [린든 B. 존슨 대통령은] 철군이라는 금세 눈에 들어오는 비용 절약에 몰두했다"고 썼다.

많은 경제 모델은 행위자들이 실제로 모델을 활용해서 기대를 형성한다는 강한 의미에서 '합리적 기대'를 가지고 있다고 가정한다. 더 약한 가정일 때도, 행위자들이 기대를 형성하는 데 있어 체계적으로 잘못하지는 않는다고 본다. 강한 판본은 행위자가 실제로 보여 준 적 없는 인지적 역량이 그들에게 있다고 본다. 약한 판본은 일부 행위자들이 전혀 기대를 형성하지 못하며 몇 년 후에 일어날 일에 대해 불확실성이 만연하다는 느낌을 가질 뿐이라는 것을 무시한다. 또한 17장에서 추가로 논의할 거미집 모델이 보여 주듯이, 그것은 어떤 행위자들은 **적응적** 기대 정도 형성할 수 있을 뿐이라는 사실을 무시한다. 이러한 기대는 실제로 체계적으로 잘못될 수 있지만, 행위자는 자신의 실수를 배울 상황에 있지 못할 수 있다. 또한, 사람들은 경험에 의해 수정되지 않는 다른 체계적인 예측 오류를 저지른다. 한 분석에 따르면, 페널티킥에 직면한 골키퍼 편에서 최선의 전략은 골대의 가운데 자리에 머무르는 것이지만, 약 94%가 왼쪽 또는 오른쪽으로 몸을 던지는데, 그 이유는 아마도 '무행동 회피'inaction aversion 때문일 것이다.

참고문헌

G. Becker and C. Mulligan, "The endogenous determination of time preference", *Quarterly Journal of Economics* 112 (1997), pp. 729~758은 시간 할인 및 이타주의에 대한 합리적 선택이론의 설명을 제공한다. 이 점은 C. Mulligan, *Parental Priorities and Economic Inequality* (University of Chicago Press, 1997)에서도 논의된다. 영장류가 (현재 경험한 적 없는) 미래를 계획할 수 있다는 증거는 N. Mulcahy and J. Call, "Apes save tools for future use", *Science* 312 (2006), pp. 1038~1040을 보라. 시간 할인 및 시점 간 선택의 다른 측면을 다룬 두 저서로는 G. Loewenstein and J. Elster (eds.), *Choice over Time* (New York: Russell Sage Foundation, 1992)과 G. Loewenstein, D. Read, and R. Baumeister (eds.), *Time and Decision* (New York: Russell Sage Foundation, 2003)이 있다. 나는 파스칼의 내기에 대해서는 "Pascal and decision theory", in N. Hammond (ed.), *The Cambridge Companion to Pascal* (Cambridge University Press, 2004)에서 길게

논의했다. 쌍곡선형 시간할인에 대한 신경생리학적 증거는 S. McClure et al., "Separate neural systems evaluate immediate and delayed monetary rewards", *Science* 306 (2004), pp. 503~507에 등장한다. 의지박약에 대한 현대적 논의는 D. Davidson, *Essays on Action and Events* (Oxford University Press, 1980)에 수록된 "How is weakness of the will possible?"에서 시작된다. 동기화된 믿음 형성은 D. Pears, *Motivated Irrationality* (Oxford University Press, 1984)에서 논의된다. 나는 의지박약과 선호 역전 사이의 연관성을 "Weakness of will and preference reversal", in J. Elster et al. (eds.), *Understanding Choice, Explaining Behavior: Essays in Honour of Ole-Jørgen Skog* (Oslo Academic Press, 2006)에서 논의했다. 미국 정치에서 나타나는 '회고적 근시안'의 증거는 L. Bartels, *Unequal Democracy* (Princeton University Press, 2010)에서 찾을 수 있다. 정치 비즈니스 주기에 대한 의심은 A. Drazen, "The political business cycle after 25 years", in B. Bernanke and K. Rogoff (eds.), *NBER Macroeconomics Annual* 15 (2000), pp. 75~137에 드러나 있다. 정점-종점 어림법peak-end heuristic과 관련해서 인용된 예는 D. Kahneman. P. Wakker, and R. Sarin, "Back to Bentham? Memories of experienced utility", *Quarterly Journal of Economics* 112 (1997), pp. 375~406과 D. Redelmeier, J. Kart, and D, Kahneman, "Memories of colonoscopy: a randomized trial", *Pain* 104 (2003), pp. 187~194에서 가져왔다. 음악 기억에 대한 연구로는 A. Rozin. P. Rozin, and E. Goldberg, "The feeling of music past: how listeners remember musical affect", *Music Perception* 22

(2004), pp. 15~39가 있다. 린든 B. 존슨에 대한 논평은 H. McMaster, *Dereliction of Duty* (New York : Harper, 1997), p. 297의 것이다. 골키퍼의 실제 행동과 최적 행동의 분석은 M. Bar-Eli et al., "Action bias among elite goalkeepers: the case of penalty kicks", *Journal of Economic Psychology* 28 (2007), pp. 606~621의 것이다. 다른 연구는 다른 결론을 낸 바 있다.

7장_ 믿음

믿음 형성에 대한 규범적 원칙들에 대한 논의는 13장으로 미루고, 이 장에서는 믿음의 인과적 역사causal history를 논의할 것이다.

무엇인가를 "믿는다"는 것은 무엇인가?

행동의 생성에서 믿음이 하는 역할을 이해하려면, 그것의 본성, 원인 그리고 귀결에 대해 이해해야 한다. 2부 서론 부분에서 언급했듯이, 예를 들어 어떤 것이 그 사례라는 것, 예컨대 사후의 삶이 존재한다는 것을 '믿는다'는 것이 뜻하는 바가 언제나 분명한 것은 아니다. 당의 무오류성을 '믿었던' 공산주의 추종자들은 진정으로 그것을 **믿었는가?**[1] 최악을

---

1 공산주의의 몰락 후, 동독 출신의 한 여성은 공개회의에서 자신의 세대가 어릴 때부터 동조하라고, 줄을 지키라고 배워 왔다고 말했다. 어떤 장기 조현병이 사람들의 **내면을 비워 버린** 것이다. 그래서 이 여성이 말했듯이, 그녀가 지금 갑자기 "공개적으로 말할 수 없게 되었거나 그녀가 생각한 것을 말할 수" 없게 된 것만은 아니었다. 그녀는 자신의 생각이 정확히 뭔지조차 제대로 알지 못했다.

믿는 경향이 있는 선천적 비관주의자와 최악의 시나리오가 맞는 듯이 행동할 뿐인 신중한 의사결정자의 차이를 우리는 어떻게 식별할 수 있는가? 어떻게 우리는 위험 회피(형식적 선호)와 비관주의(하나의 믿음)를 구별할 수 있는가?

또한 일상 언어에서 '믿음'은 완전한 보증에 이를 정도는 못 되는 것을 뜻한다. 나는 내일 비가 올 것을 **믿는다**. 그러나 나는 틀릴 수 있다는 것을 안다. 나는 내가 결혼했다는 것을 믿을 뿐 아니라 그렇다는 것을 안다. 철학적 분석에서 통상 정당화된 참된 믿음은 세계(그것은 참되다) 그리고 행위자가 처리한 일련의 증거(그것은 정당하게 처리되었다)와 특수한 관계에 있는 믿음으로 정의된다. 그러나 이런 지식의 두 양상 가운데 어떤 것도 일상적인 담론에서 "나는 안다"라는 문구 밑에 놓여 있는 주관적 확실성을 포착하지 못한다. 이 확실성은 단순히 97% 또는 98%, 99%, 99.9% 등의 확률의 한계가 아니다. 확실한 것은 그렇지 못한 것과는 질적으로 다르다.

이런 '확실성 효과'는 다음과 같은 실험에서 잘 나타난다. 일군의 피험자들에게 다양한 선택지에 대한 그들의 선호를 말해 달라고 한다. (괄호 안의 숫자는 주어진 선택지를 선호하는 피험자들의 비율을 표시한다.)

영국, 프랑스 그리고 이탈리아 3주 관광에 50% 확률로 당첨될 기회 (22%)

영국 1주 관광에 확실히 당첨될 기회 (78%)

다른 피험자 집단은 다음과 같은 선택지를 받았다.

영국, 프랑스 그리고 이탈리아 3주 관광에 5% 확률로 당첨될 기회 (67%)

영국 1주 관광에 10% 확률로 당첨될 기회 (33%)

첫 번째 집단의 성원들은 '영국만'의 선택지를 선호하는 편인데, 그이유는 그것이 **확실히** 얻을 수 있는 것이기 때문이다. 일단 그것이 다른 대안과 같은 확률로 떨어지면, 다른 대안이 더 매력적인 것으로 보일 것이다. 고도로 위험한 임무에 자원할지 의사를 물어보면 군인들은 자살적 임무에 자원자로 요청받은 경우보다 훨씬 덜 망설인다. 위험한 임무를 요청받는 이들은 희망사고("그런 일은 나에겐 일어나지 않을 거야")에 빠져 있을 수 있다. 하지만 자살적 임무에서는 희망사고 자체가 불가능하다.

네 가지 인지적 태도

이런 문제를 제쳐 놓더라도 믿음은 모호한 구석이 많다. 우리는 세계에 대한 네 가지 인지적 태도를 구별해 볼 수 있다. 강한 태도부터 살펴보면, 첫째 양식은 **확실성**이다. 둘째 양식은 **위험**이다. 이런 양식 안에서 행위자는 과거의 빈도에 근거하든 자신의 판단에 기초하든 일련의 상호 배타적이고 겹치는 바가 없는 결과물 각각에 확률을 할당한다. 세 번째 양식은 **불확실성**이다. 이런 양식 안에서 사람들은 상호 배타적이고 겹치는 바가 없는 결과물 집합이 존재한다는 것은 알지만, 결과물 각각에 어떤 (기수적) 확률 값도 부여할 수 없다는 것을 자각하고 있다. 그들은 결과물에 **서수적** 확률을 결부시킬 수도 있다. 즉, 결과물이 어떻게 일어나

느지는 말할 수 없다 하더라도 다른 것보다 더 많이 발생할 가능성이 있다고 말하는 것이다(예를 들어 13장을 보라). 마지막 양식은 **무지**이다. 이 상태에서는 가능한 결과물의 범위, 그것들 각각의 발생 확률이 알려지지 않거나 그것에 완전히 무지하다.[2] 전직 국방부 장관 럼즈펠드^{Donald} Rumsfeld가 한 기억할 만한 말에 따르면, 우리는 양이 얼마나 되는지 아는 것과 모르는 것뿐 아니라 "모른다는 것조차 모르는 것"unknown unknowns 에도 직면하고 있다.

나는 확실성과 위험에 초점을 맞출 것인데, 그 이유는 이것이 언제나 적절한 인지적 태도이기 때문이 아니라 그것이 가장 평범한 것이기 때문이다. 사람들이 주어진 주제에 대해 **어떤** 믿음을 가질 근거가 없을 때조차도 사람들은 하나의 의견을 형성해야만 할 것 같은 압박을 느낀다. 그 의견은 (희망사고에서처럼) 특정한 의견이 아니라 **이것이든 저것이든 하여튼** 의견이면 된다. 이런 성향은 어느 정도 문화적 요인들에 의해 결정되어 있다. 앨버트 허시먼^{Albert Hirschman}에 따르면, 대부분의 라틴 아메리카 문화는 **처음부터 모든** 것에 강한 의견을 갖는 것에 실제로 상당한 가치를 부여한다. 그런 사회에서는 무지를 인정하는 것은 패배를 인정하는 것이다. 그러나 그런 경향은 사실 보편적이다. 몽테뉴가 말하길,

---

2 무지의 상태(또는 '베일')는 행위자가 자기 이익에 따라 행동하는 것을 방지하기 위해 신중하게 유도될 수 있다. 선거법이 헌법에 포함되는 경우, 변경 사항은 n+1년 뒤에만 발효되도록 지정할 수 있다(여기서 n은 선거주기의 길이이다). 선출된 공무원은 자신의 금융 자산을 백지신탁에 맡겨야 한다. 역사학자의 말에 따르면, 정치에서 무지의 베일 절차의 희귀한 활용의 예로 가이우스 그라쿠스(Gaius Gracchus)가 "어느 집정관을 (통상 로마에서의 공직기간이 끝난 뒤) 어느 지방으로 보낼지 결정하는 원로원을 압박해서 집정관 재임 시기가 아니라 집정관 선출되기 이전에 지역을 배정하게 한" 일을 들 수 있다. "그래서 원로원은 그들이 선호하는 사람에게 가장 좋은 지역을 배정하기가 어려워졌다." 역사학자는 덧붙여 이렇게 말했다. "보낼 지역이 18개월 전에 할당되어야 하기 때문에, 새로운 배정 방식이 효율성에 도움이 되진 않았다."

"이 세계의 남용 가운데 많은 것 — 좀 더 무모하게 말하자면 이 세계의 남용 전부 — 이 무지를 인정하려 하지 않도록 길러진 탓이며, 반박할 수 없는 것은 무엇이든 받아들이라는 요구를 받기 때문이다." 불확실성과 무지의 불관용은 교만함뿐 아니라 도처에서 의미와 패턴을 찾으려는 보편적 인간 욕망에서 연원한다(9장). 마음은 진공을 싫어한다.

사회적 행위자는 불편하게 느껴지기 때문에 불확실성을 싫어한다. **학자들**도 불확실성을 싫어할 수 있다. 불확실성은 정리整理 증명을 어렵게 만들기 때문이다. 경제학 이론의 중심에 있는 기대효용 최대화라는 관념은 기대가 존재하는지에 대해서 명확한 입장을 보이지 않는다. 그래서 경제학자들은 주관적 확률을 행위자에게 귀속시킨다. 하지만 그럴 때도 종종 그것이 행위자에게 심리적 현실성을 가진 것인지 입증하지 않는다. 내가 2부 서론에서 언급했듯이, 예컨대 불확실한 상황 속에서 행위자는 모든 선택지가 똑같은 발생 확률('균일한' 또는 평탄한 확률 분포)을 가진 것으로 생각한다고 경제학자들은 가정한다. 이미 주장했듯이, 그런 절차는 자의적이다. 자연과학 또한 자연현상을 이해하려고 할 때, 예컨대 기후변화를 예측하려고 할 때, 자연과학자는 균일한 분포에 호소한다. 한 연구는 "물리적으로 '구름에서의 얼음 낙하율' 또는 그 반대(즉, '구름 속에서의 얼음 체류 시간')로 명명된 매개변수를 똑같이 사용해서 동일한 시뮬레이션을 달성할 수 있지만, 서로 다른 명명하에 균일한 분포를 표집하면, 완전히 다른 결과를 얻을 수 있다"는 점을 보여줌으로써 이런 절차를 비판한다.

다른 경우에도, 학자들은 행위자들이 합리적 기대를 가지고 있다(6장)고 가정한다. 즉, 행위자들이 정보 및 위험 산정을 모델 고안자와 공유하고 있다는 것이다. 종종 이런 절차가 공공연히 채택되는데, 그 이유는 그것이 증거에 의해 지지되기 때문이 아니라 정리를 증명하고 싶은 욕구 때문이다. 결론 장에서 나는 학자들이 혁명적 행위자들에게 미래의 경제 상태에 대한 강한 주관적 확률을 귀속시켰던 매우 지독한 사례를 인용했다. 그러나 최근 금융위기 이후에는 여러 경제학자가 행위자들이 "양적 확률을 곱한 양적 편익의 가중 평균"을 최대화하려고 한다는 발상을 거부한 케인스를 따랐다.

이런 오류 발생적 메커니즘은 이런저런 식으로 **동기화**에 의존하고 있다. 하지만 오류는 **무지**로부터 생길 수도 있다. 요점은 명백해 보이지만 실제로는 약간 미묘하다. 예컨대 다윈은 "지식보다 무지가 더 자주 자신감을 낳는다"고 언급했다. 자신감과 결합한 무지는 오류를 낳기 좋은 조리법recipe이다. 역으로 빛의 범위가 확장되면, 가장자리 어둠도 확장되며, 그렇게 우리에게 더 큰 겸손을 가르친다. 애덤 스미스가 말했듯이, "열등한 예술가만이 자신의 수행성과에 완전히 만족한다". 여러 실험이 알려 주는 바는, 사실 무능력이 빈약한 인지적 수행성을 야기할 뿐 아니라, 능력 부족을 인정하는 능력의 결핍도 야기한다는 것이다. 무능한 사람은 이중적 장애에 처하는 것이다.

주관적 확률 평가

확률 판단은 객관적 빈도의 관찰이나 순수한 주관적 평가로부터 나올 수 있다.[3] 행위자가 비슷한 상황에 대한 수많은 관찰에 근거한다면, 빈도주의frequentist 방법이 좋은 결과를 산출할 수 있다. 다음 달 생일에 소풍을 계획한다면 그래서 그 즈음 날씨가 어떨지에 대한 예측을 할 필요가 있다면, 내가 할 수 있는 최선은 아마 전년도 같은 날의 날씨 통계를 찾아보는 것이다. 그러나 내일 날씨에 대한 의견이 필요하다면, 가장 좋은 단일 예측인자는 오늘 날씨이다. 그러나 그것이 유일한 예측인자는 아니다. 과거 기록은 나에게 해당 일에 맑은 날씨가 드물었는지 흔했는지 말해 줄 수 있다. 드물었다면, 오늘 맑은 날씨는 그것의 예측 가치를 일부 잃을 것이다. 나는 기압이 올라가는지 내려가는지 보려고 내 집 벽에 달린 기압계를 살펴볼 수도 있고, 저녁 하늘이나 제비가 나는지 따위를 볼 수도 있다.

이 모든 정보를 내일 날씨에 대한 종합적 확률 판단에 통합하는 것은 어려운 과제이다. 우리는 대부분 그것에 능통하지 못하다. 문제는 종종 정보 부족이 아니라 정보 과다이며, 정보를 '모든 것을 고려한 의견'으로 통합할 형식적 절차가 없다는 점과 관련된다. 그럼에도 불구하고, 방대하고 산재한 정보를 다양한 정도의 적합도를 고려해서 종합적 측정에 통합하는 데 있어 우리들 대부분보다 훨씬 뛰어난 사람들이 있다. 그들은 **판단력**에 요구되는 미묘하고 결정적으로 중요한 자질을 지니고 있다. 성공한 장군, 사업가 그리고 정치가는 대개 그런 자질을 갖고 있으며, 그것이 그들이 성공하는 이유이다. 훌륭한 중앙 은행장에게는 그런 자질이 있지만, 경제학자 대부분은 그렇지 않다.[4] 나머지 우리가 할

---

3 더 심층적인 분석에서는, 첫 번째 (객관적) 방법은 두 번째 (주관적) 방법으로 압축된다. 유용한 객관적인 데이터는 항상 주관적인 해석이 필요하기 때문이다. 그러나 여러 가지 실용적인 목적에는 이런 구별이 명료하고 유용하다.

4 앨런 그린스팬(Alan Greenspan)에 대해 쓴 글에서(『뉴욕 타임스』, 2005년 10월 28일), 폴 크루그먼(Paul Krugman)은, 그가 형식적 모델을 불신하면서도 "단편적이고 모순된 데이터로부터 경제적

수 있는 최선은 그런 자질이 없다는 것을 인정하는 것이며, 우리의 직관을 신뢰하지 않는 것을 배우는 것이다. 예컨대 나는 내가 다른 사람을 알게 될 때, 자주 적절하지 않은 이유로 그들을 불신한다는 것을 알았다. ("그는 내가 5학년 때 알던 악동 같아.") 그래서 이제는 내 불신을 불신하게 되었다.[5]

그러나 우리는 성공한 장군, 정치가 그리고 사업가뿐 아니라 훈련된 전문가도 그런 판단력을 가지고 있다고 생각하는 경향이 있다. 정신병 환자 판별이나 가석방 신청자의 재범 가능성 판단 같은 복잡한 진단과 예후 문제에서 우리는 전문가를 신뢰한다. 풍부한 경험 덕분에 전문가들은 훈련되지 않은 관찰자들이 무시하거나 그 중요성을 이해하지 못하는 명백한 징후에 민감하다. 더 나아가서 이런저런 단편적 증거들이 다른 방향을 지시할 때도 전문가들은 경험에 근거해서 주어진 사례에서 가장 중요한 증거가 무엇인지 결정할 수 있다. 우리는 전문가는 적어도 이렇다고 생각한다. 상사, 배우자, 또는 자녀의 행동 예측에서 나을 게 하나도 없으면서도, 우리들 대부분은 이런저런 영역에서 자신이 전문가라고 여긴다. 이런 사실은 우리는 전문가가 숙달된 인지적 우월성을 가지고 있다는 이미지에 깊이 빠져 있다는 것을 보여 준다.

풍향계가 어디를 향할지 점지하는 능력"을 가졌다고 지적했다. 하지만 금융위기 이후 쓴 글에서 크루그먼은 그린스팬에 대해 전보다 더 비판적이 되었다.

5 편향에 종속되기 일쑤라는 것을 아는 것과 그것을 교정할 수 있다는 것은 별개의 일이다. 연구 결과에 따르면, 어떤 사람의 판단을 편향에서 벗어나게 하려는 계획적 시도는 별로 쓸모가 없다. 사람들은 불충분한 교정, 불필요한 교정, 또는 과도한 교정의 덫에 쉽게 빠지기 때문이다. 사람들은 자기 판단을 불신하는 것을 배울 수 있다. 하지만 그것을 개선하는 것은 그보다 어렵다. 그렇게 하는 것이 가능할 수도 있지만, 필요하지 않을 수도 있다.

불운하게도, 이런 이미지는 철저히 틀렸다. 여러 연구가 전문가의 진단 또는 예측을 몇 개의 변수에 기초한 단순한 기계적 공식公式의 실행과 비교해 왔다. 본질적으로 이것은 객관적 (빈도주의적) 방법과 주관적 방법을 비교하는 일이다. 변수들에 할당된 가중치는 통계적 기법에서 도출되며, 이 기법은 관찰된 결과물의 예측 가능성을 높이는 쪽으로 가중치를 부여한다. 거의 예외 없이 공식은 최소한 전문가만큼은 해내고, 대개는 그보다 더 훌륭하게 해낸다.[6] 한 예만 인용하자면, 지능 검사에 기초한 진행성 뇌 기능 장애에 대한 진단 연구에서, 한 세트의 사례에서 도출한 공식을 새로운 표본에 적용하면, 83%의 정확도로 새로운 사례 83%를 찾아낸다. 그러나 전문 임상의 집단과 비전문 임상의 집단은 각각 63%와 58%를 맞췄다. 더욱이 전문가들의 의견은 자주 심하게 엇갈린다. 또 다른 연구에서도 아주 경험 많은 심리치료사들조차 동일한 심리치료 인터뷰를 검토한 뒤, 환자 진단, 환자의 동기 또는 감정에 대해 의견의 불일치를 보였다. 어떤 심리치료사는 모호한 잉크자국에 대한 반응을 진단의 단서로 사용한다. 그러나 잉크자국이 환자에게 모호한 만큼 환자도 치료사들에게 모호한 듯하다.[7]

---

6 이 우월성은 모든 변수에 동일한 가중치를 부여하더라도 그대로 유지된다!

7 노르웨이의 대량 살인자 아네르스 브레이비크(Anders Breivik)의 2012년 재판에서, 최초의 정신과 의사 팀은 그가 자신의 행동에 대해 법적 책임을 질 수 없는 '편집증적 조현병'이라고 결론지었다. 대중의 분노가 이어졌고, 법원은 두 번째 팀을 임명했다. 그들은 브레이비크가 책임 능력이 있는 우익 광신자라고 결론 내렸다. 판사는 두 번째 팀의 의학적 소견을 요약한 뒤, 그들에 동의했다. 정신과 법의학에 대한 대중의 신뢰는 완전히 깨져 버렸다.

통계적 추론의 몇 가지 오류

일반인 못지않게 전문가도 자주 틀린다. 그들이 자명하든 충분히 자명하지 않든not-so-obvious 통계적 추론의 원칙을 무시하기 때문이다. 한 연구는 피험자들에게 긴 머리에 시를 읽는 습관을 가진 청년에 대해 묘사해 주었다. 그리고 그가 오케스트라의 바이올린 주자일 가능성이 큰지 아니면 트럭 운전수일 가능성이 큰지 물었다. 대부분의 피험자가 바이올린 주자일 것이라고 답했는데, 이는 두 집단의 **기저율**base-rate, 즉 각 집단에 속한 사람들의 절대적 숫자를 무시한 것이다. 그 나라에는 바이올린 주자보다는 트럭 운전수가 훨씬 더 많아서(그리고 트럭 운전수들 사이의 변이가 매우 크므로), 사실 시적인 청년은 트럭을 몰 가능성이 더 크다. 이런 실수를 기저율 오류라고 한다.

　믿음 형성에서의 또 다른 실수는 **선별 편향**selection bias이다. 기차역에 도착해서는, 주변 지역을 보여 주는 지도를 살펴보다가 커다란 붉은 점이 찍혀 있고 거기에 "당신 있는 곳은 여기"라고 쓰인 것을 보고서, 기차 회사가 어떻게 자기가 그 시간에 거기 있을 줄 알았을까, 신기해하는 어떤 남자를 떠올려 볼 수 있다. 좀 더 심각한 예로는 투석 센터의 환자들이 있다. 그들은 신장 이식 대기 명단에 이름 올리기를 놀라운 정도로 꺼린다. 그 이유의 하나는 그들이 본 모든 이식받은 환자들은 수술이 실패해서 투석을 하러 다시 돌아와야 했던 이들이기 때문이다. 몽테뉴도 디아고라스Diagoras of Melos를 전거로 해서 이런 편향에 대해 언급한 적이 있다. "난파선에서 살아남은 사람들이 남긴 여러 서원誓願과 봉헌 초상화를 보여 준" 사람이 디아고라스에게 "… 이렇게 물었다. '이보게, 신들은 인간사에 무관심하다고 생각하는 당신 같은 사람은 이렇게 많은 사람이 은총을 입어 구원된 것에 대해 뭐라고 하겠나?' 디아고라스는 이렇게 대답했다. '그건 이렇게 된 걸세. 여기엔 배에 남았다가 익사한 사람들의 초상화는 없네. 그런데 살아난 사람보다 그런 사람이 훨씬 더 많다네!'" 마찬가지로 "어떤 아동 학대자도 스스로 멈춘 적이 없다"고 주장하는 심리치료사들은 그런 사람은 그를 만날 일이 없으리라는 사실을 간과한 것이다. 『잃어버린 시간을 찾아서』의 화자는 샤를뤼스에 대해 이렇게 말한다. "그는 프랑스에 살았기 때문에 모든 것이 그를 독일 애호가로 만들었다. 그는 똑똑한 사람이었다. 어느 나라에서나 바보가 그렇지 않은 사람보다 많다. 의심할 나위 없이, 그가 독일에 살았다면 열정과 어리석음으로 부당한 대의를 옹호하는 독일 바보들이 그를 괴롭혔을 것이다. 그러나 프랑스에 살았기에, 열정과 어리석음으로 정당한 대의를 변호한 프랑스 바보들이 그 못지않게 그를 화나게 했다." 매우 일반적인 이런 추론 결함의 마지막 예로 2차 세계대전 동안 미국 장교들이 했던 추론을 살펴보자. 그들은 돌아온 비행기에서 다른 부분보다 엔진 부위에 총알구멍이 더 적은 것을 관찰하고는, 다른 취약한 부분에 장갑이 집중되어야 한다고 결론 내렸다. 그러나 통계학자인 에이브러햄 왈드Abraham Wald는 돌아온 비행기가 엔진에 더 적은 타격을 입은 이유는 엔진에 타격을 입은 비행기 대부분이 돌아오지 못했기 때문이라고 관찰을 피력했다. 필자에게 이 예를 알게 해준 작가가 말했듯이, "장갑을 보강해야 할 곳은 총알구멍이" 있는 곳이 아니라 "없는 곳이어야 한다".

이스라엘 공군 지도자들은 조종사 훈련에서 보상과 처벌의 상대적 효과를 평가할 때 약간의 실수를 저질렀다. 조종사의 수행성은 비행을 잘해서 칭찬을 받았을 때보다 잘못해서 처벌을 받은 뒤에 개선되었다는 것에 주목하며, 처벌이 상당히 효율적이라고 결론 내렸다. 그들은 **평균 회귀**regression to the mean 현상을 무시했던 셈이다. 완전히 또는 부분적 우연에 의해 결정되는 일련의 사건들에서는, 어떤 극단적 값 다음에는 덜 극단적인 값이 나오는 경향이 있다. 키 큰 아버지는 자신보다 키가 작은 아들을 낳는다. 그리고 조종사는 보상이나 처벌과 무관하게 불량한 비행 다음의 비행이 전보다 더 낫게 마련이다. 한 시즌에서 예외적으로 잘한 육상선수는 다음 시즌에는 그보다 못하게 마련이지만, 팬과 코치는 그가 성공에 취해서 태만해졌다고 말하곤 한다. 우리가 관찰하는 것은 그저 평균으로의 회귀일 뿐인데 말이다.

특정 지역 사회나 직업군이 질병이나 피해 발생에 대해 갖는 심한 두려움은 전염병 학자들이 '텍사스 명사수 효과'라고 부르는 데 기인한다. 엽총으로 헛간의 문에 사격한 뒤, 한데 모여 있는 총구멍을 찾은 다음, 그 위에 표적지를 그리면, 당신이 과녁을 정확히 맞힌 것처럼 보일 것이다. 몇 년 전 프랑스 우체국에 자살자 군집이 발견되었을 때, 통계학자들이 어떤 무작위 과정도 그런 군집을 생성할 수 있다고 지적할 때까지, 언론은 작업 환경의 유해성에 대해 비난했다(아래를 보라). 암에 대한 이런저런 두려움도 엉터리일 때가 많다. 80개의 암이 유형별로 등록될 경우, 역학 전문가의 계산에 따르면, 캘리포니아의 5,000개 인구조사 지역 중 2,750개에서 통계적으로 완전히 무작위적이지만 유의미한 암 발생 수치가 나오리라 예상할 수 있다. 이런 허위 패턴 찾기의 원인과 결과는 9장에서 다시 다룰 것이다.

도박사의 오류와 (이름이 붙여지지 않은) 그 반대편 오류는 또 다른 예를 보여 준다. 지진 발생 뒤에는 지진 보험 가입이 가파르게 증가하지만, 기억에서 멀어짐에 따라 완만히 감소한다. 빨강이 연이어 몇 번 나오면, 빨강이 또 나올 가능성이 더 커진다고 믿는 실수를 저지르는 도박사가 그렇듯이, 지진 보험 가입자는 **가용성 어림법**availability heuristic에 따라서 믿음을 형성한다. 한 사건의 가능도likelihood 판단이 얼마나 쉽게 마음에 그 일이 떠오르는가에 의해서 형성된다. 그리고 최근 사건은 그 이전 사건보다 더 가용성이 높다. 시간에 걸쳐 일어나는 감정의 쇠퇴 (8장)가 한 요인일 수도 있다. 역으로 홍수가 잦은 지역에 사는 사람들은 홍수가 n년에 일어났다면 n+1년에는 일어날 가능성이 내려갈 것이라고 믿는 편이다. 빨강이 연달아 몇 번 나오면, 빨강이 또 나올 가능성이 줄어든다고 믿는 실수를 하는 도박사가 그렇듯이 그들은 **대표성 어림법**representativeness heuristic에 따라서 믿음을 형성한다. 그들은 한 사건의 짧은 진행 과정sequence이 그것을 포함하고 있는 더 긴 진행 과정을 대표할 가능성이 크다고 믿거나 그렇게 믿는 듯이 행동한다.

사람들은 보통 무작위 과정과 결과물의 분포 사이의 관계를 파악하지 못한다. 2차 세계대전 때 런던에는 독일 공군의 폭격이 런던 특정 지역에 체계적으로 집중해 있다고 확신하는 사람들이 많았다. 폭탄이 무리 지어 떨어졌기 때문이다. 무작위 과정이 오히려 군락을 형성하는 대신, 말끔한 격자무늬 패턴으로 떨어지는 폭탄이야말로 신중한 목표물 선별의 강력한 증거라는 기본적 통계 원리를 그들은 이해하지 못했다. 이전에 그런 일을 겪어 보지 못한 사람들이 놀라게 마련인 사실은 고작 23명 정도의 사람이 모인 집단에서 생월과 생일이 같은 두 사람이 있을 확률이 50%가 넘는다는 것이다. 천 개의 투자회사 중 30개가 기본적으로 동전 던지기 수준의 실력을 발휘해도 5번 연속적으로 좋은 자문을 해줄 통계적 가능성을 갖고 있다. 과거의 성과를 운이 아닌 기량의 결과로 잘못 이해하고, 그것에 근거해서 이들 회사에 투자한 고객은 단순한 귀납에 근거했다가 길을 잃는 경험을 할 수도 있다.

주술적 사고

다음으로 **주술적 사고**, 즉 자신의 통제 밖에 있는 결과물에 실질적으로 인과적 영향을 미칠 수 있다고 믿는 경향의 다양한 형태를 살펴보자. 독자 가운데 운명을 시험하기를 두려워하며 "우산을 가져가지 않으면 꼭 비가 온다"고 생각했던 적이 있는 사람이 꽤 있을 것이다. 사람들은 이미 던져졌지만 가려져서 결과만 모르는 동전보다 아직 던져지지 않은 동전에 더 큰 돈을 건다. 프루스트의 작품에서, 화자의 친구 로베르 드 생-루는 "정부情婦의 그에 대한 정절은 그녀에 대한 자신의 정절에 달려 있다는 일종의 미신적 믿음"(그가 인과적 영향을 얘기하고 있지 않다는 것은 문맥상 분명하다)에 빠져 있다. 또한, 사람들은 **인과적 적합성과 진단적 적합성**을 구별하지 못하는 듯하다. 한 실험에서 피험자들은 자신의 팔을 아주 찬 물에 넣고 있을 수 있는 시간의 길이가 장수의 가장 좋은 지표라고 믿게 유도되었는데, 그들은 이런 (거짓) 정보를 받지 못한 사람들보다 더 오래 물속에 자신의 팔을 담그고 있었다.[8] 그리고 사람들은 자신의 행동을 타자의 행동 양식의 예측 인자로 사용하기 때문에, 죄수의 딜레마에서 자신의 협동 전략이 타자의 협동을 자아낼 수 있다고 생각하고 협동 전략을 택할 수 있다. 한 실험에서, 다른 사람의 파트너인 사람뿐 아니라 자신의 상호행동 파트너인 사람의 선택 모두를 예측하라는 요구를 받은 협동적 피험자는 다른 사람의 파트너보다 자기 파트너가 더 협동적일 것으로 예측한다(그리고 자신의 예측에 큰 자신감을 보인다).[9] 공공기관도 때때로 시민들의 주술적 사고 성향에 의존하는 것처럼 보인다. 그래서인지 파리 버스에는 "좌석을 더럽히면, 당신에게도 얼룩이 묻을 수 있다"Qui salit le siège à l'aller risque de se tâcher au retour라는 표어가 붙어 있다.

칼뱅주의도 이런 종류의 주술적 사고의 예를 제공한다(3장). 일단 칼뱅주의자가 예정설을 믿게 되면, 모든 종류의 세속적 쾌락을 탐닉하지 않을 이유가 없어지는 듯하다. 예정설에 따르면, 그런 쾌락들은 그의 사후 운명에 영향을 줄 수 없으니 말이다. 막스 베버의 주장에 따르면, 그럼에도 불구하고 칼뱅주의는 추종자들이 금욕적 생활양식을 택하게 만들었다. 그들이 그렇게 한 이유는 구원을 얻기 위해서가 아니라 선택받은 자에 속한다는 주관적 확실성을 얻기 위해서였다. 이런 베버의 주장은 칼뱅주의자들이 자기 행동의 인과적 적합성과 진단적 적합성을 혼동했음을 일러 준 것으로 읽을 수 있다. 이것은 영국 침례교도들이

---

8 원인과 증상의 구분이 항상 명백한 것은 아니다. 1959년 후반, 위대한 통계학자인 R. A. 피셔(R. A. Fisher)는 흡연과 암을 모두 유발하는 유전적 특성을 가정할 수 있다면, 흡연은 폐암의 원인이 아니라 폐암의 증상이라고 주장했다. (그가 담배 회사에서 연구비를 받은 것은 사실이다.) 또는 2장에서 논의했던, 개인이 오랫동안 일을 하지 않으면 주어진 기간 안에 일자리를 찾을 가능성도 줄어든다는 연구 결과를 살펴보자. 실업 기간은 그저 고용 가능성을 진단해 주는 것일 수 있고, 일자리를 찾을 기회에 (탈도덕화 등을 통해서) 인과적 영향을 미칠 수도 있다.

9 이러한 불일치는 협동적 행위를 상호행동 파트너에게 귀속시키는 것이 단지 '허위 합의 효과' (false consensus effect, 22장) 때문일 가능성을 배제해 준다.

1770년에 돌려 본 한 편지에 명시적으로 드러난다. "구원받기 위해 그리스도에게 오는 모든 영혼은 용기를 얻을 것이다. 그리스도에게 오는 영혼은 그가 선택되었는지 근심할 필요가 없다. 왜냐하면, 그렇지 않은 누구도 오려고 하지 않으므로." 만일 신이 선택된 자의 일원으로 나를 선택했다면, 신은 또한 내가 어떤 종류의 행위를 하고자 하는 원인이 될 것이다.

이런 오류(그리고 광범위하게 자료로 정리된 많은 여타 오류들)는 대부분 '차가운' 또는 동기화되지 않은 실수이며, 몇 가지 점에서 시각적 환영과 유사하다. 다른 오류 또는 '뜨거운' 실수는 행위자의 믿음이 **동기화된 것이기 때문에**, 즉 그들의 욕망이 과도하게 영향을 주기 때문에 일어난다. 13장에서 보겠지만, 욕망이 믿음에 미치는 인과적 영향이 내재적으로 비합리적인 것은 아니다. 욕망은 정보 수집에서 특정한 양의 자원을 투자하는 이유가 될 수 있다. 그렇게 해서 획득된 정보는 어떤 믿음을 갖는 이유로 쓰인다. 욕망은 믿음을 보유할 이유를 제공하지 않을지라도, 합리적 믿음 형성 복합체 안으로 들어간다. 최초의 욕망과 최종적인 믿음 사이에 쐐기를 박는 것은 정보 검색 결정이 이루어지는 시기에는 검색 결과물이 무엇일지 정의상 알 수 없다는 사실이다.

동기화된 믿음 형성

내가 방금 인용한 욕망이 믿음에 미치는 직접적 영향은 논쟁의 여지 없이 합리성에 어긋난다.[10] 더 논쟁적인 관념은 파스칼의 내기와 관련된다. 내가 앞장에서 설명했듯이, 파스칼은 아무리 작더라도 신이 존재할 확률이 0이 아니라고 믿는 행위자는 기대 가치를 최대화하려는 순수하게 도구적인 이유에서라도 신이 존재한다는 확고한 믿음을 (확실성의 형태로) 가지려고 해야 한다. 왜냐하면, 신이 존재한다면 믿음이 영원한 복락을 보증하기 때문이다. 이 논증의 전제는 (1) 믿음이 구원을 제공할 것이 확실하다는 것이다. 그리고 (2) 그 믿음의 기원이 도구적이라는 이유로 인해, 그것에 깃든 구원의 효력이 박탈되지는 않는다는 것이다. 두 전제는 신학적 관점에서 미심쩍은 것이긴 하지만, 그것이 지금 우리의 관심은 아니다. 문제는 이 '믿으려는 결정'이 합리적 기획인가 하는 것이다. 어떤 의미에서 그것은 합리적이지 않다. 내 뜻대로 팔을 들기로 결정할 수 있는 것처럼, 내 뜻대로 믿기로 결정할 수는 없다. 그러나 간접 전략을 사용할 수는 있다. 파스칼이 주장하듯이, 사람은 **마치** 믿는 것**처럼** 행동함으로써 마침내 믿는 것에 이를 것이다. 이것이 일어나게 되는 메커니즘은 어느 정도는 불가해하다.

믿으면 생길 좋은 결과 때문에, 허위라고 믿는 것까지 믿고자 하는 사례들도 있다. 만일 절주를 하고 싶지만, 알코올 중독자가 될 위험이 충분한 동기가 되지 않는다면, 위험이 내가 그렇다고 믿는 것보다 더 크다고 믿고 싶을 것이다. 그러나 그런 믿음을 갖게 해줄 믿음직스러운 기법은 없다. 그 과정이 어떤 **자기 말소적 요소**, 즉 믿음을 획득하려는 욕망이 믿음의 기원이라는 사실을 의식적 사고에서 사라지게 해주는 요소를 갖고 있지 않은 한, 욕망은 단순한 바람으로 남을 가능성이 크다.

'논쟁의 여지가 없는' 사례에서도, 행위자의 욕망은 정보수집을 어

---

10 원문은 consistent with rationality인데 inconsistent의 오식으로 보인다.—옮긴이

떤 수준까지 끌어올리는데, 그렇게 수집된 정보가 이런저런 믿음을 유인할 것이다. '논쟁적인 사례에서' 욕망은 행위자가 가지고 싶은 특정한 믿음을 다음 차례에서 유도할 특수한 행동을 유인한다. 이제 나는 동기화에 의해서 **직접적으로** 형성되는 믿음을 다룰 것이다. 이것은 동기화의 두 가지 기본 양상인 흥분arousal과 내용content에 상응하는 두 가지 방식 가운데 하나이다. 돌이 얼음을 깨는 것은 그것의 색깔이 아니라 무게 덕분이라고 말할 수 있듯이, 동기화가 믿음에 영향을 주는 것은 그 내용에 의해서가 아니라 동반되는 흥분 수준 덕분이라고 말할 수 있다. 온건한 생리적 흥분은 주의력을 집중시키고 상상력을 자극함으로써 믿음 형성의 질을 개선할 수 있다. 존슨 박사Samuel Johnson가 말했듯이, "어떤 남자가 2주 안에 자신에게 교수형이 집행될 것을 알고 있을 때, 그의 마음은 놀라울 정도로 집중될 것이다". 그러나 흥분이 어떤 수준을 넘어서면 인지는 저하된다. 극단적인 배고픔, 스트레스, 두려움 혹은 중독적 갈망 상태에서는 각성 때문에 마음속에서 이루어진 이전의 추론 단계를 유지하기 어려워진다. 추정컨대 교수형이 오직 하루 남았다면, 정신적 집중은 무뎌질 것이다. 대학 수학능력 시험(SAT)에서는 시험을 잘 치겠다는 너무 강한 동기화는 실제로는 시험을 잘 못 보게 할 수도 있다. 마치 목표물을 맞히려는 강한 욕망 때문에 사격수의 손이 떨려서 목표를 못 맞힐 수도 있듯이 말이다(10장). 다음 장에서 나는 여러 가지 감정의 긴급성 때문에 행위자가 합리적 믿음 형성의 정상적인 장치를 우회하게 된다는 것을 논증할 것이다. 따라서 믿음은 **동기화에 의해서 형성될 수 있**지만, **동기화되어서는 안** 된다. 왜냐하면, 행위자는 그들이 참되다고 믿고 싶은 특수한 욕망을 가진 것은 아니기 때문이다. 흥분은 마음을 **흐리**

지만, 마음에 어떤 특정 믿음에 유리한 **편향**을 불어넣지는 않는다.

동기화된 믿음은 두 가지 주요 다른 변종을 갖는다. 앞서 언급했듯이, 행위자는 주어진 주제에 관해 **이렇든 저렇든 하여튼 믿음**을 가지기를 바랄 수 있다. 결론을 내리고 싶거나 무지를 관용하지 못하는 것이 그런 동기에 속한다. 이와 달리 배우자가 정절을 지킨다는 것 같은 **특정한 믿음**을 지키려는 동기를 가질 수도 있다. 이 변종을 생성하는 가장 중요한 메커니즘은 합리화, 희망사고 그리고 자기기만이다.

① 합리화

합리화는 실수를 정당화하는 믿음 또는 하고 싶은 것을 어쨌든 하는 이유를 뒷받침하는 믿음을 행위자에게 제공할 수 있다. 두 번째 메커니즘은 변환(9장)과 비슷하며, 그런 제목 아래서 논의할 수도 있다.

자신(또는 자신의 특수관계자)을 비난에서 벗어나게 하려는 **과거 다시 쓰기**는 아주 흔한 일이다. 이혼 절차에서 두 당사자는 종종 파경의 책임을 상대에게 돌리려고 한다. 그들은 동기는 이해되지만 서로 양립되지 않는 서사敍事를 만들어 낼 수 있다. 예컨대 두 사람이 가사노동에 썼거나 아이와 보냈다고 주장하는 시간의 총합은 100%를 초과한다. 다른 편 끝에 있는 중요한 사안으로, 독일, 프랑스, 영국, 오스트리아, 세르비아 및 러시아의 시민들이 1차 세계대전의 발발과 관련해서 자국보다 다른 국가를 비난하는 경향이 있다.[11] 이들의 공통 메커니즘은 '역 후견지

---

11 어떤 국가도 비난받을 이유가 **없다**는 생각은 우주의 의미와 질서를 찾으려는 욕구, 특히 행위주체성 편향(agency bias)에 의해 약화된다(9장). 이 편향을 극복해도, 자기 나라에 면죄부를 주려는 경향이 이어질 것이다.

명 편향'reverse hindsight bias이라고 부를 수 있다. 성공 확률이 낮은 선택의 결과가 실패이면, **관찰자들은** 종종 실패가 예견되었다고 주장한다(그 선택은 음의 기댓값을 가졌다). 이런 주장이 부정확하다면, 후견지명에 의해 뒷받침될 수 있다. **의사 결정자는** "그때는 좋은 생각으로 보였다"(그 선택은 양의 기댓값을 가졌다)라고 주장할 수 있다. 이런 주장 또한 부정확하다면, 합리화에 의해 뒷받침될 수 있다. 따라서 베트남 전쟁 비판자들이 처음부터 옳았다는 것이 분명해져도, 월트 로스토Walt Rostow 같은 전쟁 옹호자들은 전쟁 목표를 '시간 벌기'나 역내의 다른 국가들에게 '숨 쉴 공간' 만들어 주기로 재정의함으로써 합리화했다.

합리화의 가장 흔한 형태는 자기 이익 추구 행위를 무사심한 것으로 프레임을 짜는 것이다. 제인 오스틴의 『설득』Persuasion에는, 소설사에서 가장 잘 묘사된 이기주의자 가운데 한 사람인 월터 엘리엇 경이 이름 없는 여성과 주고받은 서신을 볼 수 있다. 그는 자신의 딸 메리가 어떻게 지내냐고 물으며 이렇게 덧붙인다. "내가 마지막으로 그 아이를 보았을 때, 코가 빨갰습니다. 그런 일이 매일 일어나지 않기를 바랍니다." 그의 딸이 아주 건강하고 보기 좋다는 것에 안심하면서, 그는 이렇게 답한다. "새 모자와 외투pelisse 때문에 거센 바람이 부는 바깥에 나가 거칠게 자라게 되지 않는다면, 그것을 보내 줄 것입니다." 소설의 여주인공인 그의 딸 앤은 "가운gown이나 모자가 그렇게 잘못 사용되지는 않을 것이라고 장담해야 할지" 고민한다. 월터 경은 딸에게 돈을 쓰는 것을 꺼리는 자신을 합리화하기 위해서 그녀에게 객관적으로 도움이 되지 않는다는 이유로 거부할 수 있는 품목으로 선물을 제한한다. 이와 비슷하게, 인색한 부모는 자녀를 재정적으로 돕기를 거부하면서 그것을 자녀의 노동

인센티브를 떨어뜨리지 않기 위한 것으로 합리화할 수도 있다. 그리고 부국은 빈국 원조를 거부하면서, 그것을 정당화하기 위해 같은 주장을 할 수 있다. 이런 논증이 그것을 주장하는 사람들에게 이익이 된다. 그렇다고 해서 그 논증이 틀렸거나 자기 이익에 의해 동기화되었다고 증명된 것은 아니다. 그런 주장을 하기 위해서는 더 많은 증거가 필요하다.

② 희망사고

이제 희망사고와 자기기만을 다뤄 보자. 제대로 이해되지 않고 있는 이 두 가지 현상의 공통점은 p가 사례인 욕망이 p가 사례인 믿음을 야기한다는 것이다. 희망사고에서는 이것이 한 단계의 과정이다. 즉, 희망(바람)이 사고의 아버지이다. 증거는 부인되기보다는 무시된다. 증거를 찾아보았다고 해도, 희망사고가 빚어낸 믿음이 증거가 정당화하는 믿음과 일치하는 결과에 이른다.[12] 자기기만은 보통 네 단계를 경유한다. 첫

---

12 이 점을 무시하는 것은 비합리적 믿음 형성의 원천이 될 수 있다. 타자에게서 동기화된 믿음 형성의 작동을 탐지하는 것은 어렵지 않기 때문에, 증거가 결론을 정당화하는지 여부를 살피지도 않고 이런 식으로 도달한 결론을 우리는 불신하는 경향이 있다. 1990년 무렵까지 내 친구 대부분과 마찬가지로 나도 0점~10점(최악) 척도에서 공산주의가 7점 또는 8점이라고 믿었다. 최근 드러난 일들을 보면서, 나는 10점이 적절하다고 생각하게 되었다. 증거를 제대로 인식하지 못한 이유는, 현실의 공산주의자들이 배신했을지언정 공산주의 자체는 좋은 이상이라는 이상주의적 믿음 때문이 아니다. 그랬다면, 나는 그저 희망사고나 자기기만의 희생물일 뿐이다. 오히려 나는 공산주의가 10점이라고 주장하는 사람들의 히스테리적 성격 때문에 잘못 생각하게 되었다. 그들의 주장을 무시한 것이 전적으로 비합리적인 것은 아니다. 명백히 히스테리적 주장은 깎아서 받아들이는 것이 대부분 납득할 만한 일이다. 그러나 잘못된 이유 때문일지라도, 히스테리 환자가 옳을 수 있다. 나는 지독한 반공산주의자들 가운데 다수가 증거에 상관없이 똑같은 말만 한다는 것을 알았고, 여전히 그들이 그렇다고 생각한다. 그래서 나는 그들이 말하는 것이 실제로 증거와 상응한다고 믿을 수 없었다. 나는 그들이 하루 두 번 시간이 맞는 고장 난 시계가 아니라 항상 한 시간 늦는 시계라고 생각하는 실수를 저지른 셈이다. 나중에 나는 생태주의 운동의 구성원들에 대해서도 같은 실수를 했다.

째, 증거가 고려된다. 둘째, 적절한 믿음이 형성된다. 셋째, 그것이 우리 욕망에 맞지 않는다. 마지막으로, 욕망이 그 대신 더 수용할 만한 다른 믿음을 형성하는 원인이 된다. 자기기만은 역설적인 현상이며, 그것의 존재 그리고 심지어 가능성조차 의문의 대상이 되어 왔다. 그러니 좀 더 단순한 이슈인 희망사고에서 시작해 보자.

　희망사고를 촉발하는 메커니즘을 제시하기 전에 먼저 말했으면 하는 것은, 그것이 자기기만의 경우와 달리 그 존재를 부인할 수 없다는 것이다. 판돈이 큰 상황에서는 그런 것이 일어나지 않는다고 주장하거나 주식시장이나 선거 같은 합계 행위에는 영향을 미칠 수 없다고 주장하는 사람은 있지만, 그것이 있다는 것을 부인하는 사람은 없다. 무엇보다 세계문학이 그 존재를 증언한다. 더 나아가서 희망이 빚은 많은 믿음은 **행동**의 전제 구실을, 그런 뜻에서 단순한 '유사믿음' 이상의 구실을 한다. 공공연히 그러든 혼자만 그러든, 자신을 속여서 흡연이 위험하지 않다고 믿게 된 흡연자도 더 합리적 믿음을 가졌다면 흡연을 중단했거나 중단하려고 했을 것이다.[13] 희망에 차서 자신이 실제보다 능력 있다고 믿는 자신만만한 사람은, 그렇지 않았다면 피했을 모험을 감행하기도 한다. 자신이 다른 사람들만큼 성공할 수 있다고 스스로를 속이는 사람들은 자신을 개선하는 데 필요한 추진력을 잃을 수 있다. 공통된 메커니즘은 다음과 같다. 첫째, 사람들은 자신이 성공하리라고 믿게 동기화되어 있다. 둘째, 그는 자신이 실제로 잘하는 영역을 자기 생활 속에서

---

13 알코올의 경우와 마찬가지로, 금연을 위해서는 흡연의 위험을 과장하는 비합리적 믿음이 필요할 수 있다.

찾아낸다. 셋째, 자신이 성공적이라고 스스로 속삭일 수 있는 그 영역의 중요성을 끌어올린다. 마지막으로 그는 삶의 다른 경로에서 성공하기 위한 노력을 줄인다.

삶을 운행하는 데는, 정확한 믿음을 갖는 것이 도구적으로 유용하다. 동시에 믿음은 내재적으로 유쾌할 수도 있고 불쾌할 수도 있다. 즉, 긍정적 감정의 원인이 될 수도 있고, 부정적 감정의 원인이 될 수도 있다. 암에 걸렸다는 이야기를 들으면, 치료 방법을 찾을 수 있다. 그러나 그 믿음 때문에 공포에 사로잡힐 것이다. 프로이트의 언어로 하면, 현실원리의 지배를 받는 사람은 정확한 믿음을 추구하는 반면, 쾌락원리에 종속된 사람은 즐거운 믿음을 찾을 것이다. 이런 원리는 엄격한 의미의 믿음에는 적용되지만, 유사믿음에는 해당하지 않는다. 자신이 달성한 일에 대해 상으로 큰돈이 내려지리라는 비현실적인 믿음을 가진 사람도 상을 받기 전에 상금에 해당하는 돈을 쓰지는 않는다. 그 정도는 쾌락원리를 따른 것치고는 그리 해롭지 않은 형태이다. 아주 고약한 경우는, 상을 받을 것이라는 확신 때문에 빚을 지는 것이다. 자기와 무관한 사람의 사망에 연동되어 일정액의 돈이나 재산을 받는 **톤틴식 연금** *tontines* 제도와 **종신 정기금***rentes viagères* 제도는 아마도 희망사고 덕에 인기를 얻은 듯하다(그리고 그것의 악명은 이런 요소를 플롯에 끌어들인 탐정소설 때문일 것이다).

희망사고는 어느 정도는 **제약**에 종속되기 때문에, 유쾌한 믿음을 마음대로 만들어 낼 수 없다. 흡연을 시작한 행위자는 그것이 위험하지 않다는 희망 섞인 믿음을 갖고 싶을 것이다. 그러나 그럴 경우, 흡연의 위험에 대한 이전 믿음의 제약을 받을 것이다. 한 개인이 시험을 처음 못

봤을 때는 불운 이야기를 자신에게 들려줄 것이다. 그러나 같은 결과가 그 후로도 네 번 더 연이어 일어나면, 그 이야기가 여섯 번째 실패에서도 효과를 발휘하기는 어려울 것이다. 또는 내가 1장에서 소개한 예인 비싼 브로드웨이 쇼 입장권을 떠올려 보라. 내가 푯값으로 75달러를 낸 쇼가 형편없다고 해도, 푯값을 상상으로 하향 조정하기에는 내 기억이 너무 생생하다. 하지만 심미적 평가는 무형인 데다 다차원적이므로, 쇼에 대한 평가를 상향 조정하는 것은 한결 쉬운 일이다. 이와 비슷하게, 개연성 있는 사건을 더 욕망하는 것과 욕망하는 사건을 더 개연성 있게 지각하는 것은 모두 입증된 것들이다. 그럴 때도, 후자가 전자보다 제약이 훨씬 심하다.

한 교훈적 실험은, 피험자에게 동반자나 적수로 배정된 사람과 역사 잡학 게임history trivia game을 하라고 요청했다. 만점을 받았던 어떤 사람의 게임 성적이 표본으로 노출되자, 적수가 될 것으로 예상했던 (그래서 그의 능력이 형편없기를 바랐던) 사람보다 같은 편이 될 것으로 예상했던 (그래서 그의 능력이 뛰어나기를 바랐던) 사람이 그의 역사 실력을 더 높게 평가했다. 하지만 그와 동시에 피험자들은 명백하게 그들이 받은 정보의 내용에 의해서도 제약되었다. 왜냐하면, 그가 적수가 될 것이라고 예상한 피험자들조차 그를 평균보다 높게 평가했기 때문이다. 실험의 한계는 그것이 피험자들에게 믿음에 근거해 **행동할** 기회를 제공하지 않았다는 것이다. 그랬다면 피험자들이 적수에 대한 과소평가가 야기할 잠재적 대가가 어떻게 실현되는지 경험했을 것이다. 우리가 아는 한, 과소평가는 그저 유사믿음에 머물렀을 가능성이 있다. 피험자들이 돈을 가지고 게임을 했다면, 더 신중했을 수도 있기 때문이다.

방금 든 예에서는, 희망사고가 선행하는 사실적 믿음에 의해 제약되었다. 다른 예에서는 그럴듯한 인과적 믿음에 의해서 제약된다. 희망사고는 보통 '자신에게 이야기 들려주기'를 수반한다. 이때 이야기는 내가 2장에서 논의했던 메커니즘에 대한 관념과 밀접하게 관계된다. 메커니즘은 풍성하다. 그래서 사람들이 참이었으면 하는 믿음을 정당화할 수 있는 이야기를 찾는 일은 어렵지 않다. 반갑지 않은 소문에 대해서는 "소문치고 엉터리 아닌 게 있나?" 같은 말로 일축할 수 있다. 그리고 반가운 소문에 대해서는 "소문이 틀린 적 있나"라는 말로 수용할 것이다. 가령 내가 사회사업 학교 지원 안내문에서 이 직종의 종사자에게는 감정적 안정성이 꼭 필요하다는 내용을 읽고 있다고 가정해 보자. 내가 태어났을 때 어머니가 나를 돌보기 위해서 직장을 그만두었다면, 나는 어린이가 부모의 종일 돌봄으로 받은 혜택 이야기를 자신에게 들려주며, 자신의 감정적 안정성에 대한 믿음을 북돋을 것이다. 어머니가 직장을 그만두지 않고 나를 어린이집에 보냈다면, 나는 그 대신 어린이가 다른 어린이와 함께 있는 데서 얻는 혜택이나, 집 밖에서 직업적 성취를 이룩한 부모를 둔 것의 혜택 이야기를 채택했을 것이다.[14] 내가 좋아하는 축구팀이 잘 못할 경우, 나는 다른 팀이 요행(으로 볼 수 있는 것)으로 이겼다며 내 팀의 우월성에 대한 믿음을 유지할 수 있다. "공이 주심에 의해 굴절되지 않았다면, 윙 포지션 선수가 골을 넣을 위치에서 패스를 받았을 텐데." 내 경주마가 두 번째로 들어왔다면, "거의 이긴 것이었어"라고 말함으로써 나의 돈 거는 솜씨에 대한 믿음을 지킬 수 있다. 훨씬 더

---

14 사실상, 이런 두 환경에서 자란 어린이의 발달에서 일관된 차이는 전혀 발견되지 않았다.

노골적인 비합리적 희망사고의 예도 있다. 두 수가 룰렛 바퀴에서 멀리 떨어져 있는데도, 만일 32나 33이 나온다는 것에 돈을 걸었더라면, "거의 딴 거였는데"라고 말하는 것이 그런 경우이다.[15]

　그러나 때로는 그럴듯한 이야기를 쉽게 얻지 못할 수도 있다. 어떤 사람이 24에 돈을 걸었다고 해보자. 나온 수는 15였고, 그 수는 룰렛 바퀴의 24 바로 옆이다. 그러니 도박 솜씨에 대한 그의 믿음은 확증된 셈이다. 하지만 아마도 그는 5나 10 그리고 33 같은 다른 결과물 또한 확증으로 간주할 것이다. 왜냐하면, 그것들도 바퀴에서 가까이 있는 숫자들이기 때문이다. 또한, 22, 23, 25 그리고 26도 확증으로 간주할 수 있다. 이 역시 가까이 있는 숫자니 말이다. 또는 20, 21, 26 그리고 27도 그렇다. 왜냐하면, 이 수들은 룰렛 테이블에서 인접한 수이기 때문이다. 따라서 37개 숫자 중에 13개가 그의 돈 거는 솜씨의 확증으로 볼 수 있다. 그러나 그것은 써먹을 간단한 이야기가 없는 결과물이 24개 있다는 것을 뜻한다. 그 가운데 하나가 일어나면, 희망사고 성향이 강하고 특정한 믿음을 채택할 동기가 강력한 한 사람조차 사실에 직면하게 된다.

③ 자기기만

이제 자기기만이라는 까다로운 이슈를 다뤄 보자. 표준적 정의는 다음과 같다.

---

15 동시에, 숫자가 당첨 번호에 가까워지면 사람들이 더 실망할 수도 있다. 일부 국가 복권은 '거의 딸 뻔한' 사람들에게 작은 '아차상'을 제공한다.

1. 개인은 두 가지 모순된 믿음을 가지고 있다(p와 not-p).

2. 이 두 가지 모순된 믿음이 동시에 유지된다.

3. 개인은 두 믿음 중 하나에 대해서는 그것을 보유하고 있다는 것을 인식 하지 못한다.

4. 어떤 믿음이 인지 영역 안에 있고, 어떤 믿음이 벗어나는지 결정하는 활 동은 동기화된 것이다.

동시성 조건은 의지박약에 대한 엄격한 정의의 조건 (3)과 비슷하 다(6장). 이 조건을 완화하면, 자기기만과 의지박약 모두 역설적 성격을 잃는다. 6장에서 주장했듯이, 의지박약에 대한 느슨한 정의가 채택된다 면, 행위자의 더 나은 판단에 반하는 것으로 보이는 행동은 단순히 선호 역전에서 기인하는 것일 수 있다. 자기기만의 경우, 믿음 not-p의 동기 화된 채택이 믿음 p의 무의식으로의 이관보다 정신에서의 **삭제**를 동반 한다면 역설은 사라진다. 이런 상황은 빈번하긴 하지만, 나는 완연히 역 설적인 사례에 초점을 맞출 것이다. 표준 사례에 포함되는 것으로는 배 우자의 외도, 발현된 암 증상, 체중 증가, 하루에 x잔 이상의 포도주를 마시는 것 따위의 부인否認이 있다.

더 논의를 전개하기 전에, 자기기만에서 욕망(동기화)의 모호한 역 할에 대해 살펴보자. 의처증 남편은 아내가 정절을 **지켰으면** 하는가, 아 니면 자기 의심이 **맞았으면** 하는가? 그는 사실 자신의 믿음을 정당화하 기 위해 아내가 정절을 지키지 않았기를 원할 수 있다. 그러나 그는 결 혼 생활을 지키기 위해 자신의 믿음이 틀렸기를 원할 수도 있다. 이런 예는 억지스러울 수도 있지만, 다음 예는 그렇지 않다. 자신은 일어나지 않기를 바라는 일(전쟁, 지진)인데도 그것이 일어나리라고 예측하는 사람은, 증거가 불명확할 때도 자존심 때문에 자신의 믿음을 포기하려고 하지 않을 수 있다. 그러나 동시에 재난이 닥치지 않을 것이라는 증거를 반길 수도 있다. 달리 말하면, 사람들은 내용과 무관하게 사실을 회피하게 하는 믿음에 **심리적 투자**를 한다. 라 로슈푸코가 말했듯이, "한 번 승인한 것을 거부하는 것만큼 우리 자존감을 망가뜨리는 것도 없다". 이런 까다로운 문제는 여기서 다루지 않고 9장에서 다루겠다.

내가 아는 한, 실험 심리학자들이 실험실에서 의지박약의 존재를 검증하려고 했던 적은 없다. 이와 달리 그들은 엄격한 동시성 조건을 충족하는 자기기만의 존재를 보여 주려고 해왔다. 나는 그런 연구 넷을 논의하고, 이어서 문학이 자기기만을 다룬 것에 대해 논의하는 것으로 결론을 맺을 것이다.

앞서 인용한 자기기만의 '표준적 정의'를 제안한 저자들은 이 현상으로 추정되는 사례도 제시한다. 그들의 실험은 음성 녹음이 자신의 연설인지 다른 사람의 음성인지에 대한 피험자의 믿음에 관심을 기울인다. 자아 이미지가 나쁜 피험자는 자신의 목소리를 다른 사람의 것으로 간주하는 경향을 보인다. 마치 자신의 거울 이미지를 보지 않으려고 하는 것처럼 말이다. 하지만 피부 전기전도 반응galvanic skin response은 다른 사람의 목소리를 들을 때보다 자신의 목소리를 들을 때 더 강했다. 이러한 사실은 정의의 조건 (1)과 (3)이 충족되었다는 것을 시사한다. 동시성 조건인 (2)는 실험 설정으로 보장된다. 자기 목소리를 듣고 있다는 것을 인지하지 못하는 것이 동기화된 것임을 뜻하는 조건 (4)의 충족은 다른 사람의 목소리를 자기 것으로 간주하는 경향이 있는 피험자가 나르시시즘 점수도 높다는 발견으로 확증된다. 실험은 내가 제시한 것보다 더 복잡하고 미묘하지만, 단순화했다고 해도 이 실험이 무의식적 반응에 **명제적**_propositional_ **토대가** 있다는 것까지 증명하는 것은 아니라는 반박은 여전히 타당하다. "이것은 나의 목소리입니다"라는 명제를 스스로에게 표명하지 않아도, 피험자가 자기 목소리 청취에 **혐오** 반응을 보이는 것은 있을 수 있는 일이다. 사실 혐오는 명제적 촉발요인이 필요 없는 몇 안 되는 감정 가운데 하나이다(8장 참조).

같은 논평이 자기기만의 현실성을 증명하기 위해 고안된 것이 아니지만, 그것의 실존을 주장하는 데 사용되는 다른 실험에도 적용된다. 배경 삼아, 연극 「미국의 천사」_Angels in America_에서 조지프 메카시의 법률 고문인 로이 콘의 입을 통해 언급된 것을 인용하고 싶다. "로이 콘은 동성애자가 아닙니다. 로이 콘은 이성애자 남자인데 사내들과 섹스를 합니다." 이런 동성애와 동성애 공포증의 조합은 자기기만을 암시한다. 실험을 통해 동성애-공포증 남성과 동성애-비공포증 남성이 동성애적 자극에 노출되면, 음경 둘레의 변화 기준으로 전자가 훨씬 더 자극을 받는다. 그러나 이렇게 측정된 흥분에 대한 그들의 자기 보고 수치는 낮았고, 동성애-비공포증 피험자와 다르지 않았다. 자기 보고가 성실하다고 가정하면, 이런 발견은 자기기만의 증거를 제공하는 것처럼 보일 수 있다. 동성애 소재에 의해 자극을 받지 않았다는 동성애-공포증 피험자의 의식적 믿음은 그들의 신체 반응과 일치하지 않는 것이다. 그러나 이 경우에도, 이런 발견이 그들의 동성애 경향에 대한 무의식적인 **명제적** 믿음의 증거를 제공하는 것은 아니다. 왜냐하면, 그들이 부인하게 된 원인이 그들이 흥분했다는 사실에 대한 혐오였을 수도 있기 때문이다.

세 번째 실험은 이미 언급했던 것인바, 일부 피험자들은 매우 차가운 물에 손을 담그고 견딜 수 있는 시간이 기대 수명을 예측하는 심장 상태의 지표라는 말을 듣는다. 그들은 이 (거짓) 정보를 받지 않은 피험자보다 더 오랫동안 물속에 손을 넣고 있는 경향이 있다. 이러한 사실은 앞의 자기 보고 실험처럼 자기기만의 존재를 시사한다. 한편으로, 피험자들은 증상에 작용을 가해서 원인을 수정할 수 있다는 의식적 믿음을 가질 수는 없다. 그러나 다른 한편, 그들의 행동은 무의식적으로 주술적 믿음을 가졌다는 것을 드러내는 듯하다. 또한, 그들은 그 믿음을 무의식적인 상태로 둘 명백한 **동기**가 있다. 그렇지 않을 경우, 그들 대부분이 그랬듯이 심장 상태와 기대 수명이 실제로 좋다는 만족스러운 믿음을 형성하고 그것을 공표할 수 없기 때문이다. 이 실험에서, 억압된 믿음을 보여 준다고 제시된 증거는 앞에서 논의된 실험에서처럼 신체 반응이 아니라 행위이다. 이렇게 행동에서 믿음으로 가는 추론은 신체적 반응에서 믿음으로 가는 추론보다 더 신뢰할 만한 듯하다.

질병인식불능증anosognosia으로 고통받는 환자, 이 경우 마비되지 않았다고 믿는 마비 환자에 대한 네 번째 실험은 자기기만의 실존에 대한 가장 강력한 과학적 증거를 제공한다. 구체적으로, 이 환자들은 신체의 왼쪽, 특히 팔과 손의 마비로 고통받고 있는데, 그 원인은 오른쪽 뇌 반구의 뇌졸중이다. 다른 한편 이 환자들이 말한 바는 물론이고 행하는 바는 그들이 마비되지 않았다고 굳게 믿고 있다는 것을 보여 준다. 그래서 (신발 끈 묶기 같이) 양손을 사용해야 하는 까다로운 작업과 (전구 끼우기 같은) 한 손으로 할 수 있는 좀 더 쉬운 작업 가운데 하나를 골라야 하면, 항상 전자를 택한다. 작업에 실패한 지 10분 뒤에 다시 시도하면, 그

때도 이들은 같은 선택을 하며, 첫 번째 시도에서는 성공했었다고 주장한다.

다른 한편, 여러 관찰이 보여 주듯이 환자는 그들이 실제로 마비되었다는 것을 알고 있다. 잘 이해되지 않은 이유로, 질병인식불능증은 환자의 왼쪽 귀를 냉수로 세척해 주면 사라진다. 이 상태에서 환자는 자신이 마비되었고 며칠 동안 그랬다고 단언한다. 세척 효과가 사라지고 환자에게 이 진술을 상기시켜 주면, 그는 양손을 사용한다고 진술했다고 주장한다. 환자는 신발 끈을 매려 했던 헛된 노력을 기억하는 것처럼 보이지만, 이 기억에 대한 접근은 냉수에 의해 풀릴 때까지는 차단된다. 이러한 사실들이 차단이 **동기화되었다**는 것을 보여 주지 않을지라도, 다른 발견들은 그 방향을 가리킨다. 따라서 헛되이 신발 끈을 묶으려고 했던 여성은 나중에 "양손으로" 그렇게 했다고 단언했는데, 이 점은 정상적인 사람이라면 놓칠 만한 세부이다("숙녀분께서 너무 많이 항의한다고, 나는 생각합니다"). 다른 환자들은 왼손을 움직이라는 요청에 응답하지 못하는 것에 대해 부자연스러운 설명을 둘러댄다. 마지막으로, 실험자가 마비된 팔에 식염수를 주입하고 환자에게 팔을 마비시키는 마취제라고 거짓되게 얘기해 주면, 그는 팔을 움직일 수 있느냐는 질문에 "아니오"라고 대답한다. 아마도 일시적인 마비는 영구적인 마비보다 훨씬 덜 위협적이기 때문일 것이다. 이러한 결과가 멀쩡한 사람들의 자기기만을 밝힐 수 있는지는 여전히 해결되지 않은 문제이다.

실험적 연구는 아마도 예리하게, 어쩌면 너무 예리하게 밝혀낸다. 실험실 바깥에 있는 현실의 자기기만은 흑백보다는 **명암**_clair-obscur_의 문제, 즉 총체적 비인지와 대조되는 완전한 인지보다는 반쯤 믿거나 눈을 돌리는 것의 문제이다. 문제의 성격상, 이런 유동적인 또는 반쯤 결정화된 상태를 포착하는 일에 더 잘 준비된 사람은 실험과학자가 아니라 훌륭한 소설가이다. 나는 스탕달Stendhal의 소설 속 한 구절에 대해 간략히 논의한 다음, 『잃어버린 시간을 찾아서』를 더 길게 분석할 것이다.

스탕달의 미완성 소설 『루시앙 루웬』Lucien Leuwen에서, 우리는 사랑의 자기기만적 무지 현상을 대면하게 된다. 소설의 앞부분에서, 루시앙과 그가 속한 수비대가 주둔한 도시의 젊은 과부인 샤스텔레 부인은 서로 깊이 사랑하지만, 상대의 사랑을 확신하지 못하고 있었다. 그녀는 그가 난봉꾼에 지나지 않을까 두려워하고, 그는 그녀가 진짜로 자신을 사랑하는 것이 아닐까 봐 걱정한다. 그가 그녀에게 서투르게 조금씩 다가갈 때마다, 그녀는 그런 모습에서 그를 의심할 이유를 발견한다. 그녀는 거만해지고, 그러면 그는 자포자기 상태가 되고, 그러다가 잠깐씩 그런 상태에서 겨우 빠져나온다. 그들은 점차 서로 가까워진다. 루시앙은 그녀에게 편지를 쓴다. 그녀는 잠시 깊게 생각한 뒤 그녀가 생각하기에 가혹하고 소통을 거부하는 분위기 속에서 답했다. 스탕달은 저자로서의 권위를 버리고 다음과 같이 논평한다. "그녀의 답변이 가장 오만하게 뒤바뀌는 신중한 시도에서 주목할 점은 무엇인가? 루웬은 서너 번 모든 희망을 버리고 싶은 충동에 시달렸다. 이 희망이라는 말이야말로 샤스텔레 부인이 놀라울 정도로 노련하게 피했던 것이고, 그녀는 이런 노련함을 스스로 즐거워했다. 아아, 그녀는 부지불식간에 예수회 교육의 희생자였던 셈이다. 그녀는 자신을 기만했다. 성심聖心 학교에서 배운 다른 사람을 기만하는 기술을 부지불식간에 잘못 써버린 것이다. 그녀는 대답했다. 모든 것이 이 단어에 들어 있었지만, 그녀는 그것을 무시하기로 했다."

스탕달은 샤스텔레 부인이 상대를 좌절시키는 편지를 쓴 것이 오히려 고무하는 것으로 읽힐 것을 무의식적인 수준에서 알고 있었다고 말하지 않고, 오히려 그녀가 자기 활동의 함의를 **따져보지 않는 쪽으로** 기울었다는 듯이 말한다. 나는 이제 프루스트가 비슷하게 말하는 구절들을 논할 것이다. 그의 분석의 개념적 풍부함과 심리학적 날카로움 때문에, 좀 길게 인용할 것이다.

내가 논의할 질문은 화자가 속한 가족의 친구인 스완이 그의 연인 오데트가 정절을 지켰다고 생각할 때 자신을 기만했는가 하는 것이다. 이야기의 무대는 다음 한 문단 속에 마련되어 있다. 거기서 스완은 불안정하고 섬약한 성격의 매력과는 동떨어진 모습으로, 오데트가 자신과 함께 머무를 이유에 대해 다음과 같이 숙고한다.

지금은 그녀에게 선물 세례를 하고 필요한 것을 도와줌으로써, 그녀 마음에 들기 위해 기진맥진 노력하는 것에서 벗어나 그의 인격이나 지성과는 무관한 이점에 기댈 수 있지 않은가. 그리고 사랑에 빠져 사랑으로만 산다는 이 쾌락이, 때로는 그 현실성이 의심스럽기도 했지만, … 그가 지불한 대가가 … **그 쾌락의 가치를 더해 주었다.** 마치 바다 풍경이나 파도 소리가 정말로 매혹적인지 의심하던 사람이, 그것을 음미할 수 있는 호텔 방을 하루 100프랑에 빌리고는, 아름다움, 그리고 돈에 초연한 자신들의 취향의 드문 장점을 확인하는 것과도 같았다.

이런 사유의 궤적을 따르다가 스완은 주장을 뒤집는다.

하루는 이런 생각을 하다가 누군가 오데트를 "원조받는"^{kept} 여성이라고 이야기하던 시절 생각으로 돌아갔다. 그리고 그는 한 번 더 "원조받는" 여성이라는 기이한 화신을 … 예전에 어머니와 친구들 얼굴에서 본 적 있는 불행한 사람에 대한 연민, 불의에 대한 분개, 친절에 대한 감사의 표정을 보였던 오데트, 그가 잘 아는 그의 수집품이나 그의 방, 늙은 하인, 그의 증서와 채권을 맡겨 놓은 은행원과 관련된 이야기를 곧잘 떠올리던 오데트와 재미 삼아 비교해 보았다. 그러자 마지막으로 떠올린 이 은행가 이미지가 돈을 약간 찾아야 한다는 것을 생각나게 해주었다. 그리고 진정으로 만약 그가 5천 프랑을 준 지난달처럼 이번 달에도 오데트의 물질적인 어려움을 후하게 도와주지 않는다면, 또 그녀가 갖고 싶어 하는 다이아몬드 목걸이를 사주지 않는다면, 그의 관대함에 대한 그녀의 찬미나 그를 그토록 행복하게 해주던 감사 표시를 그녀는 다시는 하지 않았을 것이며, 뿐만 아니라 사랑의 표현이 적어진 것을 보고 그녀에 대한 자신의 애정이 줄어든 걸로 여길지도 모른다는 생각이 들었다.¹⁶

그러고는 자기기만이 등장한다.

그러자 갑자기, 바로 이것이 그녀를 "원조한다"는 것이 아닌지(실제로 "원조한다"는 개념은 신비롭거나 사악한 요소들로부터 끌어낼 수 있는 것이 아니

---

16 이 두 문단에서 고딕체로 표현한 구절을 비교하면, 우리는 완전한 전도에 주목하게 된다. 먼저 스완의 관대함은 그에게 오데트의 가치가 높아 보이게 할 수 있는 주술적 능력으로 설명된다. 다음으로 스완은 현세적인 관점에서 자신의 관대함이 그에게 자신의 가치가 높아 보이게 할 수 있다는 사실을 좀 더 세상 물정을 따라 관찰한다.

라, 그의 삶의 사적이고 일상적인 바탕에 속했다. 이를테면 찢어져서 풀로 다시 붙인, 저 친숙하고도 길든 천 프랑짜리 지폐를 하인이 월말 정산과 집세 지불 뒤에 그의 오래된 책상 서랍에 넣어 두었는데, 그 돈을 꺼내 거기에 넉 장을 더 추가해서 오데트에게 보내 준 것처럼), 그가 그녀를 안 뒤부터는(그녀가 그를 알기 전에 다른 누군가로부터 돈을 받았으리라고는 상상도 하지 못했으므로) 그녀와 그렇게 어울리지 않는다고 여겨 온 이 "원조받는 여자"란 말이 오데트에게 적용될 수 있는지 생각해 보았다. 그러나 **그는 더 깊게 생각할 수는 없었다.** 그의 타고난 간헐적이고도 섭리적인 정신의 우둔함이 갑자기 발작처럼 나타나, 마치 나중에 전기가 설치되면서 스위치 하나로 집안 전기를 다 끌 수 있게 된 것처럼, 그의 지성을 비추는 모든 빛을 꺼 버렸기 때문이다. 그의 마음은 잠시 어둠 속을 더듬었다. 그는 안경을 벗어서 알을 닦고 손으로 눈을 비비며 전혀 다른 생각 앞에서 빛을 되찾았다. 즉 다음 달에는 5천 프랑이 아니라 6천 또는 7천 프랑짜리 수표를 보내서 오데트에게 놀라움과 기쁨을 안겨 주어야겠다고 생각했던 것이다.

스완은 어떤 면에서는 오데트가 원조교제 여자라고 '믿고', 어떤 면에서는 그 믿음을 억누르려는 동기를 품고 있다.[17] 그러나 믿음이 무의식으로 내밀렸다고 말하는 것은 오해의 소지가 있다. 태양처럼, 믿음도 정면으로 바라보기는 어렵다. 한 프랑스 역사가가 1950년대 공산당에 대한 자신의 충성에 대해 말했듯이, 그와 그의 친구들은 "소련이 어떤

---

17 "섭리적"이라는 말은 수수께끼 같다. 왜냐하면, 스완의 정신의 빛이 꺼지는 것은 확실히 우연적이라기보다는 동기화된 것이기 때문이다. 이 소설의 다른 문단은 이런 해석을 확인해 준다.

지 알고 있었다. 그래서 공산주의자로 남기 위해 우리는 **그것에 대해 생각하지 않기 위해 노력했다**"(강조는 원문 그대로).

동기화된 프레임 구성

이것들은 동기화된 맹목의 예이다. 나는 **동기화된 프레임 구성**이라고 부르는 것을 다룸으로써 이 장을 마칠 것이다. 한 방향으로 프레임이 씌워지면 어떤 행동이나 정책에 반대할 수 있지만, 같은 것이 다른 표제 아래에 놓이면 수용할 수도 있다. 이 문제에 대한 고전적인 논의는 아마도 지금까지 쓰인 것 중 가장 풍자적인 작품이자 그것의 표적인 예수회 교단에 결코 완전히 회복하지 못할 타격을 주었던 파스칼의 『시골 친구에게 보내는 편지』 *Lettres provinciales* 에서 이루어졌다. 그의 비판의 초점은 적절한 방향으로 **행동의 의도를 지시함**으로써 금지된 행동을 적법해 보이게 만드는 예수회식 관념에 대한 것이다. 예를 들어 예수회는 성서에서는 복수를 금지하지만 "군인은 악을 악으로 갚으려는 것이 아니라 명예를 지키려는 의도로 자신을 다치게 한 사람에게 즉석에서 보복을 요구할 수 있다"고 주장했다. 달리 말해 B가 손수 A에게 부상을 입혔다면, 그리고 그것에 대해 복수하지 않으면 ··· A는 자신이 C, D, E에 의해 비난을 받을 것이라는 사실을 그의 의도로 내세움으로써 B에게 합법적으로 상해를 입힐 수 있다.[18] 파스칼이 고찰한 여타 사례도 그렇지만, 이 사례 또한 프레임을 구성한 것은 행위자 자신이 아니라 예수회 고해자이다. 이제 행위자 자신이 프레임 구성에 책임이 있는 사례를 검토해 보자.

1789년 미국 헌법과 1791년 프랑스 헌법을 만들 때, 여러 면에서 노예제 문제가 부각되었다. 그래서 두 제헌 회의에서 헌법기초자들은 그들이 채택한 헌법에서 **노예** 또는 **노예제**라는 단어를 쓰지 않으려고 각별히 주의를 기울였다. 미국의 헌법기초자들은 그저 위선적이었던 것뿐이다. 연방 회의 내부 심의에서는 그 용어를 사용하는 것을 피하지 않았고, 그래서 매디슨의 매우 압축된 노트에서조차 백 번 이상 그 용어가 등장한다. 그러나 북부 및 국제적 청중에 부응하기 위해, 그들은 문서의 본문에서는 "다른 인격"과 같은 완곡어로 대체했다. 프랑스에서 로베스피에르는 산토도밍고의 노예를 "부자유 인격"이라고 부를 것을 거의 히스테리적으로 고집했다. 그랬다는 것은 그에게 이런 프레임 부여가 너무 중요했다는 것을 시사한다. 그는 법에 "노예"라는 단어가 나오면 인권과 자유의 선언이 손상될 것이므로, 그렇게 두느니 식민지를 폐지하겠노라고 말했다.

이 두 사례는, 그중에서도 특히 첫 번째는 자기기만보다 기만에 더 가깝다. 기만에서 자기기만에 이르는 연속체에서 후자에 가까운 사건은 스탈린의 소비에트 엘리트가 자신들의 특권에 관한 프레임을 구성하는 방식에서 볼 수 있다. 이 시대의 한 학자에 따르면, 계급사회는 소유권에 기초한다는 맑스주의 교의를 근거로, "생활 편의시설 ── 자동차, 아파트, 다차Dacha[러시아식 작은 별장─옮긴이] ── 이 국가가 발부하는 것이므로 **특권집단**nomenklatura에 속한 공산주의자들은 자신을 새로

---

18 좋은 목적(명예를 지키는 것)을 달성하기 위해 나쁜 **수단**(적대적인 자를 죽이는 것)을 합법적으로 사용해도 된다는 주장은 이중적 효과를 가진 교리와 구별되어야 한다. 그 교리에 따르면, 의도된 행동의 결과로 초래할 수 없는 것을 예측 가능한 **부작용**으로서 초래하는 것은 허용된다. 철학자들이 지적했듯이, 그런 교리는 자기기만의 잠재성을 자아내기도 한다.

운 귀족이나 지배 계급과는 다른 존재로 여길 수 있었다. 그렇기는커녕 그들은 아무것도 소유하지 않은 사람들이었다! (…) 개인 재산이 위험에 처하지 않는 한, 엘리트 구성원이 자신을 물질에 무관심한 사람으로 여기기는 비교적 쉬운 일이다."

또 다른 예로, 보조금과 세금에 대한 프레임 구성을 살펴보자. 서부 노르웨이의 알루미늄 산업은 연료를 저렴하게 공급받는 형태로 막대한 보조금을 받는다. 그렇게 하는 이유의 일부는 노동자들이 임금 보조금을 원하지 않기 때문이다. 정부는 노르웨이 북부의 어부들에게 직접 노동 보조금을 제공하려고 노력했지만, 어부들은 선주들에게 보조금을 주는 것이 낫겠다는 반응이다. 두 경우 모두, 관찰자들은 임금 보조금 수령이 동냥으로 인식된다는 것을 강조했다. 직접 임금 보조금이 **지급되는** 섬유 산업 노동자들은 알루미늄 산업에 대한 연료비 보조를 부러워한다. 그 덕분에 소득 이전이 덜 드러나 보이기 때문이다. 비슷한 이유로, 서부 독일의 농부들은 직접적 소득 보조금보다 가격을 통한 보조금을 선호한다. 그로 인해 천문학적인 후생손실이 일어난다고 해도 말이다. 1단계 작업에서 거부된 것이 2단계 작업으로 수용되기도 한다. 그렇게 하면 군사 목적으로 사용되는 세금을 평화주의자들이 기꺼이 낼 수도 있다. 1812년 전쟁에서 미국 "정부는 종교적 평화주의자 — 퀘이커파, 메노파,[19] 던커파[20] — 를 의용군에서 면제해 주었지만, 남성 1인당 매년 5파운드의 벌금을 받고, 동물, 마차, 자동차 및 썰매를 군용으로

---

19 영아 세례를 인정하지 않는 재세례파 가운데 한 종파. 메노 시몬스(Menno Simons, 1496~1561)의 신학을 따르는 이들이라는 뜻이다.—옮긴이
20 18세기에 형성된 독일 침례교 형제단의 한 종파로 경건주의 경향이 강하다.—옮긴이

징발하고자 했다. 메노파와 던커파는 그런 타협을 받아들였지만, 퀘이커파는 유혈을 조장하는 어떤 일에도 끼려고 하지 않았다". 앞의 두 문단의 예에서 보듯이, 사회적 행위자들은 자신이 선호하는 자아 이미지 ── 비착취적, 비기생적 또는 비살인적 이미지 ── 와 일치하는 방식으로 상황을 프레임화하려는 동기를 가질 수 있다. 여타 많은 자기기만의 사례에서처럼, 대안적 프레임은 무의식으로 쫓겨나기보다는 단지 비활성화되거나 찾아지지 않는다. 더 적절한 분석을 위해서는 프루스트급의 학자가 필요할 것 같다.

참고문헌

여기에 보고된 많은 연구 결과에 대한 증거는 다음의 저작들에서 찾아볼 수 있다. D. Kahneman, P. Slovic, and A. Tversky (eds.), *Judgment Under Uncertainty* (Cambridge University Press, 1982); D. Bell, H. Raiffa, and A. Tversky (eds.), *Decision Making* (Cambridge University Press, 1988); T. Connolly, H. Arkes, and K. R. Hammond (eds.), *Judgment and Decision Making* (Cambridge University Press, 2000); D. Kahneman and A. Tversky (eds.), *Choices, Values, and Frames* (Cambridge University Press, 2000); T. Gilovich, D. Griffin, and D. Kahneman (eds.), *Heuristics and Biases: The Psychology of Intuitive Judgment* (Cambridge University Press, 2002); C. Camerer, G. Loewenstein, and M. Rabin (eds.), *Advances in Behavioral Economics* (New York: Russell Sage, 2004); I. Brocas and J. Carillo (eds.), *The Psychology of Economic Decisions*, vols. I and II (Oxford University Press, 2003, 2004). 로마에서의 무지의 베일에 대한 인용문은 H. Scullard, *From the Gracchi to Nero* (London: Routledge, 1982), p. 35에서 가져왔다. '텍사스 명사수 효과' 그리고 허위 암 통계에 대한 논평은 G. Johnson, *The Cancer Chronicles* (New York: Knopf, 2013), 그리고 A. Gawande, "The cancer-cluster myth", *The New Yorker* (February 8, 1999)에 근거한 것이다. 런던 사람들의 폭격 패턴을 지각하는 방식에 대한 것은 W. Feller, *An Introduction to Probability Theory and its Applications* (New York: Wiley, 1968), p. 160에서 따왔다. 기업의 과거 성과에 의존하는 투자자들에 대한 논평은 N. Taleb, *Fooled by Randomness* (New York: Random House, 2005)에서 가져왔다. "운명을 시험하는" 행동에 깃든 주술적 사고에 대한 연구로 A. Arad, "Avoiding greedy behavior in situations of uncertainty: the role of magical thinking", *Journal of Behavioral and Experimental Economics* 53 (2014), pp. 17~23이 있다. 냉수 연구는 G. Quattrone and A. Tversky, "Causal versus diagnostic contingencies: on self-deception and the voter's illusion", *Journal of Personality and Social Psychology* 46 (1984), pp. 237~248의 것이다. 협동을 비동반자보다 동반자에게 귀속시키는 경향이 더 많다는 것은 L. Messé and J. Sivacek, "Predictions of others' responses in a mixed-motive game: self-justification or false consensus?", *Journal of Personality and Social Psychology* 37 (1979), pp. 602~607에 기록되어 있다. 무지한 자의 이중적 무능함은 J. Kruger and D. Dunning, "Unskilled and unaware of it", *Journal of Personality and Social Psychology* 77 (1999), pp. 1121~1134에 정리되어 있다. 일부 전문가('고슴도치') 판단의 신뢰성 결여와 그보다는 더 신뢰성 있는 판단을 하는 다른 전문가('여우')에 대한 정교한 연구로 P. Tetlock, *Expert Political Judgment* (Princeton University Press, 2005)가 있다. 에이브러햄 왈드의 통찰력에 대해서는 J. Ellenberg, *How Not to be Wrong* (New York: Penguin, 2014), pp. 5~7를 보라. 자신의 위치를 철도 회사가 알고 있다는 것에 당황한 사람의 예는 D. Sand, *The Improbability Principle* (New York: Scientific American, 2014), p. 122에서 끌어왔다. 지진과 홍수에 관한 데이터는 P. Slovic, *The Perception of Risk* (Sterling, VA: Earthscan, 2000)를 보라. 음모 이론의 (비)논리에 대해서는 B. Keeley, "Of conspiracy theories", *Journal of Philosophy* 96 (1999), pp. 109~126을 보라. 기근 이론에 대해서는 S. Kaplan, "The famine plot persuasion in eighteenth-century France", *Transactions of the American Philosophical Society* 72 (1982), 그리고 F. Ploux, *De bouche à oreille: naissance et propagation des rumeurs dans la France du XIXe siècle* (Paris: Aubier, 2003)을 보라. 음모론적 사고에 관한 연구로 R. Hofstadter, *The Paranoid Style in American Politics* (Cambridge, MA: Harvard University Press, 1964)가 있다. 동기화된 추론에 대한 제약을 연구한 것으로는 W. Klein and Z. Kunda, "Motivated person perception: Constructing justifications for desired beliefs", *Journal of Experimental Social Psychology* 28 (1992), pp. 145~168이 있다. 자기기만에 대한 가장 좋은 개관은 A. 멜A. Mele의 '진짜 자기기만'이라

는 논문을 중심으로 조직된 *Behavioral and Brain Sciences* 20 (1997) 특별호이다. '표준적 정의'는 R. Gur and H. Sackeim, "Self-deception: A concept in search of a phenomenon", *Journal of Personality and Social Psychology* 37 (1979), pp. 147~169를 보라. 동성애 공포증과 동성애에 대한 연구는 H. Adams, L. Wright, and B. Lohr, "Is homophobia associated with homosexual arousal?", *Journal of Abnormal Psychology* 105 (1996), pp. 440~445를 보라. 질병인식불능증에 대한 발견은 V. S. Ramachandran and S. Blakelee, *Phantoms in the Brain* (New York: William Morrow, 1999)에서 발췌한 것이다. 나는 *L'irrationalité* (Paris: Seuil, 2010) 15장에서 프루스트의 자기기만에 대한 분석을 더 길게 논의했다. 미국과 프랑스 헌법에 노예제 부인이 명문화된 것에 대해서는 나의 "Throwing a veil over inequality", in C. Sypnovich (ed.), *The Egalitarian Conscience: Essays in Honour of G. A. Cohen* (Oxford University Press, 2006)을 보라. 소비에트 엘리트의 특권에 대한 프레임 구성에 대해서는 S. Fitzpatrick, *Everyday Stalinism* (University of Chicago Press, 1999), pp. 104~105를 보라. 노르웨이와 독일 노동자들에게 제공되는 보조금에 대한 프레임 구성 관련 논평은 나의 *Alchemies of the Mind* (Cambridge University Press, 1999), pp. 252~253을 보라. 1812년 전쟁 재정을 위한 세금 납부는 A. Taylor, *The Civil War of 1812* (New York: Knopf, 2010), p. 310에서 가져왔다.

8장_감정

감정의 역할

감정은 인간 생활에 세 가지 방식으로 등장한다. 가장 강렬할 때, 그것
은 육체적 향락과 고통을 무색하게 하는 **행복과 비참**의 가장 중요한 원
천이다. 『설득』의 <u>끄트머리</u>에서 주인공 앤 엘리엇이 느끼는 빛나는 사
랑은 최고의 행복이다. 그만큼 고양된 것은 아니지만 반복될 수 있는 것
은 프레드 아스테어[1]가 춤추는 것을 볼 때 느끼게 되는 감정이다. 역으
로 수치의 감정은 철저히 파괴적이다. 볼테르가 썼듯이, "함께 사는 사
람의 경멸 대상이 되는 것은 누구도 견뎌 내지 못했고 앞으로도 그럴 일
이다".

    수치는 감정이 문제가 되는 두 번째 방식, 즉 **행위에 주는 영향**을 잘

---

1 프레드 아스테어(Fred Astaire, 1899~1987)는 미국의 배우이자 댄서, 안무가이다. 그는 브로드웨
  이에서 활동했으며 31편의 뮤지컬 영화에 출연했다. 대표작으로 「스윙 타임」(1936), 「쉘 위 댄스」
  (1937) 등이 있다.―옮긴이

드러내 준다. 4장에서 나는 압도적인 수치감 때문에 자살하는 몇 가지 경우를 인용했다. 이 장에서 나는 감정과 연결된 **행동 경향들**에 대해 주로 논의할 것이다. 이어지는 장들에서 이런 경향들이 실제 행위로 어느 정도 전환되는지도 논의할 것이다.

셋째, 감정은 그것이 **다른 정신 상태** ── 믿음뿐 아니라 동기화 ── 에 미치는 영향 때문에 문제가 된다. 어떤 상태에 이르고 싶은 욕망이 강한 감정에 의해 뒷받침될 때, 그런 상태를 얻을 수 있다고 믿고 싶은 경향을 억누르기는 어렵다. 스탕달이 『연애론』에서 썼듯이, "사랑에 빠진 순간 가장 현명한 사람조차 더는 **있는 그대로의 현실**을 볼 수 없다. … 그는 사태에 우연적 요소가 끼어 있다는 것을 더 이상 인정할 수 없고, 개연성에 대한 감각을 잃는다. 사태를 자기 행복을 기준으로만 판단하게 되기 때문에, 그가 상상하는 것은 뭐든 현실이 된다". 『잃어버린 시간을 찾아서』에서 프루스트는 같은 주제를 수백 페이지에 걸쳐 탐구한다. 그는 그 주제가 사람들이 상상했던 것보다 훨씬 더 많은 변주와 우여곡절을 가지고 있다는 것을 보여 준다.

또한, 감정이 수치심 같은 부정적 메타 감정을 유발할 때, 그것을 더 받아들일 만한 감정으로 변환하려는 압박을 억누르기 어렵다(다음 장 참조). 이 메커니즘은 물론 행위자가 감정을 인식하고 정확히 판별한다고 전제한다. 분노와 사랑은 살금살금 다가오기 때문에, 그것이 갑자기 의식 위로 분출할 때까지 눈치채지 못할 때가 많다. 『엠마』에서 제인 오스틴은 권태를 사랑으로 착각하는 젊은 여성에 대해 재미있게 묘사한다. "이런 냉담하고, 피곤하고, 멍청한 느낌, 가만히 앉아 있지도 못하고 뭔가에 몰두하지도 못하는 것, 집안일 전부가 멍하고 맥빠진 느낌! ──

나는 사랑에 빠진 게 틀림없어."

감정이란 무엇인가?

감정의 이런 측면들 각각을 더 자세히 다루기 전에, 감정이 무엇인지 그리고 어떤 감정이 존재하는지에 대해 어느 정도라도 말할 필요가 있다. 무엇인가를 하나의 감정으로 쳐주는 기준으로 합의된 것은 없다. 즉, 합의된 필요충분조건 목록은 존재하지 않으며, 합의된 필요조건 목록조차 없다. 감정에 속한다고 전前 분석적으로 파악된 상태의 수많은 공통 특질을 논의하겠지만, 그 모든 것에 반례反例가 있을 것이다. 양상이 뭐든, 그 양상이 빠진 어떤 감정 또는 감정적 사건이 있을 것이다. 행동 경향이 감정에 결정적인 측면이라고 생각할 만하다. 그러나 심미적 감정들은 그렇지 않다는 반례를 제공한다. '짧은 반감기', 즉 빠른 감쇠 경향이 감정의 본질적 양상이라 할 만하지만, 이루지 못한 낭만적 사랑(시라노 드 베르주라크의 경우처럼)이나 열렬한 복수 욕망 같은 것은 여러 해 지속할 수도 있다.[2] 감정은 믿음에 의해 촉발된다고 생각할 만하다. 그러나 사람들이 명백히 허구인 이야기나 영화를 보고 속상해하는 것을 어떻게 설명할 수 있을까? 많은 다른 예들이 이른바 보편적 양상으로 주어질 수 있지만, 그런 양상들이 어떤 사례들에서는 빠진 것으로 입증된다.

---

2 따라서 지연되어도 행동하려는 의도에 변함이 없다면, 행위자가 분노에 차 있는 것은 아니라고 추론할 수 있다는 세네카의 주장은 잘못된 것이다.

이런 문제들에 비춰 볼 때, 자연스러운 반응은 '감정'이 유용한 과학적 범주라는 것을 부인하는 것이다. 철학자의 언어로 하며, 감정은 **자연적 종류**natural kind를 형성하는 것으로는 보이지 않는다. 고래와 박쥐는 이런저런 차이에도 불구하고 포유류라는 점에서 같은 자연적 종류에 속한다. 고래와 상어는 이런저런 유사성에도 불구하고 같은 자연적 종류에 속하지 않는다. 박쥐와 새도 그렇다. 분노와 사랑은 모두 정신을 흐리고 편향되게 하는 힘을 가지고 있다. 그러나 이런 유사성이 둘을 하나의 자연적 종류로 만들진 않는다. 유추에 근거한 그런 추론이 얼마나 엉뚱한 길로 빠질 수 있는지 알기 위해서 암페타민 섭취와 낭만적 사랑이 인지의 예민화, 정력 고양, 수면욕과 식욕 감퇴, 그리고 행복감 같은 수많은 동일 효과를 생산하는 것에 주목해도 좋다. 그러나 장담컨대 아무도 두 상태가 같은 자연적 종류에 속한다고 주장하지 않을 것이다.[3]

사회과학적 설명이라는 목적을 위해서는, 이런 난제를 해결하지 않은 채 남겨 두어도 된다. 우리는 일정 수의 양상이 정규적으로 관찰되는 감정의 발생에 초점을 맞출 수 있다. 그리고 그것이 행위나 다른 정신 상태를 설명하는 데 어떤 도움이 될지 물을 수 있다. 직관적으로 감정에 속한다고 여겨지는 여타 사태에서 그런 양상 가운데 어떤 것이 빠져 있을 수 있다. 그런 사실은 개념적 관점에서 흥미롭긴 하지만, 주의를 기울여야 할 일은 그 양상이 등장하는 사례에서 그 양상이 가진 설명력이다. 내가 주목하고 싶은 양상은 다음과 같은 것들이다.

---

3 그러나 그것들은 일부 같은 신경 회로를 거칠 수 있다.

- **인지적 선행자.** 거의 모든 감정이 믿음에 의해 촉발되며, 종종 행위자가 새로운 믿음을 획득할 때 촉발된다. 감정은 다른 인과적 조건도 가질 수도 있다. (우리는 피곤할 때 훨씬 더 쉽게 짜증이 난다.) 그러나 이런 조건이 갖춰졌다는 것이 그 자체로 감정 발생의 원인은 아니다. 자동차 사고가 나려면 길이 미끄러운 것 이상의 것이 필요하다. 뒤에 다시 설명되겠지만, 믿음만으로는 충분한 확실성이 확보되지 않는다.
- **지각적 선행자.** 혐오와 두려움 같은 일부 감정은 믿음이 형성되기 전에 지각만으로 유발될 수 있다. 선명한 컬러 사진이 사용되면 담뱃갑의 경고가 유발하는 두려움이 강해지듯이, 인지가 유발하는 감정은 지각적 요소가 눈앞에 있으면 강해질 수 있다.[4]

(생쥐 대상의) 공포 관련 신경생리학적 연구는 이런 발상을 확증해 준다. 시상視床의 감각 기구로부터 편도체(뇌의 일부로서 감정적인 행위 반응뿐 아니라 본능적 반응을 야기하는 부분)까지 가는 두 가지 경로가 있다. 하나의 경로는 시상에서 뇌의 사고 부분인 신피질을 거쳐 편도체로 가는데, 이런 경로는 인지가 항상 정서를 선행하고 유발한다는 전통적 견해를 확증해 준다. 유기체는 신호를 받고 그것이 무엇을 의미하는지에 대한 믿음을 형성한 다음 감정적으로 반응한다. 그러나 뇌의 사고 부분을 완전히 우회해서 시상에서 편도체로 가는 직접적 경로가 있다. 첫 번째 경로에 비해 두 번째 경로는 '빠르고 추잡하다'. 이 경로는 더 빠

---

4 연구에 따르면, 캐나다의 크고 시각적인 건강 경고가 미국과 멕시코의 더 작고 문장으로 된 경고보다 더 큰 영향을 미친다. 마찬가지로 태국의 시각적 경고는 문구로 이루어진 말레이시아 경고보다 더 큰 영향을 미친다.

르다. 쥐의 경우, 음향 자극이 시상을 거쳐 편도체에 도달하는 데는 약 12밀리 초(1초의 12/1,000) 걸리는데, 대뇌 피질 경로를 지날 때의 속도보다 2배 빠르다. 다른 한편, 두 번째 경로는 유입 신호 간 차이를 정밀하게 구별하지 못한다. 대뇌 피질은 숲속 오솔길에 나타난 가느다란 곡선 모양의 물체가 뱀이 아니라 휜 나뭇가지라는 것을 식별해 내는 반면, 편도체는 그렇지 못하다. 그러나 생존의 관점에서 볼 때, 막대기를 뱀으로 알고 반응할 때 치를 비용은 그 반대의 실수 비용보다 훨씬 작을 것이다.

공포 연구에서 얻은 이런 발견들이 다른 감정에도 일반적으로 적용될지는 알 수 없다. 추측건대, 어떤 것은 분노에도 적용될 수 있다. 공격일지 모르는 것에 노출될 때, 그것이 공격인지 아닌지 알아내기 위해 기다리는 것의 기회비용은 매우 높을 수 있다. 자연 선택은 당연히 '먼저 쏘고, 나중에 묻는' 경향을 확립한다. 먼저 후려친 다음, 내가 공격의 대상이 아니라는 것을 알게 되면, 내 행동을 정당화하는 이야기를 어쨌든 지어낼 수 있다. 자존심(9장)과 연결된 이 다소 미묘한 메커니즘은 자존감 욕구가 없는 동물과 우리가 공유하고 있는 신경생리학적 메커니즘과 상호작용할 수도 있다. 이것이 생리학과 신경과학에서 얻어진 연구 결과에서 나타나는 패턴일 가능성은 크다. 우리가 다른 종들과 공유하는 거의 자동적인 반응에 인간에게 고유한 자기 위안적 해석과 면밀함이 덧붙여질 수 있다. 이러한 합리화는 사소한 문제가 아니다. 왜냐하면, 실수를 저질렀다는 것을 인정하기보다 공격을 계속하는 원인이 될 수 있기 때문이다.

감정 생성에서 지각이 갖는 중요성은 베트남에서 미군이 전사하는 것에 대한 백악관 당국자의 태도가 잘 보여 준다. 1964년 맥조지 번디와 그의 참모들은, 워싱턴 DC의 교통사고 피해에 비하면 베트남전 사상자 문제는 그렇게 심각하지 않다고 생각했다. 1965년 초 합동참모본부장 맥스웰 테일러Maxwell Taylor는 번디가 "현장에서 물리적으로 떨어져 있기 때문에" 베트남에 파견되어야 한다고 권고했다. 그래야 "노련한 베트남통이 결여한 객관성을 갖게 될 것이기" 때문이었다. 남베트남 고지대 한가운데 있는 도시 쁠레이꼬우Pleiku에 대한 공격 효과를 목격하자, 번디는 초연함을 잃었다. "심각하게 부상당한 미군 군속을 보자, 번디에게는 뭐라고 규정할 수 없는 강력하고 뚜렷한 감정이 솟구쳤다."

- **생리적 흥분.** 감정은 심장박동, 전기적 피부 전도, 체온, 혈압, 호흡 그리고 수많은 다른 양상의 변화를 동반한다.
- **생리적 표현.** 감정은 자세, 음성의 높낮이, 안면 홍조(당혹감으로 인한), 미소 또는 이를 드러내기, 웃음과 얼굴 찌푸리기, 눈물 흘리기와 울부짖기, 그리고 얼굴이 하얘지는 분노와 얼굴이 붉으락푸르락해지는 분노(각각 창백함과 홍조로 표현되는) 같은 관찰 가능한 특징적 조짐을 동반한다.
- **행동 경향.** 감정은 특정한 행동을 하려는 경향 또는 충동을 수반한다. 이런 경향들은 실제 행위까지 나아가지 않더라도 단순한 정향dispositions 이상이다. 감정은 행위의 단순한 잠재력이기보다 여러 형태의 발발 초기 행위이다. 나는 이런 경향의 몇몇 측면에 관해 더 길게 논의할 것이다.
- **지향 대상들.** 고통이나 배고픔 같은 여타 본능적 현상과 달리, 감정은 어떤 것에 관한 것이다. 감정은 '명제적 대상'("나는 … 라는 사실에 대해 분개하고 있다") 또는 '비명제적 대상'(나는 … 에 분개하고 있다")을 가지고

있다. 뒤에서 보겠지만, 분명하게 규정된 대상이 없으면, 감정은 잘 촉발되지 않는다.

- **값**_valance_. 이것은 우리가 경험하는바, 감정의 고통-쾌락 차원에 대한 기술적 용어이다. 이미 언급한 예를 들자면, 값은 앤 엘리엇의 빛나는 사랑에서부터 소아성애물 소비 폭로로 인한 파괴적인 수치심에 이르는 범위를 갖는다.

색깔처럼 감정에도 특정한 질적 **느낌**이 있는 것 아닌가? 예컨대 수치와 죄책감의 느낌 차이는, 수치가 더 심하게 불쾌하다는 식의 차이가 아니다. 이 차이는 그와는 다른 방식으로 **느껴진다**. 느낌의 원인인지 대상인지 확인할 수 없지만, 내 두뇌에 전극을 삽입하여 슬픔, 당혹, 또는 두려움을 느끼게 할 수 있다는 증거가 있다. 이런 측면이 우리의 감정 이해를 위해서 중요한 것으로 입증될 수도 있지만, 아직은 인과적 가설을 특정해서 제시하기 충분할 정도로 이해가 심층적이진 않았다.

어떤 감정이 존재하는가?

나는 스무 가지 정도의 감정 리스트를 제시하고 그것의 특징을 간단히 서술할 것이다. 하지만 이런 분류가 지금까지의 여러 다른 분류보다 더 우월하다고 주장하진 않을 것이다. 내 목표는 사회적 삶에 내재적인 또는 인과적인 중요성이 있는 감정에 대한 약간의 이해를 도모하는 것이지, 감정 이론가들의 (정당한) 관심을 충족해 주는 것은 아니다. 특히 나는 어떤 감정이 '기본적' 또는 '비-기본적'non-basic인지에 대해 말하지 않을 것이다.

중요한 감정 집단으로 **평가적 감정**이 있다. 그것은 자신이나 타자의 행동이나 성격에 대한 긍정적·부정적 평가와 관련된다.[5] 감정이 다른 사람의 행동 때문에 유발된다면, 그 행위는 자신이나 제3자를 향할 것이다. 이런 구별에 근거해서 꼽아 볼 수 있는 감정이 열 가지(또는 열한 가지) 정도 있다.

- **수치**는 행위자의 성격에 대한 타자의 부정적 믿음이 촉발한다.
- **경멸과 증오**는 타자의 성격에 대한 부정적 믿음이 촉발한다. 경멸은 다른 사람이 열등하다는 생각이 유도하고, 증오는 다른 사람이 사악하다는 생각이 유도한다. 히틀러는 유대인들은 사악하고, 슬라브인들은 열등하다고 생각했다.
- **죄책감**은 자신의 행동에 대한 부정적 믿음이 촉발한다.
- **분노**는 타자가 나를 향해 한 행동에 대한 부정적 믿음이 촉발한다.[6]
- **데카르트적 분개***Cartesian indignation*[7]는 다른 사람이 제3자를 향해서 한 행

---

5 자신에 대한 부정적인 평가 때문에 유발된 감정은 항상 음수 값을 갖는다. 다른 사람들에 대한 부정적인 평가로 인한 감정은 이런 측면에서 더 모호하다. 어떤 사람들은 화를 내거나 분개하는 것을 즐기고 심지어 이러한 감정이 유발될 기회를 찾는 것 같다. 만일 그렇다면, 그 메커니즘은 의도적 선택이 아니라 강화(11장)이다.

6 단순한 욕망 좌절이 분노를 유발할 수도 있다. 세네카는 검투사들이 기꺼이 죽음을 받아들이려고 하지 않을 때, 그들에게 분노를 표한 로마인들을 예로 든다. 우리에게 친숙한 예로는, 많은 운전자가 자전거 운전자 때문에 속도를 늦추어야 할 때, 그들에게 분노하는 것이다. 분노 때문에 자동차 운전자는 자전거 운전자가 의도적으로 속도를 늦추고 있다고 믿는 쪽으로 각본을 다시 쓰게 된다(9장). 후자가 유도저항의 모습을 보이고 차에 떠밀리기를 거부한다면(9장), 운전자의 믿음은 실제로 정당화될 것이다.

7 이 감정은 데카르트에 의해 처음으로 식별되었다. 이 감정과 관련해서 그는 행위자가 제3자를 **사랑할 때 반응은 분개가 아니라 분노가 된다**는 중요한 특징을 덧붙였다.

동에 대한 부정적 믿음이 유발한다.

- **자존감**^{Pridefulness}은 자기 자신의 성격에 대한 긍정적 믿음이 촉발한다.
- **애호**^{Liking}는 타자의 성격에 대한 긍정적 믿음이 유발한다.
- **자부심**^{Pride}은 자기 자신의 행동에 대한 긍정적 믿음이 촉발한다.
- **감사**는 타자가 나를 향해 한 행동에 대한 긍정적 믿음이 유발한다.
- **찬양**은 타자가 제3자를 향해 한 행동에 대한 긍정적 믿음이 촉발한다.

둘째, 어떤 사람이 어떤 좋은 것 또는 나쁜 것을 가질 만한 자격이 있거나 없다는$^{deserved\ or\ undeserved}$ 생각에 따라 생성되는 감정 집합이 있다.[8] 이런 감정들의 목표물은 개별 행동이나 개인 성격이 아니라, 어떤 사태이다. 아리스토텔레스의 『수사학』의 논의를 따라서 6가지(또는 7가지) 사례를 구별할 수 있다.

- **시기**는 다른 누군가에게 마땅한^{deserved} 좋음에 의해서 야기된다.
- **아리스토텔레스적 분개**는 다른 누군가에게 마땅치 않은^{undeserved} 좋음에 의해서 야기된다.[9] 이것과 밀접하게 연결된 감정인 **원한**은 위신 위계$^{prestige\ hierarchy}$의 역전, 즉 이전에 열등했던 집단이나 개인이 지배력을 갖는 일에 의해서 야기된다.
- **공감**^{Sympathy}은 다른 누군가에게 마땅한 좋음에 의해서 야기된다.

---

8 나는 '마땅한'(deserved)의 범주에 '마땅치 않은 것은 아닌'(non-undeserved)도 포함할 것이다. 따라서 누군가가 복권에서 큰 상을 받으면 나는 그것이 일반적인 어법과 달리 마땅하다고 말할 것이다.
9 이 감정에 대한 아리스토텔레스의 용어는 일반적으로 '분개'로 번역되지만, 그것이 데카르트적 분개와 어떻게 다른지 분명해야 한다.

- **연민**^{Pity}은 다른 누군가에게 마땅치 않은 나쁨에 의해서 야기된다.

- **악의**^{Malice}는 다른 누군가에게 마땅치 않은 나쁨에 의해서 야기된다.

- **고소해함**^{Gloating}은 다른 누군가에게 마땅한 나쁨에 의해서 야기된다.

셋째, 일어났거나 일어날 좋은 일 또는 나쁜 일에 대한 생각이 생성하는 긍정적 또는 부정적 감정이 있다. **기쁨과 슬픔**이 그것인데, 몇 가지 변이와 유사성 있는 감정이 있다. **열광**^{enthusiasm}의 감정 — 감정 이론가들이 무시했지만 여러 혁명적 순간에서 관찰되는 — 도 여기에 속한다. 많은 사람이 관찰했듯이, 과거의 나쁜 사건이 현재의 긍정적 감정을 생성할 수 있으며, 과거의 좋은 사건이 현재의 부정적 감정을 낳기도 한다. 따라서 고대로부터의 대표적 속담 모음인 푸블릴리우스 시루스의 『문장들』^{Sententia}에서 우리는 "과거의 재앙에 대한 기억은 즐겁다"는 말과 "과거의 행복이 현재의 비참함을 키운다"는 말을 찾을 수 있다.

지금까지 논의된 감정은 모두 확실성의 양식을 띤(띨 수도 있는) 믿음에 의해서 유도된 것이다. 본질적으로 확률이나 가능성의 양식을 띤 믿음이 유도하는 감정 — **희망, 공포, 사랑, 그리고 질투** — 도 있다. 이런 감정들은 미래에 일어나거나 일어나지 않을, 좋거나 나쁜 일에 따라, 그리고 현재 획득될 수도 있고 안 될 수도 있는, 좋거나 나쁜 상태에 대한 생각에 따라 생긴다. 대체로 이런 감정들은 문제가 되는 사건이나 상태가 단순히 생각 이상으로 보여야 발생한다. 즉, 무시할 수 없는 가능성 또는 실제로 일어나거나 얻을 수 있다는 '인과적 내리막길 이야기'^{downhill causal story}가 있어야만 한다. 로또에 높은 등수로 당첨되리라는 생각은 희망을 낳는다. 그러나 모르는 백만장자로부터 큰 선물을 받을 거라는 '오르막길' 사고는 그렇지 못하다. 이런 감정들은 또한 사건이나 상태에 확실한 것으로 생각되지 않아야 생긴다. 내가 처형당할 것이라는 걸 안다면, 나는 두려워하기보다 절망에 빠질 것이다. 스탕달에 따르면, 사랑은 호혜적이라는 것이 확실할 때도 호혜적이지 않다는 것이 확실할 때도 모두 시들어 버린다. 라 로슈푸코에 따르면, 질투는 자신이 사랑하는 사람이 다른 누군가와 사랑에 빠져 있다는 것을 아는 순간 사라질 수도 있다.

어떤 감정은 일어날 수 있었던 일 또는 할 수 있었던 일에 대한 **반사실적**counterfactual 사고에 의해서 생긴다. 실망은 희망했던 긍정적 사건이 실현되지 못할 때 일어나는 감정이다.[10] 후회는 우리가 다른 선택을 했다면 희망했던 긍정적 사건이 일어날 수 있었다는 것을 깨달을 때 생기는 감정이다. (부정적 사건이 발생하지 않음으로써 야기된) 이런 감정들의 긍정적 대응 감정은 각각 **의기양양**elation과 **희희낙락**rejoicing으로 지칭되기도 한다. (일상 언어에서 둘은 대체로 **안도**relief라는 말 아래 서로 경계가 흐려진다.) 실망과 의기양양은, 어떤 하나의 선택에 대해 다른 세계 상태가 각기 야기한 결과물을 비교하는 것과 관련된다. 반면에, 후회와 희희낙락은 단일 상태 안에서 이루어진 서로 다른 선택이 야기된 결과물의 비교와 관련된다. 어떤 경우에는 부정적 사건들이 어떤 하나의 원천에 귀속될 수 있다. 일하러 가는 길에 비를 맞았다면, 나는 그 원인을 우연한 기상학적 사건에 둘 수도 있고, 내가 우산을 가져오지 않았다는 사실에

---

10 아슬아슬하게 놓치는 것이 더 강한 감정을 유발한다. 따라서 올림픽 대회 은메달리스트는 동메달리스트보다 불행하다.

둘 수도 있다. 내가 첫 번째 프레이밍을 선호한다고 할지라도, 내가 집을 나서기 직전에 비 예보를 들었다면, 이런 희망사고의 단편은 현실의 제약에 종속된다(7장).

끝으로 어떤 감정은 다른 감정에 의해서 생성된다. 나는 9장에서 그런 메타 감정에 대해 더 많이 이야기할 것이다. 여기서는 시기심을 느낀 것에 대한 부끄러움 또는 부적절한 인물을 사랑한 것에 대한 죄의식만 언급할 것이다.

감정과 행복

행복(또는 괴로움)을 자아내는 데 있어 감정의 역할은 '국민 총 행복 생산' 같은 발상을 암시한다. 물론 경제적 수행성에 대한 통상적인 측정이 더 객관적이다. 그러나 물리적인 측정 가능성이라는 의미에서 객관성은 궁극적으로 우리 관심사가 아니다. 우리가 경제적 산출에 대해 알고 싶은 이유는 그것이 **주관적** 복지나 행복에 기여하기 때문이다. 더 나아가서 행복은 어떤 종류의 객관적인 양적 측정으로도 헤아릴 수 없는 원천에서 유래한다. 1994년 동계 올림픽 경기를 유치했을 때, 노르웨이는 상당한 비용을 들여 새 경기장을 지어야 했고, 참가자 숙소를 지어야 했다. 수익이 될 만한 것으로는 노르웨이 방문자들과 경기관람자들의 지출 그리고 경기용 시설들이 미래에 벌어들일 수입이 있었다. 이런 계산을 했던 경제학자들은 올림픽 경기가 수지균형을 맞출 것이라고 믿지 않았다. 그러나 노르웨이 사람들에게 줄 감정적 혜택까지 포함한다면, 경기는 엄청난 흑자라고 (물론 증명할 수는 없지만) 나는 굳게 확신했다.

노르웨이 선수들이 예상보다 훨씬 금메달을 많이 따서 집단적 희열의 분위기가 형성되었으며, 예기치 못했던 승리였기 **때문에** 기쁨은 더욱 컸다. 우승 종목의 '객관적' 수가 미친 영향력의 대부분은 주관적 놀라움이라는 요소에 힘입은 것이었다.[11] 좀 더 최근 예로, 프랑스 축구팀의 2002년 월드컵 패배가 준 낙담뿐 아니라 1998년 월드컵 우승의 희열이 그렇게 강렬했던 것은 둘 다 놀라운 일이었기 때문이다.

일반적으로 복지나 안녕well-being의 감정적 요소를 다른 요소들과 비교하는 것은 어려운 일이다. 강렬한 에피소드가 얼마나 자주 일어나는지 모르는 한, 단순한 쾌락 위주 복지보다 아주 강렬한 긍정적 감정이 행복에 더 도움이 된다는 것이 입증하는 것은 아무것도 없다. 또한, 우리는 감정적 도취의 성향이 감정적 우울 성향과 함께 가는지, 그렇다면 얼마나 함께 가는지 잘 알지 못한다. 만일 함께 간다면, 꾸준한 만족 상태의 삶이 유쾌함과 불쾌함이 교차하는 삶보다 전반적으로 더 행복할까? 몽테뉴가 언급했듯이, 대답은 환경이 어떤 일들을 제공하는지에 달려 있다. "가령 당신이 다음과 같이 말한다면, 나는 동의할 것이다. 즉 사악한 고통을 맛보았을 때 우리 감각이 썰렁해지고 무뎌지게 하는 것은 편리한 면이 있지만, 그 때문에 좋은 쾌락이 주는 기쁨을 제대로 평가하지 못하게 되는 것은 결과적으로 아쉬운 일이라는 것에 동의한다. 그러나 우리 인간의 조건은 비참하다. 그래서 우리는 삶을 즐기기보다는 떨쳐 내야만 한다." 많은 고대 철학에서, 특히 스토아주의와 불교에서 우

---

11 승리의 사전 확률이 p이고 승리에서 얻어지는 만족도가 $1/p$에 비례한다고 가정하자(p가 낮을 때 놀라움이 더 크기 때문이다). 이 특별한 놀라움 모델에서, 승리의 기대 만족은 승리의 확률에 독립적이다. 일반적으로 놀라움의 영향은 더 복잡해질 것이다.

리가 발견하는, 감정의 말소라는 이상은 음陰의 값을 가진 감정을 느낄 기회를 더 많이 제공했던 사회에서 출현했다. 프랑스를 황폐하게 만든 종교 전쟁기에 글을 썼던 몽테뉴도 마찬가지 상황이었을 것이다.

감정과 행동

감정과 행동 사이의 매개 고리는 행동 경향(또는 행동 태세)이다. 우리는 행동 경향을 일시적 선호라고 생각할 수도 있다. 주요한 감정 각각은 그런 경향 하나(또는 몇 개)와 결부된 듯하다(표 8.1을 보라).

분노와 데카르트적 분개는 같은 행동 경향을 유도하지만, 분노의 행동 경향이 더 강렬하다. 여러 실험이 보여 주듯이, 피험자들은 제3자를 괴롭힌 누군가를 괴롭히는 것보다 자신을 괴롭힌 누군가를 괴롭히는 데 더 큰 비용을 치를 의지가 있다. 2차 세계대전이 끝난 뒤, 미국인들은

표 8.1

감정	행동 경향
분노 또는 데카르트적 분개	감정의 대상에 고통을 준다.
증오	증오 대상이 더는 존재하지 않게 만든다.
경멸	추방한다, 피한다.
수치	"쥐구멍이라도 들어가고 싶다", 도망친다, 자살한다.
죄책감	고백한다, 바로잡는다, 자해한다.
시기	시기 대상 또는 그것의 소유자를 없앤다.
공포	도망친다, 맞서 싸운다.
사랑	타자에 다가가고 접촉한다, 타자를 돕는다, 타자를 기쁘게 한다.
연민	타자의 곤경을 위로하거나 완화해 준다.
감사	타자를 돕는다.

그림 8.1

홀로코스트에 책임이 있는 사람들보다 미국 전쟁 포로를 학대한 나치를 처벌하는 데 더 열심이었다. 루스벨트 행정부의 유대인 출신 관료들은 예외인데, 그것은 원리를 확증해 주는 예외이기도 하다.

분노, 죄책감, 경멸 그리고 수치의 감정은 도덕 규범 및 사회 규범과 밀접한 관계에 있다. 규범 위반자는 죄책감이나 수치를 느낀다. 반면에, 위반을 관찰한 사람은 분노나 경멸을 느낀다. 이런 관계의 구조는 그림 8.1에서 보듯이 다양하다. 21장에서 더 논의될 사회 규범은 타자에 노출되는 일에 매개된다. 5장에서 언급한 자살이 수치스러운 행동이 공공연히 알려질 때만 일어난 것은 바로 이런 이유 때문이다. 5장에서 주장했듯이 도덕 규범은 이런 측면에서 다르다.[12]

어떤 행동 경향은 '우주의 도덕적 균형을 회복하는 것'을 목표로 하는 것으로 보인다. 너를 괴롭힌 사람을 괴롭히는 것과 너를 도와준 사람을 돕는 것은 겉보기에도 **공평해지는** 방법이다. 그것이 참인 경우들이 있다. 도덕적 균형이라는 관점은 죄책감의 경우 매우 강력하다. 그 경

---

12 나는 유사도덕 규범의 위반이 도덕 규범의 위반과 같은 감정을 유발하는지 의심스럽다. 하지만 내 직관이 그렇게 견고하지는 않은 것 같다.

우, 잘못을 정정하려는 행동 경향은 명백히 복원 지향적이다. 때로 행위자가 자신이 저지른 해악을 없앨 수 없는 경우, 같은 정도로 자신에게 해를 입힘으로써 균형을 회복할 수도 있다. 내가 소득세를 속였고 그래서 속인 액수만큼을 익명의 우편환으로 미국 국세청에 보냈지만, 국세청이 익명이라서 수령을 거부하면, 나는 대신 그 돈을 태워 버림으로써 균형을 회복할 수 있다. 몽테뉴가 강조했듯이, 회개 행위는 행위자에게 어떤 **대가를 치르게** 해야만 한다. "나는 살아오면서, 사후에 유산을 잘 처리하기 위해 유언을 준비했던 다른 사람의 재화를 차지했던 것에 양심의 가책을 느낀 사람을 많이 보았다. 그러나 정서적 노력이나 비용을 치르지도 않은 채 그렇게 급한 일을 위해 날짜를 잡거나, 잘못을 바로잡으려고 하는 것은 무가치한 일이다." 앞에서 나는 같은 문제에 대한 오스카 와일드의 관찰을 인용한 바 있다.

분노의 행동 경향, 즉 복수는 더 복잡하다. 특히, "눈에는 눈"이라는 격언이 그것을 정확히 표현해 주진 않는 것 같다. 눈에는 눈*Lex talionis*은 복수할 의무를 지우는 것이 아니라 복수의 범위를 **제한하는** 역할을 했다. 그것은 한 눈에 대해 두 눈, 또는 한 개의 치아에 대해 두 개의 치아를 뺏는 것을 금지한다. 『코란』 역시 "복수를 원한다면, 그 행동은 받은 공격을 초과해서는 안 된다"고 말했다(Sura XVI). 이러한 관점에서, 눈에는 눈은 과도한 복수를 향한 자연발생적 경향을 제어하는 역할을 한다. 자연발생적 경향은 "한 눈에는 두 눈"일 것이다.[13] 세네카의 희곡에

---

13 이 메커니즘에 대해서는 실험적인 증거가 있다. 다른 참가자가 자기에게 가한 것과 동일한 힘을 다른 참가자에게 적용하도록 지시받았을 때, 피험자들은 회를 거듭할 때마다 평균 38%씩 힘을 증가시켰다. 설명에 따르면, 힘을 스스로 생성할 때, 힘에 대한 지각은 약해진다. 이 메커니즘은

등장하는 한 인물은 "악행을 초과해서 갚지 않았다면, 복수는 이루어지지 않은 것이다"라고 주장한다. 레바논 무슬림 365명의 살해를 경험한 한 레바논 여성은 이렇게 응답했다. "지금 이 순간에 [이슬람 민병대가] 사무실에 들이닥쳐서 그들의 손닿는 범위 안에 있는 무방비 상태의 기독교인 730명부터 죽였으면 좋겠다." 1944년 그리스에서 좌익집단이 우익집단 지도자 니콜라오스 파파게오르기우Nikolaos Papageorgiou를 공격했으며, "공격이 있었던 바로 그 길에 두 청년이 죽어 있었다. 그들의 목에 걸린 플래카드에는 '파파게오르기우 ― 1명당 2명'이라고 쓰여 있다".[14]

이런 비대칭성은 손실 회피(13장 참조), 즉 손실에 이득의 약 2배에 해당하는 가치를 매기는 경향에서 기인한 것일 수도 있다. 아래 문단에서, 나는 군축 협상에 적용된 손실 회피 이론을 복수의 사례로 전치해 보았다. 괄호 안의 고딕체로 표시된 문장은 전치가 일어난 부분을 나타낸다.

우리가 주장했듯이, 손실 회피는 갈등 해결에 중대한 영향을 미칠 수 있다. 그들이 보유하고 서로를 겨냥할 미사일 수를 협상하는 두 나라(**오랫동안 충돌해 온 두 씨족**)를 상상해 보라. 각국은 자국의 미사일에서 안전보장을 얻

어린이들 사이의 싸움에서 나타나는 단계적 고조(escalation)를 설명할 수 있지만, 직접성이 작은 형태의 상호행동에는 적용되지 않는다. 처벌이 있는 신탁 게임(20장 참조)에서, 투자 수익의 일부를 반환하지 않은 수탁자에 대해 투자자가 부과한 형벌은 그가 입은 손실보다 상당히 컸다.

14 세네카와 애덤 스미스는 비슷한 비대칭성이 감사에도 존재한다고 확언한다. 등가물로 반환하는 것은 대출 상환과 마찬가지가 되므로, 받은 것보다 더 많이 반환해야 한다. 그러나 실제로 손실 회피(14장)로 인해 등가물로 갚아도 받은 것보다 더 많은 것을 반환한 것으로 **경험된다**.

고, 상대편 미사일로부터 위협받고 있다. (각 씨족은 구성원의 수에서 안전보장을 찾고, 상대편 구성원의 수에 위협을 받는다.) 따라서 상대편이 제거한 미사일(상대편의 죽은 사람)은 이익으로 평가되고, 우리가 포기해야 하는 미사일(우리 편 가운데 죽은 사람)은 손실로 평가된다. 손실이 이익의 두 배나 영향을 미친다면, 각각은 상대편이 자신이 제거한(잃은) 미사일(사람)보다 2배 많은 미사일(사람)을 제거해야 한다고(잃어야 한다고) 요구할 것이다.

좀 더 복잡한 문제로 나아가 보자. 과도한 보복은 복수보다는 억지력을 목표로 할 수 있다. 맑스는 『프랑스 내전』 초고에서 코뮌의 공식 성명을 인용했다. "매일 베르사유의 산적들은 우리의 죄수들을 학살하거나 총살하고 있다, 그리고 매시간 또 다른 살인이 벌어지고 있다는 것을 우리는 안다. … 분노가 치밀어도 사람들은 내전만큼 유혈을 혐오한다. 그럼에도 불구하고, 적의 야만적인 공격으로부터 자신을 보호하는 것은 의무이며, 대가를 얼마나 치르든 눈에는 눈, 이에는 이로 대응할 것이다." 그는 또한 코뮌파 사람들이 인질로 잡은 한 사제의 편지를 인용한다. 그 편지의 주장에 따르면 정부군이 저지르는 "모든 새로운 처형에 대응해서 그들이 데리고 있는 많은 인질 가운데 두 명을 처형하기로 결정을 내렸다". 2차 세계대전 중 독일이 점령한 국가에서는, 보복의 비율이 최대 100 대 1로 훨씬 높았다. 이러한 보복은 종종 매우 효과적이었다. 실제 상황에서, 복수, 손실 회피, 억지가 상호작용하고 상호강화하면서 '일 대 이' 또는 '일 대 다' 패턴을 만들어 낸다. 따라서 순수한 행동 경향을 식별하기는 어렵다.

감정적 행동 경향은 행동하려는 욕망만 유도하는 것은 아니다. 그것은 곧장 행동하려는 욕망도 유도한다. 이런 생각을 맥락화하기 위해, **조급함**impatience과 **성급함**urgency을 구별해 보자. 나는 조급함을 나중의 보상보다 이른 보상을 선호하는 것으로 정의한다. 즉 일정한 정도의 시간 할인으로 정의한다. 6장에서 언급했듯이, 감정은 행위자가 한참 뒤에 발생하는 현재 행동의 귀결을 소홀히 여기게 하는 원인이 된다. 감정의 또다른 효과인 성급함을 나는 나중의 행동보다 이른 행동을 선호하는 것으로 정의한다.

성급함과 조급함의 차이를 소개하고 예증하기 위해, 돈과 관련된 예를 들 것이다. 성급함은 금전적 결정에 중요한 요소는 아니므로 엄격하게 논의하려면, 기준을 달러가 아니라 효용 단위로 해야 한다. 하지만 예증을 위해서 드는 예인 만큼, 실제로 문제 될 것은 없다.

다음 진술에서, 모든 선호는 월요일의 선호, 즉 월요일에 내가 가진 선호이다.

> **성급함** : 나는 수요일에 150달러를 받기 위해 화요일에 행동하는 것보다 수요일에 100달러를 받기 위해 월요일에 행동하는 것을 선호한다.
>
> **조급함** : 나는 수요일에 150달러를 받기 위해 월요일에 행동하는 것보다 화요일에 100달러를 받기 위해 월요일에 행동하는 것을 선호한다.

조급함은 만족 지연이라는 익숙한 난관이다. 보상 크기와 보상 제공 시간 사이에 쌍방적 맞교환이 있다. 성급함에서는, 삼자 간 교환이 있다. 나중의 행동에 대한 보상 규모가 충분히 크거나 그 보상이 충분히 일찍 전달될 경우, 즉시 행동하려는 충동은 중화될 수도 있다. 달리 말하면 다음과 같은 진술은 아마 모두 참일 것이다.

> 나는 수요일에 150달러를 받기 위해 화요일에 행동하는 것보다 수요일에
> 100달러를 받기 위해 월요일에 행동하는 것을 선호한다.
> 나는 수요일에 100달러를 받기 위해 월요일에 행동하는 것보다 수요일에
> 300달러를 받기 위해 화요일에 행동하는 것을 선호한다.
> 나는 수요일에 100달러를 받기 위해 월요일에 행동하는 것보다 화요일에
> 150달러를 받기 위해 화요일에 행동하는 것을 선호한다.

조기 행동과 조기 보상은 종종 함께 이루어지므로, 조기 행동의 선
택은 단순히 조기 보상이 약속되어 있다는 사실에 기인할 수 있다. 그러
나 원칙적으로 이 둘을 따로 자극하는 것이 가능해야 한다.

아마 더 직관적으로 그럴듯할 것은 성급함을 **무행동 회피**inaction
aversion의 한 형태로 설명하는 것일 것이다.[15] 『닥터스 씽킹』How Doctors
Think이라는 책에서, 저자는 "무행동보다는 행동을 향한 경향을" 지적
한다. "그런 오류는 자아도취감으로 인해 지나치게 자신만만한 의사에
게서 발생할 가능성이 높지만, 의사가 필사적이어서 '뭔가를 하려는' 충동

---

15 그것은 한 형태이지 유일한 형태는 아니다. 파스칼이 말했듯이, "인간의 모든 문제는 사람이 방
안에 조용히 혼자 앉아 있을 수 없는 데서 연원한다". 헨리 7세 치세의 평화로운 시기에 대해 언
급하면서, 흄은 "사람들이 절대적으로 평온한 상황을 즐기거나 무익하고 불필요한 기획이나 사
업을 자제하는 것이 가능했다면", 왕과 그의 장관들은 "외교 문제에 대해 전혀 엄격한 주의를 기
울이지 않고 지낼 수도 있었을 것이다"라고 말했다. 케인스는 "아마도 긍정적인 일을 하려는 우
리의 결정 대부분은 — 그 결정의 완전한 귀결이 나타나기 위해서는 여러 날이 걸리므로 — 동
물적 감각, 즉 무행동보다는 행동을 향한 자연발생적 충동의 결과로만 이루어질 수 있다"라고 말
했다. 이런 관찰들이 동일 현상을 지시하는지는 확실치 않다. 그러나 그것이 감정적 성급함과 전
혀 다른 것이기는 하다.

에 빠졌을 때도 발생할 수 있다. 환자의 압력으로 인한 오류가 드물지 않게 발생하며, 의사는 그런 압력에 저항하기 위해서 상당한 노력을 기울여야 한다. '뭔가 하려고 하지 말고, 지켜봐라.' … 언젠가 진단에 확신이 없던 나에게 멘토 가운데 한 분이 했던 말이다."

테러리스트와 자살 공격자의 행동도 성급함이라는 관념으로 밝힐 수 있다. 자살하기 전에, 자살 공격자들은 아마도 감정적으로 긴장된 상태에 있을 것이다. 한 가미카제 조종사에 따르면, 대기의 스트레스를 견딜 수 없었다. 즉각적이고 미숙한 행동을 하려는 충동을 막기 위해 가미카제의 첫 번째 규칙은 죽으려고 서두르지 말라, 였다. 적절한 과녁을 고를 수 없으면, 나중에 다시 시도하기 위해 되돌아와야 한다. 아프가니스탄에서는 조직원들은 원격 폭발 기술을 선호했는데, 그 이유는 공격자가 스트레스 때문에 조기에 폭발 버튼을 누르는 것 같은 실수를 줄여주기 때문이다.

감정의 성급함은 믿음 형성에 영향을 주는 메커니즘 가운데 하나일 수 있다. 13장에서 보겠지만, 합리적 믿음 형성은 최적의 정보 수집을 요구한다. 내려야 할 결정이 충분히 중요해도 기다리는 비용이 충분히 적으면, 합리적 행위자는 이미 획득한 증거에 따라 행동하지 않고 추가 정보를 더 수집할 것이다. 성급한 감정은 기다림의 비용이 큰 is $high$ 상황, 극심한 물리적 위해에 직면하는 상황에서 촉발되는 때가 많다. 그런 경우, 더 많은 정보를 찾기 위해 멈춰 서 있지 말고 재빨리 행동하는 것이 핵심적이다. 그러나 중요한 결정이 기다림에 의해서 개선될 수 있다면, 직접적 행동을 향해 감정이 유도한 욕망은 해로울 수 있다. 세네카가 말했듯이, "이성은 양편에 청문회를 열어 준다. 그런 다음 진실을 찾을 시간을 벌기 위해서 행동, 심지어 자신의 행동까지 연기하려고 한다. 그러나 분노는 재촉한다".[16] "급하게 결혼하면 후회하기 마련"이라는 속담은 감정의 추진력과 그것에 저항할 능력이 없었던 것에 따른 불운한 귀결을 암시한다.

감정이 식었다고 해도, 그것이 촉발한 행동은 취소되지 않는다. 기번은, 테오도시우스 황제는 한 각료에게 "불같이 화가 나서, 죽음의 사자使者를" 파견한 뒤, "그의 명령이 집행되는 것을 막으려고 했으나 이미 늦어 버렸다"라고 썼다. 1945년 이후 독일에 첩보원 노릇을 한 것과 부역한 것에 대한 재판에서 징역형을 받은 사람들은 감정이 누그러지자 감형을 받았다. 하지만 처형은 돌이킬 수 없었다. 청춘 남녀가 열광의 순간에 콜롬비아 무장 혁명군(FARC)에 가입했지만, 조직의 극단적 가혹함에 환멸을 느꼈다고 해서 마음대로 떠날 수 있는 것은 아니다('바닷가재 덫'[17] 상황). 2014년 이슬람 국가(IS)에 온 서구 출신 새내기 전사는 조직에 가입할 때 여권을 제출하거나 소각해야 한다.

성급함이 너무 이른 믿음 형성의 유일한 원인은 아니다. **인지적 종결** *cognitive closure*을 달성하려는 — 특정한 의견이 아니라 이것이든 저것이든 어쨌든 의견을 형성하려는 — 욕구도 같은 효과를 발휘할 수 있다. 이 메커니즘 역시 감정과 관련이 있지만, 성급함과 같은 방식은 아니다.

---

16 2001년 9월 11일의 여파 속에서, 서구의 여러 정부가 입법화한 시민적 자유 축소는 좋은 시험 사례이다. 그런 조치는 임박한 위험이 있을 때 신속하게 행동할 필요가 있음을 입증했는가 아니면 공황심리에 빠진 반응, 적들이 보기에는 서구 정부가 더 가증스러워 보이게 하고, 그래서 공격을 줄이기보다 늘렸던 반응에 불과했는가? 앞 장에서 다룬 '폭정의 심리학'에 대한 논의와 비교해 보라.

17 들어가기는 쉬우나 나오기는 어렵게 설계된 게나 바닷가재 포획용 틀을 지칭한다.─옮긴이

"의심의 제거가 불쾌감에서 벗어나는 것을 뜻하는 감정적 성향"이라고 오토 노이라트Otto Neurath가 명명했던 성향이 있는 사람들이 있다. 이 성향은 때로 모호함이나 불확실성의 불관용과 관련된다. 성급함은 행동하려는 욕망이 직접 유도하는 반면, 인지적 종결 욕구는 행동할 기회가 없는 경우에도 존재할 수 있다.

앞에서 이미 지적했듯이, 모든 감정의 반감기가 짧은 것은 아니다. 그런데도, 대체로 감정은 매우 빨리 시든다. 어떤 경우에 그것은 감정을 촉발한 상황이 사라졌기 때문이다. 나를 위협하던 곰으로부터 안전하게 피하고 나면, 두려움은 사라진다. 단순히 시간이 지나서 기억이 희미해짐에 따라 감정이 시드는 경우도 아주 많다. 분노, 수치, 죄책감 그리고 사랑이 시작될 때의 강렬함은 오래가지 않는다. 뻘레이꼬우에서 느낀 강렬한 감정 때문에, 맥조지 번디는 정확한 맞대응 전략보다 '지속적 보복' 정책을 권고했다. "[그의 전장戰場] 정신병이 가라앉자, … 폭격의 효능에 대한 번디의 믿음은 금세 사그라들었다." 2001년 9월 11일 이후 군 복무에 관심을 표현하는 젊은 미국 남성의 수가 50% 증가했다. 그러나 실제 입대 숫자는 두드러지게 증가하지 않았다. 이런 사실은 이해 관심의 최초 급등이 감정 때문이었다는 가설과 부합한다. 그런 감정은 몇 달 걸리는 입대 절차 중에 약해졌다. 반면 젊은 여성들의 복무 관심은 애초에 거의 증가하지 않았는데, 그것에 대한 명쾌한 설명은 아직 없다.

사람들이 자신의 감정의 감쇠를 잘 예상하지 못한다는 것은 이미 많이 이야기된 것이다(뒤의 논의를 보라). 강한 감정에 장악되면, 사람들은 그것이 영원히 지속할 것 같고, 심지어 미래에 대한 감각조차 모두

잃어버린 것 같은 착각에 빠진다. 앞서 언급된 자살자들은, 자기 수치심(그리고 관찰자들의 경멸)이 그렇게 금세 누그러질 줄 알았다면, 자살하지 않았을 것이다. 젊은 연인들이, 그들의 사랑이 영원히 이어지지 않을 것을 안다면, 구속력 있는 헌신 관계를 맺으려고 하지 않을 것이며, 특히 빠져나가기 매우 어려운 '서약혼'covenant marriage[18]을 맺진 않을 것이다.

감정이 유도한 두 현상, 즉 선호 역전과 모호한clouded 믿음 형성 사이의 상호작용에 대해 지적함으로써 감정과 행동의 관계에 대한 논의를 마치도록 하자. 장밋빛 관점에서 보면, 두 현상이 서로 상쇄하고 없어질 수 있다. 선호 역전 때문에 사람들은 자신의 평정하고 성찰적인 판단에 반해서 행동하고 싶을 수 있지만, 모호한 믿음 때문에 사람들은 의도를 실천할 수 없기 때문이다. 그러나 내 보기에 상쇄보다는 상호강화가 더 빈번하게 일어난다. 예컨대 복수가 그렇다. 내가 모욕에 복수하지 않기로 한다면(그로 인해 제3자가 보일 경멸을 무시하면서), 위험은 최소가 된다. 복수하지만 호기를 기다린다면, 위험은 커진다. 위험에 대해 전혀 고려하지 않고 즉각 복수한다면, 위험은 최대가 된다. 몽테뉴도 비슷한 관찰을 한 적이 있다. "내가 받은 상처마다 모두 응징한다면, 철학은 우리더러 성질을 죽여야 한다고 말할 것이다. 그래야 하는 이유는 되도록 복수하지 않기 위해서가 아니라 (반대로) 복수를 위한 타격이 더 강력하고 정확해지기 위해서이다." 그러나 그것은 다음과 같은 역설을

---

18 혼전 카운슬링을 받을 것과 이혼 요구 사유를 간통, 중죄, 약물 남용, 배우자와 자녀에 대한 성적·신체적 학대, 법이 정한 최소한 이상의 별거 등으로 엄격히 제한하는 것에 합의한 혼인이다. 미국의 루이지애나, 아칸소, 애리조나에서 실시되고 있다.—옮긴이

무시하는 것이다. 우리는 감정이 없으면 복수할 의욕이 없고, 감정이 있으면 복수에 유능하지 못하다.

감정과 정치

정치에서 감정은 중요하다. 때로는 체계적으로 중요하다. 정치적 결정과 결과물에 영향을 미치는 감정은 분노, 데카르트적 분개, 증오, 공포, 원한, 시기, 죄책감, 그리고 수치심 등 대체로 부정적인 것이다. 정치 행동에 영향을 줄 수 있는 오직 하나의 긍정적인 감정이 있다면, 그것은 열광이다. 두 가지 예를 살펴보자. 하나는 프랑스혁명의 중요한 일화이고, 다른 하나는 2차 세계대전 종전 후 이행적 정의transitional justice 문제이다.

역사가들은 1789년 봄과 여름에 프랑스의 시골을 휩쓸었던 감정에 대해 '대공포'라는 이름을 붙였다. 실제로, 그 여름은 하나가 아니라 둘인 '커다란 공포들'을 보았다. 두 번째 공포는 첫 번째 공포를 인지한 베르사유의 대의원들이 내린 결정이 촉발한 것이다. 시골의 공포 문제는 22장에서 다룰 것이다. 여기서는 그것이 의회 안에 미친 파장에 대해 논의할 것이다.

1789년 7월 말에 절정에 이른 '대공포'는 성의 약탈, 소작계약 문서 소각, 때로는 귀족에 대한 물리적 공격 같은 수많은 '반영주적 행동'으로 이어졌다. 이 사건에 관한 소식이 8월 초에 의회에 도착했을 때, 여러 대의원이 그들의 재산과 가족에 대해 크게 걱정했다. 8월 4일 의회는 처음에는 소요를 강경 진압하고자 했으나, 다른 극단으로 치달아서 하룻

밤에 봉건제를 폐지해 버렸다. 여러 대의원이 그들의 개인적 특권이나 도시나 지방에서 그들이 누리던 특권을 포기했다. 의원들 스스로 군직軍職을 맡지 못하게 한 크롬웰의 결정을 '자기 부정적 조례'라고 부르는데, 8월 4일의 결정도 그런 것에 해당하며, 이런 결정 뒤에 있는 동기화 복합체를 정확히 규정하는 것은 쉽지 않은 일이다.[19] 토크빌은 그 결정이 "두려움과 열광이 결합한, 그러나 각각 얼마만큼씩 들어갔는지는 알 수 없는 결과"라고 결론을 내렸다. 아마 그가 옳을 것이다.[20] 몇 가지 예증과 증언은 다음과 같다.

공포가 했던 역할과 관련해서, 귀족 대의원 페리에르 백작Comte de Ferrières이 8월 7일부터 아내에게 보낸 여러 편지에 묻어나는 감정을 살펴보자. 첫 번째 편지에는 다음과 같은 매우 상세한 지침이 들어 있다. 우선 양과 소를 가격 불문하고 팔아치우고, 미라보에 있는 그의 성에 있는 모든 돈과 서류를 모아 아무도 모르게 푸아티에에 있는 집으로 옮기고, 매트리스, 침대 커버 및 시트를 푸아티에로 배송하라("사건이 있어도, 최소한 일부는 건질 수 있을 것이다"). 3일 후에는 수확에 어려움이 있더라도, 딸들과 함께 푸아티에로 가라고 쓴다. "비용은 걱정하지 말고, 병사들에게는 보호를 요청하지 마세요. 그 때문에 이동하는 것이 동네에 알려질 수 있으니까요." 이런 예방 조치 뒤에는, 성이 불타는 것도 걱

---

19 그런 조례의 또 다른 사례는 1791년 5월 16일의 의회 결정이다. 그 결정에 따르면, 제헌의회의 의원들은 첫 번째 일반의회의 의원 피선거권을 갖지 못한다. 1789년 8월 4일 결정의 경우와 같이, 이 법안에 찬성한 여러 대의원의 실제 동기는 제안자 로베스피에르가 (허위로) 고백한 순수한 무사심과 매우 달랐다.

20 토크빌은 그의 『회고록』에서 1848년 제헌의회의 동기에 대해서 "외부 사건에 대한 공포와 순간의 열광"이라는 유사한 논평을 했다.

정하지 않았다. 다시는 그곳에 살지 않을 작정이었기 때문이다. 그가 의회에서 자기 생각대로 투표하는 것을 꺼린 이유에 대한 그의 언급에도 같은 본능적 공포가 반영되어 있다.[21]

열광이 했던 역할과 관련해서,[22] 미라보 백작의 기관지였던 『프로방스 통신』이 언급한 "상호 도발적인 관대함의 경쟁, 박수의 유혹, 동료를 능가하려는 경쟁의식, 개인적 무사심의 명예, 그리고 관대함의 열기를 동반하는 고귀한 도취"에 대해 살펴보자. 또 다른 동시대 문서는 관대함의 경쟁 뒤에 있는 "개개인을 감전시키고 그들에게 뒤처질지 모른다는 두려움을 불어넣는 순간적 열기"가 있었다고 말한다. 확실히, 이런 진술들이 정확히 묘사하는 것은 무사심한 동기가 아니라 무사심해 보이려는 자기중심적 욕망이다. 이러한 욕망은 아마도 군중과 의회에서 쉽게 일어나는 열광의 내재적인, 또는 최소한 불가피한 특징일 것이다.[23]

1945년 5월 8일 독일의 항복 직후, 독일에 점령되었던 국가들은 여러 정권의 첩보원과 부역자 기소를 준비하기 시작했다. 결국 0.2%(오스트리아)에서 2%(노르웨이)에 이르는 비율의 인구가 공민권 및 참정권

---

21 그의 두려움이 신중한 것이기보다 본능적인 것임을 어떻게 알 수 있는가? 나의 해석에 대한 가장 좋은 증거는, 그의 반응의 긴급성과 이어진 정책 반전이다. 며칠 뒤 아내에게 보낸 편지에서 그는 처음의 감정이 진정되었음을 드러내고 있다. 하지만 편지의 어조에는 공황심리가 꾸준히 스며 있다.

22 칸트의 간결하고 통찰력 있는 언급을 제외하면, 열광의 감정은 거의 연구되지 않았다. 칸트는 일반적으로 열광을 찬양하고, 그것을 흥분(Schwärmerei)과 구별하면서, 열정은 좋은 결말을 만들어 내지만 나쁜 수단을 선택하는 경향이 있다고 본다. 최선은 선의 적이 된다는 것이다.

23 1789년 8월 4일에 작용한 동기에 대해 동시대인이 제공한 더 복잡한 목록은 다음과 같다. "일부의 동기는 일반적 효용이었지만, 다수는 불가피함을 미덕으로 삼았다. 일부는 적을 함정에 빠뜨릴 수 있다고 생각했고, 다른 일부는 결과가 어떻게 될지 상관하지 않고 신문이나 단체의 찬사를 갈망했다. 1/3은 완전히 도취상태였고, 1/4은 사태를 방만하게 밀어붙여서 망쳐 버리고자 했다."

상실을 포함하여 몇 가지 처벌을 받았다. 사형 집행 건수는 인구 백만 명당 4명(오스트리아, 네덜란드)에서 39명(프랑스)까지 다양했다. 대부분의 나라에서, 당국은 엄격한 법치에 따랐고 따라서 소급입법과 집단 책임을 제외한다고 선포했다. 복수가 아닌 정의가 목표였다. 그러나 시간에 따라 달라진 재판 패턴은 감정이 강하게 작용했음을 시사한다. 성급함을 분명하게 보여 주는 지표들이 있다.[24] 프랑스에서 이행적 정의의 초기 단계를 담당했던 모리스 롤랑Maurice Rolland은 "정부는 **철도가 아니라 정의부터** 설립해야 한다"고 주장했다. 그러나 동일 부역 행위, 예컨대 무장 친위대Waffen SS 가입도 시간이 지나감에 따라 더 관대한 선고를 받았는데, 그것은 판사와 배심원의 동기가 되었던 감정의 반감기가 짧았다는 것을 시사한다.[25] 오래전에 저지른 중대 범죄보다 최근의 작은 범죄가 더 심하게 처벌받았다는 증거도 있다.[26]

더욱 분명한 것은, 서로 다른 범죄가 유발하는 감정의 행동 경향을

---

24 시간이 지남에 따라 감정이 쇠퇴할 것이라는 예상 때문에, 즉시 행동하려는 충동이 이는 예도 있다. "화가 가라앉기 전에 행동하자!" 이런 태도는 1944~45년 벨기에에서 일부 첩보원의 활동에 대해 이행적 정의를 긴급하게 적용하려 했던 욕망을 설명해 준다. 벨기에 사람들은 1918년 이후 독일에 부역한 사람들에 대한 처벌이 느려진 것을 기억하고 있었다. 그러나 일반적으로 흥분-평정 공감 격차(hot-cold empathy gap. 7장)[7장에는 이 개념이 나오지 않는다. 엘스터의 착각으로 보인다.—옮긴이]는 그런 기대를 하지 않게 만든다. 기대가 있다고 해도, 효과는 정반대일 수 있다. "화났을 때는 행동하지 마시오!" 플라톤은 잘못을 저지른 자기 노예의 처벌을 다른 사람에게 부탁했다고 한다. 세네카에 따르면, "그가 공격하지 않은 이유가 바로 다른 사람이 공격하게 만든 이유이다. '난 화가 났어요.' 그는 말한다. '내가 해야 할 것보다 더 많은 것을 해야 하고, 너무 만족스러워요. 이 노예는 그 자신의 주인이 아닌 주인의 권능 안에 있어서는 안 돼요.'" 1945년 이후, 네덜란드에서의 이행적 정의 대상이 된 첩자들은 돌이킬 수 없는 사형선고를 피하려고 법적 과정을 천천히 밟을 것을 촉구하기도 했다.
25 나는 이 장의 각주 1에서 시간이 지나도 의도가 변치 않는 것은 행위자가 감정에 흔들리지 않는 증거라는 세네카의 주장이 틀렸다고 주장했다. 그러나 그 반대 진술은 옳다.
26 이 사실은 정점-종점 어림법(6장)과 반대되는 듯하다.

반영했다는 점에서 제기된 선고가 범죄와 매우 밀접했다는 것이다. 즉 정보원 노릇과 고문자 역할은 **증오**를 유발했다. 아리스토텔레스에 따르면, 이 감정의 행동 경향은 (분노에서처럼) 범죄자가 고통을 겪게 하는 것이 아니라 세상에서 사라지게 하는 것이다. 실제로 사형을 받은 사람들 가운데는 이런 사람들이 많았다. 직장을 잃지 않기 위해 나치당에 가입하는 것 같은 일상적 부역활동은 더 쉽게 **분노**를 촉발한다. 이 감정의 법적 표현은 평범한 징역형일 것이다. 소련 시민에게 독일이 저지른 잔학 행위에 미국인들이 반응할 때처럼, 제3자를 상대로 한 범법행위에 대한 감정은 분노보다는 (데카르트적) 분개의 하나였다. 분노가 분노보다 약한 징벌을 유발하는 경향은 기소와 선고의 패턴에 나타난다. 영국과 미국의 점령군이 조직한 독일 장교 재판에서, 대량 학살과는 관련이 있지만, 영국인과 미국인에 대한 잔학 행위에는 연루되지 않은 고위급 독일 전범은 기소를 피했다. 반면에, 한 명의 포로를 구타하거나, 학대하거나, 또는 처형한 가장 낮은 수준의 범법자조차 무자비한 추적의 대상이 되었다.

마지막으로, 부역 활동 내용이 친나치 선전을 퍼뜨리는 일이거나 나치 조직의 수동적 구성원이었던 개인은 **경멸**의 대상이었다. 이런 감정의 행동 경향인 배척은 공민권과 참정권의 상실, 즉 시민적 죽음의 형태를 강요하는 법적 반응과 밀접하게 짝 지어졌다. 감정-촉발적 행동 경향과 형벌 형태 사이의 이러한 긴밀한 관련성을 우연이라고 믿기는 어렵다.

전쟁이 끝난 후, 중립을 유지한 많은 사람들이 수동적이었던 것에 대해 비난을 받았고, 분노나 경멸적 반응의 목표가 되기도 했다. 그런 사람들은 이전 체제에서 고생하지 않았지만, 아무것도 하지 않았다는 죄책감 때문에 오히려 거세게 범법자들wrongdoers에 대한 징벌을 요구하기도 한다. 그들은 마치 체제 전환 이후라도 범법자를 공격하는 것이 체제 전환 이전에 자신이 보인 수동성을 주술적으로 취소할 수 있다고 여기는 듯이 보인다. 부역과 저항 사이의 '회색 지대'에 있던 중립적 인물들이 내보이는 강한 보복 경향은 변환이 어떻게 일어나는가를 보여주는 예 가운에 하나이다(9장).

감정과 믿음

믿음이 대부분의 감정을 촉발하는 것만은 아니다. 감정 또한 믿음 형성에 직간접적으로 영향을 줄 수 있다. 직접적 효과는 편향된 믿음을 산출하는 것이고, 간접적 효과는 질 낮은 믿음을 산출하는 것이다. 편향의 한 형태는 스탕달의 **결정화**crystallization 이론에 잘 드러나 있다. 이 용어의 기원은 다음과 같다. "잘츠부르크 근처 할라인의 소금광산에서 광부들은 폐광 지역에 잎이 없는 겨울 나뭇가지를 던져 넣는다. 두세 달 뒤 광부들이 보게 되는 것은, 소금기 많은 물에 흠뻑 적셔진 다음 물만 빠져나간 마른 나뭇가지가 하얗게 빛나는 소금 결정, 톰 티트 토트[27]의 발톱 같은 아주 작은 나뭇가지가 불꽃이 튀는 듯한scintillating 현란한 결정에 싸여 있는 광경이다." 사랑의 유추는 분명하다. "네가 한 여성에게 진정 관심을 가지기 시작한 그 순간, 당신은 더 이상 그녀를 **있는 그대로** 보

---

27 북유럽 민담에 자주 나오는 늙고 작은 남자 요정의 이름.—옮긴이

지 못한다. 오히려 그녀를 보는 당신이 그녀에게 맞춰져 있다. 당신은 방금 생긴 이 관심이 만들어 낸 번듯한 환상을 잎 없는 서어나무를 감추고 있는 커다란 다이아몬드와 비교하는 중이다. 당신도 알듯이 그 다이아몬드는 사랑에 빠진 청년의 눈에만 보인다."

내가 이미 인용했고 다시 인용하려는 라 퐁텐의 말에 따르면, 우리는 **두려워하는 것을 쉽게 믿는다**. 이 또한 편향의 한 형태이다. 물론 우리에게는 (비감정적 상태에서도) 확률이 낮은 위험에 과도한 중요성을 부여하는 경향이 있지만, 본능적 공포감 또한 위험이 실제보다 크다고 믿는 원인이 된다. 밤에 숲을 걷고 있을 때, 소리나 움직임은 공포를 촉발한다. 그리고 이어서 공포 때문에 우리는 이전에는 무시했던 다른 소리나 움직임을 두려운 것으로 해석한다. 두려움은 "자신을 먹고 큰다".

감정의 긴급성은 믿음 자체보다 그것의 형성에 선행하는 정보 수집에 작용한다. 결과는 행위자가 참이었으면 하는 특정한 결론에 맞거나 그것에 반하는 편향된 믿음이 아니라, 최적량의 정보보다 적은 정보에 근거한 질 낮은 정보이다. 실제로 두 가지 메커니즘은 함께 일어나거나 서로 강화한다. 행위자는 처음에 감정 유도적 편향을 형성한다. 그런 다음 감정의 긴급성에 막혀서 편향을 정정할 수 있는 정보를 수집하지 못한다. 앞 장에서 보았듯이, 희망사고는 어느 정도는 현실 제약에 종속된다. 따라서 행위자가 더 많은 정보를 수집했다면, 편향된 믿음은 존속하기 어려웠을 것이다.

감정의 또 다른 인지 효과는, 우리가 감정에 사로잡혀 있을 동안에는 그것이 누그러질 것이라는 것을 깨닫기 어렵다는 것이다('흥분-평정 공감 격차'). 앞서 언급한 수치 유발적 자살은 타인의 경멸 그리고 자신의 수치심이 누그러질 것이라고 예상했다면 일어나지 않았을 것이다. 사람들은 또한 '평정-흥분 공감 격차'cold-hot empathy gap를 겪을 수도 있다. 즉, 우리는 평정한 상태일 때는 시험에서 부정행위를 하다 잡힌다거나 마취 없이 출산하는 것과 같은 미래 경험의 고통이 얼마나 강렬할지 예상하기 어렵다. 그래서 까발려지면 관찰자의 경멸을 부를 행위로 인한 수치심이 얼마나 클지 예상했다면 사람들이 하지 않았을 행위를 하게 되는 것이다.

문화와 감정

모든 감정이 보편적인가? 그렇지 않다면 몇몇 감정은 보편적인가? 두 번째 질문에 대해 나는 확고히 그렇다는 쪽이다. 그리고 첫 번째 질문에 대해서 잠정적이지만 그렇다는 쪽이다.

몇몇 감정이 보편적이라는 것은 분명한 듯하다. 문화 간 차이를 넘어서 사람들이 얼굴 표정을 통해 인지할 수 있는 감정이 여섯 가지 있다. 행복, 놀람, 공포, 슬픔, 역겨움, 그리고 분노가 그렇다. 이 주장에 대한 도전이 있었지만, 역사학자들과 인류학자들이 설득력 있는 행태적 증거를 제공하고 있다. 나처럼, 사회 규범이 모든 사회에 존재한다고 본다면, 그것을 유지하는 감정 ― 경멸과 수치 ― 은 보편적이라고 봐야 할 것이다. 사람들이 공격받으면 분노하지만, 제3자에 대한 공격을 관찰할 때 느끼는 (데카르트적) 분개가 없는 사회를 상상해 보라. 내 보기에 그런 사회를 찾을 수 있을 것 같지 않지만, 물론 내가 틀릴 수도 있다. 사랑이 보편적이라면(뒤의 논의를 보라), 질투 또한 보편적이지 않겠는가?

일본인들에게는 (대략 수동적 애정 희구나 어리광 정도로 옮길 수 있는) 아마에^{甘え}라는 감정이 있다고들 한다. 이 감정은 다른 사회에는 존재하지 않는다. 고대 그리스에는 근대의 '죄의식 문화'와 다른 '수치 문화'가 있었고, 낭만적 사랑은 근대의 발명품이며, 권태는 (그것이 감정이라면) 최근에 발생한 것이라는 주장이 줄곧 있었다. 그러나 이른바 없다고 하는 감정도, 해당 사회 성원이 개념화하지 않을 뿐 존재했던 것일 수도 있다. 어떤 감정은 외적 관찰자에 의해서는 어떤 것으로 인지되지만, 그 사회 구성원에게는 그런 것으로 인정되지 않을 수도 있다. 타히티에서 여자 친구가 떠나 버린 남자는 슬픔이라는 행위 징후를 보이겠지만, 말로는 "피곤하다"고 할 것이다. 서구에서 낭만적 사랑 개념은 중세 음유 시인^{troubadours} 시대부터 나타났던, 그런 의미에서 상대적으로 최근 것이다. 그 이전 시대에는 그저 '즐거운 관능 또는 광기'가 있었을 뿐이다. 그러나 낭만적 사랑의 경험은 사회가 그 감정에 대한 개념을 갖지 않았을 때조차도 존재했을 수 있으며, 내 의견도 그렇다는 쪽이다. 개인들은 알아채지도 못한 채 사랑에 빠질 수 있다. 동시에 그들의 감정은 관찰자들 ── 그 사회의 관찰자든, 다른 사회의 관찰자든 ── 에게조차 자명하지 않을 수 있다. 고대 그리스 사람들은 죄책감에 관련된 일군의 반응 ── 분노, 용서, 그리고 배상 ── 을 드러냈는데, 그런 사실은 그들에게 죄책감이란 단어가 없었다 하더라도 그것에 해당하는 감정이 실존했다는 것을 짚어 낸다. 감정 자체는 그렇지 않다고 하더라도, 사람들이 감정에 대해서 생각하는 방식은 문화적으로 특수하다.

그렇지만 어떤 감정이 명백하게 개념화되지 않으면, 관련된 행위의 표현도 적게 나타난다는 점은 덧붙여 두어야 할 것이다. 라 로슈푸코가 썼듯이, "사랑에 대해 들어 본 적이 없었다면, 결코 사랑에 빠지지 않았을 사람들이 있다". 죄책감 역시 사람들이 어린 시절부터 이런저런 경우에는 죄책감을 느끼는 것이 마땅하다고 듣게 되는 사회에서 더 흔할 것이다.

참고문헌

감정에 관한 최고의 책은 N.Frijda, *The Emotions*(Cambridge University Press, 1986)이다. 아리스토텔레스의 『수사학』 또한 감정의 원인과 결과에 대한 귀중한 통찰력을 제공한다. 세네카의 『분노에 대하여』는 아리스토텔레스를 넘어 프랑스 모럴리스트들을 예표하는 데까지 나아간다. 나는 이런 저작들에 크게 의존해서 (합리성과 감정이라는 부제가 붙은) *Alchemies of the Mind* (Cambridge University Press, 1999)를 썼다. 독자들은 이 책에서 여기서 논의되는 발상들에 대한 참고문헌들을 더 많이 찾을 수 있다. 조급함과 구별되는 성급함 개념은 이 책의 틀에 추가된 것이다. 그것의 자세한 내용은 "Urgency", *Inquiry* 52 (2009), pp. 399~411에서 더 자세히 다뤘다. *How Doctors Think* (New York: Houghton Mifflin, 2007)라는 책은 J. Groopman의 것이다. 맥조지 번디에 대해서는 H. MacMaster, *Dereliction of Duty* (New York: Harper, 1997), p. 215와 A. Preston, *The War Council: McGeorge Bundy, the ASC, and Vietnam* (Cambridge MA: Harvard University Press, 2006), p. 167 그리고 D. Milne, *America's Rasputin: Walt Rostow and the Vietnam War* (New York: Hill and Wang, 2008), p.

149를 참조했다. 정서적 삶에서 놀람의 역할에 대해서는 B. Mellers, "Decision affect theory: emotional reactions to the outcomes of risky options", *Psychological Science* 6 (1997), pp. 423~429를 보라. 단계적 확대에 대한 실험은 S. Shergill et al., "Two eyes for an eye: the neuroscience of force escalation", *Science* 301 (2003), p. 187을 보라. '한 눈에는 두 눈'의 손실회피 이론은 D. Kahneman and A. Tversky, "Conflict resolution: a cognitive perspective", in K. Arrow et al. (eds.), *Barriers to Conflict Resolution* (New York: Norton, 1995), pp. 44~60에서 따온 것이다. 나는 이 문제를 "Two for one? Reciprocity in Seneca and Adam Smith", *The Adam Smith Review* 6 (2011), pp. 153~171에서 논했다. 정치적 행동을 설명하는 데 있어, 감정의 역할에 대한 지속적인 논의에 대해서는 P. Walcott, *Envy and the Greeks* (London: Aris and Phillips, 1978)와 R. Petersen, *Understanding Ethnic Violence: Fear, Hatred, and Resentment in Twentieth-Century Eastern Europe* (Cambridge University Press, 2002), 그리고 나의 *Closing the Books: Transitional Justice in Historical Perspective* (Cambridge University Press, 2004) 8장을 보라. 나는 1789년의 대공포와 그것이 프랑스 제헌의회에 미친 영향을 "The two great fears of 1789", *Social Science Information* 50 (2011), pp. 317~329, 그리고 "The night of August 4, 1789: a study of social interaction in collective decision-making", *Revue Européenne des Sciences Sociales* 45 (2007), pp. 71~94에서 다뤘다. '흥분-평정'과 '평정-흥분' 상태 사이의 공감 격차라는 발상은 George Loewenstein, "Emotions in economic theory and economic behavior", *American Economic Review: Papers and Proceedings* 90 (2000), pp. 426~432에서 빌린 것이다. 감정이 얼굴에 드러나는 방식은 보편적이라는 주장은 P. Ekman, "Facial expression and emotion", *American Psychologist* 48 (1993), pp. 384~352를, 그리고 그것에 대한 비판은 L. Barrett, "Are emotions natural kinds?", *Perspectives on Psychological Science* 1 (2006), pp. 28~58을 보라.

9장_ 변환

우리는 대체로 자신의 욕망과 감정을 의식한다. 내가 언급했고 다시 언급할 예외들이 있지만, 대체로 이런 동기화는 완전히 투명하고 완전히 자각적인 상태에서 작동한다. 이와 대조적으로 내가 (정신적) **욕구**_needs_ 라고 지칭하는 동기화는 행위자의 '배후에서' 작동한다.[1] 그는 그것을 자각하지 못하고, 자각하게 되면 그것의 작동에 대해 개탄하거나 저항한다. 이 장에서는 그런 요구들 가운데 일부와 그것의 효과를 목록으로 정리하고 예시할 것이다. '변환'이란 용어는 내가 서술한 일부 작동들의 연금술 같은, 즉 납을 금으로 만들거나('달콤한 레몬') 금을 납으로 만드는('신 포도') 특성을 지칭한다. 이런 과정 가운데 일부는 앞장들에서 논의했고, 다른 일부는 뒷장에서 논의될 것이지만, (상대적으로) 전체적 상像은 여기서 함께 제시될 것이다.[2]

---

1 이 표현은 헤겔(G. W. F. Hegel)이 만든 말로 사회적 행위의 의도치 않은 귀결(17장)을 지칭한다. 그러나 마음이 자신에 대해 속임수를 쓰는 경우에도 똑같이 적합하다. 의도적 행위는 초의도적(superintentional) 인과성뿐 아니라 잠재의도적(subintentional) 인과성에 의해서도 전복된다.

욕구는 인과적 효력을 가진다. 욕구가 충족되지 않으면, 정신적 연금술에 의해서만 완화될 수 있는 모종의 심적 불편이 일어나기 때문이다. 그 자체로는 관찰되지 않는 이런 작동을 검증하기 위해서는 관찰된 사실에 함축된 것들을 살펴보아야만 한다. 그런 노선을 따르는 예로, 브로드웨이에서의 기립박수를 인지적 부조화 감축 욕구로 설명하는 것(1장)을 들 수 있다.

먼저 논의 대상이 될 욕구의 목록을 써 보면 다음과 같다. 몇몇 괄호 안의 이름은 그것을 처음 제기한 사람의 것이다.

- 타당한 이유good reasons로 자신의 선택을 정당화하려는 욕구(오토 노이라트)
- 인지적 조화 욕구(레온 페스팅거)
- 세계가 의미와 질서를 가졌다고 믿으려는 욕구
- 자율성에 대한 욕구(잭 브렘Jack Brehm)
- 참신성에 대한 욕구
- 자존심을 지키려는 욕구(라 로슈푸코)
- 동기화 위계에서 높은 등급의 것을 따른다고 내세우려는 욕구(프루스트)

이런 발상들의 이해를 돕기 위해 가상의 예를 생각해 보자. 나는 허영심이 강한 사람이지만, 자신을 속여서 그렇지 않다고 생각한다고 가

---

2 나는 '동기화'를 무의식적인 욕구뿐 아니라 의식적인 욕망과 감정도 지시하는 일반적인 용어로 사용할 것이다. 따라서 내가 '동기화된 동기화'(motivated motivations)라고 할 때, 그것은 주로 욕구가 생성한 의식적 욕망 또는 감정이라는 의미이다.

그림 9.1

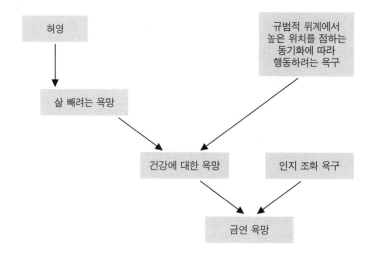

정해 보자. 라 브뤼예르는 "인간은 매우 허영심이 많지만, 그렇게 보이는 건 싫어한다"고 했다. 그는 아마도 **다른 사람들**에 의해 그렇게 보이는 것을 말했을 것이다. 그러나 의당 그런 생각을 확장해서 사람들은 스스로에게도 허영심이 많아 보이는 것을 피한다고 볼 수 있다. 나는 허영 때문에 살을 빼고 싶지만, 등급이 높은 동기화를 따르는 듯이 보이고 싶은 욕구 때문에 건강을 위해서 살을 빼는 것이라고 믿게 되었다고 해보자. 하지만 인지 조화 욕구 때문에, 금연 같은 추가 조치를 하지 않는 한, 자신의 행동 동기가 건강이었다고 주장하기 어려워진다. (내게 허영심이 있다는 것을 인정하면, 담배를 끊을 이유는 없다. 오히려 흡연은 감량에 도움이 되기 때문에 계속 필 이유가 있는 셈이다.) 진행 과정은 그림 9.1에 보는 바와 같다.

이미 말했듯이, 이 예는 지어낸 것이지만, 변환 원리를 예시해 준다.

동기화 위계에서 오는 규범적 압력 아래서 나의 허영은 건강에 대한 관심으로 변환된다. 이 예는 또한 사람들이 기회주의적인 방식으로 자신을 속일 수 없다는 생각도 해명해 준다. 그렇게 하는 것은 내적 신빙성을 잃게 할 것인데, 그것은 마치 원칙적 논증을 공적 영역에서 기회주의적으로 활용하면 — 행위자의 이익과 일치할 때만 그것을 사용하면 — 외적 신빙성을 잃는 것과 같다.

타당한 이유를 위해 행동하려는 욕구

14장에서 다시 강조하겠지만, 인간은 합리적이기를 욕망한다. 그들은 또한 그들이 하고 있는 것에 **충분한 이유**를 가지려는 욕구를 느낀다. 욕망과 욕구는 같은 행동을 유도하는 것은 아니다. 왜냐하면, 때때로 동전 던지기처럼 이유 없이 결정하는 것이 합리적이다. 뷔리당의 당나귀Buridan's Ass는 두 개의 동일 건초더미 가운데 하나를 선택할 이유가 필요한데, 그런 이유를 찾을 수 없어서 굶어 죽었다. 그만큼 극적이진 않지만, 토머스 셸링이 제시한 더 설득력 있는 경우로, 아이들을 위해서 백과사전 구매 여부를 결정하는 문제가 있다. 서점에 매력적인 백과사전 두 판본이 있다. 그는 둘 가운데 어느 것을 살지 마음을 정하기 어려워서 아무것도 사지 않았다. 서점에 단 한 종류의 백과사전만 있었다면, 그것을 샀을 텐데 말이다.[3] 14장에서는 다른 예와 관련해서, 이유에 대한 욕구가 어

---

3 무작위적으로 하나를 골랐다면, 아마 그는 선택한 것의 우월한 측면들 — 도판의 수와 다루는 주제의 수 등 — 에 더 중요성을 부여하면서, 그것이 선호할 만하다고 보게 되었을 것이다.

떻게 **과합리성** 현상을 일으킬 수 있는지 논의할 것이다. 오토 노이라트는 과합리성 현상을 지칭하기 위해 '사이비합리주의'라는 용어를 사용했다. 14장에서 다룰 발상과 관련해서, 그는 이렇게 주장한다. "사이비합리주의자는 엄격한 합리주의가 순수하게 논리적인 이유에서 통찰력 있는 견해의 존재를 배제하는 바로 그 지점에서 적합한 통찰이 있는 척함으로써 참된 합리주의에 피해를 준다. 실제 통찰의 한계를 분명하게 인정할 줄 아는 것이야말로 합리주의의 가장 중요한 승리이다"라고 주장했다.

인지적 부조화 감축 욕구

나는 세부적인 작동양식modus operandi을 논하지도 않은 채 인지 부조화 이론을 언급해 왔다. '인지적'cognitive이라는 단어는 두 믿음 사이의 갈등을 암시할 수 있지만, 그것은 다양한 것을 포괄한다. 어떤 두 가지 의식상태 — 믿음, 욕망, 감정 — 의 공존이 불쾌한 긴장을 유발하게 되면, 그 긴장은 의식상태를 추가하거나 빼거나 혹은 부조화 생성적 상태를 변경해야 해소된다.[4] 이 이론의 창시자인 레온 페스팅거는 믿음과 감정 사이의 갈등에서 이론적 영감을 얻었다고 말한다. 사회학자 프라사드 Jamuna Prasad는 1934년 인도에서 지진 발생에 뒤이어 새로운 재난이 임박했다는 소문이 퍼졌다는 기이한 사실을 발견했다.[5] 페스팅거는 그런

---

4 이 긴장의 성격은 잘 특정되지 않으며, 경우마다 다르다.
5 이러한 소문 중 많은 부분이 새로운 지진에 관한 것이기 때문에, 여진 발생률에 대한 합리적 이해에서 비롯된 것일 수 있다. 그러나 그 가운데 일부는 지진과 합리적 연결성이 없는 사이클론, 허리

기이한 사실에 대해 다음과 같은 해결책을 제시했다. "확실히 끔찍한 재난이 닥치리라는 믿음은 그리 유쾌한 믿음이 아니며, 우리는 왜 '불안을 자극하는' 소문이 생길 뿐 아니라 그렇게 널리 받아들여졌는지 물을 수 있다. 마침내 질문에 대한 — 상당히 일반적인 적용 가능성을 가진 — 답이 떠올랐다. 그 답은 아마 더 나쁜 재앙이 닥칠 거라는 소문이 '불안을 유발하는' 것이 아니라 오히려 '불안을 정당화'해 준다는 것이다." 다시 말해, 실제로 염려스러운 일이 있다는 믿음이, 불안을 느끼고 있는데 그 이유는 분명치 않은 부조화 상태를 진정시켜 준다.

이 예는 별로 설득력 있지 않다. 나쁜 일이 일어나고 있다는 믿음으로 인한 불안의 증가는 아마도 부조화 감축에 의한 불안 감소를 상쇄하고도 남을 것이다. 하지만 인지 부조화 이론은 다른 수수께끼 같은 현상에 대해서는 이 사례에서와 달리 설득력 높은 설명을 많이 제공했다.[6]

예를 들어, 인지 조화 욕구는 행동할 이유에 대한 욕구와 밀접한 관련이 있을 수 있다. 고전이 된 한 실험에서, 두 집단의 피험자들에게 생명 옹호 대 선택 옹호pro-life versus pro-choice에서 그들이 찬성하지 **않는**

케인 그리고 여타 현상과 관련된 것이었다. 서기 365년 7월 21일에 발생한 대지진 이후에 새로운 재난이 또 닥칠 것이라는 소문에 대해 기번은 둘을 연결하는 논리를 다음과 같이 지적했다. 재난으로 인해 신들의 분노가 드러났다. 신은 더 많은 재앙을 사람들에게 내릴 것이다. 이 메커니즘이 인도에서도 작동했을 수 있다.

6 부조화 감축은 대체로 무의식적 과정으로 간주된다. 그러나 이 이론을 제기하는 논의의 첫 진술에서 우리는 의식적 사고의 특징인 간접 전략("이보 전진을 위한 일보 후퇴")을 전개할 수 있는 능력을 무의식에 귀속시키는 구절을 발견한다. "한계에 이를 정도의 부조화에 처한 사람은 새로운 정보를 추구하는 것에 대해 뭐라고 할 수 있겠는가? 그런 상황에서 사람들은 **부조화를 증가시키는 정보를** 적극적으로 찾고 그것에 자신을 내맡길 수 있다. 만약 부조화를 더 크게 키워서 이런저런 인지 다발이 변화에 저항하는 것을 능가할 정도가 된다면, 관련된 인지 요소들을 변화시킴으로써, 아주 커진 부조화를 현저하게 줄이고 아마 제거할 수도 있을 것이다."(강조는 엘스터) 그는 그런 예를 들지 못했는데, 그런 예가 있을 것 같지 않다.

입장을 주장하는 소논문을 쓰게 했다. 한 집단의 피험자에게는 실험 참여 대가로 상당한 액수의 돈을 주었지만, 다른 집단은 피험자에게는 무료 봉사를 요청했다. 소논문을 쓴 후, 첫 번째 집단이 아니라 두 번째 집단의 사람들이 자신이 취해야 했던 입장에 더 우호적인 태도를 보였다. 이 현상에 대한 설득력 있는 설명은 모든 피험자가 자신이 하는 일에 대한 이유가 있기를 바란다는 것이다. 첫 번째 집단 성원들은 돈이라는 이유를 댈 수 있다.[7] 두 번째 집단의 성원들은 그렇게 주장했던 이유로 자신의 (사실은 상황에 적응한) 믿음을 제시했다.[8]

나는 이미 "그것은 매우 비싼 것이니까(또는 불쾌한 것이니까), 좋을 게 틀림없다"라는 부조화 감축 메커니즘에 대해 말한 바 있다. 그것은 브로드웨이에서의 기립박수, 대학 동호회에서의 가혹한 입단식, 그리고 (프루스트의 예로) 바다 전망이 있는 비싼 호텔 객실을 잡음으로써 바다 풍경과 파도 소리는 진정으로 즐길 만하다고 자신을 설득하는 투숙객이 예증해 준다. 나는 다른 것보다 약간 더 선호하는 선택지를 ── 선택 전이든 후든 ── 상향 조정하는 경향, 즉 택하지 않은 선택지가 사실은 더 나은 것 아닐까 하는 불쾌한 생각을 없애려는 경향에 대해서도 언급했다. 더 많은 예를 부조화 감축 관련 학술 문헌에서 가져오는 대신, 나는 X를 얻기 위한 욕망과 그것을 얻을 수 없다는 믿음 사이의 긴장과 관련된 **가공의 사례 하나와 소설 속 사례 하나를 논의하겠다.** 그런 욕망

---

7 참여하지 **않은** 것에 대한 처벌도 충분한 이유일 수 있다. 이것이 공산주의하의 시민들이 일관되게 이중장부 체제를 유지했던 이유이다. 그런 이중장부 덕에 그들은 외양상의 열광에 의해 잠식되고 있는 체제에 대한 내적 거부 없이 지낼 수 있었다.

8 파스칼의 내기에서는, 믿는 사람처럼 행동할 이유 ── 영원한 복락의 전망 ── 는 압도적으로 강력하다. 신자는 그의 행위에 대한 다른 설명을 찾을 필요가 없다.

과 믿음의 대립은 어디에나 있고, 그로 인해 야기되는 긴장은 매우 불쾌할 수 있다. 종종 그런 긴장은 욕망이 사라지면 없어지기도 한다. 행위자는 여전히 X이거나 X를 가지길 바랄 수 있지만, X를 얻는 데 인과적으로 효력 있는 원함이 있는 것은 아니다. 나는 일류 수학자가 되는 데 필요한 자질이 내게 없다는 것을 약 50년 전에 깨달았다. 그 목표를 성취하려는 나의 소망은 그냥 소멸한 것이다. 그러나 어렴풋이 이해할 뿐인 수학적 성과를 읽는 데 상당한 시간을 어처구니없이 허비하는 내 모습은, 내가 여전히 그것을 최고의 직업으로 생각한다는 것을 보여 준다.

여기서 나는 연금술적 변환의 형태를 취하는 두 가지 반응을 탐구할 것이다. 우선 구애나 구혼에 대한 거절이라는 평범하고도 상투적인 과정의 가공 사례를 통해 그것에 대해 살펴보자. 피터와 앤이 있다고 해보자. 그는 그녀와 결혼하고 싶지만, 그녀는 거절한다. 그러면 우리는 그림 9.2의 시나리오를 생각해 볼 수 있다.

피터가 앤의 거절을 그녀가 자신을 사랑하는 것의 기호記號로 해석하는 것은, 스탕달이 짝사랑했던 메틸데 뎀보우스키의 거절을 해석했던 방식과 비슷하다. 그의 전기 작가가 썼듯이, "[그녀 편에서의] 심한 분노, 가책, 방어, 가혹함은 [그녀의 그에 대한] 사랑의 증거일 뿐이었다. 사람은 그토록 강력한 감정이 아니고는 그렇게 거세게 저항하지 않는다".[9] 이런 희망사고 또는 아마도 자기기만은 명백히 비합리적이다.

---

9 최근 들어 프로이트 심리학은 톡 까놓고 하는 질문이나 비난에 대해 답하기를 거부하는 경향을 부추겨 왔다. 근거 없는 비난에 화를 내는 사람은 자신의 분노가 그 혐의의 증거로 해석되는 것을 볼 수 있다. 모든 항의는 '지나치다'는 것이다. 이 경향은 아마도 이론이 야기한 해악의 하나로 간주될 수 있을 것이다(결론 참조).

그림 9.2

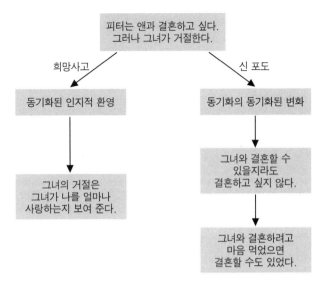

그러나 이것이 부조화 감축의 유일한 방법은 아니다. 욕망(또는 욕망할 수 있는지에 대한 판단)과 믿음 사이에 긴장이 있을 때, 부조화를 줄이기 위해서는 **무언가를 내주어야 하지만**, 그 무엇은 믿음일 수도 있고 욕망일 수도 있다. 어떤 반응이 나타날지는 아마 다른 무엇보다 변환의 용이성에 달려 있다. 브로드웨이 기립박수 예에서, 희망사고에 가해진 강성 제약 때문에 부조화 감축은 다른 형태, 즉 쇼를 좀 더 흥겨운 것으로 보는 쪽으로 나아간다. 피터의 경우, 희망사고에 가해진 제약이 너무 강하면, 실현 가능성이 큰 반응은 신 포도 메커니즘이 된다. 즉, 그녀가 결혼 파트너로 바람직하지 못하다고 깎아내리는 것이다.

깎아내리기 자체는 비합리적이지 않다. 13장에서도 논하겠지만, 욕망과 선호는 합리성이냐 비합리성이냐 하는 평가에 종속되지 않는다.

그러나 한 변환, 즉 희망사고는 비합리적이지만, 다른 변환인 신 포도는 그렇지 않다는 점이 곤혹스러울 수 있다. 둘 다 행위자의 '배후에서' 작동하는 인과 메커니즘에 의해 유도되니, 둘 다 비합리적이지 않은가? 답은 합리성을 어떻게 정의하느냐에 달려 있다. 어떤 사람은 두 변환의 **타율적** 특성을 강조하면서 신 포도 메커니즘도 희망사고 못지않게 비합리적이라는 방식으로 합리성을 정의할 수 있다. 그러나 내가 합리성의 개념을 활용하려는 이유인 설명이라는 목적에 비춰 볼 때, 나는 이 제안이 도움이 되지 않는다고 믿는다. 합리성 가정은 주어진 경우에 합리적 믿음으로 간주할 만한 것이 무엇인지 선명하게 예측해 줄 수 있지만, 자율성 가정은 그럴 수 없다.

　신 포도 반응은 그 자체로 비합리적이지 않지만, 나는 그것이 종종 비합리적 믿음 형성을 수반한다고 본다. 앤을 바람직하지 않은 결혼 상대로 보자마자, 피터는 자신이 신 포도 반응을 보인 건 아닐까, 하는 자기 의심을 피할 수 없다. 그는 그런 의심에서 벗어나고 싶기 때문에, 자신이 원하기만 하면 그녀와 쉽게 결혼할 수 있다고 자신을 설득하는 데까지 나아간다.[10] 이런 패턴의 —— 요점을 개념적으로 분명히 하기 위해

---

10 아리스토텔레스에 따르면, 밀레토스의 탈레스(Thales of Miletus)는 훨씬 더 강력한 **행동 조치를** **취함**으로써 같은 의심에서 벗어나고자 했다. "[탈레스는] 그의 빈곤 때문에 비난을 받았는데, 이로 인해 철학은 쓸모없는 것으로 여겨졌다. 전해지는 이야기에 따르면, 그는 천체 관측술을 통해 내년에 올리브가 많이 수확될지 겨울에 이미 알았다고 한다. 그래서 약간의 돈을 가지고 히오스와 밀레토스의 모든 올리브 압착기 사용에 선금을 걸었는데, 아무도 그와 경쟁하지 않았기에 저렴한 가격에 선점할 수 있었다. 추수 때가 되고 압착기가 갑자기 많이 필요해지자, 그는 압착기를 내놓는 시점과 주기를 뜻대로 조절했고, 많은 돈을 벌었다. 그렇게 해서 그는 철학자들이 원한다면 쉽게 부자가 될 수 있지만, 그들의 야망은 종류가 다르다는 것을 세상에 보여 주었다." 하지만 몽테뉴 판본에서는, 탈레스가 돈 버는 일을 비난했을 때 "여우처럼 신 포도 타령이나 한다고 비난받았다".

만든 가공의 예가 아닌 — 다른 사례로 소설의 예를 제시할 것이다. 그것은 르그랑댕이라는 매우 코믹한 인물에 대한 프루스트의 분석이다. 이 인물은 겉으로는 속물적 태도에 반대하지만 그렇게 함으로써 내면 깊숙한 속물성을 감추고 있다.

화자는 "[르그랑댕이] 늘 귀족제도, 유행을 따르는 삶, 그리고 '속물성'에 대해 — '하등의 의심 없이' — 내뱉는 격렬한 욕설에 대한" 그의 할머니의 놀라움을 인용한다. "그는 '사도 바울이 용서받을 수 없는 죄에 대해 말할 때 염두엔 둔 죄'에 대해 말하곤 했다." 그런 맥락에서 할머니는 그가 "너무 반항적이라고" 생각한 것 같다. 그렇다 할지라도, 이런 인상은 나중에 르그랑댕에게 화자가 순진하게도 고위 귀족의 전형인 게르망트 가족에 대해 아는지 물었을 때 확증된다. 르그랑댕의 응답에 대한 화자의 분석을 꽤 길게 인용할 텐데, 분석의 날카로움을 전하기 위해서는 불가피하다.

게르망트라는 단어의 소리에서, 나는 우리 친구의 푸른 눈 각각의 중앙에서 마치 보이지 않는 바늘 끝에 막 찔린 것처럼 연한 갈색의 티가 박히는 것처럼 보였고, 동공의 나머지 부분은 푸른 체액을 분비하는 것을 보았다. 그의 눈꺼풀 언저리가 검어지더니 축 처졌다. 쓰라린 모양의 뻣뻣하고 그을린 그의 입은 처음처럼 기운을 차리고 미소를 지었지만, 그의 눈은 흡사 온몸에 화살을 맞은 잘 생긴 순교자의 눈처럼 고통으로 가득 차 보였다. "아니, 나는 모르는 사람이네"라고 그는 말했다. 그러나 이처럼 단순한 정보와 대수롭지 않은 대답에 걸맞은 자연스러운 어조로 말하는 대신, 그는 낱말 하나하나에 힘을 주어 말했다. 앞으로 몸을 기울이고, 머리를 숙이고, 정말 거짓말 같은 (마치 게르망트를 모른다는 사실이 묘한 우연의 결과일 뿐이라는) 단언을 믿게 하려고 간절하게, 그리고 마치 자신의 고동스러운 상황에 대해 침묵을 지킬 수 없다는 것을 느끼고는, 그것을 크게 떠들기로 마음먹은 사람이 그렇게 강조하듯이 말했다. 그렇게 강조해서 말한 이유는 그의 고백이 자신에게는 힘들지 않고 마음 편하고 자연스러운 일이라는 인상을 주기 위해서이며, 또 문제가 되는 — 게르망트 가족과 아무 관계가 없다는 — 상황이 어쩔 수 없는 것이 아니라 사실은 그가 설계한 일일지 모르며, 가족 전통이나 어떤 도덕적 원칙 또는 그들과 사귀려는 것을 단호히 막는 신비한 서약에서 생겨난 것인지도 모른다는 인상을 주기 위한 것이었다.

"아니." 그는 자신의 어조를 자기식으로 설명하면서 말을 이어 갔다. "아니, 나는 그들을 몰라. 알려고도 하지 않았어. 나는 늘 완전한 독립성을 지키려고 했어. 당신도 알다시피, 나는 마음 깊이 자코뱅 편이네. 사람들은 늘 내게 와서 게르망트 댁에 출입하지 않은 것은 잘못이라고 말했어. 또 내가 버릇없이 자란 교양 없는 늙은 곰 같은 분위기를 풍긴다고 했지. 그런 평판에 겁낼 내가 아니지. 사실이기도 하고!"

내가 "게르망트 가문 사람들을 아나요?" 하고 묻자, 수다쟁이 르그랑댕은 "아니, 나는 그들을 알려고 한 적 없어" 하고 대답했다. 그러나 불운하게도 그때 수다쟁이 대신 또 다른 르그랑댕, 우리의 르그랑댕에 대해 알고 그의 평판을 위험에 빠뜨릴 속물성을 까발릴 수 있기 때문에 마음속 깊이 조심스럽게 감춰 왔고 결코 의식적으로 나타낸 적 없는 또 다른 르그랑댕이 나섰다. 이 또 다른 르그랑댕이 상처 입은 눈빛으로, 비죽거리는 입으로, 몇 마디 말에도 지나치게 장중한 어조를 실어서 이미 내게 말을 해버린 것이다. 그 순간 우리의 르그랑댕은 속물의 성 세바스티앙이 되어 수많은 화살에 찔려 기진맥진해 있었다. "아, 내 마음을 왜 이렇게 괴롭히는가! 난 정말 게르망트 가문을 몰라. 내 인생의 큰 슬픔을 건드리지 말아 주게." 억누를 수 없는, 지배적이고, 폭군 같은 또 다른 르그랑댕은 우리의 르그랑댕 같은 깜찍한 어법은 없었고, 그 대신 '반사작용'이라고 할 정도로 엄청나게 빠른 속도로 자신을 표현해 버렸다. 그래서 수다쟁이 르그랑댕이 그의 입을 막으려고 할 때는 이미 뭔가를 말해 버린 뒤였다. 우리의 친구는 그의 다른 자아가 출현해서 만든 나쁜 인상이 괴로웠지만 아무 소용이 없었다. 그저 그것을 얼버무리려고 하는 수밖에 없었다.

『잃어버린 시간을 찾아서』는 "나는 그것을 가질 수 없다"가 "나는 그것을 갖고 싶지 않다"로 변환이 일어나는 예를 이외에도 많이 제공한다.[11] 프루스트는 니체Friedrich W. Nietzsche가 자신의 선행자라는 것을 알아챈 것 같지는 않지만, 그의 서술은 니체의 '모든 가치들의 가치 전환'과 놀라울 정도로 유사하다.[12] 니체는 이런 연금술의 '작업장'을 다음과 같이 묘사한다.

---

[11] 반대 효과는 학생들이 "숙제하기 싫어요"를 "숙제가 너무 어려워서 할 수 없어요"로 변환할 때 관찰된다. 그런 경우에 대해 세네카는 "그 이유는 의욕 부족, 변명, 무능력이다"라고 말했다.

[12] 하지만 니체와 프루스트 모두 라 로슈푸코의 영향을 받았다. 그들은 다음과 같은 경구를 읽었을 것이다. "철학자들이 보인 부에 대한 멸시는 자신이 부인했던 바로 그 이득을 멸시함으로써 행운의 여신이 저지른 불의를 자신의 공로로 보상하려는 은밀한 욕망이었다. 그것은 가난에 의해 손상을 입지 않으려는 사적 방도이며, 부로는 얻을 수 없는 높은 존경을 향한 기만적 경로이다." 하지만 철학자가 부자를 경멸하는 것에 대한 이런 설명은 탈레스에게는 적용되지 않는다.

그것은 모든 구석과 틈새에서 조심스럽고 교묘하고 가벼운 소문을 불러일으키고 속삭이는 것이다. 내 보기에 사람들은 거짓말을 하고 있다. 설탕 같은 부드러움이 모든 소리에 달라붙는다. 약점은 업적으로 둔갑할 것이다. (…) 그리고 보복하지 않는 무력함은 '선'으로, 불안에 떠는 저열함은 '겸손'으로, 즉 증오하는 사람에게 굴복한 것이 '복종'(물론, 이 굴복을 명한 존재에 대한 복종이며, 그들은 그를 신이라고 부른다)으로 뒤집힌다. 약한 인간의 고분고분함 — 약한 인간에게는 풍성한 비겁함 자체, 문 앞에 서 있기, 어쩔 수 없이 마냥 기다림 — 은 여기서 '인내'와 같은 좋은 이름을 얻고, 미덕 그 자체라고까지 불린다. 복수하지 못하는 무능력은 복수 욕망의 결여, 아마 용서라고까지 불릴 것이다.

세계 안에서 의미와 질서를 찾으려는 욕구

사람들은 세계 내에서 의미, 질서 그리고 패턴을 찾으려는 강한 욕구를 가지고 있다. "우연일 리 없어…" 같은 흔한 말이 보여 주듯이, 마음은 우연을 싫어한다. 이 주제와 관련된 세 개의 변주에 주목해 보려고 한다. 의도적 행위주체성의 귀속, 객관적 목적론의 사용, 그리고 유추 의존이 그것이다.

　내가 지금 논의하려는 사례가 그렇듯이, 의도적 행위기관이 있다는 증거가 없을 때조차, 사건을 일으키려고 한 의도와 관련해 사건을 설명하는 경향은 흔하다. 음모론은 많은 예를 제공한다. 관련해서 세 가지를 조심해야 한다. 먼저, 화약 모의 사건[13]이나 배빙턴 모의 사건(엘리자베스 1세 여왕 암살 음모)과 같은 실제 음모가 역사에는 많다. 따라서 일부 음모 이론은 참일 수 있으며, 참이 아니라 하더라도 주장할 만한 합리성이 있는 것들이 있다. 둘째, 일부 음모 이론은 행동의 전제 역할을 하는 데 필요한 완전한 정신적 보증 없이 소비나 오락 거리로 향유된다. 셋째, 그러한 이론의 전파자들은 자신들이 틀렸다는 것을 알면서도 수용자들이 그것들을 믿을 것이라는 기대 — 이 기대는 상당히 합리적일 수 있다 — 를 가지고 퍼뜨릴 수 있다. 따라서 하마스 지도자들이 최소한 이성적이고 충분한 정보를 얻고 있다면, 그들은 다음과 같은 자신들의 헌장 22조 내용을 믿지 않는 것이다. 유대인들은 "프랑스혁명, 공산주의 혁명 그리고 우리가 보고 들은 여기저기서 일어난 혁명의 배후에 있다. 그들은 사회의 작동을 방해하고 시온주의의 이익을 달성하기 위해 돈으로 프리메이슨, 로터리클럽, 라이온스클럽 등의 비밀결사를 세계 각지에서 만들었다. 그리고 많은 나라에서 자원을 착취하고 부패를 퍼뜨리기 위해서, 돈으로 제국주의 국가들을 통제하여, 제국주의 국가들이 여러 나라를 식민지화하도록 부추긴다". 그렇지만 중동의 일반 대중은 시온주의 음모의 존재를 믿으며, 같은 이유로 많은 이들이 그 음모와 대결하기 위해 죽이고 또 죽기를 마다하지 않는 것 같다.

음모론에 대한 가장 잘 알려진 연구는 『미국 정치에서의 편집증적 스타일』[14]이지만, 나는 내가 더 잘 아는 프랑스 역사의 예를 인용하겠다. 18세기 — 그리고 19세기 초 — 프랑스 사람들은 나쁜 날씨와 작

---

13 1605년 로버트 캐츠비(Robert Catesby)를 비롯한 공모자들이 잉글랜드의 제임스 1세 암살을 모의하였으나 실패한 음모이다. 음모에 가담한 사람들은 성공회를 거부하는 잉글랜드 가톨릭 신도들이었다. 이 때문에 예수회 역모라고도 불린다.—옮긴이
14 리처드 호프스태터(Richard Hofstadter)가 1964년에 출간한 저서이다.—옮긴이

황만으로 기근이 발생한다는 것을 받아들일 수 없었다. 조르주 르페브르Georges Lefebvre의 말을 빌리자면, "사람들은 가난과 고통에 책임이 있는 것이 자연의 힘일 뿐이라는 것을 결코 인정하려 하지 않았다". 대신 그들은 행위주체성과 관련지어서 설명하려고 했다. 일반적 추정은 인민의 복지에 무관심한 매집자들이 가격을 급등시켰다는 것이었다. 때때로 곡물 부족은 계급 전쟁의 일환으로 사람들을 굶겨 죽이려는 악의적 엘리트들의 욕망에 근거해서 설명되기까지 했다. 1789년 7월 프랑스를 휩쓴 대공포 속에서, 6~7개 지역에서 그것이 동시에 독립적으로 발생했다는 사실을 귀족의 음모로 인한 것이라는 증거로 해석한 이들이 많았다. 공통원인을 추론하는 것은 올바른 것이지만, 찾아낸 원인은 잘못된 것이었다. 곡물의 부족은 수확 직전에 특히 예민하기 마련이고, 프랑스 전역의 수확 시점은 거의 동시적이기 때문에, 이런 공통원인이 모든 곳에서 같은 효과를 냈다. 19세기 초의 비슷한 에피소드에서 유사한 소문이 동시에 퍼져 나간 것을 민중적 소요를 선동하려는 전국 규모 음모의 증거로 간주했을 때, 정부도 같은 사고방식을 보여 준 셈이다. 이 경우에도 공통원인이 있었다. 그것은 전국적 수확이었다.

영국 내전에서 있었던 일화에 대해 논평하면서, 흄은 "[군대가] 어떤 곤경을 겪든, 그것은 모두 불가피한 필연성으로 인한 것조차 그들을 제압하려고 짜 놓은 계책 때문으로 생각되었다"고 지적했다. 인과적 필연성을 의도적 설계로 해석하는 경향은 암 및 기타 질병의 원인에 대한 대중적 관점뿐 아니라 전문적 관점에서도 종종 관찰된다. 그것은 두 단계에 걸쳐 나타난다. 첫째, 무작위 사건에서 패턴을 인식하는 경향이다. 이 경향은 잘 정리되어 있다(7장). 둘째, 그 패턴의 원인을 실제적이든 허구적이든 **행위주체성** 안에서 찾는 경향이다. 토양에서 방출되는 라돈 같은 인간과 무관한 암 발생 원인을 찾는 대신, 오염, 산업 폐기물 그리고 살충제에서 원인을 찾는 것이다. 이 경향에 대해 논평하면서, 암에 관한 저술가는 "사람들이 자신들이 만든 장치를 통해서 암 발생 가능성을 올렸다고 믿는 것의 편안함"에 대해 말한다. "자유의지를 가진 피조물이 창조한 것은 취소할 수 있는 성질의 것으로 여겨진다. 실패한다고 해도 최소한 비난할 수 있는 범인이 있다." 마지막 문장은 나의 주장과 일치한다. 앞의 문장은 의미 욕구보다 희망사고(7장)와 관련된 설명을 제안한다. 그 저술가는 인간이 만든 원인에 근거한 설명이 "우리 세계관의 나머지 부분과 너무 완벽하게 맞아 들어가서 더 깊게 탐구할 만한 이유가 별로 없다". "우리 또는 우리가 아는 누군가가 암에 걸리면, 우리는 금세 주식회사 미국에 책임이 있지 않을까, 의문을 품는다."

　　자연과학자와 사회과학자도 우리와 같은 인지 욕구를 가진 사람들이다. 2010년 백악관 자문단이 『환경적 암의 위험을 감축하기』라는 보고서를 발표했다. 보고서는 산업 발암 물질과 관련된 암 사례 수가 "심하게 과소평가되었다"고 결론 내렸다. 비판가들은, 보고서가 오염물질 및 작업장 노출에만 초점을 맞추고, 암의 다른 주요 환경 원인인 흡연, 다이어트, 감염, 지구물리학적 방사능 방출 등을 무시했다고 비난했다. 쟁점은 기술적이고 논쟁적이어서 내 능력으로는 논평하기 어렵다. 그럼에도 불구하고, 이 보고서는 잘 알지 못하고 있지만 가능성은 있는 인위적 원인에 대한 추측에 크게 편향된 듯이 보인다.

　　알렉시 드 토크빌은 프랑스 구체제에 대한 그의 저술에서 분할지배 전략을 역대 왕들의 의도에 귀속시킴으로써 '행위주체성 함정'agency trap

에 빠졌다. 그는 귀족에게 부여된 세금 면제라는 특권 때문에 귀족이 부르주아지와 공통의 대의를 형성할 수 없게 되었다는 것을 제대로 관찰했고, 엘리트의 분열 덕에 왕이 득을 보았다고 정확하게 주장했다. 그는 또한 "왕들이 계급을 분할하고, 그들을 나름의 편견, 질투, 증오 속에 고립시켜서, 한 번에 한 집단 이상을 다룰 필요를 없앰으로써, 견제받지 않는 권력을 창출할 수 있었다"고 주장했다. 그러나 그는 자신이 주장한 왕의 행위주체성을 입증하기 위한 시도조차 하지 않았다. 그는 객관적인 이익으로부터 행위주체성과 의도를 추론했던 것으로 보인다. 의미와 패턴을 찾으려는 욕구 때문에 **비설명적**이거나 **우연한 혜택**의 역할을 간과하게 된 것이다. 행위주체성은 의미를 제공하지만, 우연은 그렇지 않다.

'객관적 목적론'이란 객관적 귀결(또는 주장된 귀결)로 사건이나 사실을 설명하는 경향을 뜻한다. 이러한 경향은 바로 앞의 경향과 구별하기 어려울 수 있다. 방금 언급했듯이, 종종 객관적 결과로부터 주관적 의도를 유추하기도 하기 때문이다. 특히 객관적 결과가 행위자의 편익에 도움이 된다면 더욱 그렇다.[15] 때로는 단순히 편익을 관찰한 것만으로도 설명이 충분히 이뤄진 것처럼 굴기도 한다. 전쟁이 군수산업에 편익을 준다는 사실, 종종 '죽음의 상인들'의 활동이 전쟁을 **설명한다는**

---

15 주장된 귀결이 다른 사람에게 해를 끼칠 때도 같은 추론이 가능하다. 1962년에 윌리엄 버클리(William Buckley)는 미국 좌파들이 미국을 공산주의 국가로 만들려고 한다고 비난한 존 버치 협회(John Birch Society)의 회장에게 다음과 같이 경고했다. "물론 협회가 번성하기를 기원합니다. 단 그러려면 인간의 주관적 동기가 그의 행동의 객관적 귀결로부터 자동으로 추론될 수 있다는 잘못된 가정에 협회가 저항해야 할 것입니다." 그가 보기에 몇몇 좌파가 잘못된 방향으로 나아가긴 했지만, 잘못된 의도를 가진 것은 아니었다.

생각의 근거가 되는 것은 에릭 앰블러Eric Ambler와 그레이엄 그린Graham Greene의 소설에만 있지는 않다. 아마 죽음의 상인들은 전쟁을 일으키려고 애쓸 것이다. 그러나 편익만으로는 아무것도 증명되지 않는다. 이런 경향의 또 다른 예는 무과실책임의 한 형태인 '객관적 공모'라는 발상이다. 가장 잘 알려진 사례는 스탈린주의 시대의 것으로, 개인은 객관적으로(즉, 지도자의 주관적인 관점에서) 계급의 적에게 이익이 되게 행동했을 때, 사형에 처한다는 것이다. 장-폴 사르트르Jean-Paul Sartre는 1968년 5월의 '사건'événements 이후 스탈린주의자들에 대항해서 이 스탈린주의적 논법을 사용했다. 그는 프랑스 공산당이 드골 정부와 객관적 공모를 했다고 비난했다. 마틴 루터 킹Martin Luther King은 1965년 왓츠 폭동 이후 "슬럼의 목적은 힘없는 사람들을 혼란스럽게 하고 그들의 무력함을 영속화하는 것"이라고 주장했다. 그는 단순히 슬럼이 미치는 효과를 분명히 한 것일 수 있지만, 목적론적 어법의 징후가 엿보인다.

귀결에 의한 설명의 경향에는 그 자체로 뿌리 깊은 이유가 있을 수 있다. 한 연구 결과 요약에 따르면, 쉽게 [목적론적] 설명에 의지하는 태도는 어린아이들에게서 줄곧 관찰되는 현상이며, 인과 메커니즘적 발상과 지식의 획득이 진척되면서 점차 억제되어 온 것으로 보인다. 그러나 최근 연구에 따르면, 이러한 설명 성향은 결코 진정으로 극복되지 않고 성인들에게도 기본적 양식으로 남아 있으며, 알츠하이머 환자에게서는 다시 현저하게 나타난다고 한다. 예를 들어, 빠른 답변을 압박하면, 대학 교육을 받은 성인도 "곰팡이가 숲에서 자라는 것은 유기물 분해를 돕기 위한 것이다"라는 주장을 받아들인다. 그들은 안경테를 받치기 위해서 코가 있는 것이고, 이식을 위해서 신장이 2개 있다는 주장을 받아들이는 데까지 나가진 않았다. 그러나 부조리하더라도 뻔하지 않은 주장은 쉽게 설명 완료 신호로 혼동되는 '정신적 신호'mental click를 끌어낼 수 있다.

이와 관련하여, 역시 (일부) 사회과학자는 (다른) 사회과학자의 연구 대상인 사람처럼 행동한다. 객관적 목적론은 내가 이 책에서 여러 번 비판했던 과학적 추론의 한 양식인 **기능적 설명** 형태를 취한다.『도덕 감정론』에서 애덤 스미스는 자주 객관적 목적론에 호소한다. 예를 들어 그는 "모든 것은 자연의 두 가지 큰 목적, 즉 개인을 떠받치는 것과 종의 번식 향상을 위해 고안되었다"고 말한다. 그의 막연한 이신론理神論적 사유 방식 안에서는, "고안하다"라는 말의 주어가 신일 수도 있다. **자유 부동하는 의도와 주어 없는 동사**를 인용하면서 선명하게 행위자 부재적인 양식으로 설명이 제시되는 사례도 있다. 감옥 시스템의 효과에 관한 미셸 푸코Michel Foucault의 텍스트가 대표적이다.

그러나 아마도 문제를 뒤집어 볼 때, 감옥의 실패는 무엇에 도움이 되는지 자문해야만 할 것이다. 지속적으로 비판되어 온 이런 다양한 현상 — 비행의 온존, 상습범행의 장려, 일시적 위반자의 상습 비행자로의 변모, 폐쇄적인 비행 조직 형성 — 의 용도는 무엇인가? 수형자에게 형을 치르게 한 뒤에도 일련의 '낙인찍기'(이전에는 법률상 그랬지만 지금은 사실상 취해지는 감시, 이전의 수형자 수첩을 대신하는 경찰 기록)를 통해 그들을 추적하고, 판결에 따라 범법자로서 복역을 끝마친 자들을 '비행자'로 간주하여 추적하는 형벌 기관의 명백한 냉소주의 아래 숨겨진 것이 무엇인지 찾아보아야 할 것이다. 거기에서 우리는 모순보다는 차라리 당연한 결과를 볼 수 있는 것이 아닐까? 그렇다면, 감옥 그리고 의심할 나위 없이 처벌 일반은 범법행위를 제거하기 위한 것이 아니라 그들을 구분 짓고 배열하고 활용하는 것, 그리고 법을 위반할 염려가 있는 자들을 순종적으로 만들려는 것이기보다 법 위반을 일반적 예속화 전술에 맞게 정비하는 경향이 있다고 가정할 수밖에 없다. 형벌 제도는 위법행위를 관리하고, 관용의 한계를 설정하고, 몇몇 사람에게는 자유를 부여하고, 다른 이들에게는 압력을 행사하고, 일부 사람들을 배제하고, 다른 일부의 사람들을 유용하게 하고, 어떤 개인을 중립화하고, 어떤 개인은 이용하는 방법으로 나타난다.

수사적 질문과 암시적 진술을 일상적 주장으로 번역하면, 이 텍스트는 자원 부족이나 잘못 수립된 계획 같은 온갖 종류의 우발적 이유로 인해 일어날 수 있는 감옥 실패가 의미추구 욕구로 인해 어떻게 **압제자 없는 압제**라는 매끈한 패턴으로 변형되는지 예증해 준다. 목적론은 의미를 공급하지만 우연은 하지 못한다.

마지막으로, 4장에서 언급했고 16장에서 다시 논의할 '불신의 해석학'은 텍스트 해석에서의 객관적 목적론을 예증한다. 소설 속 인물이 얻을 혜택은 그 인물의 행위를 설명하는 데 도움이 된다. 한 텍스트가 독자에게 불어넣는 인상은 저자의 전략을 설명하는 데 도움을 준다.

행위주체성과 편익처럼 **유추**도 설명 완료 신호와 쉽게 혼동되는 정신적 신호를 산출할 수 있다. X라는 상황 또는 사건이 속성 A를 가지고 있고, Y라는 또 다른 상황 또는 사건이 속성 A **그리고** 속성 B를 가지고 있다는 것을 알았다고 해보자. 그리고 그로부터 X라는 상황이나 사건이 속성 B를 가지고 있다고 추론한다고 해보자. 사이비 과학의 첫째 법칙이라고 불릴 만한 것 —— 모든 것은 다른 모든 것과 조금은 비슷하다 ——
때문에, 마음은 거의 언제나 어떤 유사점을 찾을 수 있다. 속성 B는 사실
명제로 진술될 수도 있고 규범 명제로 진술될 수도 있다. 후자의 경우,
상황 Y에서 B를 수행하는 것이 성공(또는 실패)했다는 사실이 X에서 B
를 하라고(또는 하지 말라고) 직접적으로 주장하기 위해서 이용된다. 전
자의 경우, X가 B라는 사실적 속성을 가지고 있다는 믿음은 행동(또는
무행동)의 전제로 사용될 수도 있다. 그러나 종종 X가 B라는 사실적 속
성을 가지고 있다는 진술로 이야기가 끝나고, 어떤 행동도 요구되지 않
을 때도 있다.

이하의 논의에서는 유추가 사회 세계나 물리적 우주에 의미와 질서
를 제공하는 방식에 초점을 맞출 것이다. 하지만 유추의 다른 심리적 기
능으로부터 이 역할을 분리하는 것은 늘 쉬운 것은 아니다.

(1) 어떤 경우에, 유추는 행위자가 다른 근거를 통해 도달한 결론을 다른 사
람에게 설득하기 위한 도구로 사용된다. 나는 이런 사례는 무시하고, 행
위자 자신의 믿음을 형성하거나 뒷받침하는 데 인과적 효력이 있는 유
추에만 초점을 맞출 것이다.

(2) 다른 경우에는, 순수한 희망사고(7장)가 작동하기도 한다. 우리는 참이
었으면 하는 결론을 뒷받침하는 유추를 선택한다. 결론은 그것을 뒷받
침하는 유추를 찾으려는 노력을 유발하는 것이다. 이런 노력은 역진적
추론backward reasoning이라는 특징을 띤다.

(3) 또 다른 경우에, 우리는 다른 근거를 통해 이미 도달한 결론을 강화하기
위해 유추를 사용한다. '상향식'(증거 기반) 분석을 통해 도출된 결론이

개연성은 있지만 확실하지는 않을 경우, 우리는 인지 부조화를 경험할 수 있다. 그럴 때, '하향식' 유추로 증거를 보충함으로써 인지 부조화를 줄일 수 있다. 증거 조사가 결론을 내놓더라도, 불확실하거나 잠정적 결론에 그치면, 유추를 찾게 된다.

(4) 여기에서 다루는 사례 가운데는, 유추가 저절로 머릿속에 떠오르자 증거 조사 없이, 즉 X가 실제로 속성 B를 가지고 있는지 묻지 않고, 그것을 채택하는 경우가 있다. 일단 채택하면, 우리는 X에 속성 B가 없다는 것을 시사하는 증거를 무시하는 경향이 있다.

유추가 저절로 채택되는 원인은 다양하다. 베트남 전쟁에서 미국이 가졌던 다양한 선택지에 대해 찬성하거나 반대하기 위해서 사용된 유추에 대한 매우 철저한 분석에서, 저자는 가용성과 대표성 어림법(14장), 최신 효과(6장) 그리고 '표면적 공통성' 또는 인지 심리학자들의 명명에 따르면 '단순한 외양'을 인용한다. 표면적 유사성은 질서와 의미를 제공하기 때문에, 엉터리지만 만족감을 줄 수 있다. 혁명 전 프랑스에서 연속적으로 등장한 일화들 사이에서 발견된다는 평행성에 대해 언급하면서, 역사가는 이렇게 말한다. "모티프와 패턴의 반복은 … **유쾌한** 해석적 태피스트리tapestry를 제공할 수 있지만, 기본적으로 비역사적이다." (강조는 인용자) 이 말이 뜻하는 바는, 적절한 역사적 접근이라면 정신을 기성의 인지 도식으로부터 가능한 한 더 많이 해방시켜 준다는 것이다. 한 분석철학자는 어떤 비분석적인 저자의 사고방식을 "본질적으로 **주술적**인 사고, 유사성은 틀림없이 힘을 가리키고 머릿속의 유추가 인과 관계를 대신한다는 원시적인 생각"이라고 묘사했다. 그러면서 "주술적인 것은 심층적인 수준에서도 **위안을 준다**"(강조는 인용자)고 덧붙였다. 위안보다는 분석철학의 황량함이 더 낫다는 것이다.

어떤 경우든, 여러 원인이 작동 중이며 서로 강화할 수 있다. 가용성 어림법과 최신 효과는 유추를 제안하고, 그 유추는 표면적 공통성 덕분에 호소력이 올라가는 식으로 말이다. 역으로 그런 공통성이 없으면, 유추의 호소력은 깎일 것이다. 베트남 전쟁에서 있었던 의사 결정자들의 토론에서 이런 두 가지 가능성을 보여 주는 예를 살펴보자. 전쟁 상황에서는 유추에 호소하는 일이 흔한 편이지만, 베트남 전쟁은 예외적으로 유추를 많이 만들어 낸 것 같다(표 3.1 참조).

로버트 맥나마라Robert McNamara는 베트남전을 한 역사가가 "군사력 사용의 계획과 방향 수립에 관한 한 그의 유일한 경험"이라고 불렀던 쿠바 위기에 유추했다. 하지만 그런 유추는 비공개 토론에서 진지하게 받아들이지 않았다(표 3.1 참조). 마찬가지로, 월트 로스토는 북베트남 석유저장시설 폭격을 자기가 계획해 본 적 있는 2차 세계대전 종전 무렵 독일의 석유시설 폭격 전략에 유추했다. 하지만 그것을 신중하게 들어준 사람은 (존슨 대통령을 제외하고는) 거의 없었다. 얼 휠러Earle Wheeler 합동참모총장은 구정 대공세를 (그가 복무했던) 벌지 전투에 유추하며, 그것은 일시적인 차질일 뿐이라고 주장했지만, 아무도 경청하지 않았다. 대조적으로, 한국 전쟁을 경험한 여러 의사 결정자들에게 가용성 어림법이 유발한 한국 전쟁과의 유추는 "유쾌한 태피스트리"를 만들기 충분한 표면 유사성을 제공했던 것 같다. 조지 볼George Ball이 지적했듯이, 유추에는 내재적으로 심각한 결함이 있다. 그러나 유사성 때문에 존슨 행정부의 다른 구성원들은 그것을 '뉘앙스' 차이 정도로 일축해 버렸다.

법도 유추적 사고에 크게 의존한다. 몽테뉴는 다음과 같이 말한다. "어떤 사건도 그리고 어떤 형태도 완전히 닮지 않은 것처럼, 완전히 다르지도 않다. (…) 모든 것은 어떤 유사성에 의해서 연결되어 있지만, 모든 예는 절름거리고, 우리가 경험에서 끌어낸 모든 상응성은 언제나 허약하고 불완전하다. 그럼에도 불구하고, 우리는 비교를 연결할 수 있는 이런저런 모서리를 찾을 수 있다. 그리고 그것이 법이 우리에게 봉사하는 방식이다. 법은 살짝 왜곡되거나 억지스럽거나 기울어진 해석을 통해 우리의 관심사 각각에 적응할 수 있다." 그는 위의 (2)와 같이 '관심사'affaires가 유추에 선행하고 동기를 부여한다고 말하는 듯하다. 분명 이런 유형의 일이 발생하긴 하지만, 법적 유추는 항상 동기화된 것이라고 생각할 이유는 없다. 태너Tanner 대對 연방정부(1987) 재판에 대한 미국 연방대법원의 결정을 보자. 법원은 정오 쉬는 시간 동안 7명의 배심원이 정기적으로 술을 마셨던 재판을 검토하고는, 그런 사실이 평결을 뒤집을 근거가 되지는 못한다고 판결했다. "배심원이 자발적으로 섭취한 약물이나 알코올의 효과가 얼마나 심각하고 그 사용이 얼마나 부적절하든, 그것은 바이러스, 제대로 준비되지 않은 음식, 또는 수면 부족과 마찬가지로 '외부적 영향'일 뿐이다." 이렇게 억지스러워 보이는 비유의 선택을 결정한 것이 특정한 결론에 도달하려는 욕망이었다고 생각할 ─ 비록 가능하긴 하지만 ─ 이유는 없다. 그런 유추가 판사들에게는 그냥 떠올랐을 수 있다. 그러나 법원은 음주와 바이러스 감염의 차이, 즉 전자만이 자발적으로 수행되는 일이라는 점에도 초점을 맞출 수 있었다. 몽테뉴에서 인용한 문장이 암시하듯이, 사이비 과학의 **둘째 법칙**은 "모든 것이 다른 모든 것과는 조금씩 다르다"이다.

유추는 욕구를 충족해 줄 수 있다. 유추는 그것이 시사하는 가설이 그 장점에 따라 검토되지 않으면 지적으로 쓸모없다. 유추는 정책이나 법적 결정을 위한 전제로 사용될 때 큰 피해를 줄 수 있다. 정치인들은 확실히 역사에서 무언가를 배울 수 있지만, 거시적 유추에 의지해서는 안 된다. 그 대신, 그들은 인간의 본성과 국지적 조건의 특수성을 이해하기 위해 역사를 연구해야 한다. 미국 정치인들이 중국이 베트남의 역사적 숙적이라는 것을 알았다면, 공산주의 블록이 단일체라는 환상 속에서 1963~64년 그리고 그 이후의 군사적 행동을 시도하지 않았을 것이다.[16] 분석가와 의사결정자는 사이비 과학의 첫째 법칙에 따르기보다는 버틀러 주교Joseph Butler의 금언, "모든 것은 다른 것이 아니라 바로 그것이다"나 윌리엄 블레이크William Blake의 격언, "예술과 과학은 미세하게 조직된 개별요소 없이는 존재할 수 없다"를 택해야 한다. 그렇지만 개별요소는 의미와 일관성을 제공하지 못해도, 유추는 할 수 있다.[17]

다시 강조하건대, 과학자들도 이런 형태의 패턴 추구에 영향을 받을

---

16 국무부의 아시아 전문가들이 그들에게 그렇게 말했지만, 국무부 부시장은 물론이고 CIA와 국방부도 기각해 버렸다. 한 역사가의 말에 따르면, "숙적에 대한 이야기는 [국무부 장관] 러스크(David D. Rusk)가 주의 깊게 들을 만한 것이 전혀 아니었다. 냉전 시나리오에 맞지 않았기 때문에 민족주의와 지정학 같은 구식 아이템은 배경 뒤로 깊숙이 사라졌다." 미국인들은 2세기 전에 영국인들이 미국인들에게 했던 것과 똑같은 실수를 베트남인들에게 저질렀다. 1789년에 "영국인들은 고요하고 나른한 삶을 살던 미국인들이 잘못된 생각에 영향을 받았다고 생각했고, 열정적 애국주의가 기꺼이 발휘할 희생정신을 전혀 생각하지 못했다"고 썼던 데이비드 램지(David Ramsay)의 말에 따르면, 영국인들은 미국인들의 소유물을 파괴함으로써 식민지를 무릎 꿇릴 수 있다고 생각했다.

17 또한 개별주의(particularism)의 길은 골치 아프고 괴롭다. 다른 나라의 역사, 문화 그리고 언어를 흡수하는 데는 10년 이상이 걸린다. 토크빌이 언급했듯이, "일반적 발상은 … 개별 사례를 조사하느라 시간을 낭비하지 않도록 해준다". 그러나 유추가 가진 이런 매력의 원천은 의미추구 욕구를 충족해 줄 수 있는 능력과 구별되어야 한다.

수 있다. 과학에도 잡동사니를 쑤셔 넣은 벽장이 있다면, 그곳은 유추로 가득 차 있을 것이다.[18] 예를 들어, 사회와 생물 유기체 사이의 유추는, 사회가 혁명 같은 항상성 보정 메커니즘이 장착된 자기 조절적 실체라는 발상을 뒷받침하는 데 사용되었다. 19세기 학자들은 사회 내의 무엇이 유기체의 세포에 해당하는지 논쟁했다. 그러면서 그들은 유추가 된다고 기대할 이유가 있는지 자문조차 하지 않았다. 자연 선별과의 유추에 기초해서 시장 경쟁을 설명하려는 시도는 처참하게 실패했다(11장). 요즘은 유전자와 '밈'memes 사이의 유추가 유행이다. 또 다른 작가들은 유기체적 유추보다 물리학적 유추를 사용하며, 뉴턴 법칙이나 중력의 사회적 등가물을 찾았다. 버트런드 러셀Bertrand Russell은 "에너지가 물리학의 기본 개념인 것과 **같은 의미**에서 사회과학의 기본 개념은 힘이다" (강조는 인용자)라고 말했다. 닐스 보어Niels Bohr와 일리야 프리고진Ilya Prigogine 같은 물리학자들은 그들의 발상을 사회적 현상에 적용하려 했지만 성공하지 못했다. 사회과학은 자신이 연구하는 대상에 영향을 미치게 마련이라고 주장하는 학자들은 하이젠베르크Werner Heisenberg의 불확정성의 원리를 끌어들인다. 마치 그의 원리의 심오함이 자신의 뻔한 소리를 똑같이 심오한 것으로 바꿔 줄 수 있는 것처럼 말이다. 사회과학 내부에서도 한 분야의 발상을 다른 분야에 접목하는 시도는 성공적이지 못했다. 예컨대 권력과 돈, 음소와 '신화소', 고딕 성당과 학술 논문,

---

18 위키피디아에서 '유비광'(parallelomania) 항목의 시작 부분의 내용을 일부 인용하면 다음과 같다. "유비광은 역사 분석, 성서 비평 그리고 비교 신화학에서 저자가 외양상의 유사성을 지각하고 역사적 기초 없이 병행과 유추를 구성하는 현상을 말한다. 이 개념은 랍비 새뮤얼 샌드멜 (Samuel Sandmel)이 1961년에 학계에 소개했다."

개인적 서약전략과 헌법 제정, 물질적 자본과 사회적 자본 간의 유추가 그렇다.[19]

나는 유추가 가설 제안에 유용할 수 있다는 것을 부정하지는 않는다. 원자를 태양계에 유추하는 러더포드-보어 모델은 물리학자들이 지붕에 오른 뒤 걷어차 버릴 사다리로서 유용했다. 유전 물질을 언어에 유추해서 보는 발상은 그것에 입각한 가설 가운데 일부가 기각되기는 했지만 그래도 성공적인 것이었다. 효용이나 이윤 최대화와 생물학적 적합도 최대화 사이의 유추는 게임이론과 생물학 사이의 유익한 혼인으로 이어졌다. 그러나 유익한 가설의 기원은 그것의 타당성과 관계없다. 발상은 조상이 아니라 후손에 의해 판단되어야 한다.

자율성에 대한 욕구

앞에서 나는 유도저항 현상에 대해서 언급했다. 그것의 사촌격인 인지 부조화 감축처럼, 그것은 정확히 확인하기 어려울 수 있는 심리학적 메커니즘에 의존한다. 여기서 나는 먼저 이미 언급했던 것에서 시작해서 유도저항의 여러 예를 인용하고, 이어서 그것의 가능한 원인에 대해 토의할 것이다. 마지막 두 예를 제외하면, 실험실 실험이든 현장 조사든 유도저항에 대한 심리학 문헌에서 가져온 예들이다.

---

19 이러한 유추는 각각 탤컷 파슨스(Talcott Parsons), 클로드 레비-스트로스(Claude Lévi-Strauss), 피에르 부르디외(Pierre Bourdieu), 나 그리고 로버트 퍼트넘(Robert Putnam)이 제시했다.

(1) 하나의 선택지가 제외되면, 피험자는 그것에 전보다 더 높은 등급을 매기는 경향이 있다.[20]

(2) 유아가 하나는 높고 다른 하나는 낮은 두 개의 장벽 뒤에서 비슷한 장난감을 볼 수 있을 때, 높은 장벽 뒤의 장난감에 더 많은 관심을 보인다.[21]

(3) 마찬가지로, 아이들은 손 닿는 곳보다, 닿지 않는 멀리 떨어진 곳에 둔 사탕에 더 매력을 느낀다.

(4) 안전띠가 의무적일 경우, 일부 운전자는 그것을 사용하고 싶지 않다.[22]

(5) 수영장 상황에서 피험자에게 "쓰레기를 버리지 마시오" 또는 "깨끗한 수영장 사용에 협조해 주세요"가 적힌 시트를 제공하면, 첫 번째 금지 명령을 받은 사람들 대다수가 그 시트를 쓰레기통 아닌 곳에 버린다.

(6) 사람들이 공중전화 박스에서 전화 걸 때, 다른 사람이 전화를 기다리고 있다는 것을 알고 있으면 더 오래 통화하는 경향이 있다.

(7) 마찬가지로, 운전자가 주차장을 떠나려고 할 때, 다른 운전자가 그 자리를 차지하기 위해 기다리고 있는 것을 보면, 더 느긋하게 행동하는 경향이 있다.

(8) 일부 뉴욕 택시에서는 신용 카드를 사용하는 고객에게는 20% 팁, 25% 팁 또는 30% 팁 가운데 하나를 고르라는 화면이 제시되는데, 그것은 통

---

20 2장에서 인용한 이 효과의 실험실 시연은 현장 연구에서 반복될 수도 있다. 따라서 대통령 후보가 경선에서 물러나면, 그의 인기도는 올라가야 한다.

21 이 효과는 여아에서는 관찰되지 않고 남아에서만 관찰되었다. 그렇다는 것은 이유가 무엇이든 두 살짜리 여아는 남아보다 도전 욕구가 떨어진다는 것을 암시한다.

22 물론 더 잘 착용하려는 운전자들도 있다. 하지만 그런 운전자들이 안전성이 좋아졌다는 이유로 더 무모하게 운전한다면, 그것은 또 다른 역생산적 효과를 낳은 것이다. 이런 이유로 시카고 대학 풍의 경제학자들은 안전띠 의무착용에 반대했다. 하지만 그들은 선호를 고정적이고 안정적인 것으로 보는 경향 때문에 유도저항을 반대의 논거로 삼지 않았다.

상적인 팁 비율보다 훨씬 높다. '전통적인' 택시와 비교할 때, 이런 택시는 팁을 아예 못 받을 확률이 두 배 높다. 동시에 팁의 평균 액수는 약 10% 증가한다.

(9) 일부 배심원은 판사가 인정할 수 없는 증거이니 무시하라고 **지시했던** 증거를 무시하지 않는다.

(10) 일부 환자는 의사가 약 복용을 **지시한** 것 때문에 복용을 거부한다.

(11) 일부 의사는 의료 당국의 권장 사항을 따르지 않는다. 한 연구에 따르면, 네덜란드에서는 의사의 '지시받은 활동에 대한 저항'(요리책cookbook식 약 처방)이 당뇨병 치료 지침 시행의 중요한 장벽이다.

(12) 정신분석가 자크 라캉Jacques Lacan은 [무의식의 저항과는 다른] '**자존심의 저항**'을 언급하는데, 이는 라 로슈푸코가 심층적 의미를 부여한 용어를 잘 살려서 사용한 것이다. 그것은 종종 다음과 같이 표현된다. "내가 나 자신이 아닌 다른 사람에 의해 해방된다는 것은 생각도 하기 싫다."

(13) 프랑수아 미테랑François Mitterrand의 전기에는 다음과 같은 이야기가 쓰여 있다. "내무부 장관이었던 1950년대에 그는 알제리 민족주의 지도자 페르하트 압바스Ferhat Abbas를 접견한 적이 있다. 압바스가 대기실에서 1시간 반을 기다린 뒤, 보좌관이 접견 지연의 이유를 알아보기 위해 안으로 들어갔다. 미테랑은 『프랑-스와르』France-Soir에 실린 만화를 보고 있었다. 정치적 모욕을 의도한 것은 아니었다. 무례하거나 무신경하거나 이기적인 것도 아니었다. 물론 이 모든 것 때문이긴 했을 것이다. 해명은 별로 합당하지 않았다. 그는 정치, 사생활, 또는 관념적인 영역 등 어디에서든 모든 종류의 제한에 대해 본능적으로 반발했

다. 시간 엄수는 그가 받아들이기를 거부한 구속복이었다."

일상 언어는 그런 반응을 **멋대로**^{willful}라고 한다. 옥스포드 영어 사전에 의하면, 그것은 "설득, 지시, 또는 명령에 맞서서 의지를 주장하거나 의지를 따라가는 것"이다. 우리는 이 현상을 타자 그리고 자신에게서 늘 봐 왔다. 수수께끼는 사람들이 왜 이런 선호를 형성하거나(사례 1~3), 이런 행동을 택하는가(사례 4~13)이다. 그 안에 있는 무엇이 그 사람을 위한 것인가? 유도저항에 대한 심리학 이론에 따르면, 자신이 가진 선택의 자유가 박탈되거나 위협받을 때, 개인은 자유를 회복하거나 확인하려는 동기를 갖게 되는데, 그럴 때 박탈된 대안이 더 매력적으로 다가오고 위협받고 있는 대안을 선택하려는 경향이 생긴다. 모든 예가 이런 간단한 설명에 부합하지만, 구체적인 메커니즘은 다르다.

앞의 세 예에서는 인격적인 상호행동이 수반되지 않는다. 사례 (1)의 경우, '선택' 상황에 처한 피험자는 그가 3순위로 생각했던 선택지가 '알 수 없는 이유로' 없어졌다는 이야기를 들었다. 그들이 선택 집합의 제한에 **분개할** 이유는 없다. 하지만 그들은 택하지 않았을 선택지일지라도 그것의 상실에 **애석한다**. 아이제이아 벌린^{Isaiah Berlin}이 썼듯이, "어떤 사람의 자유의 크기를 규정하는 것은 열려 있는 실제의 문이지, 그 자신의 선호는 아니다". 사람들이 이런 의미의 자유를 중시한다면, 순위가 낮은 선택지의 상실에 대해서조차 반응할 것이다. 수수께끼는 왜 그런 반응이 선택지의 가치를 격상하는 형태를 취하는가이다. 내가 알기로, 이 질문을 다룬 심리학 문헌은 없으며, 나 또한 대답을 제시할 수 없다.

사례 (2)와 (3)에 대해 (내가 재구성한) 설명은 이렇다. 실험 시나리오는 아이가 목표에 이르는 가장 쉬운 길을 갈 것이라고 암시하지만, 아이는 그런 암시를 자신의 자율성에 대한 장애로 여기고 반응한다. 이 설명이 정말 옳다면, 그것은 최소 노력 원칙의 일반화로 볼 수 있는 합리적 선택 원칙(13장)과 적어도 부분적으로 어긋나는 흥미로운 대조 사례라고 할 수 있다.

인격적 상호행동에 의존하는 사례 (4)~(13)은 더 이해하기 쉽다. 사람들은 번잡한 느낌을 싫어하며, 그런 느낌을 피하기 위해서라면 다른 좋은 것도 기꺼이 포기한다. 공중전화 박스에 있는 사람이나 주차장을 떠나려는 운전자는 아무도 자신의 자리를 기다리고 있지 않을 경우, 더 신속하게 행동하고 자신의 목표(예컨대 저녁 식사 시간에 맞춰 돌아가기)를 더 잘 달성할 수 있다. 그러나 내가 가능한 한 빨리 떠나기를 다른 사람이 원하고 있다는 것을 알면, 그들은 압박을 받아 행동하는 것이 아니라 자유롭고 자율적으로 행동하고 있다는 것을 확신하기 위해 속도를 늦춘다. 다른 예는 이 기본 주제의 변주들이며, 그 가운데 아마 가장 흥미로운 것은 아마도 미테랑식 변주일 것이다. 그는 짐작건대 아마도 완전히 자율적으로 정한 약속마저 자신의 자율성을 위협한다고 느낀다. 그는 스탕달의 『적과 흑』의 재치 있는 백작 살베처럼 행동했다. "그는 자신이 조롱하는 배지를 3개나 달고 있는 신사에게 말했다. '그럼요, 저도 독립파입니다. 그런데 내가 왜 오늘 6주 전과 똑같은 생각을 해야 합니까? 왜 내 의견이 나에게 폭군이어야 하는 거죠?'"

참신성에 대한 욕구

욕망은 또한 참신함이나 변화에 대한 무의식적 욕구에 영향을 받을 수 있다. 안데르센의 동화 「아버지가 하는 일은 항상 옳다」에서, 농부는 말을 팔거나 교환하려고 아침에 시장에 간다. 처음에 그는 소를 가진 사람을 만나서, 말과 소를 교환하고는 매우 좋아한다. 이어지는 거래에서 그의 소를 양으로, 양을 거위로, 거위를 암탉으로, 마지막으로 암탉을 썩은 사과 자루로 교환한다. 파멸로 가는 농부의 길은 단계적 개선으로 포장되어 있다. 매번 농부는 자신이 거래를 통해 더 나아진다고 믿었다. 그러나 모든 교환의 최종결과는 참혹하다.

조금 더 정식화해서, (의식적으로는 아니지만) 정규적으로 자기 자신의 욕망을 조정하는 어떤 한 사람을 상상해 보자. 그는 자신이 현재 적게 가진 상품을 더 강하게 선호한다. 그가 다음 두 가지 상품 묶음을 순서대로 만난다고 가정해 보자. (1/2, 3/2), (3/4, 1/2), (1/4, 3/4), (3/8, 1/4)… 그가 먼저 순서대로 묶음 n을 소비하고, 다음 시기에 묶음 n과 묶음 n+1 가운데 하나를 선택할 경우, 더 많은 것을 제공하기 때문에 항상 후자를 선택한다. 그것이 현재 적게 가진 상품을 더 많이 제공하기 때문이다. 그러나 이런 진행 과정은 0으로 수렴하기 때문에 이러한 국지적 개선이 전체적으로는 파산을 가져온다. 그 효과는 행위자가 순환적 선호에 의해 죽을 때까지 피 흘리는 경우와 비슷하지만(13장), 메커니즘은 다르다.

또한 창조성과 독창성을 혼동하는 예술가들(그리고 예술가 집단)에게서 참신성의 욕구를 관찰할 수 있다. 예술가들은 "나를 매료시켜 보세요!"라는 명령을 따르기보다 댜길레프^{Sergei Diaghilev}의 명령, "나를 놀라게 해보세요!"에 응답한다. 예술가들이 무작위화 기법을 사용하는 것은 독창성을 향한 불모의 추구 가운데 한 예일 뿐이다. 그런 탐구는 확실히 내적 욕구에 반응하는 것이기보다는 남보다 한발 앞서기의 효과일 것이다. 그러나 나는 많은 경우 그것이 창조성의 실패에 대한 보상적 반응이라고 추정한다.

자존심을 지키려는 욕구

여기서는 자존심 또는 자기애에 대한 5장의 논의에 몇 가지 논평을 추가할 것이다. 내가 이해한 바에 따르면, 17세기 프랑스 모럴리스트들이 논의한 자존심 관념이 뜻하는 바는 자신과 남들 눈에 계속 좋은 이미지로 비치고 싶은 욕구를 말한다. 달리 말하면, 사람은 외적 또는 내적 청중을 향해 지속적으로 연기한다는 것이다. 여기서 외적 청중 관념은 충분히 명확하지만, 내적 청중 관념은 은유에 가깝다. 그것은 이전에 논의한 '내면의-빛', 관찰자가 없는 상태에서 도움받는 사람도 모르게 도움이 되는 무언가를 할 때 느끼는 즐거움과 관련이 있다.

외적 청중의 승인 추구에 대한 전거는 쉽게 찾을 수 있다. 5장에서 나는 루이 16세의 수상인 네케르가 그의 봉사에 대한 대가를 거절한 것이 "그의 탐욕을 충족하기 위한 매우 정교한 수단"이었다는 주장을 벤담이 기각했던 것을 인용했다. 동시대인들 모두가 알았고 그의 사랑스러운 딸 스탈 부인^{Mme de Staël}까지 인정했듯이, 그가 사심 없다는 걸 내세운 것은 단지 그의 엄청난 허영심 때문이었다. 조지 워싱턴 또한 스스로 설정한 높은 기준에서 눈에 뜨이지 않게 벗어났을 때조차 사심 없어 보이길 열렬히 원했다. 사람들이 사심 없다는 평판을 쌓으려는 데는 도구적인 이유가 있겠지만, 네케르와 워싱턴은 그것이 주는 내재적인 만족 때문에 그렇게 했다.

사례의 특성상 내적 청중의 효과는 전거를 대기 어렵다. 그것을 드러내는 한 가지 확실한 표지는 **실수를 인정하려고 하지 않는 것이다.**[23] 앞서 인용했듯이, 라 로슈푸코는 우리가 한 번 승인한 것을 부인하는 것이 얼마나 괴로운 일인지 논평한 바 있다. 어떤 학자들은 기질적으로 "내가 틀렸다"는 말을 할 줄 모른다. 또 다른 사례는 "상처 준 사람들을 미워하기까지 한다"는 세네카의 관찰 그리고 "성질부린 사람이 용서할 리 없다"는 프랑스 속담에 요약되어 있다.[24] 그런 경우, 우리는 하나의 변환, 피해자가 가해자가 되는 각본 다시 쓰기를 관찰할 수 있다. 매몰 비용 오류(14장 참조)를 설명할 수 있는 길은 사람들이 그것을 착수하지 말았어야 한다는 것을 인정하기보다는 현재 음의 순가치를 가진 모험적 사업을 질질 끈다는 것이다. 물론 엄격히 말해서 그 일이 착수 **당시**에는 오류가 아닐 수 있지만, 후견지명 오류 때문에 지금 현재 가치가 부정적이면 우리는 그것이 처음부터 그랬다고 생각하게 된다.

역으로, 자존심은 우리의 선택은 **우리의 것**이기 때문에 좋을 수밖에 없다고 생각하는 경향을 자아낸다. 그래서 우리는 식당에서 우리가 주문한 메뉴와 우리가 사귄 친구를 과대평가한다. 더 중요한 사례로, 어

---

23 물론 외적 청중들 앞에서 실수를 인정하는 것은 훨씬 더 어렵다.
24 아리스토텔레스는 우리가 그들을 도왔기 때문에 우리가 도운 사람들을 사랑한다고 주장했는데, 이것은 아마 자기애의 또 다른 효과일 것이다.

떤 기관의 구성원이나 임원은 당연히 그 기관을 중요한 것으로 생각하고 그 중요성을 깎아내리는 시도에 저항한다. 입법 기능도 겸하는 제헌 의회는 (다른 것 중에서도) 그런 이유로 헌법 제정을 유일한 임무로 하는 제헌의회보다 헌법 안에서 입법부의 위상을 더 강화하는 경향이 있다.[25] 폴란드(1921)와 프랑스(1946)의 입법/제헌 의회는 고도로 입법부 중심적인 헌법을 제정했다.

그 외의 자존심의 효과로, 다른 사람들이 실제로 그런 것보다 더 많은 시간을 우리 생각에 쓴다고 믿는 경향이 있다. 그리고 다른 사람들이 그 자신보다 우리의 이익을 증진하기 위해 행동할 것이라고 믿는 경향도 있다. 조지 엘리엇George Eliot은 『미들마치』*Middlemarch*에서 커소번 씨에 대해 이렇게 말한다. 그는 "자신의 세계의 중심이었기에 다른 사람들이 섭리적으로 그를 위해 준비되었다고 생각하는 편이었다. 그리고 특히 [그의 대표작인] '모든 신화의 열쇠'의 저자 비위에 얼마나 잘 맞는가 하는 견지에서 다른 사람들을 평가하는 편이었다." 다른 사람들의 **수행 성과** 또한 우리의 자존심에 영향을 미칠 수 있다. 그것이 우리의 수행 성과보다 열등하면 자존심을 고양하고, 우월하면 위협한다. 따라서 내가 "시기가 주는 제1열의 고통"이라고 부른 것은 다음 절에서 논의될 방식으로 각본을 다시 쓸 원인이 될 수 있다.

---

25 다른 이유들에는, 헌법기초자들이 최초의 정규 입법부에 선출되길 원하면 그 기구가 강력해지는 것도 원하리라는 것도 들어 있다. 또한, 다른 정부 기관보다 입법에 대해 더 많이 알고 있기 때문에, 그것의 중요성을 과장할 가능성도 크다.

동기화 위계에서 높은 등급의 것을 따른다고 내세우고 싶은 욕구

사람들은 한 일에 대해 칭찬이나 비난을 받을 수 있다. 그들은 또한 행동 동기 때문에 칭찬이나 비난을 받을 수 있다. 플루타르코스는 코리올라누스Coriolanus에 대한 글에서 이렇게 썼다. "대중의 채무에 대한 토론에서, 그가 대중에게 증오odium를 불러일으킨 큰 이유는 그가 가난한 사람을 깔아뭉갠 바탕이 채무 회수라는 목적이 아니라 오만함과 무례함이었기 때문이다." 다시 말해, 탐욕이 오만과 무례보다는 받아들일 만한 동기화로 보였던 셈이다. 이런 구별은 "상처에 소금(모욕) 뿌린다"는 말에 반영되어 있다.

어떤 사회나 하위문화에는 동기화에 규범적 위계가 있다. 어떤 동기화는 순위가 높게 매겨지고 다른 동기화는 더 낮게 매겨진다. 고전 아테네에서는 대략 다음과 같은 순서로 순위가 매겨졌다. 공공의 복리에 관한 관심, 분노, 자기 이익, 교만hubris("우월감을 드러내고 즐기는 것에 쏟은 불명예"), 그리고 시기 순이다.[26] 교만하다는 혐의를 받는 사람은, 그가 취했거나 화가 나 있었다고 말함으로써 그것에서 벗어나려고 할 수 있다. 또한 아테네 사람들 사이에서는, 모욕에 복수하려는 욕망이 상해에 복수하려는 욕망보다 강했고, 더 존중받았다. 현대 사회에서는 그 반대일 것이다("막대기와 돌은 뼈를 부러뜨리지만, 말은 결코 나를 상처 입히지 않는다"). 대부분의 현대 서구 사회에서, 분노와 보복 욕망은 아마 자기

---

26 "캐시오가 살아남으면, 평생 그 잘난 모습으로 나를 매일 추해 보이게 할 거야"라고 이아고가 말했을 때, 그는 드물게 그리고 아마 믿을 수 없을 정도로 솔직했던 셈이다.

이익 추구보다 위계상 낮은 자리를 차지할 것이다. 토크빌은 자신이 관찰한 미국인들 사이에서는 사적 이익 추구의 순위가 공적 관심에 의한 동기화보다 높다고 주장했다. 이것은 현대 미국인들에게도 맞는 말이다. 오늘날 미국에서도 동기화 등급은 자기 이익, 공익, 분노 그리고 시기 순이라고 할 수 있다. '무도덕적 가족주의' 사회에서는, 공공의 이익을 증진하려는 욕망은 위계의 맨 아래에 위치할 수 있으며, 경미한, 약간이라도 경미한 일에 대한 복수 욕망조차 맨 위를 차지할 수 있다. 물론 인상에 근거해서 각 사회의 순위 매기기를 평하는 것은 의문스러운 시도이다. 그러나 의문의 여지가 없는 것은 그런 위계가 모든 사회, 모든 집단에 존재한다는 것이다.

규범적 위계는 외적·내적 청중 각각이 매개하는 두 가지 효과를 유도한다. 딱히 가장 중요한 것은 아니지만 관찰하기 쉬운 첫 번째 효과가 발생하는 이유는 사람들이 자신의 동기화를 타자에게 허위재현할 유인 요인이 있기 때문이다. 그 효과는 전거가 명백하고 풍부하다. 여기서는 사람들이 위계를 내면화하고 제 눈에도 좋아 보이기를 원할 때 발생하는 효과에 주목할 것이다. 이 장의 시작 부분에 제시된 가공의 예에서, 변환이 일어난 이유는 건강에 관한 염려가 허영보다 더 우월한 동기로 여겨지기 때문이었다. 이번에는 가공이 아닌, 19세기와 20세기 미국 연구에서 얻은 두 예를 살펴보자.

아래는 1830년경 미국에 대한 토크빌의 논평이지만, 그는 자신의 주장을 좀 더 일반적인 용어로 표현했다.

민주주의에서 일반 시민들은 어떤 남자가 자신의 사회적 등급 밖으로 치고

나가서 몇 년 안에 부와 권력을 얻는 것을 본다. 그들은 이런 광경이 놀랍고 부럽다. 그들은 어제만 해도 동등했던 사람이 어떻게 그들을 지배할 권리를 누리게 되는지 이해하려고 애쓴다. 그의 지위 상승을 그의 재능과 덕성 덕분으로 생각하는 것은 마음 불편한 일이다. 그럴 경우, 자신이 그보다 덕과 재능이 모자란다는 것을 인정해야 하기 때문이다. 그러므로 그들은 그의 몇 가지 악덕이 그가 상승하게 된 일차적 원인이라고 간주하며, 그렇게 볼 이유도 충분하다. 그 결과 비열함과 권력, 자격 없음과 성공, 효용과 불명예가 도무지 어느 정도인지도 모를 정도로 추잡하게 뒤섞여 버린다.

내가 강조 표시한 문장은 자존심의 작동을 지적하고 있다. 열등감이 너무 괴로운 일이라서, 시민들은 그것을 누그러뜨릴 이야기를 자신에게 들려준다. 그 이야기에 따르면, 우월한 개인은 부도덕하거나 불법적인 방법으로, 아마 시민들의 희생마저 등에 업고 그의 지위를 성취한 것이다.[27] 부산물로 형성된 시기의 감정이 분개나 분노로 대체된다. 그러나 여기까지는 아직 규범적 위계 구조가 작동하지 않았다. 이제 추가 메커니즘이 작동하는 부분을 보자. 플루타르코스, 애덤 스미스, 그리고 의당 그 밖의 여러 사람이 지적했듯이, 동기화 위계에서 시기가 차지하는 비천한 지위 때문에 사람들은 그것을 더 높은 지위의 감정으로 변환하려는 동기를 갖게 된다. 시기가 유발하는 제1열의 고통은 "나는 열등하다"라는 생각이 촉발한다. 제2열의 고통은 "내가 부러워하고 있구나"라는 생각이 촉발한다. 데이비드 로지David Lodge의 소설 『작은 세상』*Small*

---

27 반유대주의의 기원에도 같은 변환이 있다는 설득력 있는 주장이 계속 있었다.

*World*에서 모리스 잽은 멋진 여자를 만나고 있으니 호텔 방을 예약해 달라는 경쟁자의 편지를 받았을 때, "얼빠진 청소년의 감정 배설 같은 편지군" 하고 자신에게 속삭였다. "모리스는 자신의 가혹한 평가가 부러움에서 연원한다는 것을 인정하지 않았다. 그는 자신의 반응을 (경쟁자의 아내에 대한) 기만에 어쩔 수 없이 가담한 것에 대한 의로운 분개라고 보는 쪽을 택했다."

자신이 접해 본 미국인들은 사적 이익을 공적 이익 위에 놓더라는 토크빌의 주장은 요즘에도 타당한 것 같다. 미국 시민들은 은연중에 무사심한 행동을 아주 많이 하지만, 남이나 자신에게 자기 행동 동기가 그러하다고 시인하지 않는다. 그 대신 선행에 대한 온갖 종류의 변명을 생각해 낸다. 그래서 한 연구에 따르면, "사람들은 실제로 진정한 공감에서 우러난 여러 행동에 참여하면서도, 진정한 공감이나 친절이 그런 행동의 동기였다는 것을 인정하기 싫어한다. 대신 사람들은 실용적이거나 도구적인 이유를 제시한다. 예컨대 '할 일을 한 것이다' 또는 '나설 수밖에 없었다' 같은 말을 한다. 정말로 사람들은 … 자신이 '동정심 많은 사람'bleeding heart, '도덕군자연하는 사람'goody two-shoes 또는 '감상적 자선가'do-gooder가 아니라는 것을 강조하기 위해서 진력을 다하는 듯이 보인다".

하지만 자신에게 무사심한 동기가 충만하다고 말하길 꺼리는 것은 다른 사람들이 그의 말을 믿지 않을 것이라는 의심 때문일 수도 있다. 이 점을 밝혀 주는 동시에 고대 아테네의 규범적 위계를 보여 주는 증거로, 아테네의 '고발꾼'sycophants에 대한 평판을 살펴보자. 이들은 개인 이익을 위해 소송을 제기하는 전문 고발자들이었다. 그들이 그렇게 한 것은 벌금을 나누어 받을 수 있을 거란 기대 또는 무고한 피고발인도 송사보다 사적 해결을 바랄 것이라는 희망 때문이었다. 고발꾼들은 (아리스토텔레스에 따르면) 증오의 대상으로 여겨졌기 때문에 그들의 동기를 실제와 달리 표현해야 했다. 한 학자에 따르면, 이 경우 공정함이라는 동기를 내세우기보다 자신의 이익을 열정으로 위장하는 것이 더 효과적이었다고 한다. "한 시민이 법정에 공적 고소자로 등장할 때 느끼는 첫 번째 불안은 … 고발꾼으로 비치는 것을 피할 수 있을까였다. 그는 자신의 공적 정신을 강조할 수 있지만, 평범한 사람들에게는 그런 강조가 더 미심쩍게 다가왔다. 훨씬 더 쉽게 수긍될 만한 주장은, 피고가 그의 사적인 적수이며, 이득이 아니라 복수가 기소권을 행사하는 이유라고 선언하는 것이었다."

마음의 자기 중독

내가 논의한 변환 가운데 많은 것이 어떤 측면에서 행위자를 더 편히 살게 해준다. 입센Henrik Ibsen의 『야생 오리』의 한 인물은 "평균적인 사람에게서 거짓 삶life lie을 빼앗으면, 그의 행복도 빼앗을 것이다"라고 말한다. 이 말이 언제나 참은 아니지만, 일상생활에서나 세계문학에서 익숙하게 접하는 여러 사례를 정확히 포착하고 있다. 그런 예로, 제1열 그리고 제2열의 시기가 주는 고통을 제거하기, 실패가 다른 사람들의 악의적 행동 때문이라는 식으로 각본 다시 쓰기, 부유한 사람과 아름다운 사람들을 슬쩍슬쩍 비하하기, 그리고 부와 미 자체를 도매금으로 비하하기를 들 수 있다. 그러나 환상과 망상이 주는 평안함이 이야기의 전부는 아니다. 희망사고가 지금 여기서는 우리를 기분 좋게 해줄 수 있다. 그러나 동기화된 믿음을 행동의 전제로 사용하면, 넘어져서 얼굴이 상할 수도 있다. (바지에 싼 오줌 덕에 따뜻한 것은 잠시뿐이다.) 쉽게 유도 저항에 이끌리는 사람들은 다른 사람들이 제안한 행동을 **전혀** 수용하지 않다가 많은 기회를 놓칠 수 있다. 이 장의 앞부분에서 언급했듯이, 참신성의 추구 때문에 사람들은 '몰락에 이르는 개선'으로 나아갈 수 있다. 4장에서, 나는 인지 부조화 감축이 선호 변화를 끌어낼 수 있지만, 그것이 감축 이전의 선호에 비추어 볼 때, 행위자 상태를 악화시키는 것일 수도 있다고 말했다. 이제 프루스트의 작품에서 가져온 두 일화를 살펴보자. 둘 다 "나는 그것을 가질 수 없다"가 "나는 그것을 원하지 않는다"로 변환되는 것을 보여 주지만, 그것이 행위자에게 미치는 효과는 정반대이다. 첫 번째 일화는 두 부르주아 부인이 같은 호텔에 묵고 있는 나이 많고 부유하고 유명한 숙녀를 향해 보인 행동을 화자가 관찰한 것이다.

공증인과 치안 판사의 아내는 식사 시간에 식당에서 그녀를 볼 때마다 꼼꼼하고 의심하는 태도로 안경을 치켜세우고 거만하게 감시했다. 마치 그녀를 잘 살펴보고 아니다 싶으면 교만하게 손을 가로젓고 일그러진 표정으로 물리쳐 버릴 이름만 그럴듯하고 맛없어 보이는 요리라도 되는 양 굴었다. 의심의 여지 없이, 이런 짓을 통해 그들이 보여 주고자 했던 것은 세상에 자신들이 갖지 못한 것 ── 이 경우 노부인이 누리는 특권과 그녀의 지인이 가진 특전 ── 이 있다면, 그것은 그들이 가질 수 없어서가 아니라 가지길 원치 않았기 때문이라는 것이었다. 그러나 그들은 이것이 정말로 그들이 느끼고 있는 것이라고 확신하는 데 성공했다. 그것은 모든 욕망, 익숙지 않은 생활형태에 대한 모든 호기심 그리고 새로운 사람을 즐겁게 하려는 모든 희망(그것을 그들은 꾸며 낸 모욕, 즉 인위적 유쾌함으로 바꾸어 버렸다)을 억제하는 것으로 나타났다. 그것의 어색한 결과는, 자신의 불만을 만족이라고 이름 붙이고 자신을 불행하게 하는 두 조건에 대해 자신에게 거짓말을 해대는 것이었다. (…) 공증인과 치안 판사의 아내가 무력한 분노로 가득한 수다를 떨며 앉아 있는 집단의 소우주처럼 독한 쓴맛에 중독되어 있었다. 하지만 노부인이 홀로 떨어져 나와 자리 잡은 소우주의 분위기는 그렇지 않았다.

두 번째 일화는 화자의 친구 블로흐의 터무니없이 자족적인 아버지와 관련된 것이다.

사람들은 텅 빈 공중에 경배하고 잘못된 판단에 도달하는 근사치의 세계에서 [그는] 살았다. 부정확성, 무능력은 그들의 확신을 수정하지 않는다. 아니 정반대이다. 우리 가운데는 저명한 사람들과의 사교를 즐기거나 지적인 우정을 쌓을 수 있는 처지에 있는 사람이 별로 없다. 그러므로 거부된 사람이면서도 자신이 여전히 가장 뛰어난 재능을 타고난 사람이라고 믿는 것은 자존심의 상서로운 기적이다. 왜냐하면, 사회 계층의 광학 덕에 사회의 모든 등급이 그 자리에 있는 사람에게는 최선으로 보이고, 한결 더 위대한 사람이 자신보다 못하고, 운도 없고, 그래서 연민의 대상일 뿐으로 보이게 되기 때문이다. 우리는 그런 위대한 사람의 이름을 부르고 비방하고, 이해하지도 못하면서 판단하고 멸시하기까지 한다. 고만고만한 자신의 장점에 자존심을 곱한 값이 (다른 사람에게 받는 분량보다는 많지만) 그에게 꼭 필요한 분량의 행복의 약을 그에게 확보해 주지 않을 경우, 언제나 시기가 균형을 맞추기 위해서 거기 있다. 시기심이 경멸적인 문구 가운데서 적당한 표현을 찾아내면, 우리는 "나는 그를 알고 싶지 않다"를 "내가 그를 알 도리가 있나"로 바꿔야 한다. 그러나 지적인 의미에서는 그렇고, 진짜로 감정적 의미에서 '나는 그를 알고 싶지 않다'라고 말하는 사람은 그것이 사실이 아니라는 것을 알지만, 그렇다고 해서 그것이 단순히 기만이었다고 말하지는 않는다. 그는 그것이 자신이 느끼는 바이기 때문에 그렇게 말하며, 둘 사이의 틈을 메우기에는, 즉 그를 행복하게 만들기에는 그것으로 충분하다.

시기를 언급하는 것이 이해하기 어렵긴 해도,[28] 전반적인 발상은 분명하다. 행복을 얻기 위해서는, 필요할 경우 자신의 작은 장점을 업그레이드하는 것이 다른 사람의 더 큰 장점을 다운그레이드하는 것에 의해 보완될 수도 있다.

부르주아 부인들은 니체에게서 영감을 얻은 막스 셸러Max Scheler가 "마음의 자기 중독"이라고 불렀던 원한 감정에 사로잡혔다. 그렇지만 셸러는 그런 반응이 "권위에 아프게 찔린 경험에 대해 아무 소용없는 원한을 품은 사람들에게서 주로 나타난다"고 주장했다. 프루스트의 구절은 그 발상이 더 폭넓은 적용 가능성을 가졌다는 것을 암시한다.

---

28 시기에 그 대상을 깎아내리는 경향이 있다는 프루스트의 언급은 상당히 특이하다. 시기는 시기 대상의 가치를 부인하는 것이 아니라 인정하는 것을 전제한다. 시기의 행동 경향은 당신이 얻을 수 없는 것을 파괴하는 것이지 그것을 폄훼하는 것이 아니다. 하지만 다른 구절은 프루스트가 이런 표준적 이해를 완벽하게 알고 있다는 것을 보여 준다.

참고문헌

이 장은 나의 저서 *Alchemies of the Mind* (Cambridge University Press, 1999) 5장 그리고 *L'irrationalité* (Paris: Seuil, 2010) 3장에 크게 의존하고 있다. 오토 노이라트의 논문, "The lost wanderers of Descartes and the auxiliary motive"는 그의 저서 *Philosophical Papers 1913-1946* (Dordrecht: Reidel, 1983)의 1장으로 재수록되었다. 행위자가 자신의 부조화를 키움으로써 그것을 감축할 수도 있다는 주장은 L. Festinger, *A Theory of Cognitive Dissonance* (Stanford University Press, 1957), p. 129에 있다. 프루스트의 작품에 등장하는 변환의 예는 *L'irrationalité* 15장과 "Self-poisoning of the mind", *Philosophical Transactions of the Royal Society B 365* (2010), pp. 221~226에서 더 길게 논의했다. 스탕달의 불행한 외도에 대한 관찰은 M. Crouzet, *Stendhal* (Paris: Flammarion, 1990), p. 292에 있다. 프랑스의 음모 이론 연구로는 G. Lefebvre, *La grande peur de 1789* (Paris: Armand Colin, 1988), S. Kaplan, "The famine plot persuasion in eighteenth-century France", *Transactions of the American Philosophical Society* 72 (1982), pp. 1~79, 그리고 F. Ploux, *De bouche à oreille: naissance et propagation des rumeurs dans la France du XIXe siècle* (Paris: Aubier, 2003)이 있다. 암 설명에서 나타나는 행위주체성 편향에 대한 나의 언급은 G. Johnson, *The Cancer Chronicles* (New York: Knopf, 2013)와 D. Holzman, "President's cancer panel stirs up environmental health community", *Journal of the National Cancer*

Institute 102 (2010), pp. 1106~1113에 근거한 것이다. 윌리엄 버클리의 말은 R. Perlstein, *Before the Storm* (New York: Nation Books, 2001), p. 155에 나온다. 인간 마음의 목적론적 추론 경향에 대한 인용문장은 A. Vayda and B. Walters (eds.), *Causal Explanation for Social Scientists* (Lanham, MD: Altamira, 2011), 편집자 서문에서 따왔다. 유추가 제공하는 쾌락과 안락함에 대한 언급은 J. H. M. Salmon, *Society in Crisis* (London: Routledge, 1979), p. 14와 뤼시앙 골드만Lucien Goldmann의 저서에 대한 버나드 윌리엄즈Bernard Williams의 서평(*Essays and Reviews 1959-2002*, Princeton University Press, 2014, p. 80에 재수록)에서 인용했다. 베트남 전쟁에 대한 논쟁에서 유추가 활용된 방식에 대한 논의는 대부분 Y. Khong, *Analogies at War: Korea, Munich, Dien Bien Phu, and the Vietnam Decisions of 1965* (Princeton University Press, 1992)에 근거한 것이다. 베트남 전쟁과 2차 세계대전에 대한 로스토의 유추는 D. Milne, *America's Rasputin: Walt Rostow and the Vietnam War* (New York: Hill and Wang, 2008), pp. 170~171에 있다. 맥나마라의 제한된 경험에 대한 언급은 H. McMaster, *Dereliction of Duty* (New York: Harper, 1997), p. 328에 있다. 의사가 보이는 유도저항의 출처는 R. Dijkstra et al., "Perceived barriers to implementation of diabetes guidelines in the Netherlands", *Netherlands Journal of Medicine* 56 (2000), pp. 80~85이다. 손님이 택시기사에게 주겠다고 한 팁의 유도저항에 대한 연구 결과는 K. Haggag 및 G. Paci, "Default tips", *Working Paper* (Department of Economics, Columbia University, 2013)에 있다. 미테랑에 대한 전기적 사실은 Philip Short, *Mitterrand:*

A Study in Ambiguity (London: The Bodley Head, 2013)에 따른 것이다. 반유대주의를 시기에 기반해 설명한 것으로는 B. Netanyahu, *The Origins of the Inquisition* (New York: Random House, 1995), p. 989를 참조하라. 아테네의 아첨꾼에 대한 문장은 M. H. Hansen, *The Athenian Democracy in the Age of Demosthenes* (Oxford: Blackwell, 1991), p. 195에서 인용했다. 교만의 정의는 N. R. E. Fisher, *Hybris* (Warminster: Aris and Phillips, 1992)에서 따왔다. 사람들이 자신의 행동 동기가 친절이었다는 것을 인정하기를 싫어할 수도 있다는 문장은 R. Wuthnow, *Acts of Compassion* (Princeton University Press, 1991)에 있으며, D. Miller, "The norm of self-interest", *American Psychologist* 54 (1999), pp. 1053~1060에 인용되어 있다.

지은이 **욘 엘스터** Jon Elster

세계적인 사회학자·정치학자·사회이론가로, 1940년 노르웨이에서 태어났다. 파리 데카르트 대학에서 레이몽 아롱의 지도 아래 박사 학위를 취득했고, 분석 맑스주의 운동에 참여했다. 오슬로 대학과 시카고 대학, 이어서 컬럼비아 대학에 재직했으며, 2006년 이래로 콜레주 드 프랑스의 교수이다. 저서로는 『논리와 사회』(Logic and Society, 1978), 『오뒷세우스와 세이렌: 합리성과 비합리성에 관한 연구』(Ulysses and the Sirens: Studies in Rationality and Irrationality, 1979), 『신 포도: 합리성의 전복에 관한 연구』(Sour Grapes: Studies in the Subversion of Rationality, 1983), 『맑스를 이해하기』(An Introduction to Karl Marx, 1986), 『솔로몬의 재판: 합리성의 한계에 관한 연구』(Solomonic Judgments: Studies in the Limitations of Rationality, 1989), 『국지적 정의』(Local Justice, 1992), 『마음의 연금술: 합리성과 감정』(Alchemies of the Mind: Rationality and the Emotions, 1999), 『강렬한 느낌: 감정, 중독, 그리고 인간 행위』(Strong Feelings: Emotion, Addiction, and Human Behavior, 1999), 『풀려난 오뒷세우스: 합리성, 사전조치, 그리고 제약에 관한 연구』(Ulysses Unbound: Studies in Rationality, Precommitment, and Constraints, 2000), 『과거를 청산하기: 역사적 관점에서 본 이행적 정의』(Closing the Books: Transitional Justice in Historical Perspective, 2004), 『자신을 거슬러 행동하기』(Agir contre soi, 2007), 『알렉시 드 토크빌: 최초의 사회과학자』(Alexis de Tocqueville: The First Social Scientist, 2009) 등이 있다.

옮긴이 **김종엽**

1963년 경남 김해에서 태어나 서울대학교 사회학과와 동 대학원을 졸업했다. 현재 한신대 사회학과 교수로 재직중이며, 계간 『창작과비평』 편집위원으로 활동 중이다. 지은 책으로 『웃음의 해석학, 행복의 정치학』, 『연대와 열광』, 『에밀 뒤르켐을 위하여』, 『시대 유감』, 『우리는 다시 디즈니의 주문에 걸리고』, 『左충右돌』, 『분단체제와 87년체제』, 『세월호 이후의 사회과학』(공저), 『입시는 우리를 어떻게 바꾸어놓았는가』(공저), 『백년의 변혁: 3.1에서 촛불까지』(공저) 등이 있고, 옮긴 책으로 『토템과 타부』, 『여자에겐 보내지 않은 편지가 있다』가 있다. 엮은 책으로는 『87년체제론』, 『한국현대 생활문화사』 등이 있다.